PROPAGANDA ELEITORAL
PODER DE POLÍCIA E
TUTELA PROVISÓRIA NAS ELEIÇÕES

ALEXANDRE FREIRE PIMENTEL

Prefácio
Luiz Carlos de Barros Figueirêdo

Apresentação
Walber de Moura Agra

PROPAGANDA ELEITORAL
PODER DE POLÍCIA E TUTELA PROVISÓRIA NAS ELEIÇÕES

2ª edição revista, ampliada e atualizada

Belo Horizonte

2022

© 2019 Editora Fórum Ltda
2022 2ª edição

É proibida a reprodução total ou parcial desta obra, por qualquer meio eletrônico, inclusive por processos xerográficos, sem autorização expressa do Editor.

Conselho Editorial

Adilson Abreu Dallari
Alécia Paolucci Nogueira Bicalho
Alexandre Coutinho Pagliarini
André Ramos Tavares
Carlos Ayres Britto
Carlos Mário da Silva Velloso
Cármen Lúcia Antunes Rocha
Cesar Augusto Guimarães Pereira
Clovis Beznos
Cristiana Fortini
Dinorá Adelaide Musetti Grotti
Diogo de Figueiredo Moreira Neto (*in memoriam*)
Egon Bockmann Moreira
Emerson Gabardo
Fabrício Motta
Fernando Rossi
Flávio Henrique Unes Pereira

Floriano de Azevedo Marques Neto
Gustavo Justino de Oliveira
Inês Virgínia Prado Soares
Jorge Ulisses Jacoby Fernandes
Juarez Freitas
Luciano Ferraz
Lúcio Delfino
Marcia Carla Pereira Ribeiro
Márcio Cammarosano
Marcos Ehrhardt Jr.
Maria Sylvia Zanella Di Pietro
Ney José de Freitas
Oswaldo Othon de Pontes Saraiva Filho
Paulo Modesto
Romeu Felipe Bacellar Filho
Sérgio Guerra
Walber de Moura Agra

FÓRUM
CONHECIMENTO JURÍDICO

Luís Cláudio Rodrigues Ferreira
Presidente e Editor

Coordenação editorial: Leonardo Eustáquio Siqueira Araújo
Aline Sobreira de Oliveira

Rua Paulo Ribeiro Bastos, 211 – Jardim Atlântico – CEP 31710-430
Belo Horizonte – Minas Gerais – Tel.: (31) 2121.4900
www.editoraforum.com.br – editoraforum@editoraforum.com.br

Técnica. Empenho. Zelo. Esses foram alguns dos cuidados aplicados na edição desta obra. No entanto, podem ocorrer erros de impressão, digitação ou mesmo restar alguma dúvida conceitual. Caso se constate algo assim, solicitamos a gentileza de nos comunicar através do *e-mail* editorial@editoraforum.com.br para que possamos esclarecer, no que couber. A sua contribuição é muito importante para mantermos a excelência editorial. A Editora Fórum agradece a sua contribuição.

Dados Internacionais de Catalogação na Publicação (CIP) de acordo com a AACR2

P644p	Pimentel, Alexandre Freire Propaganda eleitoral: poder de polícia e tutela provisória nas eleições / Alexandre Freire Pimentel. 2. edição.– Belo Horizonte : Fórum, 2022. 369p.; 14,5cm x 21,5cm ISBN: 978-65-5518-435-8 1. Direito Eleitoral. 2. Direito Processual Civil. 3. Direito Constitucional. I. Título. CDD 341.28 CDU 342.8

Elaborado por Daniela Lopes Duarte - CRB-6/3500

Informação bibliográfica deste livro, conforme a NBR 6023:2018 da Associação Brasileira de Normas Técnicas (ABNT):

PIMENTEL, Alexandre Freire. *Propaganda eleitoral:* poder de polícia e tutela provisória nas eleições. 2. ed. Belo Horizonte: Fórum, 2022. 369p. ISBN 978-65-5518-435-8.

À Paula, Heitor e Miguel, para registrar um pouco do amor que é capaz de ser traduzido em palavras.

À Maria Fernanda Freire Pimentel, por tudo

À Bruna Barreto Campello, Assessora da Presidência do TRE-PE, pela ajuda na atualização dos atos normativos.

LISTA DE SIGLAS E ABREVIATURAS

ADC	Ação Declaratória de Constitucionalidade
ADIN	Ação Direta de Inconstitucionalidade
Agr. Reg	Agravo Regimental
AIJE	Ação de Investigação Judicial Eleitoral
AIME	Ação de Impugnação de Mandato Eletivo
CC	Código Civil
CE	Código Eleitoral
CF	Constituição Federal
Cta.	Consulta
CPC	Código de Processo Civil
Des.	Desembargador
Desa.	Desembargadora
DJe	Diário da Justiça Eletrônico
DSN	Domain Name System
ENFAM	Escola Nacional de Formação e Aperfeiçoamento de Magistrados
HTTP	Hypertext Transfer Protocol
IA	Inteligência Artificial
LMCI	Lei do Marco Civil da Internet
HC	Habeas Corpus
IP	Internet Protocol
Min.	Ministro
MP	Ministério Público
MPE	Ministério Público Eleitoral
MS	Mandado de Segurança
PJe	Processo Judicial Eletrônico
PGP	Pretty Good Privacy
P.Ún.	Parágrafo Único
RE	Recurso Extraordinário
RNAs	Redes Neuronais Artificiais
RCED	Recurso Contra Expedição de Diploma
Rel.	Relator
Res.	Resolução
REsp	Recurso Especial
REspe	Recurso Especial Eleitoral
Rp	Representação
TAC	Termo de Ajustamento de Conduta
TRE	Tribunal Regional Eleitoral
TSE	Tribunal Superior Eleitoral
WWW	World Wide Web

SUMÁRIO

PREFÁCIO DA PRIMEIRA EDIÇÃO
Luiz Carlos de Barros Figueirêdo 17

APRESENTAÇÃO DA PRIMEIRA EDIÇÃO
UM PROFESSOR QUE HONRA A MAGISTRATURA
Walber de Moura Agra 19

CAPÍTULO 1
PROPAGANDA: NOÇÕES GERAIS, PRINCÍPIOS E ESPÉCIES 25
1.1 Propaganda eleitoral, publicidade e marketing 25
1.1.1 Propaganda eleitoral positiva e negativa 30
1.2 Dos princípios que orientam a propaganda eleitoral 31
1.2.1 Princípio da atuação ex officio: o poder de polícia do juiz da propaganda e o poder normativo da justiça eleitoral 32
1.2.2 Princípio da legalidade (Federal) e o direito à propaganda nas eleições normais e suplementares 36
1.2.3 Princípio da liberdade e disponibilidade e o problema da censura prévia, na propaganda física e na internet: o problema do controle da criptografia por ordem judicial 39
1.2.4 Princípio da responsabilidade partidária solidária e a questão dos impulsionamentos patrocinados na internet 46
1.2.5 Princípio da isonomia entre candidatos e partidos e a questão dos termos de ajustamento de conduta (TACs) do Ministério Público Eleitoral 48
1.2.5.1 Negócios processuais eleitorais e calendarização 50
1.2.6 Princípio da anualidade e anterioridade 52
1.2.6.1 Teoria da retrospectividade e propaganda eleitoral 58
1.3 Propaganda política 65
1.3.1 A propaganda partidária após a reforma de 2017 e a instituição do fundo especial de financiamento de campanha (FEFC) 67
1.3.2 Propaganda partidária e a restauração do direito de antena 70
1.3.3 Da propaganda intrapartidária 77

1.4	Da propaganda eleitoral antecipada e a metodologia da tripla filtragem da liberdade de expressão sugerida pelo TSE	79
1.4.1	Quanto ao conceito de "pedido explícito de voto" e a questão da proibição dos meios ilícitos de propaganda	86
1.5	Propaganda de candidatos sub judice e propaganda feita por pessoas condenadas com trânsito em julgado	91
1.6	As prévias partidárias: ilícitos na Internet, representação e o uso do *block chain* como meio de prova no processo eleitoral	95
1.7	Propaganda Eleitoral e o direito à imagem de pessoa (viva e falecida)	99

CAPÍTULO 2
A PROPAGANDA EM MEIO FÍSICO 105

2.1	A propaganda sonora	105
2.1.1	Permissões e restrições ao uso de carros de som e minitrios: em carreatas, caminhadas, passeatas e comícios	107
2.1.2	Limites sonoros e a questão da regularização ou da retirada da propaganda sonora irregular	112
2.2	Camisetas, chaveiros, bonés, canetas, brindes, cestas básicas, showmícios e *lives* eleitorais	114
2.2.1	*Outdoors, blimps, banners* e artefatos similares em campanhas e pré-campanhas	116
2.3	Propaganda em bens particulares	122
2.3.1	O uso de adesivos plásticos	125
2.3.2	Propaganda em imóveis particulares: a definição de janelas e a preservação da estética urbanístico-ambiental	128
2.3.3	A questão da autorização do proprietário ou possuidor do imóvel e a sanção respectiva	130
2.4	Propaganda em bens públicos e bens de uso comum	131
2.4.1	O requisito da mobilidade da propaganda de rua e as normas técnicas da ABNT para a circulação de pessoas com deficiência	134
2.4.2	Propaganda em vias públicas (cavaletes), árvores, jardins e áreas ajardinadas	136

CAPÍTULO 3
A PROPAGANDA NO RÁDIO, NA TELEVISÃO E EM JORNAIS... 139

3.1	Propaganda eleitoral no rádio e na televisão	139
3.2	Propaganda através de inserções e em blocos	144
3.3	Critérios para a distribuição do tempo aos partidos, coligações e federações	147

3.4 Alterações legais de 2017 relativas aos debates 152
3.5 A propaganda na imprensa escrita (impressa e na internet) 154

CAPÍTULO 4
A PROPAGANDA NA INTERNET 161
4.1 A evolução da máquina computacional..161
4.2 A internet (*deep web* e *darknet*): entendendo as origens
 e a dificuldade técnica de controle 165
4.3 Inteligência artificial e a (i)licitude do uso de robôs
 em propaganda eleitoral 170
4.4 Restrições aos disparos em massa feitos por robôs e *click farms*
 (as fazendas humanas de cliques)...174
4.5 A internet, "veículos de comunicação social" e abuso de poder e a
 guinada interpretativa do TSE para combater as milícias digitais...186
4.6 Propaganda paga em período permitido – distinguindo:
 impulsionamentos, postagens e anúncios 193
4.6.1 Requisitos, legitimidade e espécies de impulsionamentos:
 prestação de contas e a tipificação de conduta criminosa 197
4.7 Propaganda por mensagens eletrônicas e telemarketing 199
4.8 Anonimato, perfis falsos e propaganda eleitoral..............................202
4.8.1 Da licitude do uso de pseudônimos e campanha eleitoral..............208
4.9 Desinformação: *fake news*, *deep fake news* e crimes na propaganda
 eleitoral 215
4.9.1 Milícias digitais e o crime de *bunker* cibernético previsto
 no art. 57-H da Lei nº 9.504/1997...221
4.9.2 Criptografia e as limitações técnicas das aplicações de internet
 em relação ao cumprimento de ordens judiciais 225
4.10 Internet, direito ao esquecimento e propaganda eleitoral...............228
4.11 O uso de *cookies* e *spams* na propaganda eleitoral............................233
4.12 A criminalização da conduta de *fake news* no Código Eleitoral
 após a vigência da Lei nº 14.192/2021..237
4.13 A criminalização da denunciação caluniosa com fins eleitorais 239

CAPÍTULO 5
CONDUTAS VEDADAS, PROPAGANDA E ABUSO DE PODER...245
5.1 Condutas vedadas e o conceito de agentes públicos 245
5.1.1 Cessão ou uso de bens públicos 247
5.1.2 Uso de materiais ou serviços custeados pelos Governos
 ou Casas Legislativas 249
5.1.3 Cessão ou uso de servidor público ou empregado da administração
 direta ou indireta Federal, Estadual ou Municipal do Poder
 Executivo 250

5.1.4	Fazer ou permitir uso promocional em favor de candidato, partido político ou coligação, de distribuição gratuita de bens e serviços de caráter social custeados ou subvencionados pelo Poder Público	251
5.1.5	Nomeação, contratação, remoção, transferência ou demissão sem justa causa, supressão de vantagens ou por outros meios dificultar ou impedir o exercício funcional	252
5.1.6	Transferência voluntária de recursos da União aos estados e municípios, e dos estados aos municípios	254
5.1.7	Restrições à publicidade institucional	255
5.2	Propaganda e abuso de poder	256
5.2.1	Da inexistente figura do abuso do poder religioso	261

CAPÍTULO 6
PROPAGANDA ELEITORAL E DIREITO DE RESPOSTA 265

6.1	O direito de resposta no âmbito geral e na seara eleitoral	265
6.2	Direito de resposta e propaganda eleitoral: especificidades do procedimento (eletrônico) da representação	268
6.3	Da legitimação	273
6.4	Requisitos para o exercício do direito de resposta	277
6.5	A competência	279
6.6	O problema do meio de divulgação da ofensa nos "veículos de comunicação social"	280

CAPÍTULO 7
O PODER DE POLÍCIA 283

7.1	Definição do poder de polícia	283
7.2	Limites do poder de polícia	287
7.3	Natureza do poder de polícia e a questão do impedimento e suspeição do juiz	289
7.4	Poder de polícia e a aplicação de multa eleitoral punitiva	295
7.5	Um réquiem para a aplicação de astreintes e outras medidas de apoio à efetivação da decisão judicial no exercício do poder de polícia	300
7.6	A aplicação de medidas sancionatórias típicas e a solidariedade entre candidatos e partidos políticos	309
7.6.1	Das hipóteses de aplicação de multas punitivas em decorrência de propaganda eleitoral irregular	313
7.6.1.1	Multa em razão de propaganda intrapartidária irregular	313
7.6.1.2	Multa pela propaganda realizada em bens públicos e bens de uso comum	315

7.6.1.3 Multa e propaganda sonora 316
7.6.1.4 Multa em razão de showmícios e *outdoors* 317
7.6.1.5 Sanção pela propaganda eleitoral feita com símbolos ou caracteres de identificação de órgãos governamentais 318
7.6.1.6 Sanções decorrentes da captação ilícita de sufrágio 319
7.6.1.7 Consequências da propaganda irregular nas empresas jornalísticas 321
7.6.1.8 Sanções decorrentes da propaganda irregular na internet 323
7.6.2 Dos crimes relacionados à propaganda eleitoral no dia da eleição ... 328
7.7 Cobrança executiva da multa eleitoral: a questão da prescrição e o direito ao parcelamento 330

CAPÍTULO 8
DIREITO PROCESSUAL ELEITORAL E TUTELA PROVISÓRIA EM PROPAGANDA 333

8.1 Direito eleitoral e direito processual eleitoral 333
8.2 Dos princípios informativos do direito processual eleitoral 334
8.3 Da relação processual eleitoral 335
8.4 Taxonomia das ações eleitorais: da teoria à prática 338
8.5 A tutela provisória 340
8.5.1 A tutela preventiva: cautelar e inibitória 341
8.5.2 Tutelas provisórias de natureza administrativa e jurisdicional 345
8.5.3 Formação e estabilização da jurisprudência eleitoral: uma premissa para o cabimento da tutela da evidência liminar ... 348
8.5.4 Do cabimento da tutela da evidência no processo eleitoral 353

REFERÊNCIAS 361

PREFÁCIO DA PRIMEIRA EDIÇÃO

A comunidade jurídica recebe agora a obra *Propaganda eleitoral: poder de polícia e tutela provisória nas eleições*, da autoria do Desembargador Eleitoral Alexandre Freire Pimentel.

O ilustre autor é Doutor e Mestre pela Faculdade de Direito do Recife - Universidade Federal de Pernambuco e possui o título de Pós-Doutorado pela Universidade de Salamanca, na Espanha, além de outros relevantes títulos adquiridos durante toda a sua carreira jurídica. Atualmente é professor de Direito na Universidade Católica de Pernambuco e na Escola Judicial da Magistratura de PE - ESMAPE.

Advogou, foi Promotor de Justiça e atualmente é juiz titular na 29ª Vara Cível da Capital Pernambuco. Destacando-se que foi Diretor da Escola Judicial Eleitoral do Tribunal Regional Eleitoral de Pernambuco, no biênio 2016/2017, e, atualmente, exerce o cargo de Corregedor nessa mesma Corte Eleitoral. Portanto, trata-se de profissional de larga experiência no ramo eleitoral, como julgador e processualista, de sorte que é um grande presente que a sociedade jurídica recebe nesses dias.

Dentro deste prisma, destacam-se as análises feitas sobre publicidade e marketing; propaganda eleitoral e abuso de poder; dos diversos princípios que orientam a propaganda eleitoral, seja ela realizada pela internet, seja ela manejada por meio físico; o uso de equipamentos sonoros, shows, distribuição de brindes; análise do conceito de "pedido explícito de voto", e da questão da proibição dos meios ilícitos de propaganda;

O Autor centra toda a sua capacidade intelectual naquilo que é mais novo e inovador, no qual sua excelência é um especialista, ou seja, a questão da propaganda na internet, da própria evolução da máquina computacional, e daquilo que é vedado ou permitido na lei. Tema este que é da mais absoluta atualidade e que a análise se funda também em precedentes jurisprudenciais a respeito da matéria.

Assim, é em boa hora que essa obra chega ao mercado editorial e é recomendada a todos que atuam ou desejam atuar na seara da Justiça Eleitoral e que primem por estarem atualizados com a questão em nosso país, para os profissionais recém-formados ou aqueles que já atuam na justiça eleitoral, tendo uma virtuosa dialética na apresentação dos mais variados temas, com análise das divergências doutrinárias, com comentários pontuais, elucidativos e atualizados, sem perder a profundidade.

Desta forma, a obra *Propaganda eleitoral: poder de polícia e tutela provisória nas eleições* vem para se tornar uma importante fonte de pesquisa acadêmica e profissional em Direito Eleitoral.

Luiz Carlos de Barros Figueirêdo
Presidente do TRE-PE

APRESENTAÇÃO DA PRIMEIRA EDIÇÃO

UM PROFESSOR QUE HONRA A MAGISTRATURA

Fazer uma apresentação para Alexandre Pimentel não se configura como uma tarefa difícil. Além da honra do convite, os seus apanágios intelectuais, que se constituem como um dado tautológico, dispensam maiores comentários. Sua curiosidade intelectual é muito vasta. Seguindo o exemplo do Professor Nelson Saldanha, passeia por várias alamedas intelectuais, como a sociologia, a literatura, a filosofia, o direito eleitoral, sem nunca deixar de lado a sua predileção pelo direito processual civil, ocupando um lugar de destaque entre os grandes processualistas brasileiros.

Amante fiel desta seara, não descura de flertes duradouros que não conseguem aplacar sua insaciável ânsia intelectual. Como profissão, escolheu o sacerdócio da magistratura. Em seus vários anos dedicados e esse mister, conseguiu granjear por onde passou a notoriedade de seus pares, dos membros do Ministério Público, dos servidores e dos advogados. Mesmo abnegando-se no exercício de sua jurisdição, conseguiu erigir uma notável obra intelectual, à custa de cerceamento em seus momentos pessoais, cujo último rebento será conhecido nas páginas a seguir.

A presente obra é fruto das incursões de Alexandre Pimentel no direito eleitoral. Essa proximidade é antiga. Começou, é bem verdade, de forma zetética, em sua militância como cidadão, prerrogativa que mais se intensificou quando desde cedo abraçou a Academia, outro sacerdócio em sua vida, no que lhe provoca uma *eudaimonia* quase que completa. Conseguiu aperfeiçoar essa teorética nas suas atuações como juiz eleitoral, no que lhe possibilitou unir a práxis e a teorética em várias oportunidades.

Um de seus momentos culminantes foi a sua passagem pelo Tribunal Regional Eleitoral de Pernambuco, em que sua atuação, somada a dos outros ínclitos magistrados, possibilitou que o pleito de 2018 ocorresse sem grandes desassossegos. O fruto dessa acumulação de conhecimentos, dentro de uma maiêutica interrogativa constante, cristaliza-se no presente trabalho.

Como é cediço, a propaganda eleitoral se configura como uma técnica de argumentação e apresentação ao público, organizada e estruturada de tal forma a induzir conclusões ou pontos de vista favoráveis a seus protagonistas.[1] Defluindo de princípios caros ao Estado Democrático de Direito, constitui-se um componente indelével para propiciar a dialética no processo eleitoral, o que permite aos eleitores, diante do antagonismo de propostas, verificar qual a mais factível com seus interesses. Como representa uma ferramenta poderosíssima para garantir a adesão dos cidadãos, podendo mesmo fazer com que acontecimentos falsos assumam a veste de verdadeiros, principalmente em um período de pós-verdades, a legislação eleitoral optou por regulá-la em suas minudências, de modo que possa ser realizada de maneira paritária a todos os candidatos, na tentativa de coibir a proliferação de abusos.[2]

Ciente da magnitude que envolve a temática posta sob análise, o Autor principia a obra com o delineamento acerca da estrutura conceitual do instituto, sem, com isso, descurar de promover uma compreensão dos afluentes que se encontram imbricados à ideia de propaganda. A fim de propiciar ao leitor um sólido arcabouço doutrinário para compreensão do tema, Alexandre Pimentel tece lições propedêuticas sobre a base principiológica da propaganda eleitoral, de modo a dispor de forma tópica sobre cada um dos

---

[1] PINTO FERREIRA, Luiz. *Código eleitoral comentado*. 4. ed. São Paulo: Saraiva, 1997, p. 88.
[2] AGRA, Walber de Moura; VELLOSO, Carlos Mário da Silva. *Elementos de direito eleitoral*. 6. ed. São Paulo: Saraiva, 2018, p. 248.

seus princípios norteadores. Na sequência expositiva, elenca as espécies de propaganda política, com todas as nuances a elas inerentes, trazendo à baila, inclusive, a problemática que enquadra a propaganda eleitoral antecipada, disposta no artigo 36-A, da Lei nº 9.504/97, com uma análise crítica do entendimento perfilhado pelo Tribunal Superior Eleitoral. Ainda no Capítulo primeiro evoca os *leading cases* que defluem do conteúdo esposado, especialmente sobre a veiculação de imagem de pessoa viva ou falecida, no contexto da propaganda eleitoral.

No Capítulo segundo, Alexandre Pimentel descortina as diversas formas de veiculação de conteúdo propagandístico no período permitido pela Lei nº 9.504/97, tais como a propaganda sonora, em bens particulares e em bens públicos e de uso comum. Questão interessante que foi discorrida consistiu no conflito normativo entre a Lei nº 13.488/2017 e a Lei nº 9.504/97, especialmente em relação à restrição ao uso de carros de som e mini trios.

Em seguimento, no Capítulo terceiro, explanou-se como decorre a difusão da propaganda eleitoral no rádio, na televisão e na imprensa escrita, tudo com esteio nas alterações promovidas pela Lei nº 13.488/2017. No Capítulo quarto, adentra nas questões polêmicas a respeito da propaganda eleitoral na internet. Para fins de cumprir esse desiderato, Alexandre Pimentel percorre todo o histórico evolutivo dos computadores, desde seus albores. De igual modo, desbrava os meandros da origem da internet, até desaguar nas problemáticas hodiernas que preocupam todos os atores do processo eleitoral, notadamente com a ascensão do uso de robôs, das *fake news* e das *deep fake news*. Atento aos avanços tecnológicos que exercem influência no pleito, ainda discorre sobre a impossibilidade jurídica de controle prévio de conteúdo pela internet; os veículos de comunicação social e o abuso de poder; os impulsionamentos; a propaganda por telemarketing; a utilização de perfis falsos para propagação de conteúdo propagandístico; o uso de *cookies* e *spam*; a contratação de *bunkers* cibernéticos; e o direito ao esquecimento no plano da propaganda eleitoral.

No Capítulo quinto, descreve pormenorizadamente todas as condutas vedadas aos agentes públicos previstas na Lei nº 9.504/97, para, na sequência, erguer os alicerces da teoria do abuso do poder no direito eleitoral. Ainda nesse Capítulo, traz reflexões acerca da figura do abuso de poder religioso, que, conquanto careça de significação efetiva, já foi objeto de análise tanto pelo Tribunal Superior Eleitoral quanto por alguns Tribunais Regionais Eleitorais.

No Capítulo sexto, desenvolve ideias sobre o direito de resposta na propaganda eleitoral, com demonstração das especificidades do seu procedimento, sobretudo no âmbito do Processo Judicial Eletrônico (PJe). No Capítulo sétimo, adentra no ponto nevrálgico da obra, a saber, a utilização do poder de polícia do magistrado para fins de coibir os excessos e as ilegalidades na propaganda eleitoral, e, com isso, promover efetivo prestígio aos princípios basilares do processo eleitoral. Nessa ambiência intelectiva, expõe os meios processuais disponíveis ao juiz para efetivação da decisão judicial de controle da propaganda eleitoral, no âmbito do uso do poder de polícia. Demais disso, aprofunda a temática com a demonstração das medidas sancionatórias típicas, em casos de descumprimento das regras prescritas à escorreita veiculação da propaganda eleitoral e a solidariedade entre candidatos e partidos políticos. Também explana sobre o processo executivo para fins de perseguir a multa imposta, bem como sobre a sua prescrição e o direito ao parcelamento.

No Capítulo oitavo, Alexandre Pimentel, exímio processualista, transpõe as implicações materiais do estudo em apreço para a seara do direito processual eleitoral, lançando mão de lições essenciais acerca de seus princípios informativos; da relação processual eleitoral; e da taxionomia de suas ações, descortinando suas consequências. Por derradeiro, discorre sobre o instituto da tutela provisória no direito processual eleitoral. Dado os efeitos deletérios que a veiculação de uma propaganda eleitoral em desacordo com as diretrizes legais pode causar nos pleitos, dispõe sobre a utilização das tutelas preventivas (cautelar e inibitória); das tutelas provisória de natureza administrativa e jurisdicional; e do cabimento da tutela de evidência para coibir eventuais abusos.

Diante desse conteúdo dissecado com maestria, conseguindo juntar as balizas teóricas mais avançadas com a *quaestio juris* dos problemas eleitorais mais pungentes, não se precisa ser uma pitonisa para vaticinar o sucesso deste trabalho. Aqui estão condensados ensinamentos não apenas de um juiz, encantador nas palavras, quanto duro na caneta (como advogado posso asseverar, em razão que tive a maioria de meus pleitos indeferidos), mas de um verdadeiro Catedrático, empossado em seu sentido conotativo pela profundidade de seus escritos.

Walber de Moura Agra
Mestre pela UFPE. Doutor pela UFPE/ Università degli Studi di Firenze. Pós-Doutor pela Université Montesquieu Bordeaux IV. Procurador do Estado da Pernambuco. Conselheiro Seccional da OAB/PE. Presidente da Comissão de Direito Eleitoral da OAB/PE. Advogado.

CAPÍTULO 1

PROPAGANDA: NOÇÕES GERAIS, PRINCÍPIOS E ESPÉCIES

1.1 Propaganda eleitoral, publicidade e marketing

Em sentido amplo, a propaganda consiste na difusão intencional de uma ideia, de uma ideologia, de um produto ou crença religiosa. Do ponto de vista histórico, a propaganda surgiu na Idade Média, atrelada à atuação e à difusão das ideias da Igreja Católica. Etimologicamente falando, isto é, em relação ao étimo no qual a expressão "propaganda" radica, Jean-Marie Domenach[1] aponta que deriva do latim *pontifical* e teria se espraiado no século VII, pela Europa, quando o Papa Gregório XV instituiu a Congregação da Fé com o escopo de divulgar as ideias da igreja católica através de um movimento reacionário à onda reformista de Lutero, e que restou conhecido como a contrarreforma. Por sua vez, Walber Agra[2] situa a origem da palavra propaganda na expressão latina *propagare*, a qual conota o sentido de espalhado, propagado, aumentado.

No Brasil, a propaganda vem definida no art. 5º da Lei nº 4.680/1965, que dispõe sobre o exercício da profissão de publicitário e de agenciador de propaganda, da seguinte maneira: "Compreende-se por propaganda qualquer forma remunerada de difusão de ideias,

---

[1] DOMENACH, Jean-Marie. *A propaganda política*. 2. ed. São Paulo: Difusão Europeia, 1965. p. 8-9.
[2] AGRA, Walber de Moura. *Manual prático de direito eleitoral*. 2. ed. Belo Horizonte: Fórum, 2018. p. 149.

mercadorias ou serviços, por parte de um anunciante identificado". Nesse contexto, a propaganda pode ser conceituada como sendo a técnica que tem por objetivo criar uma opinião pública favorável a um produto, pessoa ou ideia, bem como direcionar o comportamento das massas no sentido preestabelecido e pretendido pelo anunciante. Porém, na seara eleitoral, a remuneração não é um requisito ou fator indispensável para a caracterização da propaganda, considerando que a Lei nº 9.504/1997 (Lei das Eleições) elege certas modalidades de propaganda que só podem ser feitas gratuitamente, como acontece com a que é feita no rádio e na televisão.

Por sua vez, o conceito de propaganda encontra-se diretamente imbricado com o de publicidade, mas, tecnicamente falando, os termos se diferenciam em razão do objeto divulgado. Nesse sentido, pondera Calazans, que:

> O termo propaganda tem sua origem etimológica no latim, *pangere*, plantar. Todo ato de comunicação visa, assim, plantar uma mensagem no receptor, na forma de propaganda de produtos (publicidade) ou de propaganda ideológica, política ou eleitoral.[3]

O conceito de publicidade envolve o de propaganda. Esta, no entanto, também se distingue do *marketing*, o qual, consoante Santos Júnior,

> [...] é originário do latim *mercatus*, significando negócio ou mercado, bem como do inglês *to market*, no sentido de negociar um mercado [...] define a estratégia empresarial de lucros através da adequação da produção na oferta de mercadorias ou serviços às necessidades e preferências dos consumidores.[4]

Vê-se que, no geral, há uma tendência de atrelamento da expressão "publicidade" à esfera empresarial. Luiz Paulo Durigan reforça esta asserção ao indagar:

---

[3] CALAZANS, Flávio. *Propaganda subliminar multimídia*. 7. ed. rev., atual. e ampl. São Paulo: Sumus, 2006. p. 24.

[4] SANTOS JÚNIOR, Aldo Batista dos. *Publicidade comparativa*: regras e limitações. São Paulo: Ixtlan, 2009. p. 2-3.

[...] o que é, de fato, publicidade, o que é propaganda e o que é *marketing*? Os autores, na maioria, relacionam "Propaganda" a uma prática discursiva, de caráter ideológico, visando influências de cunho político, civil ou religioso, ao passo que "Publicidade" significaria a atuação na esfera empresarial.[5]

Essas diferenciações, entretanto, não se ajustam à esfera eleitoral com a precisão que se pretende conferir, como se passará a demonstrar.

É que, conquanto a doutrina tradicional mantenha imbricados os conceitos de marketing e publicidade à seara empresarial, no ordenamento jurídico eleitoral, além de a Lei nº 9.504/1997, peremptoriamente, proibir determinados meios onerosos ou remunerados de propaganda eleitoral, admite, noutra perspectiva, o uso da expressão "publicidade" presa ao âmbito da gestão institucional. Nitidamente, o sentido logrado pela expressão "publicidade" no direito eleitoral é distinto daquele empregado na área comercial-empresarial.

Publicidade, em matéria de propaganda, para além da significação que traduz o dever de tornar público os atos administrativo-judiciais do poder de polícia, unge-se, sobretudo, ao sentido institucional de divulgação das obras e programas de governo (poder executivo), bem como da atuação de parlamentares e, também, de políticas públicas de inclusão social sob a responsabilidade da própria justiça eleitoral. Nessa senda, a alínea "b", do inciso VI, do art. 73 da Lei nº 9.504/1997, atrela o uso da publicidade em matéria eleitoral à divulgação institucional dos atos, programas, obras, serviços e campanhas dos órgãos públicos federais, estaduais ou municipais, ou das respectivas entidades da administração indireta.

Esse mesmo dispositivo proíbe a propaganda de produtos e serviços que tenham concorrência no mercado, a qual só é admitida em caso de grave e urgente necessidade pública, devidamente reconhecida pela Justiça Eleitoral. Assim, a publicidade, no âmbito eleitoral, significa precisamente a propaganda de gestão governamental, ou seja, a difusão comunicacional pelos meios lícitos

---

[5] DURIGAN, Paulo Luiz. *Publicidade comparativa*. 1. ed. Curitiba: Edição do Autor, 2007. p. 67.

de manifestação do pensamento, na forma e nos períodos permitidos pela legislação eleitoral, sem pedido de voto.

A publicidade governamental do poder executivo sofre ainda a restrição de não poder veicular nomes, fotos ou símbolos de promoção pessoal de autoridade ou servidor público e não pode servir para promoção pessoal dos agentes públicos. Essa restrição justifica-se na coibição do abuso do poder político pelos agentes públicos.

A propaganda institucional da justiça eleitoral, por sua vez, é prevista pelo art. 93 da Lei nº 9.504/1997, a qual faculta ao Tribunal Superior Eleitoral, a partir do dia 16 de julho até o dia 16 de agosto dos anos eleitorais, ou seja, nos trinta dias que antecedem o início do período da propaganda eleitoral, a requisição das emissoras de rádio e televisão de até dez minutos diários, contínuos ou não, os quais poderão ser somados e usados em dias espaçados, para a divulgação de publicidade institucional de interesse público, a qual abrange comunicados, boletins e instruções ao eleitorado. Esse dispositivo ainda faculta que o Tribunal Superior Eleitoral proceda à mesma requisição nos três dias anteriores à data do pleito com a mesma finalidade.

Enquanto o art. 93 da Lei nº 9.504/1997 utiliza o verbo "poderá", para facultar ao Tribunal Superior Eleitoral a requisição de espaço na mídia das emissoras de rádio e de televisão, o art. 93-A, noutra ponta, utiliza o modo verbal imperativo para prescrever que o Tribunal Superior Eleitoral, no período compreendido entre 1º de abril e 30 de julho dos anos eleitorais, requisite às emissoras de rádio e televisão tempo correspondente a até cinco minutos diários, contínuos ou não, para divulgação de:

> [...] propaganda institucional, em rádio e televisão, destinada a incentivar a participação feminina, dos jovens e da comunidade negra na política, bem como a esclarecer os cidadãos sobre as regras e o funcionamento do sistema eleitoral brasileiro.

No direito eleitoral, a propaganda política constitui-se num gênero que abrange, como espécies, as propagandas: institucional, partidária, intrapartidária e a eleitoral propriamente dita. Dentre todas elas, no entanto, a única modalidade na qual é permitido o pedido explícito de voto do eleitor com o objetivo de eleger candidatos a cargos eletivos é a propaganda eleitoral, daí o porquê de a denominarmos de propaganda eleitoral *stricto sensu*, porquanto o seu objetivo principal é a conquista do voto do eleitor, não apenas para determinado candidato, mas, também, para um partido político numa determinada eleição.

Entretanto, diante da falta de cuidado, tanto da doutrina quanto da jurisprudência, no uso adequado dessas expressões, a identificação do que cada uma delas realmente designa e que especificará e distinguirá a modalidade da propaganda, enquanto espécie, da propaganda, enquanto gênero, será a finalidade e o contexto no qual a expressão em questão será utilizada.

A dificuldade de se especificar com precisão uma nomenclatura adequada para os fenômenos acima aludidos demonstra-se, ainda, na vã tentativa da doutrina de ungir a expressão "marketing" à área empresarial, contudo, tal intento é desconstruído pela atuação de publicitários no setor da propaganda política, em suas diversas modalidades, e que ficaram conhecidos, exatamente por isso, como "marqueteiros" da política e de políticos, tendo esta expressão passado a integrar a gramatologia eleitoralista, sendo, na atualidade, um inegável *locus comunis*, um clichê na publicidade política. Assim, importa pontuar que, neste livro, o uso desadjetivado da expressão "propaganda" indicará sua vinculação à propaganda eleitoral em sentido próprio, à propaganda *stricto sensu* no âmbito eleitoral, ou seja, aquela através da qual se pede o voto para o exercício de cargo público eletivo em prol de determinados candidatos.

Por fim, importa acrescentar que os custos com a propaganda eleitoral em sentido próprio, isto é, a realizada no período permitido pela Lei nº 9.504/1997 em campanha eleitoral, nos termos do inciso II, do art. 26 da mesma Lei, representam gastos eleitorais sujeitos a registro e aos limites fixados na própria Lei, pois, segundo reza esse dispositivo, os gastos relativos à "propaganda e publicidade direta ou indireta, por qualquer meio de divulgação, destinada a conquistar votos" devem constar da respectiva prestação de contas de campanha.

1.1.1 Propaganda eleitoral positiva e negativa

Feitas essas distinções, é induvidoso que, no âmbito do sistema jurídico eleitoral, a propaganda recorre a variados métodos de persuasão que são utilizados para a formação do convencimento do público-alvo (os eleitores), e, nesse contexto, tanto pode servir para a indução de aceitação quanto para a rejeição de uma ideia ou propostas de partido político ou candidato.

Há métodos de convencimento explícitos e implícitos, leais e sub-reptícios. No direito eleitoral, entretanto, não é permitida a propaganda sub-reptícia, posto que esta recorre a técnicas de manipulação da informação. Nessa direção, o art. 36-B, da Lei nº 9.504/1997, proíbe a convocação pelo Presidente da República, dos Presidentes da Câmara dos Deputados, do Senado Federal e do Supremo Tribunal Federal, "de redes de radiodifusão para divulgação de atos que denotem propaganda política ou ataques a partidos políticos e seus filiados ou instituições".

A propaganda eleitoral negativa é vedada por Lei, sendo considerada como tal aquela que exorbita os limites da garantia da liberdade de expressão, mas não pode proibir o direito de crítica. O Tribunal Superior Eleitoral já decidiu que não se pode impedir "[...] a crítica de natureza política ínsita e necessária ao debate eleitoral e da essência do processo democrático representativo".[6] Guilherme Camargo, a propósito, acrescenta, com acerto, que "Quando os apontamentos indicados na propaganda, ainda que tenham desabonado a atuação do governo ou do político, ainda que pesadas e inapropriadas, não ultrapassarem o limite da discussão, inexistirá propaganda eleitoral negativa".[7]

O que caracteriza a propaganda eleitoral como negativa não é o momento temporal no qual ela acontece, mas o teor degradante, ofensivo e desmedido do seu conteúdo textual, auditivo ou imagético.

---

[6] BRASIL. Tribunal Superior Eleitoral. Rp nº 120133/2014.
[7] CAMARGO, Guilherme Pessoa Franco de. *A propaganda eleitoral negativa e a propaganda eleitoral antecipada x liberdade de expressão e pensamento*. 6 jul. 2012. Disponível em: https://www.direitonet.com.br/artigos/exibir/7182/A-propaganda-eleitoral-negativa-e-a-propaganda-eleitoral-antecipada-x-liberdade-de-expressao-e-pensamento. Acesso em: 20 ago. 2018.

Em sendo assim, não se constitui em negativa a propaganda eleitoral extemporânea, pelo simples fato de ser realizada em período não permitido. Ambas, no entanto, são espécies de propaganda eleitoral ilícita.

Considera-se, porém, como negativa, a propaganda eleitoral realizada na internet por meio de impulsionamentos que não sejam para a promoção ou o benefício de candidatos, partidos e coligações. Nesse caso, o §3º, do art. 57-D, da Lei nº 9.504/1997, só permitiu impulsionamentos para tal fim, ou seja, para beneficiar. Nessa hipótese específica, a própria crítica está proibida, há uma clara limitação da liberdade de expressão de duvidosa constitucionalidade. Noutro panorama, os usuários de internet, desde que não contratem impulsionamentos, podem fazer críticas e juízos de valor, tanto relativos aos seus candidatos quanto sobre os candidatos nos quais não votarão. Vejamos, a partir de agora, os princípios que regem a propaganda eleitoral e orientam a respectiva hermenêutica sobre ela edificada.

1.2 Dos princípios que orientam a propaganda eleitoral

Na atual ambiência jurídica tornou-se lugar comum a assertiva pela qual as normas jurídicas constituem gênero que abrange, como espécies, princípios e regras (leis e atos administrativos), e que, na hipótese de conflito entre uma regra e um princípio, este último afasta a incidência daquela pela técnica da ponderação de valores sem, contudo, revogá-la.[8] No pertinente à propaganda eleitoral, podemos extrair da doutrina e da construção pretoriana alguns princípios que a regem, destacando a seguir os mais importantes para a temática.

---

[8] DWORKIN, Ronald. *Uma questão de princípio*. São Paulo: Martins Fontes, 2000. p. 124.

1.2.1 Princípio da atuação ex officio: o poder de polícia do juiz da propaganda e o poder normativo da justiça eleitoral

Em relação à fiscalização e à repressão da propaganda eleitoral não incide a regra constante do art. 2º do CPC-2015, pela qual o juiz somente pode atuar quando provocado nos termos e formas legais, considerando que o poder de polícia é atribuído à magistratura, mais propriamente falando aos juízes que exercem a função de presidir a propaganda eleitoral (art. 41, §§1º e 2º, da Lei nº 9.504/1997).[9] Essa regra, no entanto, foi limitada pelo TSE pertinentemente ao controle de conteúdos na propaganda realizada na Internet, pois, como dispõe o art. 7º da Resolução nº 23.610/2019, foi adotado o princípio do minimalismo do controle oficioso do juiz ou juíza da propaganda eleitoral, vejamos:

> Art. 7º O juízo eleitoral com atribuições fixadas na forma do art. 8º desta Resolução somente poderá determinar a imediata retirada de conteúdo na internet que, em sua forma ou meio de veiculação, esteja em desacordo com o disposto nesta Resolução.
> §1º Caso a irregularidade constatada na internet se refira ao teor da propaganda, não será admitido o exercício do poder de polícia, nos termos do art. 19 da Lei nº 12.965/2014;
> §2º Na hipótese prevista no §1º deste artigo, eventual notícia de irregularidade deverá ser encaminhada ao Ministério Público Eleitoral.

Ademais, aos juízes(as), não é outorgado o poder de editar portarias que imputem sanções aos partidos e candidatos se acaso houver infringência aos preceitos da Lei nº 9.504/1997. A propósito, decidiu o TSE: "Aos juízes eleitorais, nos termos do artigo 41, §§1º e 2º, da Lei nº 9.504/97, compete exercer o poder de polícia sobre a propaganda eleitoral, não lhes assiste, porém, legitimidade para instaurar portaria que comina pena por desobediência a essa Lei".[10] E nem para impor astreintes ou medida de apoio similar de natureza

---

[9] Por exceção à regra, o art. 139 do Código Eleitoral também atribui poder de polícia ao presidente das seções eleitorais, como será visto no Capítulo 6.
[10] RMS nº 154104/RO. Rel. Min. Gilson Langaro Dipp. Acórdão de 10.04.2012. DJE 14.05.2012.

pecuniária, através de decisão, no exercício do poder de polícia. Assim dispõe o art. 54 da Resolução nº 23.608/2019. Vejamos, a propósito, o que prescrevem os §§1º e 2º do art. 54:

> §1º O poder de polícia sobre a propaganda eleitoral é restrito às providências necessárias para inibir ou fazer cessar práticas ilegais, vedada a censura prévia sobre o teor dos programas e das matérias jornalísticas ou de caráter meramente informativo a serem exibidos na televisão, na rádio, na internet e na imprensa escrita.
>
> §2º No exercício do poder de polícia, é vedado à magistrada ou ao magistrado aplicar sanções pecuniárias, instaurar de ofício a representação por propaganda irregular ou adotar medidas coercitivas tipicamente jurisdicionais, como a imposição de astreintes (Súmula nº 18/TSE).

O §3º do art. 54 da Resolução 23.608/2019, por sua vez, elegeu a via do mandado de segurança como sendo a ferramenta jurisdicional adequada para impugnação de atos comissivos e omissivos praticados pela juíza ou pelo juiz eleitoral no exercício do poder de polícia.

Importa ressalvar, porém, que a depender da matéria do conflito surgido durante uma campanha eleitoral, a justiça competente para dirimi-lo pode não ser a especializada-eleitoral. Será competente o juiz ou juíza da propaganda eleitoral se a questão versar sobre matéria eleitoral, à publicidade da campanha ou à realização de comícios. Outras matérias exorbitam do campo da competência do juiz/juíza da propaganda. Pretensões indenizatórias derivadas de ofensa à honra de candidatos, por exemplo, e crimes de natureza não eleitoral, ainda que perpetrados no período eleitoral, incluído o dia da eleição, são de competência da justiça comum, exceto os crimes conexos com os de natureza eleitoral, caso em que a competência da justiça eleitoral expande-se para conhecer o delito conexo.

O Superior Tribunal de Justiça já considerou, a respeito do assunto, que demandas não incluídas no rol das matérias eleitorais, ainda que perpetradas em campanhas eleitorais, são de competência da justiça comum:

> 1. A Justiça Eleitoral, órgão do Poder Judiciário brasileiro (art. 92, V, da CF), tem seu âmbito de atuação delimitado pelo conteúdo constante no art. 14 da CF e na legislação específica. 2. As atividades reservadas à

Justiça Eleitoral aprisionam-se ao processo eleitoral, principiando com a inscrição dos eleitores, seguindo-se o registro dos candidatos, eleição, apuração e diplomação, ato que esgota a competência especializada (art. 14, §10, CF) [...].[11]

Com efeito, o juiz ou juíza da propaganda eleitoral tem a sua atuação praticamente adstrita à função fiscalizadora, a qual se exerce independentemente de provocação dos interessados com lastro no poder de polícia, ressalvado o controle de conteúdo veiculado na Internet, porquanto nesse caso sua atuação depende de provocação. Somente por exceção à regra também exerce função jurisdicional, mas, apenas, no pertinente ao julgamento de reclamações relativas à realização de comícios. Nesse sentido dispõe o §3º, do art. 245, do Código Eleitoral: "Aos órgãos da Justiça Eleitoral compete julgar as reclamações sobre a localização dos comícios e providências sobre a distribuição equitativa dos locais aos partidos".

A disposição foi regulamentada pelo TSE, através da Resolução nº 23.610/2019, mas o §1º do art. 41 da Lei nº 9.504/1997 prescreve que "O poder de polícia sobre a propaganda eleitoral será exercido pelos juízes eleitorais e pelos juízes designados pelos Tribunais Regionais Eleitorais".

Quanto à atuação oficiosa da justiça eleitoral, Tito Costa acrescenta que "[a]lém de suas atribuições judicantes, a Justiça Eleitoral, por meio do Tribunal Superior Eleitoral, possui competência normativa ou regulamentar e, até mesmo, de certa forma, legislativa [...]".[12] Mas tal poder de editar atos administrativos, com caráter geral e obrigatório em matéria eleitoral, limita-se, como bem pontua Manuel Carlos de Almeida Neto,[13] à finalidade específica de dar efetividade concreta à lei com observância das balizas estabelecidas pela própria lei ou para suprir lacunas normativas, sendo assim, *secundum legem* no primeiro caso; e *praeter legem* no segundo.

---

[11] BRASIL. Superior Tribunal de Justiça. CC nº 113433/AL. Rel. Min. Arnaldo Esteves Lima. Publicação: 19.12.2011.
[12] COSTA, Tito. *Recursos em matéria eleitoral*. 8. ed. São Paulo: RT, 2004. p. 13.
[13] ALMEIDA NETO, Manoel Carlos de. *Direito eleitoral regulador*. São Paulo: Revista dos Tribunais, 2014. p. 220.

Com efeito, o poder normativo da justiça eleitoral em matéria eleitoral não mais encontra sua gênese exclusiva na Constituição Federal, como já ocorreu em período anterior, mas na legislação infraconstitucional. Por essa razão, persiste uma divergência doutrinária acerca da sua constitucionalidade.[14]

Mesmo à guisa de previsão constitucional, o poder normativo da justiça eleitoral vem disciplinado pelo art. 1º do Código Eleitoral, o qual, preambularmente, esclarece, no *caput*, que "[e]ste código contém normas destinadas a assegurar a organização e o exercício de direitos políticos, precipuamente os de votar e ser votado"; e arremata, no parágrafo único, que "[o] Tribunal Superior Eleitoral expedirá instruções para sua fiel execução". No mesmo toar, o inciso XVIII, do art. 23 do mesmo código, complementa que compete privativamente ao Tribunal Superior eleitoral "tomar quaisquer outras providências que julgar convenientes à execução da legislação eleitoral".

Ademais, o poder normativo do Tribunal Superior Eleitoral é reforçado tanto pela Lei dos Partidos Políticos (Lei nº 9.096/1995) quanto pela Lei das Eleições (Lei nº 9.504/1997). Explicitamente, o art. 61 da Lei dos Partidos Políticos confere tal poder ao Tribunal Superior Eleitoral, ao dispor que "[o] Tribunal Superior Eleitoral expedirá instruções para a fiel execução desta Lei". No mesmo passo, o art. 105 da Lei das Eleições impõe ao TSE um verdadeiro poder-dever de expedir, até o dia 5 de março do ano de cada eleição, "[...] todas as instruções necessárias para sua fiel execução, ouvidos, previamente, em audiência pública, os delegados ou representantes dos partidos políticos", ressalvando, no entanto, que tais atos normativos deverão atender ao caráter regulamentar e sem proceder a qualquer restrição de direitos e, mais que isso, sem poder estabelecer sanções distintas das previstas em lei.

O poder regulamentar da justiça eleitoral, porém, encontra respaldo não só na legislação infraconstitucional, mas, igualmente, na própria Carta Constitucional. O fundamento desta assertiva deriva do fato de o art. 121 da CF rezar que "Lei Complementar

---

[14] COÊLHO, Marcus Vinicius Furtado. *O poder regulamentar do TSE na jurisprudência do Supremo*. Disponível em: https://www.conjur.com.br/2017-out-29/. Acesso em: 12 ago. 2018.

disporá sobre a organização e a competência dos tribunais, dos juízes de direito e das juntas eleitorais", e, sobretudo, no fato de essa Lei Complementar não ter sido ainda promulgada. Em sendo assim, e em atenção ao fato de a Lei nº 4.737, de 15 de julho de 1965 (Código Eleitoral), ter sido recepcionada pela Constituição Federal atual como Lei Complementar, como apontam Nelson Nery Júnior e Rosa Maria Andrade Nery,[15] não há que se cogitar de inconstitucionalidade do poder regulamentar eleitoral.

Registre-se, enfim, que o poder normativo é exclusivo do Tribunal Superior Eleitoral, não sendo extensível aos Tribunais Regionais Eleitorais. Sobre o assunto, o TSE já esclareceu que "a competência para regulamentar disposições da legislação eleitoral é exclusiva do Tribunal Superior Eleitoral".[16] Porém, por questão de razão prática, tem-se consentido que os Tribunais Regionais Eleitorais editem atos normativos para regulamentar eleições suplementares, como se demonstrará no item a seguir.

1.2.2 Princípio da legalidade (Federal) e o direito à propaganda nas eleições normais e suplementares

O direito ao exercício da propaganda eleitoral deve ser disciplinado apenas por Lei Federal. Somente a União detém competência para legislar sobre matéria relativa à propaganda eleitoral, consoante dispõe o inciso I, do art. 22, da Constituição Federal. Atrelar e restringir a competência para legislar sobre matéria eleitoral à União é a única maneira de manter a isonomia de tratamento entre todas as unidades federativas do Brasil sobre a propaganda eleitoral.[17]

Em matéria de propaganda eleitoral, constitui decorrência desse princípio a impossibilidade de se aplicar qualquer sanção que

---

[15] NERY JÚNIOR, Nelson; NERY, Rosa Maria Andrade. 1997. p. 152-153 *apud* FLÔRES, Ana Eloise de Carvalho; FERNANDES, Rosana Spiller. *Poder Regulamentar do Tribunal Superior Eleitoral*. Florianópolis: Resenha Eleitoral – Nova Série, 2007. v. 14.
[16] BRASIL. Tribunal Superior Eleitoral. Ac.-TSE, de 9.9.2014, no REspe nº 64770.
[17] ALMEIDA, Roberto Moreira. *Direito eleitoral*. Salvador: Juspodivm, 2009. p. 308.

não derive, expressamente, do texto da lei federal. Por isso, não pode o juiz que atua com base no poder de polícia editar portarias que imponham sanção aos candidatos, partidos e coligações em razão do seu descumprimento. Nem mesmo o poder regulamentar pode, como visto alhures em item anterior, impor sanção imprevista em Lei eleitoral. Foi nesse toar que o Tribunal Regional Eleitoral de Pernambuco decidiu pela impossibilidade de punição com multa a candidato e a partido político em razão de realização de carreata ante a imprevisão de sanção positivada em Lei para essa infração, vejamos:

> RECURSO ELEITORAL. ELEIÇÕES 2012. CARREATA. PROPAGANDA IRREGULAR. APLICAÇÃO DE MULTA. AFASTADA. AUSÊNCIA DE PREVISÃO LEGAL. PRINCÍPIO DA LEGALIDADE. OBSERVÂNCIA. PROVIMENTO. 1- A realização de carreata em vias públicas, federais ou estaduais, não se enquadra nas proibições contidas no art. 37, caput, da Lei nº 9.504/97. 2- Não se aplica, ao caso vertente, a multa prevista no §1º, art. 37, da Lei nº 9.504/97, por ausência de previsão legal. Princípio da Legalidade. 3- Recurso provido.[18]

O Tribunal Regional Eleitoral do Amazonas, por sua vez, respaldado no mesmo princípio, concedeu provimento parcial a recurso eleitoral para esclarecer, com acerto, que a aplicação do art. 80 do CPC-2015, que prevê a aplicação de multa por litigância de má-fé, pressupõe o enquadramento rigoroso do caso concreto a, pelo menos, uma das hipóteses reguladas pelo código de processo civil. Assentou essa Corte Regional que "[a] multa não é cabível no caso concreto, uma vez que a aplicação de penalidades está sujeita ao princípio da legalidade estrita".[19]

De fato, não se pode fazer interpretação ampliativa, ou analogia *in malam partem*, para aplicação de sanção não prevista em lei. O caso concreto referido no parágrafo anterior não versava sobre conduta processual, mas sobre a ocorrência, ou não, de propaganda extemporânea nas eleições suplementares no Estado do Amazonas.

---

[18] BRASIL. Tribunal Regional Eleitoral-PE. 2013. RE nº 25868/PE. Relator: Frederico José Matos de Carvalho. Publicação: 22.07.2013.
[19] BRASIL. Tribunal Regional Eleitoral AM. 2017. RP-060016670 MANAUS – AM. Relatora: Marília Gurgel Rocha de Paiva e Sales. Publicação: 13.09.2017.

No caso de eleições suplementares, o período do início e do fim da propaganda, incluindo o plano de mídia das inserções e dos blocos em horários fixos, há de vir expressamente regulado por ato normativo para ser veiculado gratuitamente em rede de rádio e televisão. Tal ato normativo deve derivar do Tribunal Superior Eleitoral, no caso de eleições para Presidente e Vice-Presidente da República, ou pelos Tribunais Regionais Eleitorais, nos demais casos, já que não se pode cogitar de aplicação da regra prevista pelo art. 36 da Lei nº 9.504/1997, que somente permite a propaganda após o dia 15 de agosto do ano da eleição.

É preciso ajustar a situação concreta, tanto quanto possível, ao período permitido para a propaganda consoante o calendário do art. 36 e seguintes da Lei nº 9.504/1997. Em sentido contrário, o Tribunal Regional Eleitoral do Rio Grande do Sul editou a Resolução nº 317, de 24 de julho de 2018, que estabeleceu normas para a renovação das eleições majoritárias no município de Alpestre, e no art. 13 deliberou que não haveria propaganda eleitoral gratuita em rádio e televisão, não obstante ter admitido todos os demais meios legalmente previstos para as Eleições de 2018.

Por sua vez, o Tribunal Regional Eleitoral do Maranhão, ao disciplinar as eleições suplementares diretas para os cargos de Prefeito e Vice-Prefeito do Município de Bacabal, editou a Resolução nº 9.302, de 19.07.2018, cujo art. 18 permitiu a propaganda eleitoral no período de 16 de agosto, até a data limite prevista para realização de propaganda relativa ao segundo turno das eleições gerais de 2018. O §2º, do art. 18, por seu turno, regulamentou a divulgação, em rede de rádio e televisão, da propaganda eleitoral gratuita, estatuindo-se que seria disciplinada pelo juiz da 13ª Zona Eleitoral, bem como que o juiz deveria reunir-se previamente com os partidos políticos, coligações, candidatos, emissoras e Ministério Público Eleitoral.

O mesmo entendimento foi seguido pelo Tribunal Regional Eleitoral de Minas Gerais nas eleições diretas para os cargos de Prefeito e Vice-Prefeito no Município de Santa Luzia. Para tanto, a Resolução nº 1.083, de 28 de maio de 2018, especificou os prazos da propaganda eleitoral e, em seu art. 5º, prescreveu que o juiz eleitoral designado pelo Tribunal Regional Eleitoral deveria convocar os partidos políticos e os representantes das emissoras de televisão e de rádio para "a elaboração de plano de mídia para uso da parcela do horário eleitoral gratuito a que tenham direito".

A propaganda eleitoral no rádio e na televisão é um direito subjetivo dos candidatos, partidos políticos e coligações, regulado pelo art. 44 e seguintes da Lei nº 9.504/1997, e deve ser garantido em todas as espécies de eleições diretas, normais ou suplementares, não importando o fato de serem municipais, estaduais, distritais ou federais. Com respaldo no art. 93 da mesma Lei, os Tribunais Regionais Eleitorais devem requisitar das emissoras de rádio e televisão, o espaço necessário para a divulgação da propaganda nos horários estabelecidos no art. 51 da Lei nº 9.504/1997. Insta, enfim, observar, que o direito à compensação fiscal garantido às emissoras de rádio e televisão pelo art. 99 da Lei das Eleições aplica-se também às eleições suplementares.

1.2.3 Princípio da liberdade e disponibilidade e o problema da censura prévia, na propaganda física e na internet: o problema do controle da criptografia por ordem judicial

Esse princípio estabelece que deve ser considerada permitida toda espécie de propaganda não vedada expressamente por Lei.[20] Ademais, o princípio em questão associa liberdade à disponibilidade,[21] a qual vem prevista e regulada pelo art. 256 do Código Eleitoral, que também exige que as autoridades administrativas federais, estaduais e municipais devem proporcionar aos partidos, em igualdade de condições, as facilidades permitidas para a respectiva propaganda.

A amplitude do princípio em questão não se coaduna com interpretação restritiva, no sentido de que a propaganda que não estiver permitida expressamente por Lei estaria proibida. O sentido hermenêutico-garantista sedimentado na construção pretoriana não é este, mas o que entende como permitido todos os meios de propaganda não vedados. A propósito, o TRE/RO reverberou

---

[20] CONEGLIAN, Olivar. *Propaganda eleitoral*: eleições 2014. 12. ed. Curitiba: Juruá, 2014. p. 87.
[21] Parte da doutrina, todavia, classifica-os como princípios distintos.

essa opção interpretativa, no julgamento do REspe nº 15065, nos seguintes termos:

> A propaganda eleitoral que não possui regulamentação trata-se de propaganda lícita, pois qualquer vedação a determinado tipo ou a determinada forma de propaganda deve ser expressa, sob pena de violação ao princípio da liberdade e da disponibilidade da propaganda política.[22]

Além da previsão do art. 256 do Código Eleitoral, a liberdade da propaganda eleitoral é também regulamentada pelo art. 39 da Lei nº 9.504/1997, o qual garante que "a realização de qualquer ato de propaganda partidária ou eleitoral, em recinto aberto ou fechado, não depende de licença da polícia". Porém, o §1º, do mesmo artigo, ressalva que incumbe ao candidato, partido político ou coligação, o dever de comunicar à autoridade policial em, no mínimo, 24 horas antes de sua realização, para que esta autoridade garanta, isto é, disponibilize, segundo a prioridade do aviso, o direito de realização do ato em detrimento de quem eventualmente pretenda utilizar o mesmo local no mesmo dia e horário. Assim, tem-se que é livre o direito à propaganda eleitoral, desde que o meio pelo qual ela se expressa não seja proibido por Lei federal e que não afronte a Constituição Federal.

Essa assertiva é referendada pelo teor do *caput* do art. 41 da Lei nº 9.504/1997, o qual, como já antecipamos, representa um verdadeiro contrapeso ao exercício do poder de polícia dos juízes da propaganda, porquanto estatui que se a propaganda for exercida nos termos da legislação eleitoral, ela não poderá ser objeto de multa nem cerceada sob alegação de exercício do poder de polícia. O dispositivo ainda limita o poder de polícia ao estabelecer que não se pode proibir a propaganda eleitoral em razão de violação de postura municipal.

Importa realçar que o *caput* do art. 39 da Lei das Eleições disse menos do que deveria, pois ao ressalvar que "a realização de qualquer ato de propaganda partidária ou eleitoral, em recinto aberto

---

[22] REspe nº 15065/BA. Rel. Min. Mauricio Jose Correa. Acórdão de 21.10.1997. DJ 14.11.1997.

ou fechado, não depende de licença da polícia", deu ensanchas à dúvida se dependeria, ou não, de autorização do juiz da propaganda.

A Lei é de conhecimento público e geral, obrigatória, portanto, e as formas de propaganda que não são expressamente vetadas são permitidas. Logo, sua utilização não depende de autorização nem da polícia, nem do representante do Ministério Público Eleitoral, nem do juiz da propaganda eleitoral.

É que a propaganda atrela-se, indissociavelmente, ao direito constitucional fundamental garantido pelo inciso IV, do art. 5º da Constituição Federal, segundo o qual "é livre a manifestação do pensamento, sendo vedado o anonimato", e não se sujeita à censura prévia, como prevê o inciso IX, do art. 5º da CF e, sobretudo, o §2º do art. 220 da Carta Magna. Este último extirpa qualquer dúvida sobre o assunto, ao estatuir que em relação aos veículos de comunicação social, isto é, as empresas jornalísticas, "[é] vedada toda e qualquer censura de natureza política, ideológica e artística".

Conseguintemente, o princípio da liberdade/disponibilidade aplica-se, inclusive, à propaganda pelo rádio, televisão e internet, sendo respaldado pela legislação infraconstitucional geral e eleitoral. A Lei das Eleições, no §2º do art. 41, afirma que a censura prévia é vedada em todos os tipos de mídias usados para realização de propaganda eleitoral, ao destacar que "o poder de polícia se restringe às providências necessárias para inibir práticas ilegais, vedada a censura prévia sobre o teor dos programas a serem exibidos na televisão, no rádio ou na internet". Contudo, numa única hipótese, o §4º do art. 58 da Lei nº 9.504/1997, admitiu que o juiz/juíza da propaganda possa fazer o "controle prévio" de conteúdo a ser veiculado em direito de resposta quando já findado o período de propaganda, vejamos:

> §4º Se a ofensa ocorrer em dia e hora que inviabilizem sua reparação dentro dos prazos estabelecidos nos parágrafos anteriores, a resposta será divulgada nos horários que a Justiça Eleitoral determinar, ainda que nas quarenta e oito horas anteriores ao pleito, em termos e forma previamente aprovados, de modo a não ensejar tréplica.

Conquanto a lei não utilize a expressão "censura" é disso mesmo que se trata, pois o magistrado ou magistrada poderá impedir a veiculação de conteúdo antes de sua exibição.

Por seu turno, a Lei do Marco Civil da Internet (LMCI), no art. 19 resguarda os provedores de aplicações de internet quanto à responsabilidade pelos conteúdos gerados pelos seus usuários, precisamente com o fito de assegurar a liberdade de expressão e impedir a censura, ao consignar que eles somente poderão ser responsabilizados, por ofensas derivadas de postagens geradas por terceiros, se não atenderem à ordem judicial que determine a retirada do conteúdo respectivo da rede virtual, fazendo, todavia, uma importante observação no sentido de admitir a possibilidade de os provedores não poderem, do ponto de vista operacional, atender às determinações judiciais em razão de limitações técnicas que impeçam o cumprimento respectivo.

Essa questão dos limites técnicos imbrica-se, umbilicalmente, com os provedores de aplicações de internet que utilizam o sistema de criptografia assimétrica de ponta-a-ponta, recomendado pela Medida Provisória nº 2.200-2/2001. É que, nessas situações, nem mesmo os provedores têm acesso aos conteúdos produzidos pelos seus usuários em razão da maneira como os algoritmos processam as mensagens enviadas, recebidas e compartilhadas.[23]

Sobre esse ponto, impende antecipar desde já, que a Resolução do Tribunal Superior Eleitoral de nº 23.608/2019, que regulamentou as representações, reclamações e pedidos de resposta previstos na Lei nº 9.504/1997, assim como a Resolução de nº 23.610/2019, que dispõe sobre propaganda eleitoral, do Tribunal Superior Eleitoral, ambas determinam que a URL, URI ou URN, isto é, o localizador de endereço, nome ou domínio ou identificador da página da internet que alberga o conteúdo que se pretende retirar, deve vir especificado na petição inicial, sob pena de nulidade da ordem judicial. Em 2021, a Resolução nº 23.608/2019, que reiterava essa exigência, foi alterada pela Resolução nº 23.672/2021, para admitir que em casos nos quais o URL (Uniform Resource Locator – Localizador Padrão de Recursos) não for indicado, que a petição inicial da reclamação ou

---

[23] Essa temática voltará a ser abordada no Capítulo 3.

representação seja admitida se contiver a indicação do URI (Uniform Resource Identifier – Identificador Uniforme de Recursos), ou com o URN (Uniform resource name – Nome Uniforme de Recurso), *verbis:*

> Art. 17. A petição inicial da representação relativa à propaganda irregular será instruída, sob pena de não conhecimento:
>
> I - com prova da autoria ou do prévio conhecimento da beneficiária ou do beneficiário, caso não seja alegada a presunção indicada no parágrafo único do art. 40-B da Lei nº 9.504/1997;
>
> II - naquelas relativas à propaganda irregular no rádio e na televisão, com a informação de dia e horário em que foi exibida e com a respectiva transcrição da propaganda ou trecho impugnado; e
>
> III - no caso de manifestação em ambiente de internet, com a identificação do endereço da postagem, no âmbito e nos limites técnicos de cada serviço (URL ou, caso inexistente esta, URI ou URN) e a prova de que a pessoa indicada para figurar como representada ou representado é a sua autora ou o seu autor, sem prejuízo da juntada, aos autos, de arquivo contendo o áudio, a imagem e/ou o vídeo da propaganda impugnada. (Redação dada pela Resolução nº 23.672/2021)

Quanto ao problema do controle sobre conteúdos veiculados através de redes sociais que usam a criptografia de ponta-a-ponta, o Supremo Tribunal Federal já se manifestou nos autos da ADI nº 5527 e da Arguição de Descumprimento de Preceito Fundamental (ADPF) nº 403, as quais discutem a licitude da possibilidade de suspensão dos serviços de mensagens pela Internet, oferecidos por aplicações como *Telegram* e *WhatsApp*, em razão de desatendimento às ordens judiciais que determinem a quebra de sigilo de comunicações criptografadas.

Apesar do julgamento ainda não ter sido concluído em razão de pedido de vista do Ministro Alexandre de Moraes, os Ministros Rosa Weber, relatora da ADI 5527, e Edson Fachin, relator da ADPF 403, consideraram que o sigilo das comunicações pela Internet consiste numa garantia constitucional fundamental, tendo ambos rechaçado qualquer interpretação no sentido de que as disposições da LMCI (Lei 12.965/2014) estariam a permitir que ordens judiciais pudessem determinar a essas aplicações de Internet que revelem o conteúdo de mensagens criptografadas de ponta-a-ponta, ou seja, que não se pode violar a garantia da criptografia precisamente por quedar-se imbricada com as garantias do sigilo. Sem qualquer reparo, esses ministros asseriram que as informações que devem ser fornecidas em atendimento a ordens judiciais são os denominados metadados, isto é, informações pertinentes aos usuários e à utilização dos respectivos aparelhos que são terminais de acesso à Internet. De acordo com Fachin:

> Na Internet, a criptografia e o anonimato são especialmente úteis para o desenvolvimento e compartilhamento de opiniões, o que geralmente ocorre por meio de comunicações online como o e-mail, mensagens de texto e outras interações. A criptografia, em especial, é um meio de se assegurar a proteção de direitos que, em uma sociedade.[24]

O respaldo à proteção das aplicações de Internet contra ordens judiciais determinantes de revelação de conteúdos criptografados "end to end" lastreia-se, também, na impossibilidade técnica de se cumprir tais determinações, ressalva essa que, aliás, é salvaguardada pelo art. 19 da LMCI, bem como pelo art. 57-B da Lei das Eleições (Lei nº 9.504/1997) e arts. 16 e §3º do art. 48 da Lei Geral de Proteção de Dados (Lei nº 13.709/2018). Por sua vez, a Ministra Rosa Weber considerou que as aplicações de Internet somente poderão ter os seus serviços suspensos quando violarem os direitos de privacidade dos usuários.[25]

Não obstante, essas aplicações podem e devem contribuir com o poder judiciário fornecendo metadados relacionados aos disparos de conteúdos, como, por exemplo, a quantidade e os contatos para os quais foram enviados. Dessa forma, será possível mensurar se determinado conteúdo foi, ou não, impulsionado massivamente. Os metadados, de acordo com Snowden, revelam mais de nós mesmos do que os dados mais precisos, como um texto ou uma conversa gravada: "[...] a lamentável verdade é que o conteúdo de nossas comunicações raramente é tão revelador quanto seus outros elementos – as informações não escritas e não ditas que podem expor

---

[24] BRASIL, Supremo Tribunal Federal, ADPF 403. Disponível em: http://www.stf.jus.br/arquivo/cms/noticiaNoticiaStf/anexo/ADPF403voto.pdf. Acesso em 10 de junho de 2021.
[25] BRASIL, Supremo Tribunal Federal, ADPF 403. Disponível em: http://www.stf.jus.br/arquivo/cms/noticiaNoticiaStf/anexo/ADPF403voto.pdf. Acesso em 10 de junho de 2021.

o contexto e os padrões mais amplos de comportamento. A NSA chama isso de metadados". Como explica Snowden:

> Metadados podem informar a quem os vigia o endereço de onde você dormiu na noite passada e a que horas acordou hoje de manhã. Eles revelam cada lugar que você visitou durante o dia e quanto tempo passou lá. Mostram com quem você entrou em contato e quem entrou em contato com você.[26]

A prova acerca do teor das mensagens criptografas pode ser feita tanto através de *prints* de membros integrantes da própria rede fechada, bem como pela perícia realizada nos aparelhos celulares e computadores dessas pessoas. No caso dos *prints*, se a autenticidade for contestada, a prova pericial nos respectivos aparelhos pode elucidar os fatos. No entanto, a ata notarial, por sua vez, evita a necessidade de prova pericial, pois irradia a presunção de veracidade dos fatos nela alegados em decorrência da fé pública dos tabeliães. O §2º do art. 17 da Resolução nº 23.608/2019, que trata da matéria, resolve a questão, no âmbito das demandas judiciais eleitorais, vejamos:

> §2º A comprovação da postagem referida no inciso III deste artigo pode ser feita por qualquer meio de prova admitido em Direito, não se limitando à ata notarial, cabendo ao órgão judicial competente aferir se ficou demonstrada a efetiva disponibilização do conteúdo no momento em que acessada a página da internet.

Por óbvio, os conteúdos criptografados não ficam disponíveis na Internet, mas nada impede que o acesso aos aparelhos das pessoais envolvidas em grupos fechados de redes sociais os disponibilizem e demonstrem que foram impulsionados, em especial por ata notarial ou de *blockchain*. A validade desta última vem respaldada pela Lei nº 12.682, de 09 de julho de 2012. Essas providências, porém, exorbitam os limites de atuação do poder de polícia, mas podem ser determinadas nas demandas judiciais eleitorais, inclusive através de tutela provisória como permitido pela Resolução nº 23.608/2019.

---

[26] SNOWDEN, Edward. *Eterna vigilância*. Trad. Sandra Marta Dolinsky. São Paulo: Planeta, 2019, p. 157.

A propósito da possibilidade de punição de usuário de WhatsApp identificado, Alesandro Gonçalves Barreto e Guilherme Caselli corroboram, que:

> [...] quando já se tem a qualificação do autor das mensagens trocadas via WhatsApp de maneira irregular, a sua responsabilização se torna viável, demandando apenas uma representação junto ao juízo eleitoral [...] Evidente que, possuindo a qualificação civil do responsável pelas mensagens realizadas via mensageiros com WhatsApp, ficará fácil proceder à sua responsabilização.[27]

1.2.4 Princípio da responsabilidade partidária solidária e a questão dos impulsionamentos patrocinados na internet

O art. 241 do Código Eleitoral adota a regra de que "toda propaganda eleitoral será realizada sob a responsabilidade dos partidos e por eles paga, imputando-lhes solidariedade nos excessos praticados pelos seus candidatos e adeptos". Essa regra, porém, há de ser interpretada em conjunto com os dispositivos da Lei nº 9.504/1997, que também tratam do assunto, merecendo destaque os seguintes:

a) art. 17, pelo qual as despesas da campanha eleitoral serão realizadas sob a responsabilidade dos partidos, ou de seus candidatos, denotando, de pronto, que nem toda propaganda eleitoral há de ser suportada exclusivamente pelos partidos ou coligações;

b) art. 18-A, que manda contabilizar as despesas efetuadas pelos candidatos e as despendidas pelos partidos que puderem ser individualizadas, nos limites de gastos de cada campanha;

c) art. 20, que imputa ao candidato a cargo eletivo, diretamente ou por intermédio de pessoa por ele designada, a responsabilidade pela administração financeira de sua campanha, devendo utilizar tanto os recursos repassados pelo partido,

---

[27] BARRETO, Alesandro Gonçalves; CASELLI, Guilherme. *Crimes e propaganda eleitoral na Internet: uso irregular do WhatsApp e de rede sociais*. Porto Alegre: Direito e TI, 2016, p. 07. Disponível em: https://bibliotecadigital.tse.jus.br/xmlui/handle/bdtse/8272. Acesso em 20 de junho de 2022.

inclusive os relativos à cota do fundo partidário, quanto os recursos próprios ou doações de pessoas físicas;
d) art. 21, que estabelece a responsabilidade solidária do candidato com a pessoa por ele indicada, citada no art. 20, pela veracidade das informações financeiras e contábeis de sua campanha, devendo ambos assinar a respectiva prestação de contas.

Vê-se que, diferentemente do que reza o *caput* do art. 241 do Código Eleitoral, nem toda propaganda eleitoral é paga pelos partidos políticos, bem como que o sujeito de direito responsável pelos eventuais danos que a propaganda eleitoral possa acarretar não é, em princípio, o partido político. Na hipótese de excessos cometidos por candidatos, estes (os candidatos) são responsáveis pelos danos causados, mas o partido político ao qual pertencem torna-se solidariamente responsável em face não só dos excessos perpetrados pelos seus candidatos, mas, também, pelos seus adeptos.

Uma ressalva importante refere à observação contida no parágrafo único, do art. 241 do Código Eleitoral, de acordo com a qual a regra da solidariedade em questão restringe-se aos partidos aos quais pertençam os candidatos, isto é, não alcança outros partidos aos quais não pertençam os candidatos, ainda que integrantes de uma mesma coligação.

Ademais, em algumas situações, como os impulsionamentos em redes sociais na internet feitos por adeptos ou simpatizantes, que pedem votos para determinado candidato, a responsabilidade dos candidatos somente se verificará quando comprovado o seu prévio conhecimento, com explicita o art. 57-C, §2º, da Lei nº 9.504/1997. E a prova desse conhecimento incumbe a quem fizer tal alegação, isto é, o representante do ministério público eleitoral ou outros legitimados ativos para questionar em juízo, não perante o juiz da propaganda eleitoral no exercício do poder de polícia, mas ao juízo competente para conhecer da respectiva representação ou AIJE.

Em outubro de 2014, o Tribunal Superior Eleitoral decidiu, no julgamento da Rp nº 94675, que:

> [...] a ferramenta do Facebook denominada página patrocinada – na modalidade de propaganda eleitoral paga – desatende ao disposto neste artigo (art. 57-C da Lei nº 9.504/1997), sendo proibida a sua utilização para divulgação de mensagens que contenham conotação eleitoral.

Com efeito, os impulsionamentos patrocinados na internet, ou seja, pagos, eram proibidos até a vigência da Lei nº 13.488/2017, pois, até então, vigia a seguinte redação do art. 57-C da Lei das Eleições: "Na internet, é vedada a veiculação de qualquer tipo de propaganda eleitoral paga". Entretanto, o art. 57-C, pela Lei nº 13.488/2017 permite o impulsionamento patrocinado no âmbito das seguintes balizas:

> É vedada a veiculação de qualquer tipo de propaganda eleitoral paga na internet, excetuado o impulsionamento de conteúdos, desde que identificado de forma inequívoca como tal e contratado exclusivamente por partidos, coligações e candidatos e seus representantes.

Note-se que as pessoas jurídicas não podem fazer propaganda na internet, ainda que gratuita, mesmo que a pessoa jurídica não tenha finalidade lucrativa. Por outro lado, o cidadão não candidato está autorizado a fazer propaganda na internet, mas apenas a propaganda gratuita, não pode fazer impulsionamentos patrocinados para os candidatos de sua preferência, pois consoante a disposição contida na alínea "b", do inciso IV, do art. 57-B da Lei nº 9.504/1997, a propaganda "por meio de blogs, redes sociais, sítios de mensagens instantâneas e aplicações de internet assemelhadas cujo conteúdo seja gerado ou editado por [...] qualquer pessoa natural, desde que não contrate impulsionamento de conteúdos".

1.2.5 Princípio da isonomia entre candidatos e partidos e a questão dos termos de ajustamento de conduta (TACs) do Ministério Público Eleitoral

O princípio em questão deve ser interpretado com a ressalva de que devem ser tratados igualmente os candidatos que se encontram em situação de igualdade, e desigualmente os que estiverem em situação desigual. Como observa Diogo Rais *et al*, "As normas eleitorais têm por objetivo conferir lisura e equilíbrio ao processo eleitoral. A mens legis é garantir que haja igualdade de oportunidades para aqueles que disputam o processo eleitoral, evitando-se a concessão de benefícios ou o tratamento privilegiado a alguns candidatos em detrimento de outros, exceto em hipóteses expressamente previstas em lei".[28] Nesse sentido, o tempo de propaganda eleitoral "gratuita" no rádio e na televisão, que, aliás, foi reduzido de 45 dias até a antevéspera do pleito para 35 dias (art. 47 da Lei nº 9.504/1997 com redação dada pela Lei nº 13.165/2015), é distribuído, consoante o §2º do mesmo artigo, nos termos especificados pela Lei nº 14.211, de 2021:

> I- 90% (noventa por cento) distribuídos proporcionalmente ao número de representantes na Câmara dos Deputados, considerado, no caso de coligação para as eleições majoritárias, o resultado da soma do número de representantes dos 6 (seis) maiores partidos que a integrem;
> II - 10% (dez por cento) distribuídos igualitariamente.

Somente 10% do tempo restante é que é fatiado igualmente entre todos os partidos e coligações, donde se vê a pertinência do adágio que considera que apenas os candidatos que estiverem na mesma situação é que são merecedores de tratamento isonômico.

Em decorrência desse princípio consolida-se a vedação à atuação do Ministério Público em firmar termos de ajustamento de conduta entre candidatos e partidos políticos. A regra geral (não eleitoral) acerca da possibilidade de os membros do Ministério Público poderem firmar termos de ajustamento de conduta vem disposta no §6º, do art. 5º da Lei nº 7.347/85, e no art. 14 da Recomendação do CNMP nº 16/10. O dispositivo legal em questão reza que "[o]s órgãos públicos legitimados poderão tomar dos interessados compromisso de ajustamento de sua conduta às exigências legais, mediante cominações, que terá eficácia de título executivo extrajudicial".

Contudo, em matéria eleitoral, a Lei nº 12.034/2009 instituiu o art. 105-A na Lei nº 9.504/1997, esclarecendo que "[e]m matéria eleitoral, não são aplicáveis os procedimentos previstos na Lei nº 7.347, de 24 de julho de 1985".

A justificativa dessa vedação baseia-se, precisamente, na preservação do princípio da isonomia entre candidatos, partidos

---

[28] RAIS, Diogo, FALCÃO, Daniel, GIACCHETTA, André Zonaro e MENEGUETTI, Pâmela. *Direito eleitoral digital*. São Paulo: Revista dos Tribunais, 2018, p. 58.

políticos e coligações, considerando que eventual vedação à propaganda, por exemplo, numa determinada comarca, limitar-se-ia aos seus lindes territoriais, de modo que a propaganda que fosse aí restringida não o seria nas demais comarcas. Assim, os candidatos que fariam campanhas em comarcas distintas não poderiam utilizar a propaganda de forma igualitária. Ademais, como já frisamos alhures, somente a União Federal tem a competência constitucional para dispor sobre matéria relativa à propaganda eleitoral, através de Lei Federal, fato que justifica a vedação dos TACs até mesmo nas eleições municipais.

Contudo, é relevante esclarecer que a inaplicabilidade dos TACs em propaganda eleitoral não quer significar a invalidade das provas colhidas em inquérito civil instaurado pelo Ministério Público, pois nesse sentido já decidiu o Tribunal Superior Eleitoral, no REspe nº 54588, que o "inquérito civil não se restringe à ação civil pública, podendo embasar outras ações judiciais, sem acarretar a ilicitude das provas nele colhidas". O Tribunal Superior Eleitoral, em precedente firmado sobre o art. 105-A da Lei nº 9.504/1997, considera que "não ofende a disposição deste artigo, a instauração do procedimento preparatório eleitoral (PPE) pelo Ministério Público".[29]

Isso não quer significar que possa o MP proceder à instauração de procedimento objetivando conclui-lo com termo de ajustamento de conduta.

1.2.5.1 Negócios processuais eleitorais e calendarização

O art. 46 da Lei nº 9.504/1997, que, aliás, foi reiterado pelo art. 44 da Resolução nº 23.610/2019, permite que haja acordos entre os partidos políticos e a pessoa jurídica interessada na realização de debates, transmitidos por emissora de rádio ou de televisão, os quais poderão ser realizados segundo as regras estabelecidas em acordo celebrado, dando-se ciência à Justiça Eleitoral.

---

[29] BRASIL. Tribunal Superior Eleitoral. 2018. Ac.-TSE, de 18.12.2015, no AgR-REspe nº 131483.

Todavia, somente os acordos que são explicitamente consentidos pela legislação eleitoral podem ser concretizados, até porque não possuem natureza processual A propósito, TSE deixou isso claro, quando editou a Resolução nº 23.478, em 10 de maio de 2016, a qual acrescentou no art. 11, nos seguintes termos: "Na Justiça Eleitoral não é admitida a autocomposição, não sendo aplicáveis as regras dos arts. 190 e 191 do Novo Código de Processo Civil".

De fato, o mecanismo colaborativo do negócio processual do CPC é incompossível com as exiguidades dos prazos processuais de natureza peremptória existentes no ordenamento eleitoral, sobretudo os antecedentes ou anteriores à instauração das demandas. Portanto, só por isso, só por, em tese, poderem alterar os ritos e prazos processuais, não seria possível negócios processuais eleitorais.

Porém, em relação aos negócios de outra natureza, como a calendarização processual, não se enxerga qualquer óbice que justifique a sua proibição. O art. 191 do CPC apenas permite a calendarização processual, nos seguintes termos:

> Art. 191. De comum acordo, o juiz e as partes podem fixar calendário para a prática dos atos processuais, quando for o caso.
>
> §1º O calendário vincula as partes e o juiz, e os prazos nele previstos somente serão modificados em casos excepcionais, devidamente justificados.
>
> §2º Dispensa-se a intimação das partes para a prática de ato processual ou a realização de audiência cujas datas tiverem sido designadas no calendário.

Não há qualquer justificativa acerca de sua proibição no processo eleitoral, até porque através desse mecanismo que conta com a participação direta do juiz ou juíza, diferentemente do que acontece no negócio processual, pode-se incrementar a celeridade processual através da dispensa de intimação das partes e MP para a prática de atos futuros, que podem ocorrer sobremaneira em demandas como a AIJE. A propósito, Luiza Cesar Portella e Luiz Magno Pinto Bastos Junior asserem que

> A enfática valorização que vem sendo concedida o autorregramento da vontade nos litígios instaurados perante o Poder Judiciário consiste em uma inegável tendência do Direito Processual Civil, rompendo com

paradigmas até então vigentes e instaurando novos. Contudo, como bem se pode notar, tal lógica não pode ser aplicada ao Processo Eleitoral [...] O Direito Eleitoral, com seu amplo fundamento constitucional, merece ser visto pelo que ele é: instrumento de concretização da democracia. Assim, não se pode pôr em risco os direitos e as garantias constitucionais ao bem da conveniência e da liberalidade das partes[30]

A justificativa dos autores, no entanto, não convence sobre a incompatibilidade entre o processo eleitoral e o mecanismo de calendarização processual previsto no art. 191 do CPC, porquanto este, repita-se, seria um aliado à celeridade à medida que contaria com a participação do juiz ou juíza eleitoral e vincularia as partes quanto aos prazos processuais, dispensando-se, inclusive, as intimações para a prática de atos futuros sem contar que vincularia todos os sujeitos processuais ao seu atendimento e, mais que isso, não agrediria o princípio da isonomia.

O que não se deve consentir é que, a título de calendarização, as partes e o juiz ou juíza eleitoral ampliem os prazos, pois isso importaria prejuízo ao cumprimento dos prazos de registro, prestação de contas, diplomação etc, e já não se enquadraria no instituto da calendarização, mas no de negócio processual. Assim, a regra do inciso VI do art. 139 do CPC, que permite aos juízes(as) a ampliação de prazos processuais é incompatível com o processo eleitoral.

1.2.6 Princípio da anualidade e anterioridade

O princípio da anualidade vem positivado no art. 16 da Constituição Federal, com redação atribuída pela Emenda Constitucional nº 04/1993, nos seguintes termos: "A Lei que alterar o processo eleitoral entrará em vigor na data de sua publicação, não se aplicando à eleição que ocorra até um ano da data de sua vigência". Antes da EC nº 04/1993, a redação do art. 16 pronunciava que "a lei que alterar o processo eleitoral só entrará em vigor um ano após sua promulgação".

---

[30] PORTELLA, Luiza Cesar; BASTOS JUNIOR, Luiz Magno Pinto. *As incompatibilidades de aplicação do negócio jurídico processual no direito eleitoral* Florianópolis: Resenha Eleitoral, v. 22, n. 1-2, p. 51-76, 2018, p. 74.

Cuida-se, como consigna Eneida Desiree Salgado, de uma verdadeira "[...] 'muralha da democracia', uma exigência da predeterminação das regras do jogo da disputa eleitoral com um ano de antecedência para evitar casuísmos e surpresas, em nome da estabilidade".[31] A mesma concepção é defendida por José Jairo Gomes, para quem a "[...] restrição tem em vista impedir mudanças casuísticas na legislação eleitoral que possam surpreender os participantes do certame que se avizinha, beneficiando ou prejudicando candidatos".[32]

A redação da Emenda nº 04/1993 conferiu maior rigor técnico à disposição do art. 16 da CF, eis que procedeu a uma distinção entre vigência e eficácia (imediata e para a eleição futura) à semelhança da clássica taxonomia sobre o fato jurídico do Professor Marcos Bernardes de Mello,[33] que distingue os planos da existência, validade e eficácia da norma jurídica. Como leciona este professor, a existência não se confunde com a vigência. Esta pressupõe a existência e consiste na possibilidade de a norma jurídica incidir quando seu suporte fático concretizar-se irradiando, portanto, efeitos jurídicos, a eficácia da norma, assim, é requisito garantidor da vigência que, por sua vez, pressupõe a validade da mesma norma.

Assim, a redação do art. 16 da Constituição Federal, conferida pela EC nº 04/1993, admite que a Lei que alterar o processo eleitoral entrará em vigor de imediato a partir da data da sua publicação e, portanto, produzirá efeitos jurídicos também imediatamente, com a ressalva de que não se aplicará à eleição que ocorra até um ano da data de sua vigência. Pode, no entanto, aplicar-se, desde já, a fatos jurídico-eleitorais já ocorridos, mas cujos desdobramentos eficaciais estão ainda submetidos a processos judiciais, sobretudo quando a Lei eleitoral nova for mais benéfica para o sujeito que incorreu em conduta que o submete à aplicação de sanção pela prática de determinado ato que teve a reprimenda suavizada ou simplesmente extinta, como aconteceu, por exemplo, com a

---

[31] SALGADO, Eneida Desiree. *Princípios constitucionais eleitorais*. Belo Horizonte: Fórum, 2010. p. 222.
[32] GOMES, José Jairo. *Direito Eleitoral*. 7. ed. São Paulo: Atlas Jurídico, 2011. p. 210.
[33] MELLO, Marcos Bernardes de. *Teoria do fato jurídico*: plano da existência. 8. ed. São Paulo: Saraiva, 1998. p. 65-66.

propaganda eleitoral feita por impulsionamentos em redes sociais na internet, porquanto, como demonstraremos no próximo subitem, o Supremo Tribunal Federal admitiu a possibilidade de aplicação da teoria da retrospectividade no ordenamento jurídico brasileiro.

Neste contexto, porém, cumpre esclarecer que anterioridade não se confunde com anualidade. Rodrigo Moreira da Silva, a propósito, demonstra o elevado grau de ambiguidade que paira sobre a nomenclatura desse princípio, à medida que:

> Diversos são os nomes dados ao princípio da anualidade eleitoral, como, por exemplo: princípio da anualidade em matéria constitucional, princípio da anterioridade eleitoral, princípio da antinomia eleitoral ou anterioridade constitucional em matéria eleitoral.[34]

Com efeito, o princípio da anualidade impede a aplicação da norma jurídica em período não inferior a um ano da data da sua vigência, como acontece no âmbito do direito financeiro. Como registra Kiyoshi Harada, o princípio da anualidade é aplicável ao direito orçamentário, e estabelece, em síntese, que as receitas e as despesas, correntes e de capital, devem ser previstas com base em planos e programas com antecedência de um ano, *ex vi legis* do inciso III, §5º do art. 165 e art. 166 da Constituição Federal.

Por sua vez, o princípio da anterioridade pressupõe que a Lei nova somente deve produzir efeitos no ano seguinte ao da sua vigência, mas sem o requisito de ter de respeitar uma *vacatio legis* de um ano, isto é, um período de doze meses. É isso o que acontece com o direito tributário, já que a alínea "b", do inciso III, do art. 150 da Constituição Federal estabelece que a Lei que cria ou aumenta tributos, ressalvadas as exceções previstas na própria Carta Constitucional, deve ser publicada no ano anterior ao de início da cobrança do tributo respectivo.

Não obstante, na seara eleitoral a construção pretoriana simplifica a questão e adota as duas expressões para designar um único fenômeno, qual seja, o de que a Lei que alterar o processo eleitoral

---

[34] SILVA, Rodrigo Moreira da. *Princípio da anualidade eleitoral*. Disponível em: http://www.tse.jus.br/o-tse/escola-judiciaria-eleitoral/publicacoes/revistas-da-eje/artigos/revista-eletronica-eje-n.-4-ano-3/principio-da-anualidade-eleitoral. Acesso em: 27 ago. 2018.

entrará em vigor na data de sua publicação, mas não se aplicará à eleição que ocorra até um ano da data de sua vigência (art. 16 da Constituição Federal). Por isso, e feitas as devidas ressalvas, tomaremos as expressões como sinônimas, isto é, para representar esse princípio que visa a conferir estabilidade às regras do jogo eleitoral, como observa Salgado.[35]

No campo da propaganda eleitoral, sem dúvida, a norma do art. 16 da CF proporciona uma necessária segurança jurídica já que evita surpresas que seriam capazes de apanhar candidatos e partidos políticos sem o necessário preparo que advém do conhecimento em tempo hábil sobre as alterações que serão aplicáveis às eleições seguintes.

Para o Tribunal Superior Eleitoral, o princípio da anualidade/anterioridade constitui-se em verdadeira garantia fundamental que objetiva a proteção de minorias parlamentares e a preservação da isonomia entre os concorrentes a determinado pleito eleitoral.[36] O princípio da anterioridade associa-se, ainda, ao princípio da não surpresa, que hoje vem estampado no art. 9º do CPC-2015, o qual, voltado para o ordenamento eleitoral, reforça a ideia de que as alterações legislativas relativas ao processo eleitoral haverão de respeitar a regra estabelecida no art. 16 da Constituição Federal, pois, do contrário, de fato, as minorias parlamentares e os candidatos que não exercem cargo eletivo seriam os mais prejudicados com a mudança em razão, sobretudo, de sua menor capacidade de articulação e movimentação de recursos financeiros.

Uma importante observação refere ao fato de o princípio da anualidade/anterioridade apresentar-se como uma limitação à eficácia temporal dos atos legislativos do Congresso Nacional, não são oponíveis, porém, às Resoluções do Tribunal Superior Eleitoral, pois essas, enquanto decorrência do poder normativo, não criam situações novas, não alteram o processo eleitoral, mas apenas visam a dar efetividade às leis que são aplicáveis às eleições nos anos eleitorais nos quais são editadas as resoluções.

---

[35] SALGADO, Eneida Desiree. *Princípios constitucionais eleitorais*. Belo Horizonte: Fórum, 2010. p. 223.
[36] BRASIL. Tribunal Superior Eleitoral. 2014. Cta nº 100075/DF, Relator: Min. João Otávio de Noronha. Publicação: 24.06.2014.

Esta asserção arrima-se, como já demonstrado acima, no art. 105 da Lei das Eleições, que outorga ao Tribunal Superior Eleitoral, o poder-dever de editar, até o dia 5 de março do ano da eleição, instruções normativas com o objetivo de regulamentar a legislação aplicável à eleição respectiva, mas "[...] sem restringir direitos ou estabelecer sanções distintas das previstas nesta lei". Sobre o tema, Rodrigo Moreira da Silva arremata:

> A consequência prática disso é a inaplicabilidade do princípio ao poder normativo do Tribunal Superior Eleitoral (TSE), logo, as resoluções desse Tribunal, editadas para dar bom andamento às eleições, podem ser expedidas há menos de um ano do pleito eleitoral.[37]

Entretanto, no ano de 2013, o Supremo Tribunal Federal, por unanimidade, em decisão que irradiou repercussão geral, portanto, dotada de eficácia vinculativa, considerou que o princípio da anualidade/anterioridade aplica-se à jurisprudência do Tribunal Superior Eleitoral, isto é, que não pode haver alteração de entendimento pretoriano da Corte Superior Eleitoral ocorrida durante o processo eleitoral que lhe seja aplicável. As alterações de entendimento só podem ser aplicadas a fatos ocorridos após o encerramento do período eleitoral, vejamos:

> Em razão do caráter especialmente peculiar dos atos judiciais emanados do Tribunal Superior Eleitoral, os quais regem normativamente todo o processo eleitoral, é razoável concluir que a Constituição também alberga uma norma, ainda que implícita, que traduz o postulado da segurança jurídica como princípio da anterioridade ou anualidade em relação à alteração da jurisprudência do TSE. Assim, as decisões do Tribunal Superior Eleitoral que, no curso do pleito eleitoral (ou logo após o seu encerramento), impliquem mudança de jurisprudência (e dessa forma repercutam sobre a segurança jurídica), não têm aplicabilidade imediata ao caso concreto e somente terão eficácia sobre outros casos no pleito eleitoral posterior.[38]

---

[37] SILVA, Rodrigo Moreira da. *Princípio da anualidade eleitoral*. Disponível em: http://www.tse.jus.br/o-tse/escola-judiciaria-eleitoral/publicacoes/revistas-da-eje/artigos/revista-eletronica-eje-n.-4-ano-3/principio-da-anualidade-eleitoral. Acesso em: 27 ago. 2018.

[38] BRASIL. Superior Tribunal Federal. RE nº 637485 RJ. Relator: Min. Gilmar Mendes. Publicação: 21.05.2013.

Sem qualquer dúvida essa decisão preserva a garantia da segurança jurídica, já que o princípio da anualidade/anterioridade aplica-se à propaganda eleitoral. Consequentemente, a Lei ou a jurisprudência que alterar as regras relativas à propaganda implicam alteração do processo eleitoral, pois nada é mais essencial e imanente à propaganda eleitoral do que os meios pelos quais os candidatos se apresentam para expor suas ideias, seus programas de governo, suas ideologias e, com isso, conquistar o voto do eleitor. Não obstante, o Tribunal Regional Eleitoral de Minas Gerais já decidiu que "[n]ormas concernentes à propaganda eleitoral, de caráter procedimental, não são hábeis a ferir o princípio da anterioridade".[39]

Sobre esse acórdão do Tribunal Regional Eleitoral mineiro, uma explicação se impõe: a matéria em questão era relativa ao Código de Posturas de Uberlândia. Havendo discussão sobre a competência dos municípios para legislar sobre assuntos locais, incluindo a propaganda eleitoral e a decisão foi proferida no ano de 2008.

Vigorava, na ocasião, o art. 41 da Lei nº 9.504/1997, com a seguinte redação: "A propaganda exercida nos termos da legislação eleitoral não poderá ser objeto de multa nem cerceada sob alegação do exercício do poder de polícia". Ocorre que, em 2009, a Lei nº 12.039, alterou a redação do art. 41 da Lei das Eleições, esclarecendo que a propaganda eleitoral não poderia ser cerceada nem pelo exercício do poder de polícia, nem em razão de violação de postura municipal. Vejamos a redação do dispositivo (art. 41 da Lei nº 9.504/1997) atualmente vigente: "A propaganda exercida nos termos da legislação eleitoral não poderá ser objeto de multa nem cerceada sob alegação do exercício do poder de polícia ou de violação de postura municipal, casos em que se deve proceder na forma prevista no art. 40".

Essa alteração é perceptível, também, na interpretação da construção pretoriana pela análise histórica da jurisprudência do Tribunal Superior Eleitoral. Em 2006, no julgamento do AgR-REspe nº 35134, o entendimento pretoriano que vigorava era no sentido

---

[39] BRASIL. Tribunal Regional Eleitoral-MG. RE nº 4575 MG, Relator: Mariza de Melo Porto. Data de Julgamento: 29.09.2008. Publicado em: 29.09.2008.

da "prevalência da lei de *postura municipal* sobre o art. 37 da Lei nº 9.504/1997 em hipótese de conflito". Porém, a partir da vigência da alteração procedida no art. 41 da Lei das Eleições pela Lei nº 12.034/2009, o Tribunal Superior Eleitoral passou a entender pela "prevalência da Lei Eleitoral sobre as leis de *posturas municipais*, desde que a propaganda seja exercida dentro dos limites legais".[40]

Vejamos, agora, a possibilidade de modulação eficacial do princípio da anualidade/anterioridade por meio da teoria da retrospectividade.

1.2.6.1 Teoria da retrospectividade e propaganda eleitoral

A questão que será abordada neste subitem refere ao problema de direito intertemporal consistente na possibilidade de repercussão dos efeitos irradiados pela Lei eleitoral nova sobre fatos ocorridos anteriormente à sua vigência.

Pois bem, na seara criminal, a regra constitucional que regula o aspecto temporal da produção de efeitos derivados de Lei infraconstitucional é a constante dos incisos XXXIX e XL, do art. 5º da Constituição Federal, os quais estabelecem, respectivamente, que "não há crime sem lei anterior que o defina, nem pena sem prévia cominação legal" e que "a lei penal não retroagirá, salvo para beneficiar o réu".

Por sua vez, o inciso XXXVI, do art. 5º, da Constituição Federal, seguindo a tradição positivada em 1942 pelo Decreto-Lei nº 4.657, que instituiu a Lei de Introdução ao Código Civil (atual Lei de Introdução às Normas do Direito Brasileiro), adota a regra geral da produção imediata de efeitos derivados de Lei nova, mas ressalva que "[a] lei não prejudicará o direito adquirido, o ato jurídico perfeito e a coisa julgada".

Noutra ponta, o regramento constitucional-intertemporal específico sobre matéria eleitoral consta, como esquadrinhado no item antecedente, do art. 16 da Constituição Federal, segundo o qual "[a] lei que alterar o processo eleitoral entrará em vigor na data de

---

[40] BRASIL. Tribunal Superior Eleitoral. 2010. RMS nº 268445. Publicação: de 29.10.2010.

sua publicação, não se aplicando à eleição que ocorra até um ano da data de sua vigência".

É induvidoso que o art. 16 da Constituição Federal instituiu para o sistema de direito eleitoral a regra da produção imediata de efeitos da lei infraconstitucional, exceto para aquelas que alterarem o "processo eleitoral", a qual deve ter a produção de efeitos submetida ao princípio da anualidade/anterioridade. Coaduna-se, portanto, com o regramento garantido pelo inciso XXXVI, do art. 5º da Carta Magna, ou seja, a lei eleitoral que não altera o processo eleitoral produz efeitos imediatos, ressalvados "[...] o direito adquirido, o ato jurídico perfeito e a coisa julgada". Mas, mais que isso, importa saber se a Lei que altera o processo eleitoral *ad futurum* pode, ou não, aplicar-se a fatos ocorridos em período anterior, quando esses fatos estão, ainda, submetidos ao crivo de demanda judicial a espera de prolação de sentença de mérito.

A Lei nº 12.376/2010, que denominou a Lei de Introdução ao Código Civil de "Lei de Introdução às Normas do Direito Brasileiro" não procedeu a uma alteração meramente semântica, mas, sobretudo, de espraiamento de sua incidência, à medida que a Lei nova deixou claro que o espectro do Decreto-Lei nº 4.657, de 4 de setembro de 1942, não se resume ao âmbito restrito do direito civil, mas sim, que abrange todo o sistema do Direito brasileiro, aplicando-se, por óbvio, ao sistema de direito eleitoral. Nessa senda, dispõe a Lei nº 12.376/2010, vejamos:

> Art. 1º Esta Lei altera a ementa do Decreto-Lei nº 4.657, de 4 de setembro de 1942, ampliando o seu campo de aplicação.
>
> Art. 2º A ementa do Decreto-Lei nº 4.657, de 4 de setembro de 1942, passa a vigorar com a seguinte redação: "Lei de Introdução às normas do Direito Brasileiro".
>
> Art. 3º Esta Lei entra em vigor na data de sua publicação.

Em sendo assim, o art. 6º da Lei de Introdução às Normas do Direito Brasileiro, pelo qual: "a Lei em vigor terá efeito imediato e geral, respeitados o ato jurídico perfeito, o direito adquirido e a coisa julgada", incide em matéria eleitoral geral e, obviamente, na propaganda eleitoral. Assim, nas campanhas eleitorais deve-se aplicar a Lei que já vigorava há pelo menos um ano antes da eleição respectiva. É com base nessa Lei que os candidatos, partidos políticos e coligações traçam suas estratégias de convencimento do eleitor para conseguir votos.

Porém, a questão não é tão simples quanto pode parecer. É que o excesso ou o abuso da propaganda eleitoral pode caracterizar abuso de poder (econômico, político ou dos meios de comunicação social, incluindo as redes sociais). E, quando do julgamento das ações declaratórias de constitucionalidade de nº 29 e 30, e da ação direta de inconstitucionalidade nº 4578, o Supremo Tribunal Federal decidiu por aplicar à Lei das Inelegibilidades, que trata no art. 22 da figura do abuso de poder, a teoria da retrospectividade, determinando sua incidência imediata, atingindo, inclusive, candidatos que já haviam sido julgados na sistemática da Lei anterior, quando as sanções eram menos rigorosas e não havia a possibilidade de inelegibilidade em razão, apenas, de condenação em segunda instância.

Como aponta Rodrigo Tenório,

> [...] o ordenamento não fixou como absoluto o princípio da irretroatividade das leis. A nova lei pode tratar de condutas anteriores à sua vigência, desde que não contrarie o direito adquirido, a coisa julgada e o ato jurídico perfeito [...]. É certo dizer, portanto, que a lei disciplina eventos futuros, mas pode referir-se a condutas passadas.[41]

No mesmo sentido, Maria Helena Diniz, ao comentar o art. 6º da Lei de Introdução às Normas do Direito Brasileiro, é peremptória ao insculpir que: "[...] sob a égide da nova lei cairão os efeitos presentes e futuros de situações pretéritas, com exceção do direito adquirido, do ato jurídico perfeito e da coisa julgada".[42]

Percebe-se que uma coisa consiste em se permitir que a Lei nova possa alterar situações jurídicas já consolidadas sob a vigência de Lei anterior, caso em que se estaria a malferir o ato jurídico perfeito, o direito adquirido ou a coisa julgada. Outra, é admitir que a Lei nova possa introduzir mudanças quanto aos efeitos jurídicos derivados de condutas passadas, reguladas por Lei anterior

---

[41] TENÓRIO, Rodrigo. *Ficha Limpa*: a lei pode retroagir? Disponível em: http://www.rodrigotenorio.com.br/2011/11/ficha-limpa-lei-pode-retroagir.html. Acesso em: 02 fev. 2017.
[42] DINIZ, Maria Helena. *Lei de Introdução ao Código Civil Brasileiro Comentada*. 7. ed. São Paulo: Saraiva, 2001. p. 178.

modificadas por Lei posterior. Nesse toar, o magistério de Pontes de Miranda cai como uma luva à situação, porquanto: "Quando se fala de fatos alude-se a algo que ocorreu, ou ocorre, ou vai ocorrer. O mundo mesmo, em que vemos acontecerem os fatos, é a soma de todos os fatos que ocorreram e o campo em que os fatos futuros se vão dar".[43]

Sendo a questão eminentemente fática, especificamente sobre a possibilidade de geração de efeitos pretérito-retrospectivos por lei nova, no âmbito do direito eleitoral, volvendo a Maria Helena Diniz, constata-se o seguinte respaldo doutrinário de aplicação da tese ao direito eleitoral: "[...] as normas políticas podem retroagir, alcançando os atos que estão sob o seu domínio, ainda que iniciados sob o império da lei anterior".[44]

Pedro Henrique Távora Niess acrescenta que a admissão de que a Lei nova possa vir a ser aplicada em processos em curso, para fazer incidir efeitos jurídicos distintos daqueles regulados pela Lei vigente à época dos fatos, não significa que tenha propriamente efeito retroativo, mas aplicação imediata:

> Sujeitam-se a ela também os que tenham sido processados e condenados antes da entrada em vigor da Lei Complementar nº 64/90 [...]. É que o diploma de 1990 tem natureza civil, não tipificando delitos (exceto o art. 25), mas complementando dispositivo constitucional relativo a inelegibilidades, e apanhando, assim, todos aqueles que se enquadrem nas situações nela agrupadas, no momento de sua imposição. Isto não significa ter a lei efeito retroativo, mas sim, aplicação imediata.[45]

Com efeito, no caso da Lei da Ficha Limpa, no julgamento conjunto das ações declaratórias de constitucionalidade de nº 29 e 30, e da ação direta de inconstitucionalidade nº 4578, o Pretório Excelso entendeu pela possibilidade de sua aplicação a fatos anteriores à sua vigência, inclusive em prejuízo de muitos eventuais candidatos a cargos eletivos. Nesse julgamento paradigmático, o Ministro Luiz

---

[43] MIRANDA, Francisco Cavalcanti Pontes de. *Tratado de direito privado*. Tomo I. Campinas: Bookseller, 1999. p. 52.
[44] DINIZ, Maria Helena. *Lei de Introdução ao Código Civil Brasileiro Comentada*. 7. ed. São Paulo: Saraiva, 2001. p. 198.
[45] NIESS, Pedro Henrique Távora. *Direitos Políticos*. 2. ed. São Paulo: Edipro, 2000. p. 148.

Fux (Relator) esclareceu que era necessário responder ao problema que indagava: "Se as inelegibilidades introduzidas pela Lei Complementar nº 135/2010 poderão alcançar atos ou fatos ocorridos antes da edição do mencionado diploma legal [...]". Em continuação, Fux esclareceu que "[...] a aplicação da Lei Complementar nº 135/2010 com a consideração de fatos anteriores não viola o princípio constitucional da irretroatividade das leis".

A leitura integral do Voto do Eminente Ministro revela que o Supremo acatou a doutrina alemã que distingue entre "retroatividade" e "retrospectividade" da Lei. Com efeito, à espécie de eficácia em que são analisados efeitos de uma norma a condutas passadas dá-se o nome de retrospectividade ou retroatividade imprópria. O Min. Fux, discorrendo sobre o assunto no seu voto na ADC nº 29, ADC nº 30 e ADI nº 4578, citou a doutrina alemã, através de J.J. Canotilho, para explicar que a retroatividade consiste em:

> (1) decretar a validade e a vigência de uma norma a partir de um marco temporal (data) anterior à data da sua entrada em vigor (retroatividade própria); (2) ligar os efeitos jurídicos de uma norma a situações de facto existentes antes de sua entrada em vigor (retroatividade imprópria).

Desde então, extirparam-se as dúvidas acerca da aplicação da teoria da retrospectividade ao direito brasileiro, em especial no campo do direito eleitoral.

Por sua vez, ao enfrentar o problema da possibilidade de retrospecção dos efeitos de uma Lei nova, o Tribunal Superior Eleitoral, ao julgar os RESPes de nº 8.818 e nº 9.797, já havia decidido que:

> A inelegibilidade prevista no art. 1º, I, e, da Lei Complementar nº 64-90, aplica-se às eleições do corrente ano de 1990 e abrange sentenças criminais condenatórias anteriores à edição daquele diploma legal [...] ainda que o fato e a condenação sejam anteriores à vigência.

Tal entendimento, frise-se, já havia sido acatado pelo Supremo Tribunal Federal no tocante à Lei das Inelegibilidades em momento ao do julgamento das ADCs nº 29 e nº 30, e da ADI nº 4578, com o esclarecimento de que não se aplica o princípio da não retroação da Lei posterior a fatos anteriores à sua vigência, porque a inelegibilidade não constitui matéria criminal: "[...] Inelegibilidade não constitui pena. Possibilidade, portanto, de aplicação da lei de inelegibilidade, Lei Complementar nº 64/90, a fatos ocorridos anteriormente a sua vigência".[46]

Firmada essa premissa, pelo STF, isto é, da compatibilidade da tese da retrospectividade com o ordenamento jurídico brasileiro, inclusive para prejudicar candidatos que já haviam sido condenados em momento anterior à vigência da Lei Complementar nº 135/2010, a consequência lógica seria que as Cortes Eleitorais adotassem a mesma interpretação para beneficiar candidatos e partidos políticos, quando tiverem sido condenados ao pagamento de multas e outras sanções fundadas em dispositivos legais que vigiam à época dos fatos, mas que sofrerem alterações legislativas subsequentes que lhes beneficiem.

Entretanto, o Tribunal Superior Eleitoral não adota esse entendimento para todas as situações nas quais a teoria da retrospectividade deveria incidir. No pertinente à prestação de contas anuais dos partidos políticos, por exemplo, o TSE vem aplicando a sanção de suspensão do repasse das cotas do fundo partidário às prestações de contas anteriores à vigência da Lei nº 13.165/2015, a qual alterou o art. 37 da Lei nº 9.096/1995. Verifiquemos a alteração legal em questão para, em sucessivo, concluirmos a respeito:

Art. 37 da Lei nº 9096/1995 com redação dada pela Lei nº 9.693, de 1998:	Art. 37 da Lei nº 9096/1995 com redação dada pela Lei nº 13.165/2015:
Art. 37. A falta de prestação de contas ou sua desaprovação total ou parcial implica a suspensão de novas cotas do Fundo Partidário e sujeita os responsáveis às penas da lei.	Art. 37. A desaprovação das contas do partido implicará exclusivamente a sanção de devolução da importância apontada como irregular, acrescida de multa de até 20% (vinte por cento).

---

[46] BRASIL. Superior Tribunal Federal. MS nº 22087-2, Rel. Min. Carlos Velloso. Publicação: 03.09.2008.

Vê-se que não é mais possível a aplicação da sanção de suspensão das cotas do fundo partidário em razão da desaprovação das contas anuais dos partidos políticos. A sanção vigente desde a publicação da Lei nº 13.165/2015, é a de devolução da importância apontada como irregular, acrescida de multa de até 20% (vinte por cento), sendo uma preclara hipótese de aplicação da teoria da retrospectividade *in bonam partem*. A vigência do art. 37 da Lei dos Partidos Políticos, com a redação atribuída pela Lei nº 13.165/2015, é imediata, em razão do que dispõe o art. 16 da Constituição Federal, sobretudo porque essa matéria não se refere à alteração do processo eleitoral, não se trata de prestação de contas de campanhas, as quais são regidas pelo art. 25 da Lei nº 9.504/1997,[47] mas de contas anuais dos partidos políticos.

No entanto, o art. 67 da Resolução nº 23.432, de 16 de dezembro de 2014-TSE, resolveu que:

> Art. 67. As disposições previstas nesta resolução não atingirão o mérito dos processos de prestação de contas relativos aos exercícios anteriores ao de 2015.
>
> §1º As disposições processuais previstas nesta resolução serão aplicadas aos processos de prestação de contas relativos aos exercícios de 2009 e seguintes que ainda não tenham sido julgados.
>
> §2º A adequação do rito dos processos de prestação de contas previstos no §1º deste artigo se dará na forma decidida pelo juiz ou relator do feito, sem que sejam anulados ou prejudicados os atos já realizados.

A jurisprudência da Corte Superior Eleitoral firmou-se nessa mesma direção do art. 67 da Resolução supra. Porém, nada justifica que sejam aplicados, *in malam partem*, os efeitos produzidos pela Lei Complementar nº 135/2010, aos casos de inelegibilidade,

---

[47] Lei nº 9.504/1997, art. 25 – O partido que descumprir as normas referentes à arrecadação e à aplicação de recursos fixadas nesta Lei perderá o direito ao recebimento da quota do Fundo Partidário do ano seguinte, sem prejuízo de responderem os candidatos beneficiados por abuso do poder econômico.
Parágrafo único. A sanção de suspensão do repasse de novas quotas do Fundo Partidário, por desaprovação total ou parcial da prestação de contas do candidato, deverá ser aplicada de forma proporcional e razoável, pelo período de 1 (um) mês a 12 (doze) meses, ou por meio do desconto, do valor a ser repassado, na importância apontada como irregular, não podendo ser aplicada a sanção de suspensão, caso a prestação de contas não seja julgada, pelo juízo ou tribunal competente, após 5 (cinco) anos de sua apresentação.

em homenagem à teoria da retrospectividade, e que o mesmo tratamento não seja conferido aos casos de prestações de contas partidárias anuais dos partidos políticos anteriores à vigência da Lei nº 13.165/2015. Atualmente, vigora a Resolução nº 23.604, de 17 de dezembro de 2019, cujo art. 65 repete os termos do art. 67 da Resolução nº 23.432/2014, acima citada.

Enfim, o mesmo sentido hermenêutico adotado pelo Supremo Tribunal Federal no julgamento das ADC nº 29, ADC nº 30 e ADI nº 4578, que decidiu pela aplicação da teoria da retrospectividade, ali admitida inclusive *in malam partem*, deve ser empregado com maior e melhor razão no tocante à propaganda eleitoral, sobretudo quando se tratar de interpretação *in bonam partem*.

1.3 Propaganda política

Quando voltada para a seara política, a propaganda pode ser definida como a técnica de divulgação de ideias destinadas ao convencimento e direcionamento das massas. Objetiva-se a obtenção da concordância dos eleitores com as matizes ideológicas e programáticas de um determinado partido político ou coligação, sendo sempre obrigatória a referência à legenda partidária. O preceito vem estabelecido no art. 242 do Código Eleitoral: "A propaganda, qualquer que seja a sua forma ou modalidade, mencionará sempre a legenda partidária". E é reiterado no art. 6º, §2º, da Lei nº 9.504/1997:

> Na propaganda para eleição majoritária, a coligação usará, obrigatoriamente, sob sua denominação, as legendas de todos os partidos que a integram; na propaganda para eleição proporcional, cada partido usará apenas sua legenda sob o nome da coligação.[48]

No ordenamento jurídico brasileiro, a propaganda, em qualquer de suas modalidades, deve ser veiculada em língua portuguesa e não deve irradiar no público-alvo os denominados "estados emocionais", tais como medo, euforia, preconceito, xenofobia,

---

[48] BRASIL. Lei nº 9.504, de 30 de setembro de 1997. Estabelece normas para as eleições. *In*: BRASIL. Tribunal Superior Eleitoral. *Código eleitoral anotado e legislação complementar*. 11. ed. Brasília: TSE, 2014.

homofobia, misoginia, entre outros. Sobre a questão, o art. 242 do Código Eleitoral é explícito, ou seja, a propaganda não deve "[...] empregar meios publicitários destinados a criar, artificialmente, na opinião pública, estados mentais, emocionais ou passionais".

A doutrina tem entendido que insinuações injuriosas, difamatórias ou caluniosas constituem fatos que se inserem no âmbito da expressão, estados mentais, emocionais ou passionais. Em se verificando tal hipótese, deve ser garantido o direito de resposta perante a justiça eleitoral e a reparação do dano moral na justiça comum.[49] Nada obsta, porém, que o juiz eleitoral aplique subsidiariamente o Código de Processo Civil de 2015, ante a expressa permissão admitida pelo art. 15 do CPC, pelo qual, "[n]a ausência de normas que regulem processos eleitorais, trabalhistas ou administrativos, as disposições deste Código lhes serão aplicadas supletiva e subsidiariamente".

Em sendo assim, uma vez percebida a existência de propaganda ofensiva, pode o juiz aplicar as medidas de apoio ao atendimento das ordens judiciais previstas no art. 139, IV, do CPC-2015, isto é, pode "determinar todas as medidas indutivas, coercitivas, mandamentais ou sub-rogatórias necessárias para assegurar o cumprimento de ordem judicial, inclusive nas ações que tenham por objeto prestação pecuniária".

Na época do Estado Novo, contudo, a propaganda política admitia apelos emocionais, bem como descreve Capelato:

> [...] tinha características particulares: uso de insinuações indiretas, veladas e ameaçadoras; simplificação das ideias para atingir as massas incultas; apelo emocional; repetições; promessas de benefícios materiais ao povo (emprego, aumento de salários, barateamento dos gêneros de primeira necessidade); promessas de unificação e fortalecimento nacional.[50]

Percebe-se que a restrição a essa prática representa um avanço democrático na medida em que tenciona preservar a lealdade e a segurança jurídica na disputa eleitoral.

---

[49] CHIMENTI, Ricardo Cunha. *Direito eleitoral*. São Paulo: Campus Jurídico, 2007. p. 139.
[50] CAPELATO, Maria Helena. *Repensando o estado novo*. Rio de Janeiro: Fundação Getúlio Vargas, 1999. p. 167.

Como asserimos anteriormente, a propaganda política representa um gênero que envolve as distintas espécies de propaganda. Contudo, a taxonomia da propaganda política não é pacífica na doutrina. Omar Chamon,[51] por exemplo, concebe três subespécies, ao tratar de propaganda política: propaganda partidária (art. 36 da Lei nº 9.504/1997); propaganda intrapartidária (art. 36, §1º, da Lei nº 9.504/1997) e propaganda eleitoral (art. 36, caput, da Lei nº 9.504/1997). Noutra ponta, José Jairo Gomes[52] a subdivide em quatro subespécies: a propaganda intrapartidária; a propaganda partidária; a propaganda eleitoral e a propaganda institucional. Elcias da Costa, por seu turno, a concebe como um direito pré-eleitoral à medida que "o exercício da soberania popular, pela participação na organização do poder, somente se faz possível quando há comunicação e manifestação do pensamento".[53]

Conquanto a doutrina divirja acerca das taxonomias da propaganda política, não se pode negar que ela designa um gênero envolvedor da propaganda eleitoral. E será sobre esta última que incidirá nossa abordagem a partir de agora, de maneira sistemática e a partir de uma análise principiológica, isto é, através dos princípios estuados anteriormente que orientam a propaganda, porque são eles que balizam a atuação do magistrado e servidores da justiça eleitoral, responsáveis pela fiscalização respectiva, bem como do Ministério Público e advogados.

1.3.1 A propaganda partidária após a reforma de 2017 e a instituição do fundo especial de financiamento de campanha (FEFC)

A propaganda partidária traduz-se no uso da publicidade para divulgar os planos e metas dos partidos políticos, bem como sua ideologia. Para Joel José Cândido,[54] a propaganda partidária

---

[51] CHAMON, Omar. *Direito eleitoral*. São Paulo: Gen – Método, 2011. p. 141.
[52] GOMES, José Jairo. *Direito eleitoral*. 8. ed. São Paulo: Atlas, 2012. p. 333.
[53] COSTA, Elcias Ferreira da. *Direito Eleitoral: legislação, doutrina e jurisprudência*. 3. Ed. Rio de Janeiro: Forense,1998, p. 75.
[54] CÂNDIDO, Joel José. *Direito eleitoral brasileiro*. São Paulo: EDIPRO, 1998. p. 152.

deve se referir exclusivamente ao programa e à proposta política dos partidos, sem citações a nomes de candidatos e a cargos eletivos. Conquanto não deva mencionar candidatos a cargos eletivos, a propaganda partidária pode referir a candidatos a cargos ou funções partidárias. A propaganda partidária caracteriza-se por limitar-se à difusão dos programas partidários, seja para os filiados ou para a população, bem como pela divulgação de posições adotadas acerca de determinados temas e, ainda, para a promoção da participação feminina na política.

Essa espécie de propaganda era regulamentada pela Lei dos Partidos Políticos (Lei nº 9.096/1995). O art. 45 dessa Lei regia o exercício da propaganda partidária denominada de "direito de antena" e que era impropriamente nominada de "gratuita", a qual podia ser gravada ou ao vivo, e se efetivava por meio de transmissão de rádio ou televisão, no horário compreendido entre as dezenove horas e trinta minutos e vinte e duas horas. Em que pese ser declarada como gratuita, em verdade, esse tipo de propaganda era arcada pelos contribuintes brasileiros, considerando que as emissoras de rádio e de televisão podiam requerer a compensação fiscal respectiva.

Entretanto, a Lei nº 13.487/2017 revogou os arts. 45 a 49 e os demais dispositivos da Lei nº 9.096/1995 que garantiam o acesso "gratuito" ao rádio e à televisão pelos partidos políticos para a divulgação desse tipo de propaganda. Isso, no entanto, não significou o fim do direito à propaganda partidária, a qual ainda remanesce através dos demais meios de propaganda permitidos, sobretudo, através da internet.

A Emenda Constitucional nº 97/2017 alterou o regime partidário brasileiro ao modificar o art. 17 da Constituição Federal e, em seu §1º, garantir aos partidos políticos a necessária autonomia *interna corporis*, isto é, para definir sua estrutura interna e sobre sua organização e funcionamento, bem como para escolher o regime de suas coligações nas eleições majoritárias, sendo vedada a sua celebração nas eleições proporcionais, sem obrigatoriedade de vinculação entre as candidaturas em âmbito nacional, estadual, distrital ou municipal, e ainda previu que cabe aos partidos, através de seus respectivos estatutos, instituir regras sobre a disciplina e a fidelidade partidária.

Com a reforma de 2017, a Lei nº 13.487, de 6 de outubro, compensou a supressão do direito de antena dos partidos políticos, mediante a instituição do Fundo Especial de Financiamento de Campanha (FEFC), que passou a ser constituído por dotações orçamentárias da União, em ano eleitoral, em valor ao menos equivalente àquele definido pelo Tribunal Superior Eleitoral, para cada eleição, e, ainda, a 30% (trinta por cento) dos recursos da reserva específica de que trata o inciso II do §3º do art. 12 da Lei nº 13.473, de 8 de agosto de 2017, a qual dispõe sobre as diretrizes para a elaboração e a execução da Lei Orçamentária de 2018. A Lei que instituiu o fundo, no entanto, foi omissa quanto à distribuição de valores, levando-se em consideração o percentual destinado às candidatas mulheres.

Porém, em maio de 2018, ao responder à Consulta formulada por um grupo de quatorze parlamentares femininas, sendo oito senadoras e seis deputadas federais, o Tribunal Superior Eleitoral, baseando-se na decisão adotada pelo Supremo Tribunal Federal, no julgamento da ADI nº 5617, no qual o Supremo decidiu que, pelo menos, trinta por cento dos recursos do fundo partidário devem ser destinados a campanhas de candidatas, sem, no entanto, fixar percentual máximo, foi respaldado nesse precedente que a Corte Superior Eleitoral resolveu seguir o mesmo entendimento, tanto no tocante à distribuição dos valores do FEFC, quanto em relação ao tempo de propaganda eleitoral "gratuita" no rádio e na televisão.[55]

A referência à propaganda eleitoral no parágrafo anterior faz alusão à propaganda eleitoral *stricto sensu*, ou seja, àquela realizada nas campanhas eleitorais, e não à propaganda partidária.

Enfim, o Tribunal Superior Eleitoral esclareceu que trinta por cento dos recursos do Fundo Especial de Financiamento de Campanha, instituído pela Lei nº 13.487/2017, devem destinar-se ao financiamento de candidaturas femininas. Da mesma forma, decidiu-se que o mesmo percentual do tempo de propaganda eleitoral "gratuita" no rádio e na televisão deve ser reservado para divulgar as propostas de candidatas mulheres. O TSE ainda elucidou

---

[55] BRASIL, TSE – Rp: 06011321020186000000 Brasília/DF, Relator: Min. Luis Felipe Salomão, Data de Julgamento: 13.09.2018, Data de Publicação: PSESS – Mural eletrônico – 18.09.2018. Disponível em: www.jusbrasil.com.br. Acessado em 14 de out de 2018.

que, na hipótese de haver maior número de mulheres candidatas, a distribuição dos recursos do FEFC e o tempo de propaganda na campanha eleitoral deve ser proporcional.

1.3.2 Propaganda partidária e a restauração do direito de antena

Como antecipamos, a reforma política de 2017 suprimiu o direito de antena, isto é, o direito que os partidos políticos tinham de divulgar suas ideias através das inserções no rádio e na televisão foi temporariamente suprimido, no plano infraconstitucional, pela Lei nº 13.487/2017.

Essa supressão, que para boa parte da doutrina consistiu em verdadeira "extinção", no entanto, operou-se no âmbito infraconstitucional. Naquele cenário de 2017, o direito de antena dos partidos políticos não podia e ser exercitado, mas, dizíamos na primeira edição deste livro que não procedia o argumento de que teria sido extinto, considerando que a Emenda Constitucional nº 97, de 04 de outubro de 2017, manteve o direito de os partidos terem acesso gratuito ao rádio e à televisão. A alteração constitucional realizada por essa Emenda resultou na instituição de uma cláusula de barreira tanto em relação ao fundo partidário quanto ao acesso gratuito ao rádio e à televisão.

A EC nº 97, ao alterar o art. 17 da Constituição Federal, assim dispôs, vejamos:

> Art. 17, §3º Somente terão direito a recursos do fundo partidário e acesso gratuito ao rádio e à televisão, na forma da Lei, os partidos políticos que alternativamente:
>
> I - obtiverem, nas eleições para a Câmara dos Deputados, no mínimo, 3% (três por cento) dos votos válidos, distribuídos em pelo menos um terço das unidades da Federação, com um mínimo de 2% (dois por cento) dos votos válidos em cada uma delas; ou
>
> II - tiverem elegido pelo menos quinze Deputados Federais distribuídos em pelo menos um terço das unidades da Federação.

Conquanto a norma constitucional exista, e seja dotada de validade, não irradia eficácia suficiente para permitir o exercício pleno do direito respectivo. Não há dúvidas acerca do direito que detêm os partidos políticos, que não forem atingidos pela cláusula de barreira, de terem acesso gratuito ao rádio e à televisão. O problema é que a regulamentação legal do direito de antena era procedida pela Lei dos partidos políticos, isto é, a Lei nº 9.096/1995, a qual foi alterada pela Lei nº 13.487/2017, que, por seu turno, simplesmente suprimiu (no mero plano infraconstitucional) o direito ao acesso gratuito ao rádio e à televisão pelos partidos políticos.

Não obstante, e apesar da impossibilidade de exercício desse direito no presente momento, o direito existe, pois, consoante o magistério de José Afonso da Silva, defendido em sua clássica obra *"Aplicabilidade das Normas Constitucionais"*,[56] a eficácia das normas constitucionais subdivide-se em: *normas de eficácia plena*, ou seja, as que possuem eficácia imediata dispensando a necessidade de regulamentação; *normas de eficácia contida*, isto é, as que detêm eficácia imediata, mas podem sofrer restrições relativas aos seus efeitos pelo legislador infraconstitucional; e, por fim, as *normas de eficácia limitada*, as quais não incidem imediatamente porque dependem de regulamentação por lei infraconstitucional.

Por sua vez, as normas de eficácia limitada subdividem-se, ainda, em duas subespécies e envolvem: as *normas definidoras de princípio institutivo ou organizativo*, que são aquelas pelas quais o constituinte originário delimita sua estrutura e atribuições, e cujo detalhamento só pode ser procedido por meio de lei; e as *normas definidoras de princípio programático*, ou seja, aquelas cujas matérias respectivas não foram diretamente reguladas pelo constituinte, limitam-se ao estabelecimento de diretrizes relativas aos fins do próprio Estado e requerem a atuação dos órgãos estatais para sua implementação.[57]

A taxonomia proposta por José Afonso da Silva[58] ainda considera que as normas de eficácia limitada definidoras de princípio institutivo organizativo comportam outra subdivisão, e que

---

[56] SILVA, José Afonso da. *Aplicabilidade das Normas Constitucionais*. 3. ed. São Paulo: Malheiros, 1998. p. 262-263.
[57] SILVA, José Afonso da. *Aplicabilidade das Normas Constitucionais*. 3. ed. São Paulo: Malheiros, 1998. p. 262-263.
[58] SILVA, José Afonso da. *Aplicabilidade das Normas Constitucionais*. 3. ed. São Paulo: Malheiros, 1998. p. 262-263.

interessa deveras para a definição do tratamento do direito de antena. Para ele, essas normas subdividem-se em *impositivas*, que são as que impõem ao legislador a criação da norma integrativa; e as *facultativas* ou *permissivas*, as quais não estabelecem ao legislador infraconstitucional o dever de criar a norma integrativa, mas tão somente possibilitam a sua criação.

Não parece remanescer qualquer dúvida de que a regra constitucional do §3º do art. 17 da Constituição Federal, instituída pela Emenda Constitucional nº 97/2017, enquadra-se com perfeição no conceito de norma de eficácia limitada, porém, definidora de princípio institutivo-impositivo, já que as de índole facultativa são aquelas cujo texto constitucional apenas possibilita a atuação do legislador infraconstitucional, utilizando, para tanto, o verbo "poderá" quando faz referência à atuação integrativa do legislador. Desta última espécie (as de natureza facultativa) não emana direito subjetivo algum para o exercício integrativo pela via do mandado de injunção.

Diferentemente, as normas de eficácia limitada, definidoras de princípio institutivo-impositivo, adequam-se perfeitamente à hipótese de manejo do mandado de injunção, considerando que o art. 2º da Lei nº 13.300/2016 prescreve que "[c]onceder-se-á mandado de injunção sempre que a falta total ou parcial de norma regulamentadora torne inviável o exercício dos direitos e liberdades constitucionais [...]".

Ora, o §3º, do art. 17 da Constituição Federal, com a redação atribuída pela Emenda Constitucional nº 97/2017, reza que os partidos políticos que ultrapassarem a cláusula de barreira criada pelos incisos I e II, do mesmo parágrafo, "[...] terão direito a recursos do fundo partidário e acesso gratuito ao rádio e à televisão, na forma da Lei [...]". O verbo utilizado pelo constituinte derivado foi grafado no modo verbal imperativo "terão direito", sem qualquer condição a ser atendida que não seja a edição da lei integrativa, porquanto diz o texto que "terão direito" [...] "na forma da lei". A Constituição não disse, nesse dispositivo, que "a lei poderá" regulamentar o direito de antena, a Constituição disse que os partidos políticos que ultrapassarem a cláusula de barreira "terão" tal direito.

À exceção da cláusula de barreira, nada mudou, além da literalidade, no plano constitucional quanto ao direito de antena, posto que a redação anterior do §3º, do art. 17 da Constituição Federal, também usava o verbo "ter" no modo imperativo e condicionava o exercício do direito de antena à atuação infraconstitucional do legislador com a expressão "na forma da lei", vejamos: "Os partidos políticos têm direito a recursos do fundo partidário e acesso gratuito ao rádio e à televisão, na forma da lei".

Repita-se, que é inegável a irradiação parcial de efeitos produzida pelas normas constitucionais de eficácia limitada, como se demonstrou acima.

Pontue-se, ainda, que o §3º, do art. 17 da Constituição Federal, com as alterações decorrentes da Emenda Constitucional nº 97/2017, especificamente no que se refere ao direito de antena pelos partidos políticos, não se constitui em norma integralmente desprovida de eficácia jurídica, já que irradia alguns efeitos imediatos e prévios à regulamentação por lei infraconstitucional, como, por exemplo, o de impedir que o legislador infraconstitucional possa dispor sobre a matéria de modo diferente do ventilado na norma constitucional, bem como porque o inciso LXXI, do art. 5º, da Constituição, prevê que "conceder-se-á mandado de injunção sempre que a falta de norma regulamentadora torne inviável o exercício dos direitos e liberdades constitucionais e das prerrogativas inerentes à nacionalidade, à soberania e à cidadania", sendo oportuno reiterar, a propósito, que a Lei nº 13.300/2016 regulamentou o inciso LXXI, do art. 5º da Constituição Federal, facilitando deveras o exercício do *writ* do mandado de injunção.

Questionando a constitucionalidade da própria Emenda Constitucional nº 97, Anna Paula Oliveira Mendes ressalva que o direito de antena é, ainda, assegurado pela Constituição Federal, "[a]pesar da recente EC nº 97/2017, de 4.10.2017, ter alterado a disposição citada para prever uma espécie de cláusula de barreira para o direito de antena, este ainda é expressamente assegurado pelo texto constitucional".[59]

Em suma, e conquanto o preâmbulo da Lei nº 13.487/2017 afirme que ela extinguiu a propaganda partidária no rádio e na televisão, não é correto afirmar que houve a extinção propriamente

---

[59] MENDES, Anna Paula Oliveira. *É inconstitucional o fim da propaganda partidária gratuita no rádio e na TV*. 2017. Disponível em: https://www.conjur.com.br/2017-nov-17/anna-mendes-fim-propaganda-eleitoral-gratuita-inconstitucional. Acesso em: 17 ago. 2018.

dita do direito de antena, em razão de sua preservação pela Emenda Constitucional nº 97/2017, pelo que é mais adequado cogitar-se de mera supressão restrita ao plano infraconstitucional.

Importa frisar que não se trata de hipótese que permita a regulamentação através do poder normativo do Tribunal Superior Eleitoral, já que este não detém previsão no texto constitucional, mas, apenas na legislação infraconstitucional, como se demonstrou algures. Assim, e considerando a inexistência de previsão de regulamentação dessa matéria na legislação infraconstitucional, não há que se cogitar de possibilidade de regulamentação administrativa da matéria.

Importa acrescentar que a Lei nº 13.487/2017 revogou o parágrafo único do art. 52 da Lei nº 9.096/1995, o qual garantia às emissoras de rádio e de televisão o direito à compensação fiscal pela cedência do horário "gratuito" para as inserções da propaganda partidária. O simples fato de a legislação admitir a compensação fiscal pela cessão do espaço midiático no rádio e na televisão denuncia que tal propaganda não era gratuita. A alteração desse dispositivo deveu-se, na verdade, a uma questão de ordem lógica, isto é, tendo havido a supressão do direito de antena partidário, simplesmente não há o que ser compensado.

Porém, a Lei nº 13.487/2017 garantiu às emissoras de rádio e de televisão a manutenção do direito à compensação fiscal relativo à veiculação de propaganda gratuita de plebiscitos e referendos, tendo, para tanto, alterado o art. 99 da Lei nº 9.504/1997. Ademais, restou também mantido o direito à compensação fiscal pela cedência do horário pelas emissoras de rádio e televisão para a propaganda eleitoral, ou seja, aquela que ocorre nas campanhas eleitorais, o qual é, igualmente, garantido pelo art. 99 da Lei nº 9.504/1997.

Enfim, eis que, em 03 de janeiro de 2022, a Lei nº 14.291 alterou a Lei nº 9.096, de 19 de setembro de 1995 (Lei dos Partidos Políticos), e repristinou o direito de antena, ao restaurar a propaganda partidária gratuita no rádio e na televisão, a qual foi regulamentada pelo TSE através da Resolução nº 23.679, de 8 de fevereiro de 2022.

Nos termos dos arts. 50-A, 50-B, 50-C, 50-D e 50-E da mesma Lei, e, em especial, consoante as regras da Resolução que os regulamenta, os partidos políticos com estatutos registrados no Tribunal Superior Eleitoral, e que tenham atingido a cláusula de desempenho, rectius, cláusula de barreira (§3º do art. 17 da Constituição Federal), na proporção de sua bancada eleita na última eleição geral, poderão divulgar propaganda partidária gratuita mediante transmissão no rádio e na televisão, por meio exclusivo de inserções durante a programação normal das emissoras, observado o disposto na lei e nesta Resolução.

Esse tipo de propaganda partidária, como já prenunciado acima, destina-se à divulgação das plataformas, ideias e projetos políticos dos partidos, é gratuita, isto é, ocorre sem ônus financeiros para os partidos, tendo o art. 50-E da Lei nº 9.096/1995 garantido a respectiva compensação fiscal em prol das emissoras pela cessão do horário gratuito. A propaganda partidária efetiva-se mediante a transmissão de blocos de inserções de 30 (trinta) segundos, em cadeia nacional ou estadual, durante o intervalo da programação normal das emissoras no rádio e na televisão entre as 19h30 (dezenove horas e trinta minutos) e as 22h30 (vinte e duas horas e trinta minutos), em âmbito nacional e estadual, sendo que cada rede somente deve veicular até 10 (dez) inserções de 30 (trinta) segundos por dia. A responsabilidade eleitoral recai sobre os respectivos órgãos de direção partidária.

Segundo dispõe o art. 50-B da Lei nº 9.096/1995, com as alterações procedidas pela Lei nº 14.291, de 2022, a distribuição do tempo para as inserções deve ser correspondente à representação partidária na Câmara dos Deputados, devendo-se reservar do tempo total disponível para o partido político, no mínimo 30% (trinta por cento) para promoção da participação política das mulheres, nos seguintes termos:

> I - o partido que tenha eleito acima de 20 (vinte) Deputados Federais terá assegurado o direito à utilização do tempo total de 20 (vinte) minutos por semestre para inserções de 30 (trinta) segundos nas redes nacionais, e de igual tempo nas emissoras estaduais;
>
> II - o partido que tenha eleito entre 10 (dez) e 20 (vinte) Deputados Federais terá assegurado o direito à utilização do tempo total de 10 (dez) minutos por semestre para inserções de 30 (trinta) segundos nas redes nacionais, e de igual tempo nas emissoras estaduais;
>
> III - o partido que tenha eleito até 9 (nove) Deputados Federais terá assegurado o direito à utilização do tempo total de 5 (cinco) minutos por semestre para inserções de 30 (trinta) segundos nas redes nacionais, e de igual tempo nas redes estaduais.

As inserções devem ser determinadas às emissoras pelo Tribunal Superior Eleitoral, quando solicitadas por órgão de direção nacional de partido político e pelos Tribunais Regionais Eleitorais, a requerimento dos órgãos de direção estadual das agremiações partidárias. O art. 3º da Resolução nº 23.679/2022 especifica, para além do que já se registrou acima, qual o teor desse tipo de propaganda partidária, *verbis*:

> I - difundir os programas partidários (Lei nº 9.096/1995, art. 50-B, I);
>
> II - transmitir mensagens aos filiados sobre a execução do programa partidário, os eventos com este relacionados e as atividades congressuais do partido (Lei nº 9.096/1995, art. 50-B, II);
>
> III - divulgar a posição do partido em relação a temas políticos e ações da sociedade civil (Lei nº 9.096/1995, art. 50-B, III);
>
> IV - incentivar a filiação partidária e esclarecer o papel dos partidos na democracia brasileira (Lei nº 9.096/1995, art. 50-B, IV); e
>
> V - promover e difundir a participação política das mulheres, dos jovens e dos negros (Lei nº 9.096/1995, art. 50-B, V).

Entretanto, é notório o desvio de finalidade da propaganda partidária nesse período eleitoral de pré-campanha do ano de 2022. Em vez de exaltarem as ideias partidárias, os partidos políticos estão aproveitando o espaço da mídia para evidenciar as qualidades pessoais dos seus candidatos, requerendo atuação atenta dos órgãos de fiscalização da propaganda nesse interregno anterior ao dia 16 de agosto, quando se inicia o período eleitoral propriamente dito e os candidatos, partidos e demais agremiações partidárias, aí sim, poderão pedir explicitamente o voto para seus proponentes. O §3º do art. 50-B da Lei nº 9.096/1995 restringiu o conteúdo ou o teor da propaganda partidária, dispondo que:

> §4º Ficam vedadas nas inserções: (Incluído pela Lei nº 14.291, de 2022)
>
> I - a participação de pessoas não filiadas ao partido responsável pelo programa;
>
> II - a divulgação de propaganda de candidatos a cargos eletivos e a defesa de interesses pessoais ou de outros partidos, bem como toda forma de propaganda eleitoral;
>
> III - a utilização de imagens ou de cenas incorretas ou incompletas, de efeitos ou de quaisquer outros recursos que distorçam ou falseiem os fatos ou a sua comunicação;

IV - a utilização de matérias que possam ser comprovadas como falsas (*fake news*);
V - a prática de atos que resultem em qualquer tipo de preconceito racial, de gênero ou de local de origem;
VI - a prática de atos que incitem a violência.

O desatendimento às regras acima dispostas legitima os partidos políticos e o Ministério Público Eleitoral a postular perante o TSE ou TRE competente representação eleitoral da qual poderá resultar a punição para o partido infrator da cassação do tempo equivalente a 2 (duas) a 5 (cinco) vezes o tempo da inserção ilícita, no semestre seguinte. O direito à representação só pode ser exercido até o último dia do semestre em que for veiculado o programa impugnado ou, se este tiver sido transmitido nos últimos 30 (trinta) dias desse período, até o 15º (décimo quinto) dia do semestre seguinte. Quando se tratar de decisão proferida por TRE, que cassar o direito de transmissão de propaganda partidária, caberá recurso, que deve ser recebido com efeito suspensivo, para conhecimento pelo Tribunal Superior Eleitoral.

1.3.3 Da propaganda intrapartidária

Intrapartidária é a propaganda cujo objeto é a divulgação da plataforma de governo dos postulantes a cargos eletivos – pré-candidatos – no âmbito interno da agremiação partidária. Como acrescenta Walber Agra,[60] essa espécie de propaganda colima convencer os correligionários dos partidos políticos, que têm direito a voto, a escolherem os nomes dos filiados, na convenção partidária, que terão os nomes indicados à Justiça Eleitoral para serem registrados na condição de candidatos a cargos eletivos.

O art. 36 da Lei nº 9.504/1997 prevê que somente é permitida a propaganda ao postulante a cargo eletivo "[...] na quinzena anterior à escolha pelo partido, de propaganda intrapartidária com vista à indicação de seu nome, vedado o uso de rádio, televisão e *outdoor*". (Art. 36, §1º, Lei nº 9.504/1997). O dispositivo reforça a tese de que

---

[60] AGRA, Walber de Moura. *Manual prático de direito eleitoral*. 2. ed. Belo Horizonte: Fórum, 2018. p. 150.

O *outdoor* é um meio vedado para qualquer tipo de divulgação de ideias eleitorais, em qualquer período, incluindo as situações dispostas no art. 36-A da mesma lei.

Por óbvia decorrência do princípio da liberdade da propaganda, os meios não vedados expressamente pelo art. 36 da Lei nº 9.504/1997 são permitidos, como já antecipamos algures. Segundo o Tribunal Superior Eleitoral, esse tipo de propaganda deve ser destinado exclusivamente aos filiados e quando extrapola tal limite designa propaganda extemporânea, sujeitando os responsáveis ao pagamento de multa: "[...] propaganda intrapartidária veiculada em período anterior ao legalmente permitido e dirigida a toda a comunidade, e não apenas a seus filiados, configura propaganda eleitoral extemporânea e acarreta a aplicação de multa".[61]

Para o Tribunal Superior Eleitoral, esse tipo de propaganda pode ser veiculada através da "afixação de faixas e cartazes em local próximo ao da convenção partidária".[62] Nada obsta, igualmente, que candidatos e partidos políticos possam conclamar seus filiados por meio de seus sítios eletrônicos na internet.

No ano de 2014, ao decidir o AI nº 3815, o Tribunal Superior Eleitoral também entendeu pela ilicitude de um *outdoor* que havia sido fixado em um caminhão, "[...] em via pública, em frente ao local de convenção partidária, de forma ostensiva e com potencial para atingir eleitores ultrapassa os limites da propaganda intrapartidária".[63]

Semelhantemente, o Tribunal Regional Eleitoral do Tocantins considerou que a propaganda intrapartidária há que ser exercida "[...] de modo silencioso e exclusivamente na órbita do partido político a que pertence o pretendente ao mandato eletivo",[64] isso em atenção à sua natureza e finalidade. Razão pela qual esse Regional

---

[61] BRASIL. Tribunal Superior Eleitoral. Ac.-TSE, de 3.5.2011, no REspe nº 43736.
[62] BRASIL, TSE – RESPE: 521320126200033 Mossoró/RN 44562013, Relator: Min. Laurita Hilário Vaz, Data de Julgamento: 26.02.2014, Data de Publicação: DJE – Diário de justiça eletrônico – 05.03.2014. Disponível em: www.jusbrasil.com.br. Acessado em 11 de out de 2018.
[63] BRASIL. Tribunal Superior Eleitoral. *Código eleitoral anotado e legislação complementar*. 11. ed. Brasília: TSE, 2014.
[64] BRASIL. Tribunal Regional Eleitoral-TO. PROEL: nº 663 TO. Relator: Nelson Coelho Filho. Publicação: 17.3.2009.

entendeu que a propaganda feita através de mensagens postas em cartazes e faixas, e, igualmente, por meio de passeatas e carro de som, traduzem modalidade de propaganda irregular.

O Tribunal Regional Eleitoral do Maranhão, por seu turno, concebe que as manifestações de apoio aos pré-candidatos na propaganda intrapartidária deve limitar-se ao local da convenção, os atos ocorridos fora desses limites importam em propaganda irregular e sujeitam-se à sanção prevista no §3º, do art. 36 da Lei nº 9.504/1997.[65] Nesse caso, é irrelevante que haja, ou não, pedido explícito de voto, já que não se aplica a regra do art. 36-A da mesma Lei, mas apenas o art. 36 da mesma Lei.

1.4 Da propaganda eleitoral antecipada e a metodologia da tripla filtragem da liberdade de expressão sugerida pelo TSE

A Lei nº 13.165/2015 instituiu alterações na sistemática da propaganda eleitoral, ou seja, na propaganda eleitoral propriamente dita, isto é, de natureza não partidária, institucional ou política, mas a que visa a convencer o eleitor a votar em determinado candidato vinculado a partido político numa eleição específica, tendo modificado vários dispositivos da Lei nº 9.504/1997.

A Lei nº 13.165/2015 alterou o art. 36 da Lei das eleições para reduzir o tempo de propaganda que, até então, iniciava-se no dia 06 de julho do ano da eleição, passando a somente poder iniciar-se em 16 de agosto do ano da eleição. Essa regra, que é própria da propaganda em geral, aplica-se à propaganda realizada através da internet, porquanto regra idêntica vem disposta no art. 57-A da Lei nº 9.504/1997. Contudo, a propaganda "gratuita" no rádio e na televisão iniciava-se, antes da vigência da Lei nº 13.165/2015, nos quarenta e cinco dias anteriores à antevéspera das eleições. Após a vigência dessa Lei, no entanto, passou a somente ser permitida a partir do trigésimo quinto dia anterior à antevéspera das eleições.

---

[65] BRASIL. Tribunal Regional Eleitoral-MA – RE: nº 7857 MIRINZAL – MA. Relator: Daniel de Faria Jerônimo Leite. Publicação: 10.11.2016.

Qualquer ato de propaganda anterior a essas datas é considerado como ato de propaganda antecipada, proibido, portanto, pela legislação e sujeito às sanções especificadas na Lei das Eleições.

Todavia, a mesma Lei nº 13.165/2015 estabeleceu nova redação ao art. 36-A, da Lei das Eleições, para declarar que não configura propaganda antecipada a menção à pretensa candidatura, assim como a exaltação de qualidades pessoais de pré-candidatos, desde que não se faça pedido explícito de voto. A *contrario sensu*, portanto, será considerada propaganda antecipada aquela que veicular pedido de voto, o qual haverá de ser explícito. Esse tipo de evento (sem pedido explícito de voto) poderá ser divulgado pelos meios de comunicação social, inclusive, através da internet.

Incluído pela Lei nº 12.034, de 2009.	Art. 36-A. Não será considerada propaganda eleitoral antecipada:
Alterado pela Lei nº 12.891, de 2013.	Art. 36-A. Não serão consideradas propaganda antecipada e poderão ter cobertura dos meios de comunicação social, inclusive via internet:
Modificado pela Lei nº 13.165, de 2015.	Art. 36-A. Não configuram propaganda eleitoral antecipada, *desde que não envolvam pedido explícito de voto*, a menção à pretensa candidatura, a exaltação das qualidades pessoais dos pré-candidatos e os seguintes atos, que poderão ter cobertura dos meios de comunicação social, inclusive via internet:

Indiscutível, portanto, que a partir da vigência da Lei nº 13.165, de 2015, houve um abrandamento das regras relativas ao período de pré-campanha, passando-se, desde então, a se considerar como "propaganda antecipada" os conteúdos textuais ou de áudio que contivessem "pedido explícito" de voto, porém os meios vedados para a propaganda eleitoral que ocorre no período em que é permitido o pedido explícito de voto também são proibidos, por decorrência hermenêutica lógico-silogística.

Sob outro aspecto, o Tribunal Superior Eleitoral passou a entender que os conteúdos que simplesmente firmam elogios ou exaltação das qualidades pessoais a determinadas pessoas (frise-se que essas não podem ser consideradas ainda como "candidatas", mas pré-candidatas) são "indiferentes eleitorais", isto é, não constituem matérias de competência de justiça eleitoral, simplesmente porque não são consideradas propaganda.

O grande paradoxo derivado da alteração legislativa de 2015 foi bem resumido por Roberta Maia Gesta e João Andrade Neto, para os quais o art. 36-A da Lei nº 9.504/1997 prestigiou o princípio da liberdade de expressão para permitir atos de pré-campanha "eleitoral" com o objetivo de captar voto para o próximo pleito. Segundo os autores, a admissão do controle judicial acerca do mérito, do conteúdo, da exaltação das qualidades pessoais ou elogios a pré-candidatos tornariam "letra morta" a regra do art. 36-A: "Restariam, apenas, permitidos atos sem conteúdo eleitoral – mas nessa situação não se tem ato de pré-campanha eleitoral e, sim, fato atípico, do ponto de vista do controle da Justiça Eleitoral".[66]

Essa é a questão: se os atos permitidos pelo art. 36-A, da Lei nº 9.504/1997, não detiverem conteúdo eleitoral, não se pode falar, ao menos propriamente, de pré-campanha eleitoral; e não faria o mínimo sentido que uma Lei Eleitoral tivesse admitido a difusão de conteúdos relativos à "pretensa candidatura" que não contivesse conteúdo eleitoral. É induvidoso que os conteúdos elogiosos referentes às qualidades pessoais de pré-candidatos e à sua pretensa candidatura, permitidos em período de pré-campanha, são sim, ao contrário do que tenciona a literalidade do art. 36-A, propaganda eleitoral antecipada, mas permitida, propaganda lícita, que foge à regra obstativa do *caput* do art. 36 da mesma Lei.

Os atos de pré-campanha admitidos pelo art. 36-A, contudo, não podem conter pedido explícito de voto. Entretanto, seria uma teratologia asserir que não se trataria de "propaganda" pertinente a material eleitoral se o dispositivo em questão permite "a menção à pretensa candidatura", através da exaltação das qualidades pessoais dos "pré-candidatos".

As simples menções à pretensa candidatura e a pré-candidatos já determinam e fixam a competência da justiça eleitoral para apreciar a regularidade dos atos de pré-campanha, os quais, nos

---

[66] GESTA, Roberta Maia; ANDRADE NETO, João. *O que é propaganda eleitoral antecipada ilícita? Três filtros para levar a liberdade de expressão a sério*. Disponível em: https://www.jota.info/opiniao-e-analise/artigos/o-que-e-propaganda-eleitoral-antecipada-ilicita-24062018. Acesso em: 07 ago. 2018.

parece, constituem-se em inequívoca propaganda antecipada, ainda que lícita, a depender do meio de sua veiculação. Impende registrar, a propósito, que, diante do princípio da inafastabilidade do controle jurisdicional, insculpido no inciso XXXV, do art. 5º da Constituição Federal, o qual prescreve que "a lei não excluirá da apreciação do Poder Judiciário lesão ou ameaça a direito", à justiça eleitoral, portanto, compete apreciar a regularidade dos atos de pré-campanha. Não se trata de análise sobre matéria "indiferente eleitoral", mas de simplesmente verificar-se a licitude, ou não, dos atos de propaganda antecipada lícita.

Há que se admitir, consequentemente, uma aparente incongruência normativa entre a regra constante do *caput* do art. 36 da Lei nº 9.504/1997, segundo o qual "[a] propaganda eleitoral somente é permitida após o dia 15 de agosto do ano da eleição", com a regra do art. 36-A da mesma Lei, pela qual:

> Não configuram propaganda eleitoral antecipada, desde que não envolvam pedido explícito de voto, a menção à pretensa candidatura, a exaltação das qualidades pessoais dos pré-candidatos e os seguintes atos, que poderão ter cobertura dos meios de comunicação social, inclusive via internet.

A antinomia normativa, no entanto, é meramente aparente, já que uma interpretação sistêmica desses dois dispositivos leva à conclusão de que o *caput* do art. 36 da Lei nº 9.504/1997 apenas proíbe a propaganda eleitoral antecipada que contenha pedido explícito de voto, desde que veiculada pelos meios que não são permitidos para o período normal de propaganda eleitoral, isto é, a partir do dia 16 de agosto do ano da eleição.

Não se pode consentir que os atos permitidos pelo art. 36-A possam ser considerados como marketing ou publicidade, ante a especificidade de esses conceitos estarem sempre atrelados ao *mercatus* empresarial, ou seja, por significar uma estratégia empresarial lucrativa, considerando que não se confundem com a publicidade governamental permitida por lei.

O controle sobre os atos de pré-campanha, quer sejam considerados como atos de propaganda antecipada lícita ou atos que não constituem propaganda antecipada, como quer o art. 36-A da Lei nº 9.504/1997, é plenamente factível e não representa a ressurreição do controle sobre a propaganda por meio de linguagem implícita.

A preocupação apresentada pelo Ministro Admar Gonzaga, em seu voto no Agravo Interno interposto no REspe nº 9-24.2016.6.26.0242 SP, com a preservação da isonomia entre os candidatos é deveras pertinente à medida que atenta para os fins sociais a que o direito se destina, ao explicitar que ao poder judiciário eleitoral compete zelar pelo controle do abuso de poder econômico, político e dos meios de comunicação social. Pelo que "[...] a propaganda massiva, repetida, com alto custo e de grande abrangência", ventilada pelo Ministro Admar Gonzaga, deve ser repelida por constituir-se em exercício de meio abusivo representativo de atuação ilícita do poder econômico que exclui ou desiguala a disputa eleitoral para o candidato médio. Esse tipo de restrição representa meio de atuação jurisdicional garantista, no sentido do Garantismo positivo, já que protege o direito à igualdade do jogo eleitoral e obriga o Estado a atuar na proteção de direitos fundamentais de terceiros que, no caso, são os demais pré-candidatos ou candidatos que não dispõem de meios financeiros para se apresentarem à população nas mesmas condições.

Argumenta-se, por outro lado, que esse tipo de restrição à propaganda proporcionaria a manutenção do *status quo* da representação política, na medida em que os políticos detentores de mandato teriam mais chances de se reelegerem pelo fato de estarem no poder, fazendo uso da publicidade governamental e parlamentar. Primeiramente, é preciso considerar que o art. 73 da Lei nº 9.504/1997 instituiu um verdadeiro sistema de freios e contrapeso à permissividade da divulgação de plataformas e obras de governo e, também, das ações realizadas pelos parlamentares, ao proibir aos agentes públicos, servidores ou não, uma série de condutas tendentes a afetar a igualdade de oportunidades entre candidatos nos pleitos eleitorais, dentre as quais podemos destacar a restrição à publicidade institucional no primeiro semestre do ano da eleição e a vedação ao uso de materiais ou serviços, custeados pelos Governos ou Casas Legislativas, que excedam as prerrogativas consignadas nos regimentos e normas dos órgãos que integram.

As condutas vedadas aos agentes públicos, as quais serão objeto de tratamento em capítulo específico, são ferramentas de controle do uso da máquina governamental e constituem-se em mecanismos cujos objetivos são, precisamente, a preservação da igualdade entre os candidatos nas disputas eleitorais. Ademais, reforça esse argumento o fato de o art. 41-A da Lei nº 9504/1997 considerar como captação ilícita de sufrágio, e, portanto, proibida, a doação, o oferecimento, a promessa, ou a entrega, pelo candidato ao eleitor, de bens ou bem, assim como vantagem pessoal de qualquer natureza, incluindo emprego ou função pública, com o desiderato de obter o voto do eleitor, sendo desnecessário, como acresce o §1º do mesmo artigo, para a configuração do tipo normativo, com a caracterização da conduta como ilícita, o pedido explícito de votos.

Noutras palavras, se por um lado, o art. 36-A considerou como necessário o pedido explícito de voto para fins de caracterização da propaganda antecipada ilícita, por outro, o §1º, do art. 41-A o dispensou para a caracterização da captação ilícita do sufrágio, sendo necessária, apenas, a demonstração da evidência do dolo, consistente no especial fim de agir. Mas, enquanto a permissão para exposição de pré-candidatura, sem pedido explícito de voto, só pode ocorrer até o dia do início da propaganda oficial, ou seja, até o dia 16 de agosto (art. 36 da Lei nº 9.504/1997), a captação ilícita de sufrágio só se verifica a partir do registro da candidatura até o dia da eleição (art. 41-A da Lei nº 9.504/1997). Porém, a violação da regra do art. 41-A pode importar até mesmo a cassação do registro ou do diploma, além da aplicação de sanção e de multa.

Sobre a configuração da conduta regulada pelo art. 41-A da Lei nº 9.504/1997, o Tribunal Superior Eleitoral considerou, em 2017, ser possível a:

> [...] utilização de indícios para a comprovação da participação, direta ou indireta, do candidato ou do seu consentimento ou, ao menos, conhecimento da infração eleitoral, vedada apenas a condenação baseada em presunções sem nenhum liame com os fatos narrados nos autos.[67]

Mas, conquanto o art. 23 da Lei Complementar nº 64/1990 (Lei das Inelegibilidades) admite que:

> O Tribunal formará sua convicção pela livre apreciação dos fatos públicos e notórios, dos indícios e presunções e prova produzida, atentando para circunstâncias ou fatos, ainda que não indicados ou alegados pelas partes, mas que preservem o interesse público de lisura eleitoral,

---

[67] BRASIL. Tribunal Superior Eleitoral. 2017 – RO nº 224661.

tal permissivo contraria a garantia constitucional do devido processo legal e, igualmente, o Código de Processo Civil de 2015, o qual, sem dúvida, vem sendo aplicado em matéria probatória pela Justiça Eleitoral, em especial o seu art. 371, que estatui: "O juiz apreciará a prova constante dos autos, independentemente do sujeito que a tiver promovido, e indicará na decisão as razões da formação de seu convencimento".

Enfim, o julgamento do AgR-REspe nº 9-24.2016.6.26.0242 SP, pelo Tribunal Superior Eleitoral tencionou fixar a tese para as eleições de 2018 a respeito do assunto. Estabeleceu-se uma metodologia para a análise do que pode ser admitido no período de pré-campanha, através do uso de três filtros hermenêuticos: o primeiro, tem a finalidade de verificar se o conteúdo divulgado é, ou não, propaganda eleitoral; o segundo, destina-se a constatar a existência de pedido explícito de voto; e o terceiro, visa deliberar se a forma da veiculação do conteúdo questionado é, ou não, permitida pela legislação eleitoral.

Restou assentado tanto pelo Ministro Admar Gonzaga, que foi o relator, quanto pelos Ministros Tarciso Vieira e Luiz Fux, os quais apresentaram votos-vista, que haverá propaganda eleitoral antecipada ilícita, mesmo que não exista pedido explícito de voto, se a forma de veiculação for proibida pela lei. Nesse sentido, Roberta Maia Gesta e João Andrade Neto, comentando a decisão adotada no AgR-REspe nº 9-24.2016.6.26.0242 SP, pelo Tribunal Superior Eleitoral, asserem com precisão que:

> Ainda que o problema esteja na forma escolhida para divulgação – caso, por exemplo, do *outdoor* –, sobressai o fato de que a mensagem foi divulgada em desconformidade com a lei antes do período permitido. Trata-se, então, não de qualquer propaganda eleitoral irregular, mas de uma propaganda antecipada ilícita, e como tal ela deve ser sancionada.[68]

No ano de 2022 a jurisprudência dos Tribunais Regionais Eleitorais vem se firmando de modo conflitante quanto à (im) possibilidade do uso de meios de divulgação de ideias eleitorais

---

[68] GESTA, Roberta Maia; ANDRADE NETO, João. *O que é propaganda eleitoral antecipada ilícita? Três filtros para levar a liberdade de expressão a sério*. Disponível em: https://www.jota.info/opiniao-e-analise/artigos/o-que-e-propaganda-eleitoral-antecipada-ilicita-24062018. Acesso em: 07 ago. 2018.

e exaltação das qualidades pessoais dos candidatos que não são permitidos durante o período eleitoral. No julgamento da representação eleitoral nº 0600108-31.2022.6.17.0000, em 23 de março de 2022, o TRE-PE, sob a relatoria da Desembargadora Mariana Vargas, decidiu pela retirada de *outdoors* que haviam sido espalhados pela cidade do Recife sob o pretexto de divulgação de partidária, mas que foi concebida como promoção pessoal:

> Assim, ainda que, no presente caso, o pré-candidato seja o presidente de partido, e esteja, nesta condição, conclamando os cidadãos a filiarem-se àquela agremiação, importa notar que os *outdoors* em questão, sobretudo em razão da grande quantidade, constituem importante instrumento de promoção da sua imagem e do seu nome, colocando-o em vantagem sobre os demais pré-candidatos que não ocupem cargos de direção nos respectivos partidos, e que, por essa mesma razão, não possam aplicar neste momento na promoção de seu nome e imagem o valor o equivalente, o que está a sugerir uma afronta ao princípio da paridade das armas entre os pré-candidatos.

Ao determinar a retirada da propaganda em 48 (quarenta e oito) horas, a magistrada ainda adotou medida de apoio consistente na imposição de astreintes. Essa medida de reforço está em rigorosa consonância com as disposições da Resolução nº 23.608/2019, aplicável às eleições de 2022, porquanto não se trata de instituição de penalidade no exercício do poder de polícia, esta sim vedada, mas no âmbito de uma representação judicial eleitoral, portanto é de atividade jurisdicional que se está a cogitar.

1.4.1 Quanto ao conceito de "pedido explícito de voto" e a questão da proibição dos meios ilícitos de propaganda

O pedido explícito de voto eiva de ilicitude a propaganda realizada na pré-campanha, extirpa qualquer dúvida acerca da natureza jurídica propagandística dos atos de exaltação das qualidades pessoais de pré-candidatos, quando ocorrer antes do dia 16 de agosto de ano eleitoral. No entanto, no período de propaganda eleitoral permitido pela legislação constitui-se no meio lícito de tentativa de convencimento do eleitor para votar em determinado candidato ou partido político.

O pedido explícito de voto pode ser direto ou indireto. No primeiro caso, o candidato pede para si o voto do eleitor, nessa hipótese pressupõe-se que ele ou ela esteja no exercício dos direitos políticos; por sua vez, o pedido explícito indireto de voto é aquele realizado por pessoa distinta da do candidato, isto é, é feito por um terceiro, que, para tanto, não precisa estar no exercício dos seus direitos políticos, porquanto a suspensão ou a perda dos direitos políticos prevista no art. 15 da Constituição Federal restringe-se ao direito de votar e ser votado, mas não afeta o direito de participação política, sobretudo porque a restrição que havia a esse respeito, no art. 337 do Código Eleitoral, foi considerada como incompatível com a Constituição Federal, como será esquadrinhado em item posterior.

Em sede doutrinária e pretoriana, há uma tentativa de distinguir entre pedido "explícito" e pedido "expresso" de voto, fundamentado na teoria das "palavras mágicas", consoante precedente firmado pela Suprema Corte dos Estados Unidos no julgamento do caso Buckley *vs*. Valeo, no qual foram distinguidas as maneiras de manifestação política em propaganda eleitoral que têm o mesmo efeito de um pedido explícito de voto, mas que não recorrem à verbalização ou à linguagem escrita para se pedir o voto para determinado candidato. No entanto, a detecção do pedido de voto se dá pela análise do uso das chamadas "magic words" (palavras mágicas), que por meio de truques linguísticos ou técnicas comunicacionais sutis são capazes de pedir o voto do eleitor sem que se pronunciem as palavras contidas no clássico "vote em mim" ou "peço o seu voto".

No julgamento do Agr. no Respe nº 4346, Agr. no AI nº 924, o Tribunal Superior Eleitoral não acatou a tese. No entanto, o Ministro Edson Fachin instaurou uma divergência, no que foi seguido pela Ministra Rosa Weber, que ressalvou: "Minha dificuldade é entender que o pedido explícito de votos se resuma a um "Vote em mim". Acho que o pedido explícito de votos pode se expressar não por palavras desta ordem, bastando, por exemplo, a imagem ou o número do candidato".[69]

---

[69] BRASIL. Tribunal Superior Eleitoral. Agr. no Respe nº 4346, Agr. no AI nº 924. Publicação: 26.06.2018.

Um grande problema da corrente doutrinária que defende que os atos de pré-campanha não constituem propaganda eleitoral é que tais atos seriam atípicos, isto é, indiferentes eleitorais. E por isso mesmo poderiam ser difundidos por quaisquer meios de propaganda, inclusive no período eleitoral, o que resultaria na possibilidade de, após o dia 15 de agosto do ano eleitoral, que os candidatos já registrados e em campanha pudessem ser beneficiados pela divulgação de seus nomes, qualidades pessoais, elogios, etc., por meios que não são permitidos, sequer, para a propaganda eleitoral. Estar-se-ia a ressuscitar formas já abolidas pela legislação eleitoral, como, por exemplo, *outdoors*. Nesse contexto, devemos observar o que está a ocorrer na evolução da jurisprudência do TSE.

Em 2019 o TSE consentiu quanto ao uso de *outdoors*, desde que o conteúdo imagético nele veiculado não se relacionasse com matéria eleitoral, isto é, permitiu o uso de meio vedado no período eleitoral no interregno de pré-campanha:

> O uso de *outdoors* ou meios assemelhados para a veiculação de mensagens sem a mínima conotação eleitoral não se enquadra na vedação do art. 36, §3º, da Lei 9.504/97. Agravo regimental a que se nega provimento. (TSE. Agravo de Instrumento nº 060050143, Acórdão, Relator(a) Min. Admar Gonzaga, Publicação: DJE – Diário da justiça eletrônica, Tomo 212, Data 04/11/2019, Página 59-60)

O problema deste entendimento é que ele não resolve o imbróglio, deixa aos juízes e juízas da propaganda eleitoral e aos desembargadores eleitorais uma verdadeira discricionariedade hermenêutica para decidir o quê vem a ser um "indiferente eleitoral". Ademais, traz o inconveniente de gerar decisões conflitantes sobre a difusão de pré-campanhas com meios e conteúdos idênticos, pois é possível que num determinado estado da federação o TRE respectivo interprete do modo distinto do que concebe o TRE de outro estado, em relação ao mesmo conteúdo veiculado, por exemplo, via *outdoor*, por pré-candidato ao cargo de Presidente da República. A recusa ao uso de meio proibido durante o período eleitoral durante a pré-campanha, além de trazer maior segurança jurídica, salvaguardaria o princípio da isonomia eleitoral e, ainda, seria mais democrático por proteger os "candidatos médios" de custos de divulgação de imagem incompatíveis com suas realidades financeiras, seria, portanto uma interpretação consentânea com a fiscalização contra o abuso do poder econômico.

Em 2022, o TSE, por quatro votos contra três, não conheceu de um REspe que tinha por objeto o uso de *outdoors* em período pré-eleitoral porque o ministro Carlos Horbac, relator para o recurso, considerou que o acórdão impugnado, do TRE-PR, estava firmado no mesmo sentido da jurisprudência do TSE. O TRE-PR entendera que os conteúdos veiculados estavam em consonância com o art. 36-A da Lei nº 9.504/1997, razão pela qual o ministro relator propôs a aplicação do enunciado de nº 30 da Súmula do TSE, segundo o qual não se deve conhecer de recurso por dissídio jurisprudencial quando a decisão recorrida estiver em conformidade com a jurisprudência dessa Corte Superior. O ministro Alexandre de Moraes, contudo, abriu divergência no sentido do conhecimento do recurso e, adentrando no mérito da propaganda em questão, asseriu que os *outdoors*, que promoviam o Partido Novo, tinham, sim, conteúdo eleitoral, embora de modo velado:

> a propaganda contida nos *outdoors* não configurou propaganda partidária porque não buscava, por exemplo, angariar novas filiações. Os termos usados, segundo o ministro, promoviam a legenda e buscavam os votos do eleitorado. Para ele, a aplicação da legislação sobre propaganda eleitoral irregular ou antecipada não pode ficar atrelada ao que chamou de "palavras mágicas", ou seja: as formas em que se apresentam pedidos expressos de voto.[70]

O recurso, reitere-se, não foi conhecido, pois os ministros Edson Fachin, Sérgio Banhos e Luís Roberto Barroso acompanharam o relator para não conhecer do REspe, ao passo que os ministros Mauro Campbell Marques e Benedito Gonçalves acompanharam a divergência. Em suma, o TSE considerou em 2022 que é possível o uso de *outdoor* no período regido pelo art. 36-A da Lei nº 9.504/1997.

Em sentido contrário, fazendo uso da teoria das *magic words*, em junho de 2022, o TRE-PE, desta feita sob a relatoria do desembargador Washington Luis Macedo de Amorim, aplicou a teoria

---

[70] BRASIL, TSE. Respe 0600035-08.

das palavras mágicas para impedir o uso de *outdoor*, por enxergar a presença de truques linguísticos ou técnicas comunicacionais sutis, capazes de pedir votos do eleitor sem que se pronunciem as palavras contidas no clássico "vote em mim" ou "peço seu voto":

> REPRESENTAÇÃO. PROPAGANDA ELEITORAL. *OUTDOOR*. ANO ELEITORAL. VIÉS ELEITOREIRO. MEIO PROSCRITO. PALAVRAS MÁGICAS. UTILIZAÇÃO. PROCEDÊNCIA. APLICAÇÃO DE MULTA. [...] 2. Na hipótese, o *outdoor* impugnado traz a foto do précandidato, o apontamento do cargo atualmente ocupado, e uma frase que remete ao pleito eleitoral, com o ano do certame expressamente demonstrado. "Vamos juntos construir o futuro 2022" é uma expressão da qual se extrai um chamamento, fazendo concluir que, além do meio proscrito, convoca-se o eleitor a apoiar o Representado na mencionada construção.[71]

Uma análise detalhada da Lei nº 9.504/1997 e da Resolução nº 23.610/2019 conduz à conclusão de que o uso de *outdoor*, com fins eleitorais, não é permitido em nenhum período e em nenhuma das modalidades de propaganda. Essa conclusão baseia-se na conjugação das vedações existentes no §1º do art. 36 da Lei nº 9.504/1997 em associação com as do §1º da Resolução nº 23.610/2019, pois, em ambas, há uma ostensiva proibição ao uso de *outdoor* também no período pré-eleitoral, mais especificamente na propaganda intrapartidária, vejamos o teor do último dispositivo citado:

> À pessoa postulante a candidatura a cargo eletivo é permitida a realização, durante as prévias e na quinzena anterior à escolha em convenção, de propaganda intrapartidária com vista à indicação de seu nome, inclusive mediante a afixação de faixas e cartazes em local próximo ao da convenção, com mensagem às(aos) convencionais, *vedado o uso de rádio, de televisão e de outdoor* (Lei nº 9.504/1997, art. 36, §1º).

Admitir que o art. 36-A da Lei nº 9.504/1997 não teria proibido a propaganda antecipada com *outdoor*, ou, como prefere a lei, que o seu uso não consistiria em propaganda antecipada, se não contiver pedido explícito de voto, além de contrariar a interpretação sistemática, facilita o uso do poder econômico dos candidatos que têm

---

[71] BRASIL, TRE-PE, 2022.

condições financeiras para difundir, através de palavras mágicas, conteúdo eleitoral travestido de teor representativo de "indiferentes" eleitorais, ferindo o princípio da isonomia entre os candidatos, à medida que exclui o "candidato médio".

Ademais, a Resolução nº 23.671/2021 sepultou a discussão ou a dúvida que poderia remanescer, ao explicitamente proibir em período extemporâneo, isto é, fora do período permitido de campanha, o uso de qualquer meio que seja proscrito, independentemente de haver ou não pedido explícito de voto, vejamos:

> Art. 3º-A. Considera-se propaganda antecipada passível de multa aquela divulgada extemporaneamente cuja mensagem contenha pedido explícito de voto, ou que veicule conteúdo eleitoral em local vedado *ou* por meio, forma ou instrumento proscrito no período de campanha. (Incluído pela Resolução nº 23.671/2021)

A conjunção alternativa "OU", acima grifada, procede à disjunção da proibição, perfaz uma tripla vedação. Noutras palavras, o dispositivo considera, com assaz precisão, propaganda antecipada proibida: a) aquela que contém pedido explícito de voto, independentemente da forma ou do meio de veiculação, OU; b) aquela realizada em local proibido, OU; c) aquela que for veiculada por meio, forma ou instrumento proscrito no período da campanha, independentemente de conter, ou não, pedido explícito de voto.

1.5 Propaganda de candidatos sub judice e propaganda feita por pessoas condenadas com trânsito em julgado

Ainda que a candidatura encontre-se *sub judice*, deve-se garantir ao candidato o exercício do direito à propaganda eleitoral, pois, nos termos do inciso III, do art. 15 da Constituição Federal:

> É vedada a cassação de direitos políticos, cuja perda ou suspensão só se dará nos casos de:
> I - cancelamento da naturalização por sentença transitada em julgado;
> II - incapacidade civil absoluta;
> III - condenação criminal transitada em julgado, enquanto durarem seus efeitos;

IV - recusa de cumprir obrigação a todos imposta ou prestação alternativa, nos termos do art. 5º, VIII;
V - improbidade administrativa, nos termos do art. 37, §4º.

Acerca da permanência dos efeitos da suspensão dos direitos políticos, na hipótese regulada pelo inciso III, do art. 15 da Constituição Federal, é relevante apontar que o Enunciado de nº 09, da Súmula do Tribunal Superior Eleitoral, esclarece que a cessação da restrição opera-se independentemente de o réu requerer a habilitação criminal e obter decisão favorável, pois prescreve a regra pretoriana sumulada pelo TSE, que "[a] suspensão de direitos políticos decorrente de condenação criminal transitada em julgado cessa com o cumprimento ou a extinção da pena, independendo de reabilitação ou de prova de reparação dos danos".

Nos termos do art. 16-A da Lei nº 9.504/1997, as candidaturas sub judice não obstam a que os candidatos possam:

> [...] efetuar todos os atos relativos à campanha eleitoral, inclusive utilizar o horário eleitoral gratuito no rádio e na televisão e ter seu nome mantido na urna eletrônica enquanto estiver sob essa condição, ficando a validade dos votos a ele atribuídos condicionada ao deferimento de seu registro por instância superior.

Porém, o parágrafo único desse mesmo artigo ressalva que o cômputo dos votos, que forem atribuídos ao candidato sub judice, para o respectivo partido ou coligação, restará condicionado ao deferimento do registro do candidato. Por sua vez, o art. 16-B, da Lei nº 9.504/1997, reitera a garantia já consagrada pelo art. 16-A, ao estatuir que o candidato sub judice tem o direito de participar da campanha eleitoral, assegurando-lhe até mesmo o direito de utilizar o horário eleitoral gratuito. Essa regra aplica-se, inclusive, ao candidato que ainda não teve o seu pedido de registro apreciado pela Justiça Eleitoral, desde que o tenha protocolado no prazo legal, isto é, segundo dispõe o art. 11 da Lei das Eleições, até as dezenove horas do dia 15 de agosto do ano em que se realizarem as eleições.[72]

---

[72] A propósito, os requisitos para o requerimento do pedido de registro constam do §1º do art. 11 da Lei nº 9.504/1997, devendo ser instruído com os seguintes documentos:

Portanto, o direito de o candidato sub judice participar da campanha eleitoral decorre exclusivamente do ato de protocolo de seu pedido de registro de candidatura, sendo irrelevante que tal requerimento tenha, ou não, sido apreciado.

Quanto aos candidatos condenados com sentença judicial transitada em julgado, enquanto perdurarem os efeitos da condenação eles não podem exercer o direito ao sufrágio, isto é, de votar e ser votado. Todavia, a suspensão dos direitos políticos não exclui o direito de quem se encontra nessa situação participar de atividades partidárias e de fazer propaganda eleitoral. Em sentido contrário, o art. 337 do Código Eleitoral enquadra como crime o ato de:

> Participar, o estrangeiro ou brasileiro que não estiver no gozo dos seus direitos políticos, de atividades partidárias, inclusive comícios e atos de propaganda em recintos fechados ou abertos:
>
> Pena – detenção até seis meses e pagamento de 90 a 120 dias-multa.
>
> Parágrafo único. Na mesma pena incorrerá o responsável pelas emissoras de rádio ou televisão que autorizar transmissões de que participem os mencionados neste artigo, bem como o diretor de jornal que lhes divulgar os pronunciamentos.

Até o ano de 2008, o Tribunal Superior Eleitoral entendia que o art. 337 do Código Eleitoral havia sido recepcionado pela Constituição Federal, como observou o Ministro Eros Grau "[o] Tribunal Superior Eleitoral é firme no entendimento de que a suspensão

---

I - cópia da ata a que se refere o art. 8º;
II - autorização do candidato, por escrito;
III - prova de filiação partidária;
IV - declaração de bens, assinada pelo candidato;
V - cópia do título eleitoral ou certidão, fornecida pelo cartório eleitoral, de que o candidato é eleitor na circunscrição ou requereu sua inscrição ou transferência de domicílio no prazo previsto no art. 9º;
VI - certidão de quitação eleitoral;
VII - certidões criminais fornecidas pelos órgãos de distribuição da Justiça Eleitoral, Federal e Estadual;
VIII - fotografia do candidato, nas dimensões estabelecidas em instrução da Justiça Eleitoral, para efeito do disposto no §1º do art. 59.
IX - propostas defendidas pelo candidato a Prefeito, a Governador de Estado e a Presidente da República.

dos direitos políticos impossibilita a participação, nos quadros das agremiações partidárias, daqueles que estejam nessa condição".[73]

Entretanto, tanto a doutrina quanto a jurisprudência superaram este entendimento.

No julgamento do REspe nº 36173, em 14 de outubro de 2014, o Tribunal Superior Eleitoral, por unanimidade, reconheceu a inconstitucionalidade do art. 337 do CE, haja vista sua incompatibilidade com os postulados constitucionais da livre manifestação de pensamento e de consciência e com os direitos fundamentais dos indivíduos, assegurados no art. 5º, incisos IV, VI e VIII e art. 220 da Constituição Federal. O TSE assentou o entendimento segundo o qual:

> [...] 1. O art. 337 do Código Eleitoral, que descreve como crime a participação em atividades político-partidárias, inclusive comícios e atos de propaganda, daquele que estiver com os direitos políticos suspensos, não guarda sintonia com os arts. 5º, IV, VI e VIII, e 220 da Carta da República, que garantem ao indivíduo a livre expressão do pensamento e a liberdade de consciência, ainda que o exercício de tais garantias sofra limitações em razão de outras, também resguardadas pela Constituição Federal. 2. O disposto na referida norma penal implica a restrição de um direito fundamental garantido pela Constituição, sem que haja, em contraposição, bem ou valor jurídico atingido pela conduta supostamente delituosa. 3. O comportamento descrito na aludida norma de natureza penal não consiste na prática de um direito político passível de suspensão, mas sim, no exercício de um direito fundamental que se insere na órbita da liberdade individual albergada pela Lei Maior. Recurso especial a que se nega provimento.[74]

Com efeito, o art. 220 da Constituição Federal resguarda que a manifestação do pensamento, sob qualquer forma, não pode sofrer "qualquer restrição, observado o disposto nesta Constituição". O atual entendimento do Tribunal Superior Eleitoral está em perfeita consonância com a preservação da ordem constitucional, não apenas em razão de limitar os casos de perda e suspensão dos direitos políticos às hipóteses citadas no art. 14 da Carta Magna, as

---

[73] BRASIL. Tribunal Superior Eleitoral. REspe nº 30298, Rel. Min. Eros Roberto Grau, PSESS 13.11.08.
[74] BRASIL. Tribunal Superior Eleitoral. REspe: nº 773568867 GO, Relator: Min. DIAS TOFFOLI. Publicação: 05.10.2015.

quais, sem a mais mínima dúvida, não incluem a participação em atividades partidárias, comícios e atos de propaganda, mas por haver destacado como ponto nuclear do mérito dessa problemática na integração hermenêutica entre o art. 220 e o art. 14 e, sobretudo, por ter evidenciado a integração do *caput* do art. 220 com o seu §1º, o qual ab-rogou, por superveniência da Constituição Federal, qualquer Lei ou ato normativo que importe em censura de natureza política, ao asserir que "§2º É vedada toda e qualquer censura de natureza política, ideológica e artística".

1.6 As prévias partidárias: ilícitos na Internet, representação e o uso do *block chain* como meio de prova no processo eleitoral

Os atos de publicidade política relativos às prévias partidárias não se constituem em propaganda antecipada, ou, ao menos, em propaganda antecipada ilícita. Sobre o assunto, a Lei nº 13.165/2015 ampliou o leque dos meios de divulgação para a conclamação dos filiados a comparecerem às prévias partidárias, admitindo a distribuição de material informativo, bem como a divulgação de nomes dos filiados que irão disputar as vagas aos cargos políticos para o próximo pleito eleitoral, incluindo a realização de debates entre os pré-candidatos, vejamos a evolução do inciso III do art. 36-A da Lei nº 9.504/1997:

Art. 36-A, III, da Lei nº 9.504/1997 – com a redação dada pela Lei nº 12.891/2013.	Art. 36-A, III, da Lei nº 9.504/1997 – com a alteração da Lei nº 13.165/2015.
Art. 36-A. Não configuram propaganda eleitoral antecipada [...]	Art. 36-A. Não configuram propaganda eleitoral antecipada [...]
III - a realização de prévias partidárias e sua divulgação pelos instrumentos de comunicação intrapartidária e pelas redes sociais;	III - a realização de prévias partidárias e a respectiva distribuição de material informativo, a divulgação dos nomes dos filiados que participarão da disputa e a realização de debates entre os pré-candidatos.

Os atos de divulgação e conclamação para a participação de filiados nas prévias partidárias, e até mesmo para apresentação à sociedade civil, enquadram-se no conceito de propaganda político-partidária, mas não são propaganda eleitoral antecipada. O detalhe de o inciso III do art. 36-A, antes da alteração dada pela Lei nº 13.165/2015 permitir o uso das redes sociais nas prévias partidárias e de tal permissão não vir mais de modo explícito na redação conferida pela reforma de 2015 ao mesmo inciso III, não implica a proibição de divulgação das prévias por meios eletrônicos nas redes sociais e na internet, em geral, já que o *caput* do art. 36-A, ao qual está vinculado o inciso III, declara que os eventos por ele tratados "[...] poderão ter cobertura dos meios de comunicação social, inclusive via internet".

A Lei nº 13.165/2015 esclareceu, ainda, que a manifestação e o posicionamento pessoal sobre questões políticas, que já eram permitidos pelo inciso V, do art. 36-A, da Lei nº 9.504/1997, tiveram os seus espectros ampliados considerando que explicitamente restou esclarecido que podem ser divulgados inclusive nas redes sociais da internet.

Importa frisar que continua vedada a transmissão ao vivo, através de emissoras de rádio e de televisão, das prévias partidárias. No entanto, a Lei nº 13.165/2015 adicionou a essa regra uma novidade no tocante ao seu conteúdo, ao ressalvar que embora seja vedada a transmissão ao vivo, inseriu, no §1º, a expressão: "[...] sem prejuízo da cobertura dos meios de comunicação social". Ora, meios de comunicação social são todos os aparatos, analógicos ou digitais, utilizados para a transmissão de textos, áudios ou imagens. Por óbvio, incluem a imprensa escrita, o rádio, a televisão e a internet. Assim, embora não possa haver a transmissão "ao vivo" de prévias partidárias, nada obsta que esses meios de comunicação social possam fazer a respectiva cobertura.

Assim, a vedação da transmissão ao vivo limita-se às emissoras de rádio e de televisão, podendo ocorrer por qualquer outro meio hábil que não se enquadre no conceito de rádio e televisão. Logo, nada obsta a transmissão pela internet, desde que não seja feita por repetição de sinal de rádio ou televisão.

Em 2010, o Tribunal Superior Eleitoral responsabilizou um provedor de internet em razão da divulgação, na rede virtual, de um discurso feito por um filiado em ambiente fechado, em encontro partidário, no qual ele apoiou a candidatura de outro filiado. O TSE considerou que o discurso em si não caracterizara propaganda eleitoral antecipada. Entretanto, entendeu que "[...] a sua posterior divulgação na Internet, contudo, extrapola os limites da exceção prevista neste inciso, respondendo pela divulgação do discurso proferido no âmbito intrapartidário o provedor de conteúdo da página da Internet".[75]

Esse entendimento queda-se superado, tanto em razão de o §2º, do art. 41 da Lei nº 9.504/1997 vedar a censura prévia dos conteúdos a serem exibidos na internet, quanto em face de o art. 19 da Lei nº 12.965 (Lei do Marco Civil da Internet), que foi promulgada em 23 de abril de 2014, e entrou em vigor sessenta dias após a sua publicação oficial, resguardar os provedores de aplicações de internet ao considerar que somente poderão ser responsabilizados civilmente por danos decorrentes de conteúdo gerado por terceiros, se não tomarem as providências para dar cumprimento à ordem judicial que determina a retirada de conteúdo ofensivo da rede.

Nesse sentido, as regras dispostas na Resolução do Tribunal Superior Eleitoral de nº 23.551, de 18 de dezembro de 2017, cujo §5º, do art. 33, resguarda os provedores de aplicações de internet ao considerar que somente poderão ser responsabilizados se não promoverem a remoção de conteúdo determinado pela justiça eleitoral, no prazo respectivo, *verbis:* "O provedor responsável pela aplicação de internet em que hospedado o material deverá promover a sua remoção dentro do prazo razoável assinalado, sob pena de arcar com as sanções aplicáveis à espécie". Essa disposição foi reproduzida pelo do art. 38 da Resolução nº 23.610/2019, incluindo as adições procedidas pela Resolução nº 23.671/2021, mantendo-se em parte a regra anterior, mas no sentido de que a determinação judicial de retirada de conteúdo, a qual não pode ser decretada de ofício, sob pena de nulidade, deve conter o URL do conteúdo específico, mas na hipótese de não se dispor do URL, que ela pode ser substituída pelo URI ou URN respectivos, consentindo-se, ademais que o prazo para a retirada do conteúdo pode ser inferior a 24h00, diante da presença de circunstâncias excepcionais, vejamos:

---

[75] BRASIL. Tribunal Superior Eleitoral. R-Rp nº 259954. Publicação: 16.11.2010.

Resolução nº 23.610/2019 – Art. 38:

§4º A ordem judicial que determinar a remoção de conteúdo divulgado na internet fixará prazo razoável para o cumprimento, não inferior a 24 (vinte e quatro) horas, e deverá conter, sob pena de nulidade, a URL e, caso inexistente esta, a URI ou a URN do conteúdo específico, observados, nos termos do art. 19 da Lei nº 12.965/2014, o âmbito e os limites técnicos de cada provedor de aplicação de internet.

§5º Em circunstâncias excepcionais devidamente justificadas, o prazo de que trata o parágrafo anterior poderá ser reduzido.[76]

Insta acrescentar que a petição inicial da representação ou reclamação já deve vir com o URL, URI ou URN, sob pena de indeferimento liminar, consoante prescreve o art. 17 da Resolução nº 23.608/2019 com os acréscimos incluídos pela Resolução nº 23.672/2021:

Art. 17. A petição inicial da representação relativa à propaganda irregular será instruída, sob pena de não conhecimento:

III - no caso de manifestação em ambiente de internet, com a identificação do endereço da postagem, no âmbito e nos limites técnicos de cada serviço (URL ou, caso inexistente esta, URI ou URN) e a prova de que a pessoa indicada para figurar como representada ou representado é a sua autora ou o seu autor, sem prejuízo da juntada, aos autos, de arquivo contendo o áudio, a imagem e/ou o vídeo da propaganda impugnada. (Redação dada pela Resolução nº 23.672/2021)

§1º-A Em caso de ser ordenada a remoção de conteúdo em ambiente de internet, a ordem judicial deverá fixar prazo razoável para o cumprimento, não inferior a 24 (vinte e quatro) horas, e deverá conter, sob pena de nulidade, a URL e, caso inexistente esta, a URI ou a URN do conteúdo específico, observados, nos termos do art. 19 da Lei nº 12.965/2014, o âmbito e os limites técnicos de cada provedor de aplicação de internet, conforme art. 38, §4º, da Resolução-TSE nº 23.610/2019. (Incluído pela Resolução nº 23.672/2021)

Não custa frisar que o prazo de retirada de conteúdo da Internet pode ser inferior a 24h00, posto que o §5º da Resolução nº 23.610/2019 assim o permite, como demonstrado acima, desde que verificada uma circunstância excepcional, como, por exemplo, a exiguidade de tempo diante da realização da eleição que pode pôr

---

[76] Conquanto a resolução use o artigo feminino para anteceder as abreviaturas URL, URI e URN, todas elas são expressões masculinas.

em risco o resultado útil da decisão (CPC, art. 300), e pode ocorrer até mesmo em caso de direito de resposta, como prevê o §4º do art. 58 da Lei nº 9.504/1997, isto é, há casos nos quais o ilícito eleitoral acontece nos últimos momentos do pleito eleitoral, de modo que o prazo de 24h00 pode não ter utilidade quando o fato agressivo/ilícito acontece na antevéspera da eleição.

Outro aspecto relevante trazido pela Resolução nº 23.672/2021, é que mesmo que os provedores de aplicação ou de conteúdo de Internet não sejam partes na demanda eleitoral, eles podem ser oficiados e devem cumprir determinações judiciais (§1º-B do art. 17 da Resolução nº 23.608/2019).

Ademais, a Resolução nº 23.608/2019, trilhando pela mesma senda do art. 369 do CPC, admite a utilização de qualquer meio de prova em direito admitido para a comprovação dos ilícitos perpetrados na Internet, e não apenas a ata notarial, cabendo ao órgão judicial competente aferir se ficou demonstrada a efetiva disponibilização do conteúdo no momento em que acessada a página da internet.

Ora, nada obsta, portanto, que a parte interessada ou o MPE recorra a "ata" de *blockchain* o que pode ser realizado com respaldo no §2º do art. 2º-A da Lei nº 12.682/2012, que dispõe sobre a elaboração e o arquivamento de documentos em meios eletromagnéticos e que foi alterada pela Lei nº 13.874, de 2019, a qual conferiu nova redação ao art. 2º-A, para admitir que "O documento digital e a sua reprodução, em qualquer meio, realizada de acordo com o disposto nesta Lei e na legislação específica, terão o mesmo valor probatório do documento original, para todos os fins de direito, inclusive para atender ao poder fiscalizatório do Estado".

Tudo o que foi aqui disposto neste item, quanto à representação, não se limita às prévias partidárias, sendo aplicável à representação e reclamação eleitoral em geral.

1.7 Propaganda Eleitoral e o direito à imagem de pessoa (viva e falecida)

O direito de proteção à imagem da pessoa é garantido pelo inciso V, do art. 5º da Constituição Federal. No plano infraconstitucional, a base legal que protege o direito à imagem queda-se positivada no art. 20 do Código Civil, segundo o qual prescreve:

> Salvo se autorizadas, ou se necessárias à administração da justiça ou à manutenção da ordem pública, a divulgação de escritos, a transmissão da palavra, ou a publicação, a exposição ou a utilização da imagem de uma pessoa poderão ser proibidas, a seu requerimento e sem prejuízo da indenização que couber, se lhe atingirem a honra, a boa fama ou a respeitabilidade, ou se se destinarem a fins comerciais.
>
> Parágrafo único – Em se tratando de morto ou de ausente, são partes legítimas para requerer essa proteção o cônjuge, os ascendentes ou os descendentes.

Complementando este dispositivo, o art. 21 do mesmo código assegura que a vida privada da pessoa natural é inviolável, e que os legitimados podem requerer ao juiz, a adoção das providências necessárias para impedir ou fazer cessar ato contrário a esta norma.

Impende consignar que em 2015, no julgamento da ADI nº 4815, o Supremo Tribunal Federal conferiu interpretação conforme, sem redução de texto, aos arts. 20 e 21 do CC, para declarar que o uso de dados biográficos e históricos da pessoa, viva ou falecida, em obras literárias, não depende do consentimento respectivo, nos seguintes termos:

> O Tribunal, por unanimidade e nos termos do voto da Relatora, julgou procedente o pedido formulado na ação direta para dar interpretação conforme a Constituição aos artigos 20 e 21 do Código Civil, sem redução de texto, para, em consonância com os direitos fundamentais à liberdade de pensamento e de sua expressão, de criação artística, produção científica, declarar inexigível o consentimento de pessoa biografada relativamente a obras biográficas literárias ou audiovisuais, sendo por igual desnecessária autorização de pessoas retratadas como coadjuvantes (ou de seus familiares, em caso de pessoas falecidas).[77]

O Supremo conferiu uma diretriz que deve ser espraiada para o sítio da propaganda eleitoral, sobretudo quando se tratar de tentativa de impedir a divulgação de manifestações de apoio

---

[77] BRASIL. Superior Tribunal Federal. ADI nº 4815. Relatora: Min. Cármen Lúcia. Publicação: 01.02.2016.

a antigos aliados, de pessoa viva ou falecida, que na atualidade encontram-se em lados opostos da disputa eleitoral, como demonstraremos adiante.

Entretanto, nesse compasso, há de se frisar que, não obstante a existência da pessoa natural cessar com a morte (art. 6º do CC), alguns aspectos da sua personalidade podem ser protegidos pelos seus familiares. Não se trata de transmissão dos direitos da personalidade, mas de legitimação para pleitear o respeito à memória e à imagem do morto.

Na verdade, a ofensa à imagem de pessoa falecida importa, igualmente, uma agressão, ainda que de forma indireta, aos familiares supérstites. Por isso, são eles denominados "lesados indiretos" pela doutrina, e se legitimam para propor ação em nome próprio para a defesa da preservação da honra e da imagem da pessoa já falecida. Agem os parentes por legitimidade ordinária, autônoma, defendendo interesse próprio de defesa da personalidade do falecido, e não em substituição processual.

Tal legitimidade é conferida pelo parágrafo único, dos arts. 12 e 21 do Código Civil, ao cônjuge sobrevivente ou a qualquer parente em linha reta, ou colateral até o quarto grau, e não pode ser objeto de cessão de direitos pelos herdeiros, até porque a legitimação extrapola a linha de preferência hereditária, sendo mais abrangente que a linha de sucessão patrimonial.

O Superior Tribunal de Justiça, a propósito, já decidiu pela ilegitimidade do espólio para buscar reparação pelos danos morais decorrentes de ofensa *post mortem* a atributos da personalidade, por entender que este ente despersonalizado não pode sofrer danos morais.[78]

Adotamos como premissa que, no âmbito do direito eleitoral, há de ser considerado que os políticos são pessoas públicas, conhecidas do povo brasileiro, e que o seu capital político não pode ser objeto de apreensão ou exclusividade nem mesmo de seus familiares. Assim, o deslinde da questão envolve aspectos de direito à imagem de pessoa pública viva ou falecida. O grau de proteção e tutela do

---

[78] BRASIL. Superior Tribunal Justiça. 3ª turma. REsp nº 1.209.474-SP, Rel Min. Paulo de Tarso Sanseverino. Publicação: 10.09.2013.

direito à imagem de pessoas notórias não deve ser o mesmo do homem comum.

A veiculação da imagem de pessoas notórias para fins informativos, históricos, didáticos ou culturais é admitida, e a necessidade de autorização prévia para o seu uso é desnecessária, como restou assentado no julgamento da ADI descrita anteriormente, em razão da prevalência da liberdade de expressão.

Porém, não se pode desconsiderar a possibilidade de uso indevido da imagem de terceiro na propaganda eleitoral e, em casos tais, uma vez comprovada a irregularidade respectiva, deve-se adotar medidas para fazer cessar a propaganda ou se conceder o respectivo direito de retificação.

As violações à proteção da imagem, nesse caso, se dão com a divulgação fora dos padrões éticos e morais, de forma ofensiva ao princípio da dignidade da pessoa humana. Por outro lado, a finalidade da veiculação também pode configurar violação, como a utilização da imagem visando à aferição de vantagem econômica ou até com fins eleitoreiros ilícitos.

Atualmente, a participação de políticos proeminentes na propaganda configura uma forma usual de divulgar os ideários e interesses de determinado partido ou ideologia e, com isso, angariar filiados e simpatizantes para a agremiação, nada havendo de ilícito nessa situação. A presença de ocupantes de cargos públicos na propaganda partidária, deste modo, não é condenada pela jurisprudência, que não vislumbra desvirtuamento ou caráter eleitoreiro no fato de o político apresentar realizações de seu governo como concretizações dos ideários do partido.

A análise da jurisprudência no tocante ao uso da imagem de políticos vem sendo admitida, desde que não haja propaganda eleitoral negativa, vedada pela Lei nº 9.504/1997 ou pelo Código Eleitoral. Nessa senda, o Tribunal Regional Eleitoral de Pernambuco decidiu que críticas feitas ao ex-governador Miguel Arraes, já falecido, pelos seus adversários políticos, não poderiam ser obstadas pelos seus familiares, vejamos:

> Representação Eleitoral. Propaganda Eleitoral. Petição Inicial. Causa de Pedir. Direito à Imagem. Críticas. Limitações. Preliminar. Preliminar de falta de condições da Ação que se rejeita, por estarem presentes os

requisitos ensejadores da Medida Cautelar; O direito de imagem está acobertado pela proteção à intimidade e à vida privada, situação em que prevalece a dignidade da pessoa humana; O homem público, mormente quando candidato a cargo eletivo, tem o seu direito de imagem mitigado, sendo possível a admissão da crítica ácida e até agressiva, direcionadas às suas ações no exercício de função pública, proibida a veiculação de mensagem inverídica ou ofensiva à sua honra.[79]

Noutra perspectiva, a mesma Corte Regional decidiu que antigos aliados políticos do ex-governador Eduardo Campos, falecido durante a campanha eleitoral presidencial de 2014, poderiam utilizar vídeos e outros materiais de campanha nos quais constava o político em questão declarando apoio a candidato que, no momento atual, lhe fazia oposição, em suas propagandas eleitorais:

> EMENTA: RECURSO INOMINADO. AÇÃO CAUTELAR. ELEIÇÕES 2014. PRELIMINARES. REJEITADAS. DIREITO À IMAGEM. EX-CANDIDATO À PRESIDÊNCIA. FALECIMENTO NO CURSO DA CAMPANHA. PROIBIÇÃO VEICULAÇÃO. PROGRAMAS ELEITORAIS. IMPOSSIBILIDADE. IMPROVIMENTO.
>
> 2. Não se tratando de apoio político, o uso de imagens e voz com o fito de apresentar contradições ou críticas administrativas a candidatos adversários, desde que não degradem ou ridicularizem candidato e não violem dispositivo legal, é permitido;
>
> 3. Proibir a propaganda eleitoral dos adversários que contenham a imagem, nome, voz e demais atributos relativos ao Ex-Governador Eduardo Campos, mesmo antes de serem veiculadas, caracteriza censura prévia.
>
> 4. Inobservância de violação aos incisos X e XXVIII, do art. 5º da CF/88; ao art. 20 do Código Civil e art. 54 da Lei nº 9.504/97.
>
> 5. Recurso inominado a que se nega provimento.[80]

Na ocasião, a Corte Regional de Pernambuco entendeu pela impossibilidade de concessão de ordem que proibisse a utilização da imagem do ex-governador Eduardo Campos em propaganda eleitoral por seus adversários políticos, desde que não fosse veiculada para degradar ou ridicularizar a sua memória.

---

[79] BRASIL. Tribunal Regional Eleitoral-PE. Representação Eleitoral nº 746. Publicação: 01.09.2006.
[80] BRASIL. Tribunal Regional Eleitoral-PE. Ação Cautelar nº 128560. Relator(a) José Ivo de Paula Guimarães. Publicação: 21.08.2014.

Atente-se que as situações dos precedentes ora citados diziam respeito à utilização de imagem por adversários políticos em propaganda eleitoral. Isso, inclusive, se deu em momento de profundo acirramento da política, durante a campanha eleitoral.

Estabelecida tal premissa, não se pode consentir que familiares de políticos já falecidos possam objetar o uso de sua imagem e história, sobretudo quando integrantes da mesma agremiação partidária, considerando que a preservação da primazia do princípio da liberdade de expressão é fundamental no campo do direito eleitoral para a manutenção dos postulados do Estado Democrático de Direito, no qual a livre circulação de ideias é salutar e essencial para a democracia, pelo que é proibida a censura prévia na propaganda política em todas as suas espécies, conforme previsão do inciso IX, do art. 5º da Constituição da República, e dos arts. 41 e 53 da Lei nº 9.504/1997.

CAPÍTULO 2

A PROPAGANDA EM MEIO FÍSICO

2.1 A propaganda sonora

A propaganda sonora pode ser fixa e móvel. A primeira pode ser realizada através de autofalantes e amplificadores de som; e a segunda por meio de carros de som, minitrios e trios elétricos (estes últimos apenas em comícios).

Quanto ao conceito de carros de som, minitrios e trios elétricos, a Lei nº 12.891/2013 os definiu, ao acrescentar o §12 ao art. 39 da Lei nº 9.504/1997, esclarecendo-se que deve considerar:

> I – carro de som: veículo automotor que usa equipamento de som com potência nominal de amplificação de, no máximo, 10.000 (dez mil) watts;
>
> II – minitrio: veículo automotor que usa equipamento de som com potência nominal de amplificação maior que 10.000 (dez mil) watts e até 20.000 (vinte mil) watts;
>
> III – trio elétrico: veículo automotor que usa equipamento de som com potência nominal de amplificação maior que 20.000 (vinte mil) watts.

Em seguida, a Lei nº 13.165/2015 acrescentou o §9º-A, ao art. 39 da Lei nº 9.504/1997, para também considerar carro de som, além do definido no §12, "qualquer veículo, motorizado ou não, ou ainda tracionado por animais, que transite divulgando jingles ou mensagens de candidatos". Incluídos, portanto, na restrição os chamados "paredões sonoros", que são estruturas sonoras acopláveis e adaptáveis para serem transportadas em caminhões, carros, motocicletas e até bicicletas. O enquadramento do paredão no conceito de carro de som, minitrios ou trios elétricos irá depender capacidade sonora respectiva. As despesas com esse meio de propaganda são consideradas pelo art. 26 da Lei nº 9.504/1997 como gastos eleitorais e, consequentemente, devem ser incluídos na prestação de contas dos candidatos, partidos, coligações e federações, como disciplina a Resolução nº 23.665, de 9 de dezembro de 2021. A título de elucidação, segue imagem de paredão:[81]

Por sua vez, o uso de animais em campanhas eleitorais para tracionar e transportar aparelhamento sonoro viola a Declaração Universal dos Direitos dos Animais, proclamada pela UNESCO, em Bruxelas, em 27 de Janeiro de 1978, cujo inciso II, do art. 2º, expressamente veda a exploração de animais e o inciso I, do art. 3º, reza que "[n]enhum animal será submetido nem a maus tratos nem a atos cruéis". Ademais, há vários municípios brasileiros que possuem leis protetivas dos animais, e estas devem ser respeitadas pelos que exercem o direito à propaganda eleitoral.

---

[81] Imagem Disponível em: https://novovarejo.com.br/paredao-de-som-se-populariza-como-instrumento-de-democratizacao-do-entretenimento-popular/. Acesso em 13 de junho de 2022.

Por fim, quanto ao limite de horário da propaganda sonora, a Lei restringe o funcionamento de alto-falantes e amplificadores de som, sendo permitido o seu uso apenas entre as 8h e as 22h, exceto se se tratar de comícios, pois, nesse caso, o §4º, do art. 39 da Lei nº 9.504/97, admite o uso de aparelhagens de sonorização, inclusive fixas, no horário compreendido entre as 8h e as 24 horas. Ademais, o mesmo dispositivo ainda ressalva que, nos comícios de encerramento da campanha, pode haver uma prorrogação por mais duas horas no limite acima registrado.

No entanto, em qualquer caso, são vedados a instalação e o uso de equipamentos sonoros em distância inferior a duzentos metros das sedes dos poderes executivo, legislativo e judiciário, bem como dos quartéis e outros estabelecimentos militares, dos hospitais e casas de saúde, das escolas, bibliotecas públicas, igrejas e teatros, quando em funcionamento.

2.1.1 Permissões e restrições ao uso de carros de som e minitrios: em carreatas, caminhadas, passeatas e comícios

Quanto ao uso de carros de som e trios elétricos, conquanto haja as restrições já mencionadas (art. 39, §4º, da Lei nº 9.504/1997), na Reforma Política de 2015, a Câmara dos Deputados alterou a decisão legislativa do Senado Federal de proibir o uso de carros de som em campanhas eleitorais. Na reforma de 2017, a Lei nº 13.488 conferiu nova redação ao §11, do art. 39 da Lei nº 9.504/1997, para restringir o uso de carros de som e minitrios apenas em carreatas, passeatas, reuniões e comícios, vejamos:

> Art. 39, §11- É permitida a circulação de carros de som e minitrios como meio de propaganda eleitoral, desde que observado o limite de oitenta decibéis de nível de pressão sonora, medido a sete metros de distância do veículo, e respeitadas as vedações previstas no §3º deste artigo, apenas em carreatas, caminhadas e passeatas ou durante reuniões e comícios

Mas, a premência para a aprovação da reforma eleitoral de 2017 acarretou uma dúvida consistente no fato de a Lei nº 13.488/2017 ter restringido o uso de carros de som em carreatas, passeatas, reuniões e comícios, por um lado, mas, por outro, manteve a regra anterior prevista no §9º, do art. 39 da Lei nº 9.504/1997, vejamos sua redação a fim de concluirmos acerca da existência, ou não, de antinomia com a nova regra estabelecida no §11:

> Art. 39, §9º Até as vinte e duas horas do dia que antecede a eleição, serão permitidos distribuição de material gráfico, caminhada, carreata, passeata ou carro de som que transite pela cidade divulgando jingles ou mensagens de candidatos.

Sobre esse aparente conflito normativo, o Tribunal Regional Eleitoral de Pernambuco, no julgamento da Consulta nº 0600324-31, bem pontuou o núcleo do problema precisamente no eventual conflito de normas entre o §9º, do art. 39 da Lei nº 9.504/97, que admite a circulação de carros de som e minitrios como meio de propaganda eleitoral sem o atrelamento às carreatas, passeatas, reuniões e comícios, e que permaneceu vigente após a minirreforma de 2017, a qual, por seu turno, alterou a redação do §11, do mesmo art. 39 da Lei nº 9.504/1997, pela Lei nº 13.488/2017, tendo este último restringindo a propaganda eleitoral por esses meios apenas em carreatas, caminhadas e passeatas ou durante reuniões e comícios.

O TRE-PE decidiu, à unanimidade, que a questão deve ser resolvida pelos princípios estabelecidos na Lei de Introdução às Normas do Direito Brasileiro (LINDB), a qual, no §1º, de seu art. 2º, determina que lei posterior revoga a lei anterior "quando seja com ela incompatível ou quando regule inteiramente a matéria de que tratava a lei anterior". Sendo ambas as normas da mesma hierarquia, há de prevalecer a restrição posta na norma mais recente, de forma que foi revogada tacitamente a parte final do §9º, do art. 39 da Lei nº 9.504/1997 na parte que permitia que carros de som que transitassem pela cidade divulgando jingles ou mensagens de candidatos, independentemente de estarem em carreatas, passeata, reuniões ou comícios, em face da nova disposição estatuída pelo art. 39, §11 da mesma lei.[82]

A Desembargadora Relatora da Consulta em questão ainda destacou que a Res. nº 23.551/2017-TSE esclareceu que "só serão

---

[82] BRASIL. Tribunal Regional Eleitoral-PE. 2018. Consulta nº 0600324-31. Relatora: Desa: Érika Ferraz. Publicação: 15.06.2018.

permitidos carros de som e minitrios em carreatas, caminhadas e passeatas ou em reuniões ou comícios", bem como que a matéria também foi consignada em Informativo, de 07 de março de 2018, no âmbito do Tribunal Regional Eleitoral do Rio de Janeiro – TRE/RJ, através do qual o referido Tribunal afirmou:

> A circulação de carros de som e minitrios entre as 8h e às 22h, até o dia que antecede a eleição, apenas em carreatas, caminhadas e passeatas ou durante reuniões e comícios, desde que respeite o limite de 80 decibéis de nível de pressão sonora, medido a 7m de distância dos veículos, com uma distância maior que 200 metros de sedes dos Poderes Executivo e Legislativo da União, dos Estados, do Distrito Federal e dos Municípios, das sedes dos Tribunais Judiciais, e dos quartéis e outros estabelecimentos militares, hospitais e casas de saúde, escolas, bibliotecas públicas, igrejas, teatros, quando em funcionamento.

A doutrina, por sua vez, firmou-se nesse mesmo sentido, como leciona, a propósito, José Jairo Gomes:

> Assim, a realização de propaganda em carros de som e minitrios requer: i) a observância do limite de oitenta decibéis de nível de pressão sonora, medido a sete metros de distância do veículo; ii) o respeito à distância de 200m de hospitais, escolas, etc., conforme estabelece o citado §3º, art. 39, da LE; iii) a utilização desses veículos apenas em "carreatas, caminhadas e passeatas ou durante reuniões e comícios". Por essa última restrição, os carros de som e minitrios não podem circular pelas ruas a qualquer momento, mas apenas serem utilizados em "carreatas, caminhadas e passeatas ou durante reuniões e comícios".[83]

Na mesma senda, Marcos Ramayana conclui que:

> Desse modo, além de os carros de som e minitrios observarem a distância mínima de 200 (duzentos) metros de hospitais, sedes do Fórum e outros prédios, atualmente só podem circular de forma restrita nas carreatas, caminhadas, passeatas, reuniões e comícios.
>
> Veda-se, portanto, a utilização desses veículos com som para livre circulação nas ruas. Deveras, a mobilidade deve estar atrelada ao evento referido no §11 do art. 39 da Lei das Eleições.[84]

---

[83] GOMES, José Jairo. *Direito eleitoral essencial*. São Paulo: Editora: Método, 2018. p. 195.
[84] RAMAYANA, Marcos. *Direito Eleitoral*. 16. ed. Rio de Janeiro: Editora: Ímpetos, 2018. p. 535.

O problema é que nem a Lei nº 9.504/1997, nem a Resolução nº 23. 610/2019, mesmo com as alterações procedidas pela Resolução nº 23.671/2021, definem o que se deve entender por caminhadas, passeatas e carreatas. Não há distinção ontológica entre caminhadas e passeatas. No contexto geral, não eleitoral, até é possível distingui-las: a caminhada seria a aglomeração de pessoas sem compromisso, por distração ou lazer; e a passeata, a concentração pública de um grupo numeroso de pessoas para reivindicar algo. Para fins de propaganda eleitoral, no entanto, as expressões são sinônimas considerando que não é relevante para caracterizar a manifestação em questão a quantidade de pessoas, já que não resta estabelecido um número mínimo a partir do qual um agrupamento de pessoas possa enquadrar-se no conceito de caminhada, passeata. O mesmo ocorre com a quantidade de automóveis que é suficiente para caracterizar as carreatas. Na tentativa de suprir a omissão, na eleição de 2020, os juízes integrantes da comissão de propaganda do Recife editaram uma nota técnica cujo item XII esclareceu aos atores eleitorais em disputa que:

> a) carreata – o agrupamento de 5 (cinco)ou mais veículos automotores, não integrando o carro de som a contagem da quantidade mínima de automóveis;
>
> b) passeata e caminhada – uma marcha coletiva empreendida por um grupo de pedestres ou de ciclistas, sem utilização de veículo automotor.[85]

O problema dessa nota técnica é que ela fixou um número mínimo para que se caracteriza a carreata, mas não fez o mesmo em relação à passeata e caminhada, pondo, ademais, os ciclistas nesse mesmo rol. Pertinentemente às bicicletas, a Resolução nº 23.610/2019 apenas a elas referiu uma única vez (art. 20), e, mesmo assim, para alertar que "Não é permitida a veiculação de material de propaganda eleitoral em bens públicos ou particulares, exceto de (Lei nº 9.504/1997, art. 37, §2º): II - adesivo plástico em automóveis,

---

[85] A íntegra da nota técnica em questão pode ser acessada em: https://www.tre-pe.jus.br/eleicoes/eleicoes-2020/arquivos-eleicoes-2020/tre-pe-nota-explicativa-01-de-2020-sobre-propaganda-eleitoral/rybena_pdf?file=https://www.tre.pe.jus.br/eleicoes/eleicoes-2020/arquivos-eleicoes-2020/tre-pe-nota-explicativa-01-de-2020-sobre-propaganda-eleitoral/at_download/file.

caminhões, bicicletas, motocicletas e janelas residenciais, desde que não exceda a 0,5m2 (meio metro quadrado)".

Não obstante, por questão de simetria de tratamento, a regra existente em relação a carreatas e passeatas deve ser aplicada às bicicletatas e motociatas. Considerando que o princípio da liberdade da propaganda eleitoral orienta que a propaganda que não estiver expressamente proibida por lei federal ou, acrescente-se, pelas resoluções do TSE, está permitida, a esses eventos deve-se aplicar a mesma regra relativa às caminhadas, passeatas e carreatas.

Quanto ao custeio de combustíveis de automóveis envolvidos em carreatas, o TRE-PA já decidiu que "O custeio e distribuição de combustível a simpatizantes com a finalidade de viabilizar a realização de carreata não caracteriza captação ilícita de sufrágio ou abuso de poder econômico, quando realizada de forma controlada e sua distribuição se der em pequenas quantidades".[86] O inciso I do §11 do art. 35 da Resolução nº 23.607/2019 especificou que as despesas com combustível somente podem ser considerados como gastos eleitorais mediante a apresentação de documento fiscal da despesa do qual conste o CNPJ da campanha, para abastecimento de veículos em carreatas, e ainda estatuiu o limite de 10 (dez) litros por veículo, devendo a prestação de contas respectiva detalhar a indicação da quantidade de carros e de combustíveis utilizados por evento.

A resolução em questão é omissa quanto aos gastos despendidos em caminhadas ou passeatas. E o TSE já esclareceu que "[...] Caminhada ou passeata não se equiparam a reuniões públicas. 4. O art. 39, §5º, inciso I, da Lei nº 9.504/97 tipifica como crime a realização de carreata apenas no dia da eleição. O Tribunal autorizou caminhada com distribuição de panfletos. (Ac. de 25.10.2002 no MS nº 3107, rel. Min. Fernando Neves.)". Embora o §5º do art. 39 não tipifique a caminhada ou passeata como crime, se ocorrer no dia da eleição, o art. 39-A da mesma lei proíbe no dia do pleito eleitoral a aglomeração de pessoas, até o término do horário de votação, porém

---

[86] BRASIL, TRE-PA – RE: 50303 PA, Relator: Ruy Dias de Souza Filho, Data de Julgamento: 06.06.2013, Data de Publicação: DJE – Diário da Justiça Eletrônico, Tomo 103, Data 13.06.2013.

sem erigir tal conduta à condição de ilícito penal e nem mesmo prevê sanção pecuniária para a hipótese. O dispositivo, no entanto, admite "[...] a manifestação individual e silenciosa da preferência do eleitor por partido político, coligação ou candidato, revelada exclusivamente pelo uso de bandeiras, broches, dísticos e adesivos".

No período de pré-campanha impera a regra do art. 36-A da Lei nº 9.504/1997, mas o rol de condutas permitidas até o dia 16 de agosto do ano eleitoral não inclui a permissão para carreatas, passeatas ou caminhadas. Nesse sentido, em 2021 o TRE-PE decidiu que tais atos malferem o princípio da isonomia entre candidatos e discrepam das condutas permitidas pelo art. 36-A da Lei nº 9.504/1997:

> [...] Haverá propaganda antecipada se o ato praticado possuir caráter eleitoral e preencher um destes três requisitos, alternativamente: (a) presença de pedido explícito de voto; (b) utilização de formas proscritas no período oficial de propaganda; (c) violação ao princípio da igualdade de oportunidades entre os candidatos. 3. Evidencia-se desequilíbrio entre futuros candidatos diante da realização de atos típicos de campanha (passeata e carreata), com participação de significativa quantidade de pessoas, carros e motoristas fazendo com as mãos referência ao número do partido dos representados [...] 5. Realização de passeata com aglomeração de pessoas em período de pandemia e de carreata, em pequena cidade, como é o caso de Cupira, são circunstâncias que demonstram gravidade da conduta e justificam fixação da multa acima do valor mínimo legal. (TRE-PE – RE: 060008322 CUPIRA – PE, Relator: CARLOS GIL RODRIGUES FILHO, Data de Julgamento: 12/11/2021, Data de Publicação: DJE – Diário de Justiça Eletrônico, Tomo 237, Data 19/11/2021).

2.1.2 Limites sonoros e a questão da regularização ou da retirada da propaganda sonora irregular

O limite sonoro de oitenta decibéis de nível de pressão sonora deve ser aferido através de decibelímetro, devendo a fiscalização da propaganda oportunizar ao condutor do veículo a redução do volume do som, antes de adotar qualquer medida mais drástica como a apreensão do bem.

Em síntese, trios elétricos somente podem ser utilizados para sonorização de comícios (art. 39, §10, da Lei nº 9.504/1997), mas os carros de som poderão circular respeitando as limitações observadas no item anterior, porquanto a eles também se aplicam, e outras que passaremos a abordar a seguir.

Entretanto, a questão do uso de carros de som em campanhas eleitorais deve ser vista com restrições e respeito ao interesse público e ao direito ao sossego dos cidadãos. Mas, importa acrescentar que os "minitrios" são equiparados aos carros de som, não se lhes aplicando as vedações existentes aos trios elétricos, mas as regras próprias para os carros de som. Nesses termos, podem circular em período de campanha eleitoral, desde que limitados a passeatas, carreatas, reuniões e comícios.

Contudo, a circulação de qualquer veículo sonoro móvel deve ser precedida de licença do órgão municipal competente, sem a qual é ilícito o seu uso. Note-se que, nesse particular, não se está a restringir o direito à propaganda eleitoral em razão de "posturas municipais", não havendo que se cogitar de qualquer agressão ao art. 41 da Lei nº 9.504/1997. É que em consonância com o §5º, do art. 1.510-A do código civil, as posturas municipais referem à legislação de competência dos municípios e do Distrito Federal, que "poderão dispor sobre posturas edilícias e urbanísticas associadas ao direito real de laje". Ora, a questão do licenciamento de veículos sonoros como requisito prévio à sua circulação em nada se imbrica, portanto, com a ressalva do art. 41 da Lei nº 9.504/1997, pois as posturas municipais limitam-se às disposições referentes a questões urbanísticas e edilícias.

Além disso, devem ser observadas a regras constantes da Resolução nº 204, de 20 de outubro de 2006, do Conselho Nacional de Trânsito, que regulamenta o volume e a frequência dos sons produzidos por equipamentos utilizados em veículos e estabelece a metodologia para medição a ser adotada pelas autoridades de trânsito ou seus agentes, sendo certo que em matéria de propaganda eleitoral, o limite sonoro já vem definido no §11, do art. 39, da Lei nº 9.504/1997, que estatuiu a baliza de oitenta decibéis de nível de pressão sonora.

A desobediência às restrições anteriormente indicadas legitima a apreensão dos veículos, consoante orienta a construção pretoriana, considerando, sobretudo, que o direito de propriedade não é absoluto. A mesma interpretação foi conferida pelo TRE-MS, quando do julgamento do mandado de segurança nº 395806/MS[87] oportunidade na qual restou decidido que é legítima a "apreensão de carro de som utilizado em campanha próxima ao local. Publicidade já vedada por esta corte regional [...] Provimento negado". A determinação de apreensão deve ser procedida pelo juiz da propaganda com base no poder de polícia, independentemente de provocação.

2.2 Camisetas, chaveiros, bonés, canetas, brindes, cestas básicas, showmícios e *lives* eleitorais

A Lei nº 11.300/2006 introduziu outra limitação à liberdade da propaganda eleitoral, ao incluir no art. 39, da Lei nº 9.504/1997, o §6º, o qual proibiu, em campanhas eleitorais, "a confecção, utilização, distribuição por comitê, candidato, ou com a sua autorização, de camisetas, chaveiros, bonés, canetas, brindes, cestas básicas ou quaisquer outros bens ou materiais que possam proporcionar vantagem ao eleitor". Esta vedação presta-se à coibição do abuso do poder econômico, o qual, sem dúvida, pode desequilibrar uma campanha eleitoral.

Por outro lado, o art. 38, da Lei nº 9.504/1997, autoriza a veiculação de propaganda eleitoral pela distribuição de folhetos, adesivos, volantes e outros impressos, os quais devem ser editados sob a responsabilidade do partido, coligação ou candidato. Assim, importa ressaltar que a vedação constante do §6º do art. 39 não alcança o exercício do direito garantido pelo art. 38 da mesma Lei.

No pertinente à proibição do §6º do art. 39 da Lei nº 9.504/1997, o Tribunal Superior Eleitoral considera que ela se estende, igualmente, à atuação dos cabos eleitorais.[88] Com base nesse precedente, o Tribunal Regional Eleitoral de Goiás deliberou que:

> O cabo eleitoral não deixa de ser eleitor e a utilização das camisetas por eles, reunidos em grande número, demonstra claramente a utilização do

---

[87] BRASIL. Tribunal Regional Eleitoral (MS). *Petição nº 395806/MS*. Relator: Paulo Rodrigues. Campo Grande, 28 de novembro de 2010. PSESS – Publicado em Sessão, Campo Grande, 28 nov. 2010. Disponível em: http://www.tse.jus.br/jurisprudencia/pesquisa-de-jurisprudencia. Acesso em: 4 out. 2015.
[88] BRASIL. Tribunal Superior Eleitoral. 2006. Res. nº 22.247, Brasília - DF, 08.06.2006, Rel. Carlos Augusto Ayres de Freitas Brito.

vestuário como instrumento de publicidade do candidato, em flagrante contradição com intento da Lei nº 11.300, de 10.05.2006, que alterou a Lei nº 9.504/97, apresentando novas diretrizes a respeito das eleições de 2006.[89]

Por sua vez, os showmícios e eventos assemelhados, como *lives* eleitorais, têm restrição especificada no §7º do art. 39 da Lei nº 9.504/1997, segundo o qual "É proibida a realização de showmício e de evento assemelhado para promoção de candidatos, bem como a apresentação, remunerada ou não, de artistas com a finalidade de animar comício e reunião eleitoral". O art. 17 da Resolução nº 23.610/2019, com as alterações procedidas pela Resolução nº 23.671/2021, esclareceu que a vedação inclui eventos transmitidos pela Internet e que responde "[...] a pessoa infratora pelo emprego de processo de propaganda vedada e, se for o caso, pelo abuso de poder (TSE: CTA nº 0601243-23/DF, DJe de 23.9.2020)".

Porém, a mesma resolução excluiu da proibição candidatas(os) que são profissionais da classe artística, como cantoras, cantores, atrizes, atores, apresentadoras e apresentadores. Estes poderão continuar a exercer as suas atividades profissionais durante o período eleitoral, "[...] exceto em programas de rádio e de televisão, na animação de comício ou para divulgação, ainda que de forma dissimulada de sua candidatura ou de campanha eleitoral; (Incluído pela Resolução nº 23.671/2021)". Aqui se observa uma restrição explícita ao pedido implícito de votos. Também estão fora da vedação as "[...] apresentações artísticas ou shows musicais em eventos de arrecadação de recursos para campanhas eleitorais previstos no art. 23, §4º, V, da Lei nº 9.504/1997 (Incluído pela Resolução nº 23.671/2021)".

A questão foi levada ao crivo do Supremo Tribunal Federal, através da ADI-DF nº 5.970, que buscava a declaração de inconstitucionalidade do §7º do art. 39 da Lei nº 9.504/1997. No entanto, por maioria de oito votos contra três, o STF entendeu que a restrição aos showmícios objetiva garantir a isonomia e a paridade de armas entre candidatas e candidatos, bem como que não atinge a

---

[89] BRASIL. Tribunal Regional Eleitoral-GO. RE nº 3446 GO. Relator: Maria das Graças Carneiro Requi. Publicação: 29.09.2006.

liberdade de expressão dos artistas, considerando que estes podem livremente manifestar suas opiniões políticas em outras ocasiões, como apresentações.

O TSE, por sua vez, ao responder à Consulta nº 060124323, explicitou que as lives eleitorais têm idêntica vedação àquela respeitante aos showmícios. O interessado consulente indagou ao TSE se "[...] a regra do §7º do art. 39 da Lei 9.504 permite realização de apresentação dos candidatos aos eleitores juntamente com atores, cantores e outros artistas através de shows (lives eleitorais) não remunerados e realizados em plataforma digital?" Tendo a Corte Máxima da jurisdição eleitoral respondido que "Nos termos do art. 39, §7º, da Lei 9.504/97, 'é proibida a realização de showmício e de evento assemelhado para promoção de candidatos, bem como a apresentação, remunerada ou não, de artistas com a finalidade de animar comício e reunião eleitoral'". Ademais, o relator, ministro Luis Felipe Salomão, acrescentou que a restrição em questão visa aquilo que o STF afirmara na ADI acima citada, isto é, "[...] coibir o abuso do poder econômico (art. 22 da LC 64/90) e, de igual modo, assegurar a paridade de armas entre os candidatos".[90]

2.2.1 *Outdoors, blimps, banners* e artefatos similares em campanhas e pré-campanhas

Também é ilícita a propaganda eleitoral mediante *outdoors*, como já asseveramos acima, inclusive eletrônicos, bem como

---

[90] E complementou: "3. A realização de eventos com a presença de candidatos e de artistas em geral, transmitidos pela internet e assim denominados como "lives eleitorais", equivale à própria figura do showmício, ainda que em formato distinto do presencial, tratand o-se, assim, de conduta expressamente vedada pelo art. 39, §7º, da Lei 9.504/97. 4. A proibição compreende não apenas a hipótese de showmício, como também a de "evento assemelhado", o que, de todo modo, albergaria as denominadas "lives eleitorais". 5. Nos termos expressos da lei eleitoral, a restrição alcança os eventos dessa natureza que sejam ou não remunerados. 6. O atual cenário de pandemia não autoriza transformar em lícita conduta que se afigura vedada. Ausência, na recém promulgada EC 107/2020, em que introduzidas significativas mudanças no calendário eleitoral por força da Covid–19, de qualquer ressalva da regra do art. 39, §7º, da Lei 9.504/97. 7. As manifestações de natureza exclusivamente artísticas, sem nenhuma relação com o pleito vindouro, permanecem válidas, conforme as garantias constitucionais insculpidas nos incisos IV e IX do art. 5º da Constituição da República. 8. Consulta respondida negativamente, na linha dos pareceres da Assessoria Consultiva e do Ministério Público Eleitoral." BRASIL, TSE – Ac. de 28.8.2020 na Cta nº 060124323, rel. Min. Luis Felipe Salomão.

através de *blimps*, *banners* e artefatos similares (art. 39, §§7º e 8º, da Lei nº 9.504/1997), sendo relevante esclarecer que a partir do dia 16 de agosto do ano eleitoral, nem mesmo os *outdoors* veiculados em prol da exaltação das qualidades pessoais de pré-candidatos, com lastro no art. 36-A da Lei nº 9.504/1997, os quais, como vimos anteriormente, provocam interpretações discrepantes tanto nos TREs quanto no âmbito do próprio TSE, também ficam definitivamente proibidos e devem ser removidos, porquanto não haverá mais qualquer dúvida que se referem à candidatura e não à pré-candidatura. São, consequentemente, meio de propaganda inadmitido em período de campanha eleitoral, mesmo que não contenham pedido explícito de voto, em face da proibição relativa à forma, ao meio *outdoor*.

O *outdoor* é um meio explicitamente vedado para a propaganda eleitoral, em qualquer época. No caso de propaganda intrapartidária o §1º do art. 36 da Lei nº 9.504/1997 é peremptório ao dispor que "Ao postulante a candidatura a cargo eletivo é permitida a realização, na quinzena anterior à escolha pelo partido, de propaganda intrapartidária com vista à indicação de seu nome, vedado o uso de rádio, televisão e *outdoor*". Por sua vez, no período eleitoral, o §8º do art. 39 da Lei das Eleições é impassível de duvidas ao estipular que "É vedada a propaganda eleitoral mediante *outdoors*, inclusive eletrônicos, sujeitando-se a empresa responsável, os partidos, as coligações e os candidatos à imediata retirada da propaganda irregular e ao pagamento de multa no valor de R$ 5.000,00 (cinco mil reais) a R$ 15.000,00 (quinze mil reais)".

A única dúvida que ainda remanescia referia ao período de pré-campanha regido pelo art. 36-A. No entanto, o uso de *outdoor*, por se constituir num meio vedado no período de campanha deve, pelo mesmo motivo, ser proibido no período de pré-campanha, pois como vêm decidindo a maioria das Cortes Regionais na pré-campanha de 2022, isto é, a forma que não é permitida para o período de campanha, independentemente de haver ou não pedido explícito-expresso de voto, também não pode ser utilizada na fase de pré-campanha. Nesse sentido, o TRE-PR decidiu:

> [...] UTILIZAÇÃO DE *OUTDOOR*. MEIO PROSCRITO. CONFIGURAÇÃO. REPRESENTAÇÃO JULGADA PROCEDENTE

EM RELAÇÃO AOS CANDIDATOS. APLICAÇÃO DE MULTA. LE, ART. 39, §8º [...] 3. A regra do art. 36–A da LE – propaganda antecipada – veda o pedido explícito de voto, o que não se restringe ao pedido escrito, podendo também ser abarcado como aquele demonstrado pela configuração, características ou técnica utilizada na comunicação. (TRE-PR – Rp: 060003319202261600000 CURITIBA – PR 060003319, Relator: Des. Roberto Ribas Tavarnaro, Data de Julgamento: 16/05/2022, Data de Publicação: 20/05/2022).

Igualmente, o TRE-PA seguiu a mesma trilha, ao explicitar que:

[...] A jurisprudência eleitoral sinaliza que, nas hipóteses do art. 36-A da Lei n.º 9.504 /97, a forma da manifestação deverá observar as formas permitidas durante o período eleitoral, sendo inviável, em qualquer caso, o uso de *outdoor*. 4- Apesar de isoladamente o *outdoor* não expor conteúdo diretamente relacionado à disputa eleitoral, os entornos fáticos circunstanciais dos sobreditos *outdoors* ora impugnados, possuem evidente viés eleitoreiro, com infringência à norma eleitoral, o que impõe a reforma da decisão de 1º grau. 5- É patente que a mensagem publicada nos *outdoors* pretende gerar sensação de empatia, reforçando a clara intenção do representado de promover sua pré-candidatura, fato confirmado com os prints de postagens publicados pelos seguidores na rede social. (TRE-PA – RE: 060005964 PEIXE-BOI – PA, Relator: JUIZ EDMAR SILVA PEREIRA, Data de Julgamento: 21/10/2020, Data de Publicação: PSESS – Publicado em Sessão, Data 21/10/2020).

Por sua vez, o TRE-MS, em 2018, já havia prenunciado identicamente, que "A jurisprudência eleitoral sinaliza que, nas hipóteses do art. 36-A da Lei n.º 9.504 /97, a forma da manifestação deverá observar as formas permitidas durante o período eleitoral, sendo inviável, em qualquer caso, o uso de *outdoor*".[91] Em 2020, o TRE-PE considerou que o uso de *outdoor* em período de pré-campanha "[...] é expressamente vedado pelo art. 2º, §4º c/c art. 18 da Resolução/TSE n.º 23.610/2019, cujo rol é meramente exemplificativo (numerus apertus), sendo meio proscrito de divulgação".[92] Com efeito, como

---

[91] BRASIL, TRE-MS – RE: 060094906 CAMPO GRANDE – MS, Relator: ALEXANDRE BRANCO PUCCI, Data de Julgamento: 10.09.2018, Data de Publicação: PSESS – Publicado em Sessão, Data 10.09.2018.
[92] BRASIL, TRE-PE – RE: 060001281 RECIFE – PE, Relator: RODRIGO CAHU BELTRÃO, Data de Julgamento: 15.10.2020, Data de Publicação: PSESS – Publicado em Sessão, Data 15.10.2020.

frisado algures, a Resolução nº 23.671/2021-TSE, pôs um fim à discussão, pois, ao acrescentar o art. 3º-A à Resolução nº 23.610/2019, prescreveu:

> Considera-se propaganda antecipada passível de multa aquela divulgada extemporaneamente cuja mensagem contenha pedido explícito de voto, ou que veicule conteúdo eleitoral em local vedado ou por meio, forma ou instrumento proscrito no período de campanha. (Incluído pela Resolução nº 23.671/2021)

Instituiu-se, portanto, três espécies de proibição para a propaganda antecipada em geral: a) o pedido explícito de voto, aplicando-se a qualquer das formas lícitas de exaltação das qualidades pessoais dos pré-candidatos; ou b) a veiculação de conteúdo eleitoral em local vedado; ou c) a vedação ao uso de meios, formas ou instrumentos proscritos no período de campanha.

O pedido explícito de voto, por sua vez, não é apenas aquele que recorre ou utiliza a linguagem textual expressa ou a linguagem oral. Explícito é tudo aquilo que é expresso sem dúvidas, sem ambiguidades, de modo claro, de maneira manifesta ou categórica, não necessariamente textual ou oral. A linguagem corporal também pode ser utilizada para se fazer pedido explícito de voto, ainda que inexista pedido gramatical textual ou oral. Na obra *"O corpo fala: A linguagem silenciosa da comunicação não verbal"*, Pierre Weil demonstra que a linguagem humana utiliza modos de expressão verbais e não verbais. Exemplificativamente, os símbolos "positivos" (+), ou concordantes com a mensagem conscientemente expressa, são representações afirmativas: "O corpo fala sem palavras". O autor evidencia que a linguagem corporal, por si só, explicita uma comunicação não verbal, "[...] extremidades dos membros que passam a expressar nitidamente o tipo de ação imediato desejado [...] o nosso corpo expressa os nossos pensamentos, as nossas emoções e as nossas reações instintivas.".[93]

---

[93] WEIL, Pierre e TOMPAKOW, Roland. *O corpo fala. A linguagem silenciosa da comunicação não verbal*. 74ª edição. Petrópolis: Vozes, 2015, respectivamente, pp. 02, 31, 50 e 144.

De sua parte, o caso dos *blimps*, ou balões promocionais, como os representados pela imagem adiante colacionada, são meios publicitários cuja utilização não é prevista expressamente nem pela Lei nº 9.504/1997 e nem pela Resolução nº 23.610/2019:

Uma leitura apressada pode levar a equivocada conclusão no sentido de que os *blimps* são permitidos, por não serem explicitamente referidos na Lei ou Resolução do TSE, como meios proscritos de propaganda eleitoral. No entanto, o art. 26 da resolução citada ao reiterar a proibição do uso de *outdoor* em campanhas eleitorais incluiu, em seu §1º, a proibição de engenhos assemelhados ao *outdoor*, incluindo aqueles que mesmo se considerados isoladamente constituam-se em artefatos em tamanho inferior ao permitido para os *outdoors*, como o caso das bandeiras e *banners*, pois se estiverem justapostos(as) irradiam o mesmo efeito do *outdoor* e, por isso, são meios ilícitos de propaganda:

> Resolução nº 23.610/2019 – Art. 26. É vedada a propaganda eleitoral por meio de *outdoors*, inclusive eletrônicos, sujeitando-se a empresa responsável, os partidos políticos, as federações, as coligações, as candidatas e os candidatos à imediata retirada da propaganda irregular e ao pagamento de multa no valor de R$5.000,00 (cinco mil reais) a R$15.000,00 (quinze mil reais), nos termos do art. 39, §8º, da Lei nº 9.504/1997. (Redação dada pela Resolução nº 23.671/2021)

§1º A utilização de engenhos ou de equipamentos publicitários ou ainda de conjunto de peças de propaganda, justapostas ou não, que se assemelhem ou causem efeito visual de *outdoor* sujeita a pessoa infratora à multa prevista neste artigo.

Evidentemente, a mesma restrição que se aplica ao *outdoor* é extensiva aos *blimps*, assim como aos *banners*, conjunto de bandeiras ou artefatos similares que, em seu conjunto, acarretem o efeito mosaico de *outdoor*. O TSE já decidiu sobre a questão, e elucidou que "A configuração de *outdoor*, a que se refere o art. 39, §8º, da Lei 9.504/97, não exige que a propaganda eleitoral tenha sido explorada comercialmente, bastando que o engenho ou a produção publicitária, dadas suas características, causem a impressão visual de se tratar de *outdoor*. Precedentes." (AgRg-AI 60-67/SP, Rel. Min. Admar Gonzaga, DJE de 19/9/2017) (sem destaque no original). Da mesma forma, o TRE-RJ considera que a restrição se aplica até mesmo em artefatos postos em bens particulares, incluindo a propaganda das prévias partidárias:

> [...] A presente representação tem como objeto pretensa propaganda eleitoral extemporânea, realizada por meio de divulgação de *banner* similar a *outdoor* na fachada da Câmara Municipal de Volta Redonda. II - No presente feito, por se tratar de material divulgado no dia das convenções partidárias, a análise deve ser realizada com base em dispositivo próprio, qual seja, o art. 36 da Lei nº 9.504-97 [...] É possível observar que a faixa ali disponibilizada ultrapassa, em muito, o aceitável em termos de propaganda intrapartidária, assemelhando-se, em tudo, a um *outdoor*, que encontra vedação expressa no §1º do art 36 da Lei das Eleicoes.VI - A propaganda em análise tem aptidão para tanto, uma vez que, levando-se em conta a sua dimensão, o local divulgado, bem como suas características – enorme fotografia do candidato encimada por seu slogan de campanha e o número que iria utilizar no pleito – se mostra ostensiva e com potencialidade apta a atingir os eleitores em geral [...].[94]

A responsabilidade pelo uso desses meios vedados é regulada pelo §2º do art. 26 da Resolução nº 23.610/2019, o qual adverte que a candidata ou candidato beneficiado pela propaganda ilícita terá a sua responsabilidade eleitoral caracterizada quando as circunstâncias fáticas demonstrarem o seu prévio conhecimento,

---

[94] BRASIL, TRE-RJ – RE: 57131 VOLTA REDONDA – RJ, Relator: Andre Ricardo Cruz Fontes, Data de Julgamento: 06.12.2016, Data de Publicação: PSESS – Publicado em Sessão, Data 06.12.2016.

independentemente de prévia notificação. Não se trata, contudo, de mera suposição ou presunção judicial, é preciso que os autos contenham elementos que evidenciem o conhecimento do candidato ou candidata.

A retirada do artefato deve ser precedida de notificação da juíza ou juiz da propaganda eleitoral, a qual pode ser direcionada diretamente para a empresa responsável pelo produto com a outorga de prazo razoável para a retirada do material. Cumpre lembrar que no exercício do poder de polícia não pode a justiça eleitoral impor multa ou sanção pecuniária coercitiva de outra natureza, em razão do descumprimento da ordem judicial-administrativa. Outra é a situação quando a ciência ao interessado pela propaganda irregular acontece no âmbito de uma representação eleitoral, porquanto esta tem natureza jurisdicional, sendo, assim, compossível com a aplicação de medidas de apoio ao cumprimento da ordem judicial, como aquelas previstas no art. 139 do CPC, *ex vi legis*, a contrario sensu, do §2º do art. 54 da Resolução nº 23.608/2019.

Enfim, a multa prevista no §8º do art. 39 da Lei nº 9.504/1977 tem natureza punitiva e incide tão somente pelo cometimento do ilícito, ainda que o artefato seja apenas assemelhado a *outdoor* e tenha caráter transitório, consoante já deliberou o TSE: "[...] Caracteriza propaganda irregular a repetição de artefatos que, dadas as suas características, causam impacto visual único de *outdoor* [...] O caráter transitório da propaganda não afasta a incidência da multa prevista na referida norma"[95]

2.3 Propaganda em bens particulares

Em consideração ao princípio da liberdade da propaganda e, sobretudo, ao direito de propriedade, a propaganda em bens particulares prescinde de licença da autoridade administrativa municipal e

---

[95] "2. Consoante a moldura fática do aresto a quo o efeito análogo a *outdoor* decorreu da justaposição de placas que excedeu o limite de 0,5 m2 previsto no art. 15, §1º, da Res. TSE 23.551/2017, atraindo a multa do art. 39, §8º, da Lei 9.504/97 em seu patamar mínimo de R$ 5.000,00". BRASIL, TSE – REspe: 06014914520186220000 Porto Velho/RO, Relator: Min. Jorge Mussi, Data de Julgamento: 23.10.2019, Data de Publicação: DJE – Diário de justiça eletrônico – 24.10.2019 – nº 207.

até mesmo de concessão da justiça eleitoral. Está regulamentada no art. 37 da Lei nº 9.504/1997, o qual sofreu alteração procedida pela Lei nº 13.165/2015, a qual, apesar de dispensar licença ou autorização das autoridades constituídas, prescreveu que a propaganda em bens particulares deveria restar limitada em sua forma.

Antes da vigência da Lei nº 13.165/2015 permitia-se a veiculação de propaganda eleitoral por meio da fixação de faixas, placas, cartazes, pinturas ou inscrições, desde que não excedessem a quatro metros quadrados. Após a vigência da Lei nº 13.165/2015, a veiculação de propaganda eleitoral em bens particulares ficou restrita a adesivos ou a papéis não excedentes a meio metro quadrado, não mais se permitindo pinturas em muro e placas com efeito de *outdoors*.

Com a reforma de 2017, a Lei nº 13.488/2017 alterou, uma vez mais, o §2º, do art. 37 da Lei das Eleições, para limitar a propaganda em bens particulares apenas ao uso de "adesivo plástico em automóveis, caminhões, bicicletas, motocicletas e janelas residenciais, desde que não exceda a 0,5m² (meio metro quadrado)". O caráter restritivo dessa propaganda evidencia-se pela redação conferida pela Lei nº 13.488/2017 ao §2º do art. 37, o qual dispõe que "[n]ão é permitida a veiculação de material de propaganda eleitoral em bens públicos ou particulares", excepcionando apenas as formas anteriormente especificadas de propaganda eleitoral.

Nesse passo, importa pontuar que a restrição à propaganda particular consta do mesmo parágrafo, do art. 37 da Lei nº 9.504/1997, que referiu, igualmente, à propaganda em bens públicos, podendo dar ensanchas a interpretações equivocadas, vejamos:

> §2º Não é permitida a veiculação de material de propaganda eleitoral em bens públicos ou particulares, exceto de:
>
> I - bandeiras ao longo de vias públicas, desde que móveis e que não dificultem o bom andamento do trânsito de pessoas e veículos;
>
> II - adesivo plástico em automóveis, caminhões, bicicletas, motocicletas e janelas residenciais, desde que não exceda a 0,5m² (meio metro quadrado).

É curial que o inciso I está relacionado à propaganda em bens públicos e que o inciso II em bens particulares. A interpretação há que se firmar, dessa maneira, pois o contrário admitiria a adesivação de veículos públicos, o que constituiria o mais completo absurdo. Portanto, há que se prender a permissão do inciso I à propaganda em bens públicos e a do inciso II à propaganda em bens particulares.

No entanto, é preciso consignar a existência de regra distinta e específica para os Comitês Centrais de Campanha. Sobre eles, o art. 10 da Resolução do Tribunal Superior Eleitoral nº 23.551, de 18 de dezembro de 2017, que dispõe sobre propaganda eleitoral para as eleições de 2018, regulamentou o art. 244 do Código Eleitoral e assegurou aos partidos políticos devidamente registrados o direito de inscrever o nome que os designe, na fachada de suas sedes e dependências, pela forma que melhor lhes parecer, independentemente de licença da autoridade pública e do pagamento de qualquer contribuição. E ainda acrescentou que:

> §1º Os candidatos, os partidos políticos e as coligações poderão fazer inscrever, na sede do comitê central de campanha, a sua designação, bem como o nome e o número do candidato, em formato que não se assemelhe a *outdoor* nem gere esse efeito.
>
> §2º Nos demais comitês de campanha, que não o central, a divulgação dos dados da candidatura deverá observar os limites previstos no art. 37, §2º, da Lei nº 9.504/1997.
>
> §3º Para efeito do disposto no §1º, o candidato deverá informar ao juiz eleitoral o endereço do seu comitê central de campanha.

Quedam-se, portanto, fora da regra geral restritiva da propaganda eleitoral em bens particulares, as sedes e dependências dos partidos políticos, assim como as sedes dos comitês centrais de campanha. Os comitês de campanha hão de situar-se em imóveis, tanto que o §4º, art. 14 da Resolução nº 23.610/2019-TSE exige que o candidato informe ao juiz da propaganda eleitoral de sua Comarca o endereço do seu comitê central. A questão parece óbvia, mas, em 2018, a Corregedoria Regional Eleitoral do Tribunal Regional Eleitoral de Pernambuco foi instada a se pronunciar sobre a possibilidade de candidato utilizar um ônibus como seu comitê de campanha.[96]

---

[96] BRASIL, Tribunal Superior Eleitoral – Resolução nº 23.551/2017-TSE. Disponível em: www.tse.jus.br. Acessado em 21 de set. de 2018.

2.3.1 O uso de adesivos plásticos

O detalhe apontado no item anterior não é o único problema de técnica legislativa observado em relação à propaganda em bens particulares. Tal como ocorreu com os carros de som, como demonstrado no item 2.1 deste Capítulo, a pressa na aprovação da reforma de 2017 gerou, também, problema interpretativo no tocante ao uso de adesivos em bens particulares. É que, apesar de a Lei nº 13.488/2017 ter sido peremptória ao obtemperar, no §2º, do art. 37 da Lei nº 9.504/1997, que em bens particulares apenas é permitida a propaganda por meio de adesivos plásticos que não excedam a meio metro quadrado, olvidou de revogar ou de adequar outro dispositivo (art. 38 da Lei nº 9.504/1997), que também versa sobre o uso de adesivos em bens particulares, restando dúvidas quanto à aplicação de adesivos plásticos em veículos. Vejamos o que rezam os dispositivos retro apontados:

§2º, art. 37 da Lei nº 9504/1997 – com redação da Lei nº 13.488/2017:	Art. 38 da Lei nº 9504/1997 – com redação da Lei nº 12.891/2013:
§2º Não é permitida a veiculação de material de propaganda eleitoral em bens [...] particulares, exceto de: I- omissis; II - adesivo plástico em automóveis, caminhões, bicicletas, motocicletas e janelas residenciais, desde que não exceda a 0,5m² (meio metro quadrado).	Art. 38. Independe da obtenção de licença municipal e de autorização da Justiça Eleitoral a veiculação de propaganda eleitoral pela distribuição de folhetos, *adesivos*, volantes e outros impressos, os quais devem ser editados sob a responsabilidade do partido, coligação ou candidato. §3º Os adesivos de que trata o caput deste artigo poderão ter a dimensão máxima de 50 (cinquenta) centímetros por 40 (quarenta) centímetros. §4º É proibido colar propaganda eleitoral em veículos, exceto adesivos microperfurados, até a extensão total do para-brisa traseiro e, em outras posições, adesivos até a dimensão máxima fixada no §3º.

A primeira questão discutível refere-se ao tamanho dos adesivos plásticos em veículos: enquanto o §3º, do art. 38, menciona a dimensão máxima de 50 (cinquenta) centímetros por 40 (quarenta) centímetros, e o §4º complementa que os adesivos microperfurados até a extensão total do para-brisa traseiro e, em outras posições, adesivos até a dimensão máxima fixada no §3º; o inciso II, do art. 37, da mesma Lei nº 9.504/1997, por outro lado, admite 0,5m² (meio metro quadrado) para adesivação em veículos.

Quanto aos adesivos plásticos em para-brisas traseiros, nem sempre o limite de meio metro quadrado corresponderá às dimensões do vidro traseiro de veículos grandes, como ônibus e caminhões particulares, por exemplo. Esse caso não é tão simples quanto o relativo ao uso de carros de som. Não se pode, simplesmente, adotar a regra que, diante da dúvida, e ante a regra constante do art. 2º da Lei de Introdução Geral às Normas do Direito Brasileiro, que os limites postos pela Lei nº 13.488/2017 deveriam prevalecer, pois a Lei anterior (art. 38) especifica um detalhe relativo à adesivação que não foi mencionado pela Lei nº 13.488/2017, a qual menciona a obrigatoriedade da utilização de adesivos microperfurados em automóveis.

A exigência da microperfuração é medida que se impõe, mesmo não estando ventilada na regra isolada no inciso II, do §2º do art. 37, da Lei nº 9.504/1997, já que visa à segurança da população à medida que permite que o condutor do veículo possa enxergar o que se passa atrás do automóvel que está a guiar.

Ademais, o inciso XV, do art. 230 do Código de Trânsito do Brasil (Lei nº 9.503/1997) considera infração de natureza grave a condução de veículos com "com inscrições, adesivos, legendas e símbolos de caráter publicitário afixados ou pintados no para-brisa e em toda a extensão da parte traseira do veículo, excetuadas as hipóteses previstas neste Código". Assim, para a resolução do problema relativo à adesivação de automóveis para fins de propaganda eleitoral, a melhor interpretação é a de natureza sistêmica, isto é, aquela que compatibiliza as novas disposições trazidas ao §2º do art. 37 da Lei das Eleições, pela Lei nº 13.488/2017, com as preexistentes e insculpidas no art. 38 da mesma Lei.

Dessa forma, uma primeira conclusão a que se chega é que os adesivos utilizados em veículos no para-brisa traseiro devem ser microperfurados, por medida de segurança de condutores e pedestres, e porque representam uma exceção permitida pela Lei eleitoral à proibição prevista no inciso XV, do art. 230 do Código de Trânsito.

Quanto às dimensões dos adesivos postos em para-brisas, nesse caso há que prevalecer a nova regra instituída pela Lei nº 13.488/2017, no §2º do art. 37 da Lei nº 9.504/1997, sobre as anteriormente admitidas pelo §3º, do art. 38 da mesma Lei. Assim, as limitações às dimensões máximas de 50 (cinquenta) centímetros por 40 (quarenta) centímetros dos adesivos, previstas no §3º, do art. 38 da Lei nº 9.504/1997, estão superadas pela previsão do inciso II, do §2º do art. 37 da Lei nº 9.504/1997, ou seja, estão permitidos os adesivos em veículos e residências limitados a 0,5m² (meio metro quadrado). No entanto, o Tribunal Superior Eleitoral entendeu que o limite em questão não é aplicável aos adesivos microperfurados em para-brisas traseiros que tenham dimensões maiores do que 0,5m2 (meio metro quadrado). É assim que dispõe, o §4º do art. 20 da Resolução nº 23.610/2019: "Na hipótese do §3º deste artigo, não é aplicável, em relação ao para-brisa traseiro, o limite máximo estabelecido no inciso II", ou seja, de 0,5m2 (meio metro quadrado).

Porém, sobre a possibilidade de adesivação em outras partes dos veículos, é preciso deixar claro que não há proibição sobre tal opção, desde que não configure o envelopamento. Essa conclusão decorre do fato de a Lei nova (nº 13.488/2017) não haver disposto sobre essa temática e, sobretudo, pelo fato de o art. 38 da Lei nº 9.504/1997 remanescer nesse aspecto, na medida em que dispõe claramente que está permitida a adesivação pelo §4º do art. 38, ou seja, desde que os adesivos sejam "microperfurados até a extensão total do para-brisa traseiro e, em outras posições, adesivos até a dimensão máxima fixada no §3º", isto é, de 50 (cinquenta) centímetros por 40 (quarenta) centímetros.

Ora, nesse caso, a Lei foi clara não só ao permitir a adesivação "em outras posições", mas em especificar as dimensões nas quais isso é permitido. E tais dimensões são as previstas e admitidas pelo §3º do art. 38, isto é, os adesivos poderão ter a dimensão máxima de 50 (cinquenta) centímetros por 40 (quarenta) centímetros. Dessa forma, as disposições relativas às dimensões do §3º, do art. 38, só não devem prevalecer sobre as instituídas pela Lei nº 13.488/2017, no pertinente ao para-brisa traseiro dos veículos.

2.3.2 Propaganda em imóveis particulares: a definição de janelas e a preservação da estética urbanístico-ambiental

Quanto às residências, prédios e imóveis particulares em geral, não mais se permitem pinturas em muros e paredes, mas apenas o uso de adesivos em janelas limitados a 0,5m² (meio metro quadrado). Por óbvio, esse tipo de adesivo não necessita ser microperfurado, o que parece até ocioso consignar. Mas impende deixar claro, noutra ponta, que somente os imóveis dotados de "janelas" é que podem ser utilizados para fins de propaganda eleitoral.

Em assim sendo, é relevante especificar qual o conceito de janela que deve ser adotado pela fiscalização da propaganda eleitoral. A expressão "janela" comporta dois significados, aos menos para o que é relevante na propaganda eleitoral: o restrito e o amplo. O significado restrito de "janela" consiste, segundo Santos, Neves e Cabral, na "[a]bertura praticada a meia altura das paredes externas de um prédio e que, guarnecida por um caixilho envidraçado ou por persianas de madeira, alumínio, etc., pode abrir-se para permitir a entrada de ar e claridade".[97] Por seu turno, em consonância com os mesmos lexicógrafos, o sentido amplo ou figurado, concebe "janela" como "[q]ualquer abertura, buraco ou rasgão".

Ora, considerando que a propaganda eleitoral há de ser interpretada de acordo com o que norteia o princípio da liberdade e da disponibilidade, o sentido mais apropriado para tal desiderato é conceber "janela" em seu sentido mais amplo, isto é, para permitir a aposição de adesivos plásticos não excedentes a 0,5m² (meio metro quadrado) em aberturas, buracos ou rasgões existentes em imóveis particulares e não apenas em aberturas feitas a meia altura das paredes externas de um prédio, guarnecidas por um caixilho envidraçado ou por persianas.

Outro detalhe a ser apontado refere-se à possibilidade de afixar propaganda eleitoral em janelas que não se localizem nas paredes

---

[97] SANTOS, Débora Ribeiro; NEVES, Flávia de Siqueira; CABRAL, Luís Felipe. *Dicio – Dicionário Online de Português*. Disponível em: https://www.dicio.com.br. Acesso em: 17 ago. 2018.

externas dos imóveis particulares. Obviamente, que tal prática não é vedada, desde que o imóvel não se enquadre no conceito de bens de uso comum. Assim, embora não seja proibida em imóveis não enquadrados no rol dos bens de uso comum, tal estratégia não é útil para candidatos, partidos políticos e coligações, considerando que o atingimento do escopo de angariar votos está diretamente relacionado com a respectiva visibilidade da propaganda.

Cumpre lembrar que, de acordo com o §4º do art. 37 da Lei nº 9.504/1997, bens de uso comum, no âmbito da propaganda eleitoral, nos quais não é permitida qualquer espécie de publicidade destinada à captação do voto do eleitor, são aqueles definidos no inciso I, do art. 99 do Código Civil, ou seja, os denominados bens de uso comum do povo, tais como rios, mares, estradas, ruas e praças, bem como aqueles que a própria Lei nº 9.504/1997 cuidou de acrescentar, isto é, também aqueles a que a população em geral tem acesso, tais como cinemas, clubes, lojas, centros comerciais, templos, ginásios, estádios, ainda que de propriedade privada.

Em conclusão, vê-se que a reforma política de 2015, que havia limitado a propaganda eleitoral em bens particulares, foi agora ampliada pela reforma de 2017, ou seja, ficou ainda mais restrita à propaganda, sobretudo em imóveis particulares. A *ratio legis* para não mais se permitir o uso de placas, faixas, cartazes, pinturas ou inscrições nos imóveis reside na vicissitude da preservação da estética urbana e repressão ao abuso do poder econômico em campanhas eleitorais. Em inúmeros casos as faixas, placas e cartazes, limitados a quatro metros quadrados, ficavam superpostos ou em paralelo, acarretando um inequívoco efeito de *outdoor*, ou seja, numa burla à legislação eleitoral e, o que é pior, representava uma agressão à estética urbana.

Sobre esse detalhe não se pode deixar de referir que, com a Constituição de 1988, restou estabelecida a competência da União e dos Estados elaborar e executar planos urbanísticos regionais e nacionais (planejamento interurbano) e aos Municípios o ordenamento urbano (planejamento intraurbano). Foi nessa senda que em 2001 surgiu o Estatuto da Cidade, Lei que regulamenta as diretrizes gerais da política urbana. Harmoniza o desenvolvimento da função social da propriedade urbana e da cidade com o bem-estar coletivo, o equilíbrio ambiental e a segurança do cidadão.[98]

Deveras, o art. 54 da Lei nº 10.257/2001 (Estatuto das Cidades) atribuiu tanta relevância ao planejamento estético-urbano que incluiu no art. 4º da Lei nº 7.347/1985 (Lei da Ação Civil Pública) a possibilidade de se postular medida cautelar "[...] objetivando, inclusive, evitar o dano ao meio ambiente, ao consumidor, à ordem urbanística ou aos bens e direitos de valor artístico, estético, histórico, turístico e paisagístico". Assim, merece loas, a restrição procedida pelo legislador de 2017, no tocante à propaganda em bens particulares.

2.3.3 A questão da autorização do proprietário ou possuidor do imóvel e a sanção respectiva

Continua a exigência de que a propaganda em bens particulares pressupõe a autorização, a título espontâneo e gratuito, do proprietário ou possuidor do imóvel. Nessa trilha, dispõe o art. 37, §8º da Lei nº 9.504/1997, que: "A veiculação de propaganda eleitoral em bens particulares deve ser espontânea e gratuita, sendo vedado qualquer tipo de pagamento em troca de espaço para esta finalidade".

Nesse sentido, o TRE-MG já decidiu que incumbe ao interessado que proceder à representação, alegando a irregularidade da propaganda em bens particulares, o ônus da prova acerca da falta de autorização do proprietário ou possuidor:

> Ementa: Recurso Eleitoral. Representação. Eleições 2012. Propaganda eleitoral irregular. Cartazes afixados em muros. Bens particulares. Ausência de autorização dos proprietários. Procedência. Multa.
>
> Incumbe ao representante o ônus de provar que os cartazes foram afixados nos muros dos imóveis sem a autorização de seus proprietários ou possuidores.

---

[98] SILVA, José Afonso da. *Direito urbanístico brasileiro*. 2. ed. São Paulo: Editora Malheiros, 1997. p. 23.

Art. 333, I, CPC. Ausente prova da irregularidade da propaganda eleitoral, deve o pedido ser julgado improcedente. Recurso a que se dá provimento.[99]

Porém, interessa enfrentar o problema de eventual conflito de vontades entre o possuidor do bem particular e o seu proprietário. Neste caso, se o proprietário for contrário à propaganda, deve prevalecer a sua vontade, exceto se houver disposição contratual em sentido distinto. É que o art. 570 do Código Civil prevê que o locatário não pode empregar a coisa locada para uso diverso ao que se destina. Na mesma trilha, o art. 23, II, da Lei nº 8.245/1991 reza que o locatário é obrigado a "servir-se do imóvel para o uso convencionado ou presumido, compatível com a natureza deste e com o fim a que se destina, devendo tratá-lo com o mesmo cuidado como se fosse seu"; e o inciso VI, do mesmo artigo, extirpa qualquer dúvida sobre o problema ao arrematar que é dever do locatário "não modificar a forma interna ou externa do imóvel sem o consentimento prévio e por escrito do locador".

Importa arrematar que o §5º do art. 20 da Resolução nº 23.610/2019, incluído pela Resolução nº 23.671/2021, esclareceu que "Não incide sanção pecuniária na hipótese de propaganda irregular em bens particulares". A regra se aplica, também, aos veículos.

2.4 Propaganda em bens públicos e bens de uso comum

A propaganda em bens públicos e bens de uso comum, que é regulada pelo art. 37, *caput*, da Lei nº 9.504/1997, sofreu alterações decorrentes da reforma política de 2015, como se passará a demonstrar pelo quadro comparativo a seguir:

---

[99] RE nº 80978/MG. Rel. Maurício Pinto Ferreira. Acórdão de 19.10.2012. DJE TRE-MG 29.10.2012.

Art. 37, *caput*, da Lei nº 9.504/1997 – com redação da Lei nº 12.891/2013.	Art. 37, caput, da Lei nº 9.504/1997 – com redação da Lei nº 13.165/2015.
Art. 37. Nos bens cujo uso dependa de cessão ou permissão do Poder Público, ou que a ele pertençam, e nos de uso comum, inclusive postes de iluminação pública e sinalização de tráfego, viadutos, passarelas, pontes, paradas de ônibus e outros equipamentos urbanos, é vedada a veiculação de propaganda de qualquer natureza, inclusive pichação, inscrição a tinta, *fixação* de placas, estandartes, faixas, cavaletes e assemelhados.	Art. 37. Nos bens cujo uso dependa de cessão ou permissão do poder público, ou que a ele pertençam, e nos bens de uso comum, inclusive postes de iluminação pública, sinalização de tráfego, viadutos, passarelas, pontes, paradas de ônibus e outros equipamentos urbanos, é vedada a veiculação de propaganda de qualquer natureza, inclusive pichação, inscrição a tinta e *exposição* de placas, estandartes, faixas, cavaletes, *bonecos* e assemelhados.

A alteração ocorrida em 2015 foi sutil, mas significativa, porquanto restringiu a propaganda em bens cujo uso depende de cessão ou permissão do poder público, ou que a ele pertençam, e nos de uso comum, passando a incluir os "bonecos" no rol dos meios vedados de propaganda eleitoral.

A substituição da expressão "fixação" por "exposição" importa na vedação da propaganda em postes de iluminação pública, sinalização de tráfego, viadutos, passarelas, pontes, paradas de ônibus e outros equipamentos urbanos. Deve-se realçar que, até as eleições de 2014 não havia referência expressa a bonecos, mas, a partir de então, passou a também não ser permitido o uso desses equipamentos – ou outros assemelhados – mesmo que não sejam fixos, isto é, nem sequer poderão ser "expostos", tais como as placas, estandartes, faixas e cavaletes.

Isso significa que não será permitida a circulação de pessoas portando tais objetos nos logradouros referidos no art. 37 da Lei nº 9.504/1997, aplicando-se a vedação igualmente aos bens de uso comum. Nesse contexto, é relevante reiterar que o art. 37, §4º, da Lei em questão, considera que, para fins eleitorais, são bens de uso comum aqueles que o código civil assim conceber e, além deles, "[...] também aqueles a que a população em geral tem acesso, tais como cinemas, clubes, lojas, centros comerciais, templos, ginásios, estádios, ainda que de propriedade privada".

Interessa acrescentar, ainda, que a Lei nº 13.488/2017 agrupou e aplicou as mesmas restrições relativas à propaganda em bens particulares, sobre as quais já nos pronunciamos em item anterior, também para os bens públicos, ou seja, a partir da reforma de 2017 é proibida a veiculação de material de propaganda eleitoral em bens públicos ou particulares, excetuando-se dessa restrição as modalidades de propaganda eleitoral que a Lei faça expressa menção no sentido de permiti-las, como acontece com as "bandeiras ao longo de vias públicas, desde que móveis e que não dificultem o bom andamento do trânsito de pessoas e veículos", consoante dispõe o inciso I, do §2º do art. 37, da Lei nº 9.504/1997, com a redação outorgada pela Lei nº 13.488/2017.

Note-se que não há contradição alguma ao princípio da liberdade e disponibilidade da propaganda, considerando que no caso ventilado acima existe a regra proibitiva do §2º do art. 37, que diz: "Não é permitida a veiculação de material de propaganda eleitoral em bens públicos ou particulares, exceto de [...]". Logo, é a Lei que proíbe, portanto, diante dessa restrição, somente as exceções previstas pela própria Lei é que serão consentidas.

Entretanto, é necessário ponderar que quando a Lei nº 13.488/2017 conferiu nova redação ao §2º do art. 37 da Lei nº 9.504/1997, para dizer que não é permitida a veiculação de material de propaganda eleitoral em bens públicos, exceto de "bandeiras ao longo de vias públicas, desde que móveis e que não dificultem o bom andamento do trânsito de pessoas e veículos", olvidou de revogar outros dispositivos da mesma Lei, permissivos da propaganda eleitoral em vias públicas, estando assim em dissintonia com o §6º, do art. 37 da Lei nº 9.504/1997, que ainda está em vigor. Dessa forma, continuam permitidos os meios de propaganda aos quais a Lei realce-os como exceções à regra proibitiva. Então, além das bandeiras, continua liberada a colocação de mesas para distribuição de material de campanha "ao longo das vias públicas, desde que móveis e que não dificultem o bom andamento do trânsito de pessoas e veículos".

Conquanto a Lei nº 13.488/2017 tenha utilizado no §2º do art. 37 da Lei nº 9.504/1997 a expressão "exceto de", para em seguida admitir o uso de bandeiras em vias públicas, sua interpretação sistêmica, em especial associada à regra do §5º do mesmo artigo, que permite o uso de mesas para distribuição de material de campanha, força a conclusão de que remanesce permitida a utilização dessas mesas, já que não há de se cogitar de aplicação da norma do art. 2º da Lei de Introdução Geral às Normas do Direito Brasileiro, porquanto não há colisão entre normas, considerando, ainda, que o princípio da liberdade da propaganda orienta que devem ser tidas como permitidas as modalidades de propaganda eleitoral que não forem expressamente proibidas em Lei Federal.

Esse mesmo raciocínio deve ser aplicado à veiculação de propaganda eleitoral através da distribuição de folhetos, adesivos, volantes e outros impressos, pois estão explicitamente permitidos pelo *caput* do art. 38 da Lei nº 9.504/1997, os quais devem ser editados sob a responsabilidade do partido, coligação ou candidato.

Por fim, registre-se a existência de regra específica e distinta para a propaganda eleitoral em bens públicos, a qual diz respeito às sedes do Poder Legislativo. O §3º, do art. 37 da Lei nº 9.504/1997 dispõe que "[n]as dependências do Poder Legislativo, a veiculação de propaganda eleitoral ficará a critério da Mesa Diretora".

Cuida-se de dispositivo que outorga ao Poder Legislativo autonomia para dispor apenas sobre as modalidades de propaganda eleitoral que são objeto do *caput*, do art. 37 da Lei nº 9.504/1997, o qual prende e imbrica o seu §3º. Assim, trata-se de autonomia relativa e restrita à veiculação de propaganda pelas formas expressamente previstas no *caput*.

2.4.1 O requisito da mobilidade da propaganda de rua e as normas técnicas da ABNT para a circulação de pessoas com deficiência

A questão da mobilidade da propaganda eleitoral de rua só veio a ser disciplinada por Lei no ano de 2009, quando a Lei nº 12.034 acrescentou o §7º ao art. 37 da Lei nº 9.504/1997, para esclarecer que "[a] mobilidade referida no §6º estará caracterizada com a colocação e a retirada dos meios de propaganda entre as seis horas e as vinte e duas horas".

Em razão desse dispositivo é permitida a aposição de bandeiras colocadas em bases fixas em objetos como latas ou assemelhados contendo cimento ou concreto e mesas para distribuição de material de campanha nas vias públicas. Não obstante são considerados como propaganda eleitoral móvel, desde que postos a partir das seis horas da manhã e retirados às vinte e duas horas.

O §6º, do art. 37, da Lei nº 9.504/1997, resguarda que a propaganda eleitoral de rua, além de ter que ser móvel, não pode dificultar o bom andamento do trânsito de pessoas e veículos. Contudo, sói acontecer a colocação desses materiais de campanha em verdadeiro abuso do direito da propaganda eleitoral, sem a observação de uma distância mínima entre cada bandeira e/ou mesa, a permitir a livre circulação de veículos e pessoas, sobretudo, das pessoas com deficiência.

A Comissão da Propaganda Eleitoral do Recife, nas eleições gerais de 2014, visando à compatibilização entre o direito de propaganda eleitoral, por um lado, e, por outro, o da livre circulação de veículos e, em especial de pedestres com deficiência, editou a Nota Explicativa de nº 01/2014, a qual esclarecia que:

> I - O uso de cavaletes, bonecos, cartazes, mesas para distribuição de material de campanha e bandeiras, ao longo das vias públicas, deverá resguardar, indispensavelmente, um espaço acessível para pedestres e cadeirantes de, no mínimo, 90cm (noventa centímetros) de área para passagem, a qual deverá permanecer sempre livre e desimpedida.
> II – Será exigido, ainda, um espaço mínimo de intercalação, entre os objetos mencionados no item anterior, de um metro e meio entre um objeto e outro, para garantir a rotação de cadeirantes.[100]

Com efeito, a Associação Brasileira de Normas Técnicas (ABNT), através da Norma (NBR) nº 9050/2004, adota regras que especificam critérios objetivos quanto à mobilidade de pedestres em espaços urbanos, destacando a necessidade de as vias públicas

---

[100] BRASIL, Tribunal Regional Eleitoral-PE. 2014. Disponível em: http://www.tre-pe.jus.br/imprensa/noticias-tre-pe/2014/Julho/comissao-de-propaganda-do-recife-divulga-nota-explicativa. Acessado em 30 de dez. de 2018.

resguardarem uma dimensão referencial frontal de 90cm (noventa centímetros) para deslocamento de pessoa em pé, com bengalas, muletas e cadeira de rodas, bem como de 150cm (cento e cinquenta centímetros) para garantir a rotação de cadeirantes.

Entretanto, a não observação da mobilidade e dos horários (seis horas da manhã às dez horas da noite), no referente à propaganda eleitoral de rua, não acarreta a imposição de multa, nem pode o juiz da propaganda no exercício do poder de polícia instituir sanções imprevistas em Lei para tal situação, mas possibilita a apreensão do material utilizado em desacordo com a regra estabelecida no §6º, do art. 37 da Lei nº 9.504/1997, se os responsáveis não providenciarem sua pronta adequação. A chance de adequação do material de propaganda eleitoral deve sempre ser oportunizada, em obediência ao princípio da cooperação processual.

2.4.2 Propaganda em vias públicas (cavaletes), árvores, jardins e áreas ajardinadas

Sobre a propaganda móvel posta em vias públicas, uma alteração merecedora de apontamento se refere ao uso de cavaletes. Em 11 de dezembro de 2013, o Congresso Nacional aprovou a Lei nº 12.891/2013, a qual alterou a redação do §6º, do art. 37 da Lei nº 9.504/1997, que, até então, permitia expressamente o uso de cavaletes ao longo das vias públicas. Com a nova redação, restou suprimida a expressão "cavaletes" do texto do citado §6º, do art. 37, *verbis*:

Art. 37, §6º, da Lei nº 9.504/1997.	Art. 37, §6º, da Lei nº 9.504/1997 com a redação atribuída pela Lei nº 12.891/2013.
§6º É permitida a colocação de *cavaletes*, bonecos, cartazes, mesas para distribuição de material de campanha e bandeiras ao longo das vias públicas, desde que móveis e que não dificultem o bom andamento do trânsito de pessoas e veículos.	§6º É permitida a colocação de mesas para distribuição de material de campanha e a utilização de bandeiras ao longo das vias públicas, desde que móveis e que não dificultem o bom andamento do trânsito de pessoas e veículos.

Observa-se claramente que a supressão da expressão "cavaletes" do texto do §6º, do art. 37, reforça a vedação ao seu uso, prevista expressamente no *caput* do mesmo artigo. Percebe-se que a ilicitude do uso de cavaletes não deriva simplesmente da supressão da expressão do texto do §6º, do art. 37, mas sim, do fato de o *caput*, do mesmo art. 37, haver sido modificado pela Lei nº 12.891/2013. Essa Lei incluiu a expressão "cavaletes" no rol dos aparatos que restaram explicitamente proibidos, quebrando o regramento anterior, que fora conferido pela Lei nº 11.300/2006.

A restrição aos cavaletes somente não se verificou nas eleições de 2014, porque a Lei nº 12.891/2013 foi aprovada há menos de um ano antes do pleito eleitoral. Portanto, nos termos do princípio da anterioridade (art. 16 da Constituição Federal) não mais será permitido o uso de cavaletes nas próximas eleições de 2016.

Quanto à questão da propaganda eleitoral em árvores e jardins, há expressa previsão legal proibitiva constante do §5º, do art. 37 da Lei nº 9.504/1997, no sentido de que "[n]as árvores e nos jardins localizados em áreas públicas, bem como em muros, cercas e tapumes divisórios, não é permitida a colocação de propaganda eleitoral de qualquer natureza, mesmo que não lhes cause dano". Essa proibição só passou a existir no âmbito da Lei Federal em 2009, quando a Lei nº 12.034 introduziu no art. 37 da Lei nº 9.504/1997 o §5º. Em sucessivo, a regra foi respaldada em várias resoluções de Tribunais Regionais Eleitorais.

A proibição de colocação de propaganda eleitoral em jardins e áreas ajardinadas é uma necessária medida de proteção do patrimônio paisagístico-ambiental, vez que interferem diretamente na qualidade de vida da população. Nessa senda, Valéria Lima e Margarete Amorim advertem que:

> As áreas verdes são importantes para a qualidade ambiental das cidades, já que assumem um papel de equilíbrio entre o espaço modificado para o assentamento urbano e o meio ambiente. São consideradas como um indicador na avaliação da qualidade ambiental urbana, pois esses espaços livres públicos obrigatórios por lei, quando não são efetivados, interferem na qualidade do ambiente.[101]

---

[101] LIMA, Valéria; AMORIM, Margarete Cristiane de Costa Trindade. A importância das áreas verdes para a qualidade ambiental das cidades. *Revista Formação*, n. 13, São Paulo, p. 69, 2006.

Para conferir tal proteção é necessário conceber-se o conceito de jardins em sentido amplo, isto é, para incluir os canteiros das vias públicas e das praças. Foi nesse toar que a Resolução nº 1463/2014-TRE-MT, respaldada em precedente do TSE (AI nº 3907-28/2010), proibiu a propaganda eleitoral em áreas públicas ajardinadas, aclarando que "[n]os jardins localizados em áreas públicas não é permitida a colocação de propaganda eleitoral de qualquer natureza, mesmo que não lhes cause dano (Art. 37, 5, da Lei nº 9504/1997)", bem como que "[...] são considerados jardins as áreas públicas gramadas e as que possuem qualquer tipo de vegetação passível de cultivo e ornamentação pelo Poder Público, em especial as que se localizam em canteiros e rotatórias de vias públicas".

Lastreando-se nesses precedentes e, sobretudo, na expressa vedação legal, quanto à impossibilidade de propaganda eleitoral em jardins, *ex vi legis* do §5º, do art. 37 da Lei nº 9.504/1997, que a Comissão da Propaganda Eleitoral da Comarca do Recife, através da Nota Explicativa de nº 01/2014, esclareceu que, nas eleições de 2014

> não será permitida a propaganda eleitoral de qualquer natureza em praças, jardins, áreas públicas gramadas com qualquer tipo de vegetação passível de cultivo ou ornamentação, incluindo as que se localizam em canteiros, ilhas e rotatórias de vias públicas.

A Resolução nº 23.610/2019, que dispõe sobre a propaganda eleitoral, reitera a proibição em questão concebendo jardins em sentido amplo, ou seja, para abranger as áreas públicas gramadas com qualquer tipo de vegetação passível de cultivo ou ornamentação, incluindo as que se localizam em canteiros, ilhas e rotatórias de vias públicas.

CAPÍTULO 3

A PROPAGANDA NO RÁDIO, NA TELEVISÃO E EM JORNAIS

3.1 Propaganda eleitoral no rádio e na televisão

A propaganda eleitoral no rádio e na televisão rege-se pelo princípio da gratuidade, pois, segundo a regra do art. 44 da Lei nº 9.504/1997, essa modalidade de propaganda restringe-se ao horário eleitoral gratuito, sendo explicitamente proibida a veiculação de propaganda paga. Essa regra aplica-se, inclusive, à propaganda eleitoral extemporânea, a qual, independentemente de conter ou não pedido explícito de voto, não pode ser veiculada através de rádio e televisão, à medida que o §2º, do art. 36 da Lei nº 9.504/1997, verbera que "[n]ão será permitido qualquer tipo de propaganda política paga no rádio e na televisão".

Segundo o art. 57 da Lei nº 9.504/1997, são obrigadas a transmitir a propaganda eleitoral gratuita as emissoras de televisão que operam em VHF e UHF, bem como os canais de televisão por assinatura sob a responsabilidade do Senado Federal, da Câmara dos Deputados, das Assembleias Legislativas, da Câmara Legislativa do Distrito Federal ou das Câmaras Municipais.

As rádios, por sua vez, podem ser comerciais ou comunitárias. Estas são reguladas pela Lei nº 9.612/1998, cujo art. 1º as define como um tipo especial de emissora sonora em FM, sem fins lucrativos, com potência limitada a vinte e cinco watts destinada à difusão da informação, cultura, entretenimento e lazer a pequenas comunidades.

Assim como as rádios comerciais, também as rádios comunitárias submetem-se às regras da propaganda eleitoral, como já decidiu o Tribunal Regional Eleitoral do Paraná. Para essa Corte Regional, a emissora de rádio comunitária que outorga tratamento privilegiado a determinado candidato pratica propaganda eleitoral irregular, *verbis:* "Rádio comunitária não pode praticar proselitismo político, mormente se insiste em apoio disfarçado a um dos candidatos ao pleito municipal".[102]

Ademais, com o propósito de promover o acesso aos conteúdos transmitidos às pessoas com deficiência, a Lei das Eleições prescreve que, além de gratuita, a propaganda eleitoral veiculada na televisão, imperativamente, deverá utilizar a linguagem brasileira de sinais – LIBRAS – ou, alternativamente, o recurso das legendas. O ideal seria a adoção desses dois recursos em concomitância, pois há pessoas com deficiência auditiva que não entendem a LIBRAS, mas, por serem alfabetizadas, podem ler as legendas, e vice-versa. Assim, o espectro da inclusão aumentaria consideravelmente se a exigência deixasse de ser alternativa e passasse a ser cumulativa.

Mas, de *lege lata,* essa obrigação de promoção de inclusão social das pessoas com deficiência é dos partidos políticos e coligações, que deverão incluir a LIBRAS ou as legendas no material que devem entregar às emissoras para serem divulgados nas inserções e nos blocos, tudo em conformidade com o plano de mídia que deve ser elaborado em reunião conjunta da Justiça Eleitoral com os representantes dos partidos políticos e coligações. Nesse sentido, o art. 52 da Lei nº 9.504/1997 preceitua que a partir do dia 15 de agosto do ano da eleição, a Justiça Eleitoral deve convocar os partidos e os representantes das emissoras de televisão para elaborarem plano de mídia, nos termos do art. 51, para o uso da parcela do horário eleitoral gratuito a que tenham direito.

Falhou o art. 52 da Lei nº 9.504/1997, primeiramente, ao não especificar o prazo final da convocação, e, segundo, ao preceituar que a Justiça Eleitoral deve convocar apenas os representantes das emissoras de televisão para discutirem o plano de mídia, pois, na

---

[102] BRASIL. Tribunal Regional Eleitoral-PR. RE nº 6716 PR. Relator: Auracyr Azevedo de Moura Cordeiro. Publicação: 14.10.2008.

prática, essas reuniões contam com a necessária participação dos representantes das rádios.

No entanto, a Resolução nº 23.551/2017, do Tribunal Superior Eleitoral, que regula a propaganda eleitoral nas eleições de 2018, andou bem ao corrigir essa falha legislativa, ao disciplinar, no seu art. 47, que a Justiça Eleitoral deve convocar os partidos políticos e a representação das emissoras de rádio e de televisão para elaborar plano de mídia, no período de 15 a 24 de agosto do ano da eleição. Com a vigência da Resolução nº 23.610/2019, aplicável, sobretudo diante das alterações introduzidas pela Resolução nº 23.671/2021, a convocação dos partidos políticos, federações e a representação das emissoras de rádio e de televisão deve ocorrer a partir de 15 de agosto do ano da eleição, para a elaboração do plano de mídia o qual deve ficar pronto em até 5 (cinco) dias antes da data de início da propaganda eleitoral gratuita, garantindo-se a todos a participação nos horários de maior e de menor audiência, seguindo os preceitos do art. 52 da Lei nº 9.504/1997.

Esse diálogo entre os *players* eleitorais e o judiciário é providencial, visto que é nessa reunião que se decide sobre a forma e a tecnologia das mídias que serão utilizadas, bem como quais serão as emissoras que transmitirão os sinais de televisão e de rádio e, também, se fará o sorteio para a escolha da ordem de veiculação da propaganda em rede de cada partido político ou coligação para o primeiro dia do horário eleitoral gratuito.

Nos termos do §8º, do art. 47 da Lei nº 9.504/1997, os partidos políticos e as coligações devem entregar às emissoras as respectivas mídias com as gravações da propaganda eleitoral a ser exibida no rádio e na televisão, com a antecedência mínima:

I - de 6 (seis) horas do horário previsto para o início da transmissão, no caso dos programas em rede;
II - de 12 (doze) horas do horário previsto para o início da transmissão, no caso das inserções.

Essas regras, no entanto, são frequentemente alteradas mediante consenso entre os representantes dos partidos, e das coligações, e os das emissoras de rádio e de televisão, devendo prevalecer a vontade conciliada.

A propaganda eleitoral no rádio e na televisão será veiculada, no primeiro turno, nos trinta e cinco dias anteriores até a antevéspera das eleições. Se houver segundo turno, a propaganda se iniciará a partir da sexta-feira seguinte à data da realização do primeiro turno até a antevéspera da eleição em segundo escrutínio, "[...] em dois blocos diários de dez minutos para cada eleição, e os blocos terão início às sete e às doze horas, no rádio, e às treze e às vinte horas e trinta minutos, na televisão" (art. 49 da Lei nº 9.504/1997).

Dispõe o §2º, do art. 44 da Lei nº 9.504/1997, que não é permitida a veiculação de comercial ou propaganda realizada com a intenção de promover marca ou produto, mesmo que disfarçada ou subliminar. Além dessa restrição, o art. 45 da Lei nº 9.504/1997 ainda acrescenta outras limitações às emissoras de rádio e de televisão, que, em razão da sua importância midiática, merecem alusão. Nos termos do *caput* deste artigo, é vedado às emissoras de rádio e televisão, em sua programação normal e em seu noticiário:

> I - transmitir, ainda que sob a forma de entrevista jornalística, imagens de realização de pesquisa ou qualquer outro tipo de consulta popular de natureza eleitoral em que seja possível identificar o entrevistado ou em que haja manipulação de dados;
>
> II - usar trucagem, montagem ou outro recurso de áudio ou vídeo que, de qualquer forma, degradem ou ridicularizem candidato, partido ou coligação, ou produzir ou veicular programa com esse efeito;
>
> III - veicular propaganda política ou difundir opinião favorável ou contrária a candidato, partido, coligação, a seus órgãos ou representantes;
>
> IV - dar tratamento privilegiado a candidato, partido ou coligação;
>
> V - veicular ou divulgar filmes, novelas, minisséries ou qualquer outro programa com alusão ou crítica a candidato ou partido político, mesmo que dissimuladamente, exceto programas jornalísticos ou debates políticos;
>
> VI - divulgar nome de programa que se refira a candidato escolhido em convenção, ainda quando preexistente, inclusive se coincidente com o nome do candidato ou com a variação nominal por ele adotada. Sendo o nome do programa o mesmo que o do candidato, fica proibida a sua divulgação, sob pena de cancelamento do respectivo registro.

Sem embargo, em homenagem à vedação à censura prévia e à liberdade de imprensa positivada no art. 220 da Constituição Federal, o Supremo Tribunal Federal, no julgamento da ADIN nº 4451, em 21 de junho de 2018, por unanimidade, declarou a inconstitucionalidade dos incisos II e III, do art. 45 da Lei nº 9.504/1997, bem como, por arrastamento, declarou inconstitucionais os §4º e §5º do mesmo artigo, os quais definiam o que se deve considerar por trucagem e montagem.[103] De acordo com o Pretório Excelso:

> Não cabe ao Estado, por qualquer dos seus órgãos, definir previamente o que pode ou o que não pode ser dito por indivíduos e jornalistas. Dever de omissão que inclui a própria atividade legislativa, pois é vedado à lei dispor sobre o núcleo duro das atividades jornalísticas, assim entendidas as coordenadas de tempo e de conteúdo da manifestação do pensamento, da informação e da criação lato sensu. Vale dizer: não há liberdade de imprensa pela metade ou sob as tenazes da censura prévia, pouco importando o Poder estatal de que ela provenha. Isso porque a liberdade de imprensa não é uma bolha normativa ou uma fórmula prescritiva oca. Tem conteúdo, e esse conteúdo é formado pelo rol de liberdades que se lê a partir da cabeça do art. 220 da Constituição Federal [...]. O próprio texto constitucional trata de modo diferenciado a mídia escrita e a mídia sonora ou de sons e imagens. O rádio e a televisão, por constituírem serviços públicos, dependentes de "outorga" do Estado e prestados mediante a utilização de um bem público (espectro de radiofrequências), têm um dever que não se estende à mídia escrita: o dever da imparcialidade ou da equidistância perante os candidatos. Imparcialidade, porém, que não significa ausência de opinião ou de crítica jornalística. Equidistância que apenas veda às emissoras de rádio e televisão encamparem, ou então repudiarem, essa ou aquela candidatura a cargo político-eletivo.[104]

Assim, em razão da eficácia vinculativa irradiada por essa decisão do Supremo Tribunal Federal, as disposições dos incisos II e III, do art. 45 da Lei nº 9.504/1997, e as disposições dos §4º e §5º do mesmo artigo são inaplicáveis às empresas jornalísticas, mas nos

---

[103] Diziam os dispositivos em questão, que:
§4º Entende-se por trucagem todo e qualquer efeito realizado em áudio ou vídeo que degradar ou ridicularizar candidato, partido político ou coligação, ou que desvirtuar a realidade e beneficiar ou prejudicar qualquer candidato, partido político ou coligação.
§5º Entende-se por montagem toda e qualquer junção de registros de áudio ou vídeo que degradar ou ridicularizar candidato, partido político ou coligação, ou que desvirtuar a realidade e beneficiar ou prejudicar qualquer candidato, partido político ou coligação.
[104] BRASIL. Superior Tribunal Federal. ADIN nº 4451, em 21 de junho de 2018.

limites permitidos pelo princípio da liberdade da propaganda. No entanto, na propaganda eleitoral, as edições nos materiais de mídia utilizados por partidos políticos e candidatos devem ser analisadas caso a caso, não sendo permitida sob qualquer pretexto que cortes ou sobreposições de falas descontextualizadas possam ser feitos com a intenção de falsear a verdade ou ridicularizar oponentes, *ex vi legis* do disposto nos arts. 53 a 55 da Lei nº 9.504/1997.

3.2 Propaganda através de inserções e em blocos

A propaganda eleitoral no rádio e na televisão é procedida de duas maneiras: através das inserções e dos blocos. Passemos à análise da primeira modalidade.

Sobre as inserções, é importante frisar que o direito de antena suprimido pela Lei nº 13.487/2017 foi apenas o relativo às inserções da propaganda partidária, ou seja, a que acontecia através das inserções no rádio e na televisão fora do período de campanha cujo objetivo era a divulgação das propostas dos partidos políticos, sem exaltação de qualidades pessoais de candidatos ou membros do partido e, claro, sem pedido de voto. Porém, as inserções relativas à propaganda eleitoral *stricto sensu*, isto é, aquelas realizadas nas campanhas eleitorais com direito a pedido explícito de voto para os candidatos devidamente registrados, ainda que estejam sob condição, ou seja, *sub judice* (art. 16-A e art. 16-B da Lei nº 9.504/1997), essas continuam preservadas, mas com algumas alterações que serão abordas a seguir.

A partir da vigência da Lei nº 13.488/2017, o art. 51 da Lei nº 9.504/1997 passou a dispor que as emissoras de rádio e de televisão, assim como os canais de televisão por assinatura oficiais, antes mencionados, nos trinta e cinco dias anteriores à antevéspera das eleições, reservarão setenta minutos diários para a propaganda eleitoral através das inserções. Esse tempo deve ser usado em inserções de trinta e de sessenta segundos, a critério do respectivo partido ou coligação, ao longo da programação, a qual deve ser veiculada entre as cinco horas e as vinte quatro horas.

A mesma Lei nº 13.488/2017 alterou também o art. 49 da Lei nº 9.504/1997, para modificar o termo inicial da propaganda eleitoral gratuita no segundo turno. Quanto a esse termo inicial dessa modalidade de propaganda no segundo turno, antes da vigência da Lei nº 13.488/2017, as inserções destinadas à propaganda eleitoral gratuita começavam a partir de quarenta e oito horas contadas da proclamação dos resultados do primeiro turno e duravam até a antevéspera da eleição em segundo escrutínio, mas, a partir das eleições de 2018, passaram a ter início na sexta-feira seguinte à realização do primeiro turno, estendendo-se até a antevéspera do pleito eleitoral. Vê-se que a postergação do termo inicial das inserções para o segundo turno também importou em diminuição do tempo da propaganda eleitoral.

Durante esse período, relativo ao segundo turno, as emissoras de rádio e televisão, incluindo os canais oficiais-governamentais de televisão por assinatura, devem reservar, para cada cargo político que estiver em disputa, isto é, para os cargos de presidente e vice-presidente da República, governadores e vice-governadores e, nas eleições municipais, os de prefeito e vice-prefeito, vinte e cinco minutos para serem usados em inserções com duração de trinta e de sessenta segundos.

A veiculação da propaganda eleitoral através das inserções se sujeita a todas as regras e princípios pertinentes à propaganda em geral, sendo vedada a propaganda eleitoral negativa mediante a divulgação de mensagens capazes de degradar ou ridicularizar candidatos, partidos ou coligações, porquanto o inciso IV, deste mesmo art. 51, expressamente adverte que às inserções aplicam-se, sobretudo, as regras estabelecidas para a propaganda eleitoral no rádio e na televisão, o que inclui até mesmo o direito de resposta.

A Lei ainda proíbe a veiculação de inserções idênticas no mesmo intervalo da programação, mas permite uma exceção quando o número de inserções de que dispuser determinado partido político exceder aos intervalos disponíveis, não obstante é vedada a transmissão em sequência para o mesmo partido político. Registre-se, igualmente, que nas eleições para prefeito e vereadores, o §1º-A, do art. 47 da Lei nº 9.504/1997, esclarece que somente serão realizadas inserções de televisão nos municípios nos quais houver estação geradora de serviços de radiodifusão de sons e imagens.

No pertinente à propaganda eleitoral blocada, no rádio e na televisão, ela deverá ocorrer nos seguintes termos especificados no §1º, do art. 47 da Lei nº 9.504/1997, vejamos:

I – na eleição para Presidente da República, às terças e quintas-feiras e aos sábados:

a) das 7h (sete horas) às 7h12m30 (sete horas e doze minutos e trinta segundos) e das 12h (doze horas) às 12h12m30 (doze horas e doze minutos e trinta segundos), no rádio;

b) das 13h (treze horas) às 13h12m30 (treze horas e doze minutos e trinta segundos) e das 20h30 (vinte horas e trinta minutos) às 20h42m30 (vinte horas e quarenta e dois minutos e trinta segundos), na televisão.

II – nas eleições para Deputado Federal, às terças e quintas-feiras e aos sábados:

a) das 7h12m30 (sete horas e doze minutos e trinta segundos) às 7h25 (sete horas e vinte e cinco minutos) e das 12h12m30 (doze horas e doze minutos e trinta segundos) às 12h25 (doze horas e vinte e cinco minutos), no rádio;

b) das 13h12m30 (treze horas e doze minutos e trinta segundos) às 13h25 (treze horas e vinte e cinco minutos) e das 20h42m30 (vinte horas e quarenta e dois minutos e trinta segundos) às 20h55 (vinte horas e cinquenta e cinco minutos), na televisão.

I – nas eleições para Senador, às segundas, quartas e sextas-feiras:

a) das 7h (sete horas) às 7h07 (sete horas e sete minutos) e das 12h (doze horas) às 12h07 (doze horas e sete minutos), no rádio;

b) das 13h (treze horas) às 13h07 (treze horas e sete minutos) e das 20h30 (vinte horas e trinta minutos) às 20h37 (vinte horas e trinta e sete minutos), na televisão.

II – nas eleições para Deputado Estadual e Deputado Distrital, às segundas, quartas e sextas-feiras:

a) das 7h07 (sete horas e sete minutos) às 7h16 (sete horas e dezesseis minutos) e das 12h07 (doze horas e sete minutos) às 12h16 (doze horas e dezesseis minutos), no rádio;

b) das 13h07 (treze horas e sete minutos) às 13h16 (treze horas e dezesseis minutos) e das 20h37 (vinte horas e trinta e sete minutos) às 20h46 (vinte horas e quarenta e seis minutos), na televisão.

III – na eleição para Governador de Estado e do Distrito Federal, às segundas, quartas e sextas-feiras:

a) das 7h16 (sete horas e dezesseis minutos) às 7h25 (sete horas e vinte e cinco minutos) e das 12h16 (doze horas e dezesseis minutos) às 12h25 (doze horas e vinte e cinco minutos), no rádio;

b) das 13h16 (treze horas e dezesseis minutos) às 13h25 (treze horas e vinte e cinco minutos) e das 20h46 (vinte horas e quarenta e seis minutos) às 20h55 (vinte horas e cinquenta e cinco minutos), na televisão.

3.3 Critérios para a distribuição do tempo aos partidos, coligações e federações

O inciso III, do art. 51 da Lei nº 9.504/1997, elegeu como critério, para a distribuição desse tempo, os blocos de audiência nas emissoras entre: a) as cinco e as onze horas; b) as onze e as dezoito horas; e c) as dezoito e as vinte e quatro horas. No primeiro turno, a divisão desse tempo obedece a um critério misto que distribui noventa por cento do tempo em consonância com a representatividade parlamentar na Câmara dos Deputados e apenas dez por cento de forma realmente igualitária entre todos os partidos e coligações que estiverem em disputa.

Em relação a este atual critério de distribuição do tempo citado no parágrafo anterior, cuja regência é feita pelos incisos I e II, do §2º, do art. 47, da Lei nº 9.504/1997, merece registro o fato de que ele foi adotado após o Supremo Tribunal Federal, no julgamento da ADI nº 5105, haver decidido pela inconstitucionalidade do critério anterior. É que até a vigência da Lei nº 13.165/2015, o inciso I, do §2º, do art. 47 da Lei nº 9.504/1997, distribuía dois terços do tempo de propaganda eleitoral no rádio e na televisão proporcionalmente ao número de representantes na Câmara dos Deputados, devendo-se, no caso de coligação, até então admitida para as eleições proporcionais, considerar-se o resultado da soma do número de representantes de todos os partidos que a integravam; e o inciso II, do §2º do art. 47, da Lei nº 9.504/1997, distribuía, do total do tempo restante, um terço igualitariamente e dois terços proporcionalmente ao número de representantes eleitos no pleito imediatamente anterior para a Câmara dos Deputados, considerando-se, no caso de coligação, o resultado da soma do número de representantes de todos os partidos que a integram. Com o fim das coligações para a disputa proporcional-parlamentar, a Lei nº 14.211, de 2021 alterou a redação do inciso II do §2º do art. 47, da Lei nº 9.504/1997 para adstringir a distribuição do tempo nos casos de coligações, apenas para os cargos eletivos majoritários, nos seguintes termos:

> Lei nº 9.504/1997, art. 47, §2º: Os horários reservados à propaganda de cada eleição, nos termos do §1º, serão distribuídos entre todos os partidos e coligações que tenham candidato, observados os seguintes critérios:
>
> I - 90% (noventa por cento) distribuídos proporcionalmente ao número de representantes na Câmara dos Deputados, considerado, no caso de coligação para as eleições majoritárias, o resultado da soma do número de representantes dos 6 (seis) maiores partidos que a integrem; (Redação dada pela Lei nº 14.211, de 2021)
>
> II - 10% (dez por cento) distribuídos igualitariamente.

Importa reiterar o que dissemos no Capítulo 1, isto é, que a Emenda Constitucional nº 97/2017 alterou o regramento dos partidos políticos e, quanto às coligações, elas apenas restaram permitidas nas eleições majoritárias, inclusive sem obrigatoriedade de vinculação entre as candidaturas em âmbito nacional, estadual, distrital ou municipal, devendo seus estatutos estabelecer normas de disciplina e de fidelidade partidária. Porém, o §1º, do art. 17 da Constituição Federal, passou a vedar as coligações nas eleições proporcionais.

Além disso, e sem embargo da decisão proferida pelo Supremo Tribunal Federal na ADI nº 5105, o constituinte derivado, por meio da mesma Emenda Constitucional nº 97/2017, isto é, posteriormente à decisão do STF em questão, instituiu uma clara e lícita cláusula de barreira para os partidos políticos, relativa ao direito ao uso dos recursos do fundo partidário e acesso gratuito ao rádio e à televisão.

A Emenda Constitucional nº 97, de 04 de outubro de 2017, estabeleceu uma cláusula de barreira progressiva, como condição de acesso aos recursos do fundo partidário e à propaganda gratuita no rádio e na televisão. Terão esse direito apenas aos partidos políticos que:

> I - na legislatura seguinte às eleições de 2018:
> a) obtiverem, nas eleições para a Câmara dos Deputados, no mínimo, 1,5% (um e meio por cento) dos votos válidos, distribuídos em pelo menos um terço das unidades da Federação, com um mínimo de 1% (um por cento) dos votos válidos em cada uma delas; ou

b) tiverem elegido pelo menos nove Deputados Federais distribuídos em pelo menos um terço das unidades da Federação;

II - na legislatura seguinte às eleições de 2022:

a) obtiverem, nas eleições para a Câmara dos Deputados, no mínimo, 2% (dois por cento) dos votos válidos, distribuídos em pelo menos um terço das unidades da Federação, com um mínimo de 1% (um por cento) dos votos válidos em cada uma delas; ou

b) tiverem elegido pelo menos onze Deputados Federais distribuídos em pelo menos um terço das unidades da Federação;

III - na legislatura seguinte às eleições de 2026:

a) obtiverem, nas eleições para a Câmara dos Deputados, no mínimo, 2,5% (dois e meio por cento) dos votos válidos, distribuídos em pelo menos um terço das unidades da Federação, com um mínimo de 1,5% (um e meio por cento) dos votos válidos em cada uma delas; ou

b) tiverem elegido pelo menos treze Deputados Federais distribuídos em pelo menos um terço das unidades da Federação.

E a partir das eleições de 2030, vigorará o disposto no §3º do art. 17 da Constituição Federal, ou seja, o direito a recursos do fundo partidário e o acesso gratuito ao rádio e à televisão ficarão adstritos aos partidos políticos que alternativamente:

I - obtiverem, nas eleições para a Câmara dos Deputados, no mínimo, 3% (três por cento) dos votos válidos, distribuídos em pelo menos um terço das unidades da Federação, com um mínimo de 2% (dois por cento) dos votos válidos em cada uma delas; ou

II - tiverem elegido pelo menos quinze Deputados Federais distribuídos em pelo menos um terço das unidades da Federação.

Em relação aos noventa por cento que devem ser distribuídos proporcionalmente, é preciso ponderar que, se houver coligação, a distribuição do tempo para as eleições majoritárias deve levar em conta a soma do número de representantes dos seis maiores partidos que fizerem parte de tal coligação.

A propósito, o §6º, do art. 47, da Lei nº 9.504/1997, assegura aos partidos e coligações que, após a aplicação dos critérios de distribuição do tempo das inserções, obtiverem direito a parcela do horário eleitoral inferior a trinta segundos, o direito de acumulá-lo para uso em tempo equivalente.

Se houver segundo turno, incidirá a regra do art. 49, da Lei nº 9.504/1997, e o tempo de cada período diário será dividido igualitariamente entre os candidatos. A propaganda eleitoral em bloco, no rádio e na televisão, começará a partir da sexta-feira seguinte à realização do primeiro turno e terminará na antevéspera da eleição. A propaganda será dividida em dois blocos diários de dez minutos para cada eleição, isto é, para cada cargo em disputa, ou seja, para os cargos de presidente e vice-presidente da República e para os cargos de governador e vice-governador, nas eleições gerais. Nos Estados nos quais houver segundo turno para Presidente e Governador, primeiro iniciar-se-á a propaganda dos candidatos a Presidente da República e, depois, para os candidatos a Governador.

Nas eleições municipais, obviamente, os blocos serão divididos apenas entre os candidatos a prefeito e a vice-prefeito que lograrem concorrer em segundo turno. Os blocos terão início as sete e as doze horas, no rádio, e as treze e as vinte horas e trinta minutos na televisão.

O art. 50 da Lei nº 9.504/1997 estabelece que a ordem de veiculação da propaganda eleitoral no rádio e na televisão, do primeiro dia do horário eleitoral gratuito, será decidida por sorteio, o qual deve ser realizado durante a reunião para aprovação do plano de mídia, como já anunciamos. Daí por diante, a propaganda que tiver sido veiculada por último, na véspera, será a primeira do dia subsequente.

Quanto ao conteúdo que pode ser veiculado na propaganda eleitoral no rádio e na televisão, pacificou-se, no âmbito da doutrina e da jurisprudência, a partir da interpretação da Constituição Federal, do Código Eleitoral e, sobretudo, a partir do art. 53-A da Lei nº 9.504/1997, que os candidatos proporcionais podem exibir acessórios com referência ao candidato majoritário, incluindo depoimentos de outros candidatos integrantes da mesma coligação ou federação, bem como pesquisas eleitorais devidamente registradas no Tribunal Superior Eleitoral ou nos Tribunais Regionais Eleitorais.[105]

---

[105] O art. 53-A da Lei nº 9.0504/1997 deveria ter sido adaptado à nova sistemática da vedação de coligações para as eleições proporcionais. Porém, essa regra continua a referir apenas à coligação. No entanto, o art. 73 da Resolução nº 23.610/2019 atuou em correção ao legislador, ao prescrever que: Art. 73. É vedado aos partidos políticos, às federações e às coligações

Porém, diz esse dispositivo que é proibida a inclusão, no horário destinado aos candidatos às eleições proporcionais, propaganda das candidaturas a eleições majoritárias ou vice-versa. Mas permite-se a exibição de legendas com referência aos candidatos majoritários ou, ao fundo, de cartazes ou fotografias desses candidatos, ficando autorizada a menção ao nome e ao número de qualquer candidato do partido ou da coligação. Mas, não se admite, sob qualquer hipótese, que as propagandas de candidaturas proporcionais sejam utilizadas como propagandas de candidaturas majoritárias e vice-versa.

E, como adverte o §3º, do art. 53-A, da Lei nº 9.504/1997, para o partido político ou a coligação ou federação que descumprir essas regras, a sanção é a perda, em seu horário de propaganda gratuita, do tempo equivalente no horário reservado à propaganda da eleição disputada pelo candidato beneficiado.

Em homenagem à garantia constitucional da liberdade de expressão, é permitida a participação na propaganda eleitoral de cidadãos que estiverem até mesmo com seus direitos políticos suspensos, porquanto, como demonstramos, com mais vagar, no Capítulo 1, o art. 337 do Código Eleitoral, que tipificava como crime a participação em atividades partidárias, do estrangeiro ou brasileiro que não estiver no gozo dos seus direitos políticos, incluindo comícios e atos de propaganda em recintos fechados ou abertos,

---

incluir, no horário destinado às candidatas e aos candidatos às eleições proporcionais, propaganda das candidaturas a eleições majoritárias ou vice-versa, ressalvada a utilização, durante a exibição do programa, de legendas com referência às candidaturas majoritárias, ou, ao fundo, de cartazes ou fotografias das candidatas e/ou dos candidatos, ficando autorizada a menção ao nome e ao número de qualquer candidata e/ou candidato do partido político, da federação ou da coligação (Lei nº 9.504/1997, art. 53-A, caput e §2º). (Redação dada pela Resolução nº 23.671/2021).

§1º É facultada a inserção de depoimento de candidatas e candidatos a eleições proporcionais no horário da propaganda das candidaturas majoritárias e vice-versa, registrados sob o mesmo partido político, a mesma federação ou coligação, desde que o depoimento consista exclusivamente em pedido de voto à candidata e/ou ao candidato que cedeu o tempo e não exceda 25% (vinte e cinco por cento) do tempo de cada programa ou inserção (Lei nº 9.504/1997, arts. 53-A, §1º, e 54). (Redação dada pela Resolução nº 23.671/2021)

§2º O partido político, a federação ou a coligação que não observar a regra constante deste artigo perderá, em seu horário de propaganda gratuita, tempo equivalente no horário reservado à propaganda da eleição disputada pela candidata ou pelo candidato beneficiada(o), nos termos do art. 53-A, §3º, da Lei nº 9.504/1997, devendo as emissoras de rádio e de televisão, em tal hipótese, transmitir propaganda com os conteúdos previstos nos arts. 93 e 93-A da Lei nº 9.504/1997, a ser disponibilizada pela Justiça Eleitoral conforme orientações transmitidas na reunião de que trata o art. 53 desta Resolução. (Redação dada pela Resolução nº 23.671/2021)

foi declarado inconstitucional em 2014 pelo Tribunal Superior Eleitoral no julgamento do REspe nº 36173, precisamente, em face de sua incompatibilidade com os postulados constitucionais da livre manifestação de pensamento e de consciência e com os direitos fundamentais dos indivíduos, assegurados no art. 5º, incisos IV, VI e VIII e art. 220 da Constituição Federal.

3.4 Alterações legais de 2017 relativas aos debates

No tocante aos debates, a reforma de 2017, procedida pela Lei nº 13.488, mitigou os rigores do art. 46 da Lei nº 9.504/1997, de acordo com os quais as emissoras de rádio e de televisão deveriam assegurar a participação de candidatos dos partidos com representação superior a nove Deputados, e facultada a participação dos demais.

Esta exigência deixou de existir, tendo a nova redação do art. 46, da Lei nº 9.504/1997, esclarecido que as emissoras de rádio e de televisão estão autorizadas a fazer os debates, sem prejuízo da veiculação de propaganda eleitoral gratuita, com a participação de candidatos para as eleições majoritária ou proporcional, devendo-se, no entanto, assegurar a participação de candidatos dos partidos com representação no Congresso Nacional, sendo, no mínimo, cinco parlamentares, e facultada a participação dos demais, observados, ainda, os seguintes termos preconizados pelo art. 46, *verbis*:

> I - nas eleições majoritárias, a apresentação dos debates poderá ser feita:
>
> a) em conjunto, estando presentes todos os candidatos a um mesmo cargo eletivo;
>
> b) em grupos, estando presentes, no mínimo, três candidatos;
>
> II - nas eleições proporcionais, os debates deverão ser organizados de modo que assegurem a presença de número equivalente de candidatos de todos os partidos e coligações a um mesmo cargo eletivo, podendo desdobrar-se em mais de um dia;
>
> III - os debates deverão ser parte de programação previamente estabelecida e divulgada pela emissora, fazendo-se mediante sorteio a escolha do dia e da ordem de fala de cada candidato, salvo se celebrado acordo em outro sentido entre os partidos e coligações interessados.
>
> §1º Será admitida a realização de debate sem a presença de candidato de algum partido, desde que o veículo de comunicação responsável comprove havê-lo convidado com a antecedência mínima de setenta e duas horas da realização do debate.

§2º É vedada a presença de um mesmo candidato a eleição proporcional em mais de um debate da mesma emissora.

§3º O descumprimento do disposto neste artigo sujeita a empresa infratora às penalidades previstas no art. 56.

§4º O debate será realizado segundo as regras estabelecidas em acordo celebrado entre os partidos políticos e a pessoa jurídica interessada na realização do evento, dando-se ciência à Justiça Eleitoral.

§5º Para os debates que se realizarem no primeiro turno das eleições, serão consideradas aprovadas as regras, inclusive as que definam o número de participantes, que obtiverem a concordância de pelo menos 2/3 (dois terços) dos candidatos aptos, no caso de eleição majoritária, e de pelo menos 2/3 (dois terços) dos partidos ou coligações com candidatos aptos, no caso de eleição proporcional.

O Tribunal Superior Eleitoral, por seu turno, esclareceu, no julgamento da Consulta nº 79636, em 16 de junho de 2016, que é possível a "[...] realização, em qualquer época, de debate na Internet, com transmissão ao vivo, sem a condição imposta ao rádio e à televisão do tratamento isonômico entre os candidatos".[106]

Com efeito, a decisão da Corte Superior Eleitoral está em perfeita sintonia com a regra disposta no inciso I, do art. 36-A, da Lei nº 9.504/1997, pela qual não configura propaganda eleitoral antecipada, *rectius*, mais propriamente falando, não se deve considerar como propaganda eleitoral antecipada irregular

> a participação de filiados a partidos políticos ou de pré-candidatos em entrevistas, programas, encontros ou debates no rádio, na televisão e na internet, inclusive com a exposição de plataformas e projetos políticos, observado pelas emissoras de rádio e de televisão o dever de conferir tratamento isonômico.

Impende mencionar que o art. 58-A da Lei nº 9.504/1997 asseriu que os requerimentos de direito de resposta assim como as representações por propaganda eleitoral irregular feita em rádio, televisão e internet devem ter tramitação processual preferencial em relação aos demais processos em andamento na Justiça Eleitoral.

---

[106] BRASIL. Tribunal Superior Eleitoral. 2016. Consulta nº 79636, em 16 de junho de 2016. Disponível em: www.tse.jus.br. Acessado em 02 de nov. de 2018.

Por fim, há, ainda, que se mencionar que o art. 36-A, que cuida do período de pré-campanha eleitoral, estabelece uma restrição às emissoras de rádio e de televisão, no sentido de impedi-las de fazer a transmissão ao vivo das prévias partidárias, sem prejuízo da cobertura dos meios de comunicação social. Ademais, há que se reiterar o que já asserimos alhures, ainda, que, por exceção ao princípio da impossibilidade de censura prévia na propaganda eleitoral, há uma hipótese na qual esse cânon não incide: trata-se da apreciação do material de mídia apresentado a título de direito de resposta quando a ofensa ocorre em dia e hora que inviabilizem a reparação através de veiculação em horário destinado ao ofensor, ou seja, quando não há mais tempo de veiculação no horário normal da propaganda no rádio e na televisão, fato que sói ocorrer nos últimos programas. Nesse caso, o §4º do art. 58, da Lei nº 9.504/1997, estabelece que "[...] a resposta será divulgada nos horários que a Justiça Eleitoral determinar, ainda que nas quarenta e oito horas anteriores ao pleito, em termos e forma previamente aprovados, de modo a não ensejar tréplica".

3.5 A propaganda na imprensa escrita (impressa e na internet)

A propaganda eleitoral na imprensa é disciplinada pelo art. 43 da Lei nº 9.504/1997, o qual a permite desde o início do período da campanha, em 16 de agosto, até a antevéspera das eleições. Diferentemente da propaganda eleitoral no rádio e na televisão, que só pode ser "gratuita", em jornais (imprensa escrita) é admitida a divulgação paga, e a respectiva reprodução na internet do jornal impresso em aplicativo da empresa jornalística contratada, até o limite de 10 (dez) anúncios de propaganda eleitoral, por veículo, em datas diversas, para cada candidato.

A permissão aplica-se, também, às revistas e tabloides. E, conquanto o art. 43 da Lei nº 9.504/1997 mencione apenas a permissão de propaganda eleitoral paga na "imprensa escrita", mas consinta com a sua reprodução na internet, impõe-se que se enfrente o problema sobre a possibilidade de admissão da propaganda eleitoral paga em jornais que mantenham exclusivamente a forma virtual, ou seja, à imprensa escrita da internet. Atente-se para o fato de que o art. 43 em questão permitiu a divulgação na "imprensa escrita", mas a escrita pode ser feita em jornal impresso e, também, em jornal digital. Ora, se a Lei permite que os jornais impressos possam ser disponibilizados na internet, não logra qualquer sentido lógico proibir-se a propaganda eleitoral em jornais, revistas ou tabloides que adotem a forma escrita-digital.

Sobre o limite das matérias pagas, o §6º, do art. 42, da Resolução nº 23.610/2019-TSE, esclarece que ele deve ser verificado de acordo com a imagem ou o nome do respectivo candidato, independentemente de quem tenha contratado a divulgação da propaganda.

Quanto à reprodução do jornal impresso na internet, tal possibilidade consta do *caput*, do art. 43 da Lei nº 9.504/1997, o qual reza que "[s]ão permitidas, até a antevéspera das eleições, a divulgação paga, na imprensa escrita, e a reprodução na internet, do jornal impresso [...]". A Lei não disse que essa reprodução há de ser imperativamente feita nas aplicações dos próprios veículos de comunicação. Logo, não havendo tal restrição, em homenagem ao princípio da liberdade da propaganda eleitoral, nada impede que os candidatos, partidos e coligações também possam reproduzir em seus sítios as matérias pagas na imprensa escrita física, isto é, impressa.

Entretanto, distintamente, o §5º, do art. 42 da Resolução nº 23.610/2019, ao tratar da questão, fez a seguinte restrição:

> É autorizada a reprodução virtual das páginas do jornal impresso na internet, desde que seja feita no sítio do próprio jornal, independentemente do seu conteúdo, devendo ser respeitado integralmente o formato gráfico e o conteúdo editorial da versão impressa, atendido, nesta hipótese, o disposto no caput.

Ora, a expressão "desde que seja feita no sítio do próprio jornal", constante do §5º, do art. 42 da Resolução nº 23.610/2019-TSE, não encontra respaldo no direito positivo legislado, pois o art. 43 da Lei nº 9.504/1997 disse, apenas, que é permitida "[...] a divulgação paga, na imprensa escrita, e a reprodução na internet do jornal impresso". Não disse a Lei que essa reprodução deveria adstringir-se às páginas virtuais, *rectius*, sítios eletrônicos dos próprios veículos de comunicação. Pelo que, é impassível de dúvidas que o dispositivo administrativo exorbitou os limites do poder regulamentar do Tribunal Superior Eleitoral, o qual, para fins de propaganda eleitoral, vem disposto no art. 105 da própria Lei nº 9.504/1997, sendo expresso no sentido de que o TSE não pode restringir direitos, vejamos:

> Lei nº 9.504/1997 – Art. 105. Até o dia 5 de março do ano da eleição, o Tribunal Superior Eleitoral, atendendo ao caráter regulamentar e sem restringir direitos ou estabelecer sanções distintas das previstas nesta Lei, poderá expedir todas as instruções necessárias para sua fiel execução, ouvidos, previamente, em audiência pública, os delegados ou representantes dos partidos políticos.

Superada essa questão, importa referir ao §1º, do art. 43, da Lei nº 9.504/1997, o qual, visando à coibição do abuso do poder econômico e, sobretudo, para facilitar a fiscalização da justiça eleitoral na prestação de contas de campanha dos candidatos, partidos e coligações, estatui que o valor pago pela propaganda eleitoral em jornais deve constar do anúncio correlato, de forma visível.

Considerando que o art. 57-B da Lei nº 9.504/1997 permite que os candidatos, partidos e coligações possam fazer propaganda eleitoral na internet em seus sítios e através de impulsionamentos e expedição de mensagens eletrônicas, nada obsta que as matérias pagas em jornais impressos e de sua reprodução na internet possam ser utilizadas pelos concorrentes em pleito eleitoral.

O art. 43 da Lei nº 9.504/1997 impõe um limite ao tamanho da propaganda eleitoral em jornais impressos ao espaço máximo, por edição, de 1/8 (um oitavo) de página de jornal padrão e de 1/4 (um quarto) de página de revista ou tabloide. Essa regra aplica-se à reprodução do jornal na internet, pois a *mens legis* nesse caso pretendeu evitar excessos imagéticos na promoção de candidatos, partidos e coligações.

A sanção imposta pela inobservância das regras acima citadas vem prevista no §2º, do art. 43 da Lei nº 9.504/1997, e consiste em multa de natureza punitiva, no valor de R$1.000,00 (mil reais) a R$10.000,00 (dez mil reais) ou equivalente ao da divulgação da propaganda paga, se este for maior. Embora a Lei não seja explícita, a multa deve ser aplicada para cada propaganda irregular veiculada, dosando-se o valor respectivo em conformidade com a gravidade da conduta e, mormente, com a reiteração atinando-se, sempre, para o princípio da proporcionalidade.

Porém, o dispositivo esclarece que os sujeitos passivos sobre os quais recai o dever do pagamento da multa são os responsáveis pelos veículos de divulgação e os partidos, coligações ou candidatos beneficiados. Essa regra foi repetida §2º, do art. 42 da Resolução nº 23.610/2019-TSE, que mantém as coligações entre os responsáveis pelo pagamento da multa.

Mas, sobre este ponto, uma reflexão há que ser procedida. É que o §2º, do art. 43, da Lei nº 9.504/1997, repetido no §2º, do art. 42, da Resolução nº 23.610/2019/2019 7-TSE, ao inserir as coligações e federações como responsáveis pelo pagamento da multa, ao lado dos responsáveis pelos jornais, partidos e candidatos, colidiu o disposto no parágrafo único do art. 241 do Código Eleitoral. A inclusão das federações foi procedida pela Redação outorgada pela Resolução nº 23.671/2021.

Nesse compasso, percebe-se que a regra do §2º, do art. 43 da Lei nº 9.504/1997, foi introduzida pela Lei nº 12.034/2009, estando, até então, em harmonia com a norma do *caput*, do art. 241 do Código Eleitoral, segundo a qual "[t]oda propaganda eleitoral será realizada sob a responsabilidade dos partidos e por eles paga, imputando-se-lhes solidariedade nos excessos praticados pelos seus candidatos e adeptos".

O problema é que a Lei nº 12.891/2013 acrescentou ao art. 241 do Código Eleitoral o seu parágrafo único, o qual, por sua vez, excluiu as coligações da responsabilidade solidária nos seguintes termos: "A solidariedade prevista neste artigo é restrita aos candidatos e aos respectivos partidos, não alcançando outros partidos, mesmo quando integrantes de uma mesma coligação".

Por suposto, há de incidir a regra do §1º, do art. 2º, da Lei de Introdução às Normas do Direito Brasileiro, segundo a qual "[a] lei posterior revoga a anterior quando expressamente o declare, quando seja com ela incompatível ou quando regule inteiramente a matéria de que tratava a lei anterior". Consequentemente, deve prevalecer a regra imposta pela Lei nº 12.891/2013, que instituiu a isenção da responsabilidade solidária das coligações, porquanto, cuida-se da norma posterior.

Deve-se consignar que a incidência da multa em questão, segundo o Tribunal Superior Eleitoral, pressupõe que se trate de propaganda eleitoral paga ou produto de doação indireta.[107]

Quanto à liberdade de imprensa dos veículos de comunicação social consagrada no §1º, do art. 220, da Constituição Federal, segundo o qual "[n]enhuma lei conterá dispositivo que possa constituir embaraço à plena liberdade de informação jornalística em qualquer veículo de comunicação social, observado o disposto no art. 5º, IV, V, X, XIII e XIV", há de se ponderar que essa garantia não é absoluta na medida em que se limita pelo confronto com outras garantias constitucionais, como ressalva o inciso X, do art. 5º, da Constituição Federal, ao preceituar que "são invioláveis a intimidade, a vida privada, a honra e a imagem das pessoas, assegurado o direito a indenização pelo dano material ou moral decorrente de sua violação".

Assim, a garantia da liberdade de imprensa, por um lado, garante aos jornais, da imprensa escrita, o direito de fazerem editoriais nos quais possam divulgar opinião favorável a candidato, a partido político ou a coligação, mas sem cometer excessos. Estes, nos termos do §4º, do art. 42, da Resolução nº 23.610/2019-TSE, podem caracterizar abuso dos meios de comunicação social e sujeitar os responsáveis às sanções estipuladas no art. 22 da Lei das Inelegibilidades, vejamos:

> Não caracterizará propaganda eleitoral a divulgação de opinião favorável a candidata, candidato, partido político, federação ou coligação pela imprensa escrita, desde que não seja matéria paga, mas os abusos e os excessos, assim como as demais formas de uso indevido do meio de comunicação, serão apurados e punidos nos termos do art. 22 da Lei Complementar nº 64/1990. (Redação dada pela Resolução nº 23.671/2021)

---

[107] BRASIL. Tribunal Superior Eleitoral. 2007. Ag nº 6881. Publicação: 01.03.2007.

A menção ao art. 22 da Lei Complementar nº 64/1990 ganha novos contornos com a recente decisão do Tribunal Superior Eleitoral que cassou o deputado estadual Luis Felipe Bonatto Francischini por abuso de postagens falsas na Internet. A decisão, aliás, ganhou status de definitividade após a sua confirmação pela Segunda Turma do Supremo Tribunal Federal. A sinalização para as eleições de 2022, portanto, é firme e peremptória: os candidatos que abusarem da Internet para difundir a desinformação eleitoral poderão ter os seus registros ou diplomas cassados.

CAPÍTULO 4

A PROPAGANDA NA INTERNET

4.1 A evolução da máquina computacional

Seguindo uma recente retrospectiva histórica, pode-se afirmar que o processamento de dados obteve um notável desenvolvimento, em 1833, com o advento da máquina analítica do britânico Charles Babbage, que é considerado o pai da computação moderna em razão de ter concebido as ideias básicas do que mais tarde daria lugar ao primeiro computador eletrônico. A máquina de Babbage era capaz de ser programada para executar diversas funções matemáticas, porém, não chegou a ser construída ante o subdesenvolvimento da tecnologia da época.[108]

Em 1936, o matemático inglês Alan M. Turing criou uma teoria que, baseada nos algoritmos, permitira a concepção de uma máquina mecânico-computacional capaz de resolver, sem auxílio humano, inúmeros problemas, desvendando, inclusive, o código da máquina de guerra nazista *enigma*.[109] No entanto, foi somente em 1940 que Jonh W. Mauchly e J. Presper Eckert Jr., juntamente com cientistas da Universidade da Pensylvania, construíram na Escola Moore de Engenharia Elétrica, para o Exército dos Estados Unidos, o primeiro computador eletrônico da história, batizado de ENIAC

---

[108] LANCHARRO, E. Alcalde; FERNANDEZ, Salvador Peñuelas; LOPEZ Miguel Garcia. *Informática básica*. Trad. Sérgio Molina. São Paulo: Markron Books, 1996. p. 15.
[109] GATES, Bill. *A estrada do futuro*. Trad. Pedro Maia Soares Beth Vieira; José Rubens Siqueira e Ricardo Rangel. São Paulo: Companhia das Letras, 1995. p. 37.

(Eletronic Numerical Integrator and Calculator), que desempenhava suas funções numa velocidade mil vezes mais rápida que o seu antecessor, o MARK-I, que era um computador eletromecânico criado por Howard H. Aiken em 1937.

A primeira conceituação formal sobre o computador foi feita pela Academia Francesa em 1967, que o definiu como "a máquina automática que permite efetuar, no quadro de programas de estrutura preestabelecidas, conjunto de operações aritméticas e lógicas com fins científicos, administrativos ou contabilísticos".[110]

A Lei do Marco Civil da Internet do Brasil, por sua vez, além definir vários equipamentos e ferramentas de internet, concebe o computador com foco na sua utilidade de acessar a internet, como espécie do gênero mais amplo de "terminais" de acesso à rede, vejamos:

> Art. 5º Para os efeitos desta Lei, considera-se:
> I - internet: o sistema constituído do conjunto de protocolos lógicos, estruturado em escala mundial para uso público e irrestrito, com a finalidade de possibilitar a comunicação de dados entre terminais por meio de diferentes redes;
> II - terminal: o computador ou qualquer dispositivo que se conecte à internet;
> III - endereço de protocolo de internet (endereço IP): o código atribuído a um terminal de uma rede para permitir sua identificação, definido segundo parâmetros internacionais;
> IV - administrador de sistema autônomo: a pessoa física ou jurídica que administra blocos de endereço IP específicos e o respectivo sistema autônomo de roteamento, devidamente cadastrada no ente nacional responsável pelo registro e distribuição de endereços IP geograficamente referentes ao País;
> V - conexão à internet: a habilitação de um terminal para envio e recebimento de pacotes de dados pela internet, mediante a atribuição ou autenticação de um endereço IP;
> VI - registro de conexão: o conjunto de informações referentes à data e hora de início e término de uma conexão à internet, sua duração e o endereço IP utilizado pelo terminal para o envio e recebimento de pacotes de dados;

---

[110] BIRRIEN, Jean Yvon. *História da Informática*. Trad. Joana Ferreira da Silva. Porto: Rés editora, 1996. p. 69-70.

VII - aplicações de internet: o conjunto de funcionalidades que podem ser acessadas por meio de um terminal conectado à internet; e
VIII - registros de acesso a aplicações de internet: o conjunto de informações referentes à data e hora de uso de uma determinada aplicação de internet a partir de um determinado endereço IP.

Os computadores atuais baseiam-se em três elementos básicos: o *hardware*, que representa a parte física, isto é, os elementos materiais componentes do sistema informático, noutras palavras, é o computador em sentido restrito – placa mãe, memória, placa de vídeo, monitor, gabinete, *etc.*; o *software*, elemento lógico que possibilita a execução de tarefas pela máquina; e o *firmware*, elemento lógico acoplado no hardware, isto é, vem pré-gravado no hardware, e tende a modificar a concepção tradicional de que software e hardware são elementos estanques, ocasionando uma espécie de simbiose, facilitadora do uso de lógicas com dois ou mais valores pelos computadores.[111]

Para bem entendermos a real dimensão do problema do controle da disseminação de conteúdos e notícias falsas na internet, importa entendermos sobre as distintas gerações computacionais e o que cada uma delas pôde e pode fazer.

A primeira geração de computadores inicia-se em 1940 e vai até 1952, compreendendo os computadores concebidos à base de válvulas a vácuo, cuja aplicação destinava-se preponderantemente à seara militar. Sua programação era realizada em linguagem de máquina e sua memória resumia-se às informações armazenadas em cartões perfurados e em linhas de retardo de mercúrio. A segunda geração compreende o período situado entre 1952 a 1964, quando os transistores substituíram as válvulas, acarretando, consequentemente, mais velocidade e confiabilidade, com sensível diminuição no tamanho das máquinas e redução no consumo de energia. Nesta fase houve uma grande difusão quanto ao uso dos computadores, que passaram a ser empregados com maior frequência nas áreas administrativas e gerenciais-empresariais.[112]

---

[111] PIMENTEL, Alexandre Freire. *O direito cibernético*: um enfoque teórico e lógico-aplicativo. Rio de Janeiro: Renovar, 2000. p. 30.
[112] LANCHARRO, F. Alcalde; FERNANDEZ, Salvador Peñuelas; LOPEZ Miguel Garcia. *Informática básica*. Trad. Sérgio Molina. São Paulo: Markron Books, 1996. p. 110.

A terceira geração (1964 a 1971) caracterizou-se pelo advento dos circuitos integrados, surgidos em 1964, que possibilitaram a miniaturização dos computadores. A partir de então, verificou-se uma considerável evolução dos *softwares* com os sistemas operacionais em larga escala de desenvolvimento. Caracteriza, ainda, essa geração, o uso de memórias, semicondutores e discos magnéticos. Foi nessa fase, em 1970, que foram criados pela Intel os *chips de memória*, o quais revolucionaram este setor quando substituíram os toros de ferrite. Os chips foram capazes de armazenar numa superfície de 0,5mm a mesma quantidade de dados que, se guarnecidos pelos toros de ferrite, ocupariam uma área de 02 (dois) metros quadrados.

A quarta geração envolveu o período balizado pelos anos de 1971 a 1981, tendo como fator de relevância o surgimento do microprocessador. Agora, toda a CPU (Unidade de Processamento Central) de um computador fora incluída num único circuito integrado. No campo da memória, surge a utilização do *floppy disk*, dando-se início ao uso do disquete como unidade de armazenamento de dados. No campo da comunicação, surgiram variadas linguagens de programação, as quais, somadas ao desenvolvimento das redes de transmissão de dados, aperfeiçoaram a interligação entre computadores, independentemente da distância física que os separava, nascendo, assim, a telemática.[113]

A quinta geração inicia-se em 1991 e mantém-se até os dias atuais, na qual a cada momento surgem novidades tanto no campo do *software* quanto no campo do *hardware*. Dentre tais inovações podemos mencionar a inteligência artificial e sua conectividade; o uso da linguagem natural; a altíssima velocidade no processamento de dados; a superação definitiva dos computadores analógicos pelos digitais. Inseridos entre os computadores de quinta geração encontram-se os chamados computadores inteligentes, assim denominados porque em vez de processar dados, processam "conhecimentos", ou seja, ideias armazenadas em sua memória. A forma de processamento deixa de ser sequencial, onde a procura de informações era feita através de "endereços", e passa a ser associativa: a busca

---

[113] BIRRIEN, Jean Yvon. *História da Informática*. Trad. Joana Ferreira da Silva. Porto: Rés editora, 1996. p. 121.

da informação é posta em prática pelo conteúdo de determinadas variáveis. Os computadores inteligentes, também conhecidos por computadores KIPS (Knowledge Information Processing Systems), possuem as seguintes características: gerenciamento da base de conhecimentos; solução de problemas mediante inferências dedutivas ou indutivas; e pela possibilidade de intercomunicação, através de linguagem natural entre homem e máquina.[114]

Por fim, a sexta geração de computadores, ainda não disponibilizada ao grande público, é caracterizada, segundo Brian Gaines,[115] em seu *Sixth generation computing: a conspectus of the japanese proposals*, pela superconectividade, isto é, pela utilização de supercondutores como matéria-prima para seus processadores, pelo uso da nanotecnologia e pelo aprimoramento da inteligência artificial e plenitude do uso dos robôs. Os supercondutores proporcionam a vantagem de os processadores não perderem eletricidade em razão da resistência que possuem, ocasionando, assim, melhora na performance, estimada em trinta vezes mais rápida, em comparação com um processador que utiliza a mesma frequência com metais comuns. Os supercondutores proporcionam, ainda, uma notável economia de energia. A sexta geração é também marcada pelo fato não apenas de os processadores poderem ser ativados por componentes nanotecnológicos, mas porque as placas de vídeo são compostas por elementos nanoscópicos.

4.2 A internet (*deep web* e *darknet*): entendendo as origens e a dificuldade técnica de controle

O computador eletrônico é imprescindível ao processamento de dados com a velocidade e a segurança que a sociedade atual exige e necessita. Porém, isoladamente considerado, ele não proporcionaria o transporte telemático da informação. No início da era do processamento eletrônico de dados, os Estados Unidos e a União

---

[114] LANCHARRO, E. Alcalde; FERNANDEZ, Salvador Peñuelas; LOPEZ Miguel Garcia. *Informática básica*. Trad. Sérgio Molina. São Paulo: Markron Books, 1996. p. 235.
[115] GAINES, Brian R. *Sixth generation computing*: a conspectus of the japanese proposals. Disponível em: http://citeseerx.ist.psu.edu/viewdoc/download?doi=10.1.1.414.1174&rep=rep1&type=pdf. Acesso em: 08 nov. 2017.

Soviética desenvolveram máquinas computacionais com grande capacidade de armazenamento e processamento de informações. O problema desses computadores é que os dados por eles processados ficam isolados em suas memórias físicas. Interligavam-se, no entanto, a outros computadores de menor capacidade de processamento, assemelhando-se a uma estrela do mar. Eram, por isso, denominados de *mainframes*, ou seja, máquinas computacionais de grande porte concebidas para processar uma grande quantidade de dados, que ficam ao centro de um sistema como uma estrela do mar cujos tentáculos interligavam em cada extremidade "terminais burros", noutras palavras, terminais que para processar determinada informação dependiam da "inteligência" da máquina central, da "estrela".[116]

A ideia do computador-mainframe foi superada no início da década de sessenta pelo conceito de *rede telemática* no qual muitas máquinas inteligentes podem ser conectadas, de maneira a usufruírem e compartilharem informações, sem que nada mais fosse centralizado num único computador. Isso ocorreu quando o Departamento de Defesa dos Estados Unidos criou a ARPAnet (Advanced Research Projects Agency – Agência de Projetos de Desenvolvimento Avançado), como resposta à União Soviética, que havia lançado ao espaço o satélite Sputnik, bem como para evitar que um ataque nuclear fosse capaz de, uma vez destruindo os "mainframes", aniquilar todas as informações que contivessem.[117] O próximo passo a ser dado pelos norte-americanos seria, como de fato foi, interligar os computadores em rede. Como observa Ivanildo Figueiredo,

> o início mais remoto da Internet localiza-se na década de 1960, no ápice da guerra fria e durante a corrida espacial entre os Estados Unidos da América e a União Soviética. Este período foi marcado por acelerado desenvolvimento tecnológico dos computadores e das redes pioneiras de comunicação por satélite. A Internet, como rede de interligação permanente entre computadores, surgiu nesse

---

[116] LAUDON, Kenneth C.; LAUDON, Jane P. *Sistemas de informação gerenciais*. 11. ed. São Paulo: Pearson Prentice Hall, 2014. p. 105.

[117] GLOSSBRENNER, Alfred e Emily. *Internet*. Trad. Roberto R. Tavares. São Paulo: Editora Excel Books, 1994. p. 3.

período, nas universidades americanas, em projetos financiados pelo Departamento de Defesa dos Estados Unidos, através de grupo de cientistas participantes do projeto ARPA (Advanced Research Projects Agency), razão pela qual a primeira rede foi denominada ARPANET.[118]

Em sua fase inicial, a comunicação na internet foi concebida para funcionar através de correios eletrônicos (e-mail), os quais eram configurados pela utilização de arquivos SMTP (Simple Mail Transfer Protocol) e POP 3 (Post Office Protocol 3), assim como através de dispositivos destinados a proceder à transferência de arquivos e dados por programas FTP (File Transfer Protocol). Era assim que a internet, em sua fase inicial, funcionava, isto é, com um programa básico e quase único de comunicação entre computadores por correios eletrônicos, mas que já permitia o transporte telemático de arquivos de texto, planilhas de cálculo e, ainda, softwares de gestão da máquina.[119]

Esse mecanismo de transferência de arquivos na rede perfazia-se por meio de pequenos "pacotes" de dados os quais eram enviados telematicamente de um computador remoto e percorriam a rede mediante a identificação dos protocolos eletrônicos respectivos, os quais, quando chegavam ao destino eram reconstruídos e reagrupados. Essa estratégia se justificava em razão da lentidão da rede de então, assim, a compartimentação das informações em pequenos pacotes de dados acarretava o aumento da velocidade.

No início da década de setenta ocorreram avanços tecnológicos como o (TCP), de autoria de Vint Cerf e Robert Metcalfe, e seus desdobramentos, no final da mesma década, feitos por Cerf, Dave Crocker e Jon Postel, com o TCP-IP, a partir dos quais o ARPANET transformou-se no ARPANET-INTERNET. A partir de 1983, com a criação do Protocolo TCP/IP a internet deixou de limitar-se à comunicação por correio eletrônico (função preponderante) e logrou um

---

[118] OLIVEIRA FILHO, Ivanildo Figueiredo Andrade. *Segurança do documento eletrônico – Prova da declaração de vontade e validade das relações jurídicas na Internet.* (Tese de doutorado) – FDR-UFPE, Recife, 2014. p. 80.

[119] OLIVEIRA FILHO, Ivanildo Figueiredo Andrade. *Segurança do documento eletrônico – Prova da declaração de vontade e validade das relações jurídicas na Internet.* (Tese de doutorado). Recife: FDR-UFPE, 2014. p. 81.

desenvolvimento fenomenal. O IP (Internet Protocol) identifica cada computador interligado na rede diante dos provedores de acesso.

A partir dessa estrutura, Linus Torvalds concebeu, no começo dos anos noventa, o sistema Linux, o qual se transformaria na grande base informática dos servidores da WWW. Segundo Castells:

> A história da criação e do desenvolvimento da Internet é a história de uma aventura humana extraordinária. Ela põe em relevo a capacidade que têm as pessoas de transcender metas institucionais, superar barreiras burocráticas e subverter valores estabelecidos no processo de inaugurar um mundo novo.[120]

A estrutura atual da internet baseia-se em grandes servidores denominados DSN (Domain Name System) os quais, em sua maioria, estão situados nos Estados Unidos, gerenciam o tráfego de dados em determinadas áreas e servem de elos para o endereçamento das páginas virtuais na medida em que vão sendo acessadas. Em decorrência do largo crescimento da rede, em 1991, Tim Berners-Lee desenvolveu a primeira página da internet em hipertexto, dando início à era da rede WWW [World Wide Web].[121]

Surgiam, então, as "home-pages" da rede mundial de computadores, indexadas através do código HTTP (Hypertext Transfer Protocol). Em seu clássico Galáxia Internet, Castells[122] referenda que foi realmente Berners-Lee que transformou em realidade o sonho de uma rede virtual com tantas possibilidades tecnológicas, e assim o fez através do desenvolvimento do programa Enquire, por ele concebido anos antes, em 1980. Foi a implementação desse software que possibilitou a obtenção, o tratamento e o transporte da informação de qualquer terminal que esteja conectado à internet: HTTP, MTML e URI (mais tarde chamado URL). Em dezembro de 1990, com a ajuda de Robert Cailliau, Berners-Lee desenvolveu um programa (navegador/editor), intitulado por ele de sistema

---

[120] CASTELLS, Manuel. *A galáxia Internet*: reflexões sobre a internet, negócios e a sociedade. Trad. Maria Luiza Borges. Rio de Janeiro: Zahar, 2003. p. 14.
[121] FABRÍZIO, Rosa. *Crimes de informática*. 2. ed. Campinas: Bookseller, 2006. p. 32.
[122] CASTELLS, Manuel. *A galáxia Internet*: reflexões sobre a internet, negócios e a sociedade. Trad. Maria Luiza Borges. Rio de Janeiro: Zahar, 2003. p. 18.

de hipertexto World Wide Web, concebendo, assim, e pondo à disposição do grande público a rede digital em escala mundial.

As páginas da web são exibidas nas telas dos computadores por meio desse mecanismo criado por Berners-Lee com links que fazem direcionamentos para outras páginas na WWW, bastando, para tanto, um simples click numa palavra ou num símbolo. Por sua vez, o conteúdo da página é interpretado e exibido por meio de um programa que lê e decodifica os hipertextos, os quais são denominados de browsers ou navegadores. Foi por esse aparelhamento e método, que utiliza uma linguagem acessível ao grande público, que a internet transformou-se numa rede mundial gratuita e aberta e proporcionou a conexão de milhões de pessoas em todo o mundo e, sobretudo, permitiu a difusão do conhecimento em patamares inimagináveis.[123]

Noutra ponta, a dificuldade de controle da internet deriva, como percebeu Castells, do fato de o seu desenvolvimento haver transcendido a sua própria ideia originária, isto é, de haver se transmudado de um projeto militar para uma fantástica ferramenta de "tecnologia da liberdade", pois foi daí que nasceu a internet, de uma "encruzilhada insólita entre a Ciência, a investigação militar e a cultura libertária".[124] A liberdade na internet explica-se em razão da estratégia adotada pelos EUA a qual visava superar a tecnologia informática soviética pelo pleno acesso à informação e estímulo ao consumo, não podendo sofrer limitações.

A internet distanciou-se do escopo militar pensado pelo IPTO (Information Processing Techniques Office) e não serve apenas ao capitalismo, mas a grupos terroristas, criminosos, governos anticapitalistas, etc. Na sua estrutura atual, a rede subdivide-se em dois distintos espaços virtuais: *a internet de superfície*, que designa o universo "controlável" da rede, sendo mais susceptível à eficácia dos filtros estatais e empresariais destinados ao controle de programas maliciosos e também de conteúdos que podem ser utilizados em propaganda eleitoral como as *fake news*; e a *deep web ou darknet*, a

---

[123] HERITIER, Paolo. *Urbe-internet – La rete figurale del diritto*. 01. V. Torino: Giappichelli, 2004. p. 95-96.
[124] CASTELLS, Manuel. *A galáxia Internet*: reflexões sobre a internet, negócios e a sociedade. Trad. Maria Luiza Borges. Rio de Janeiro: Zahar, 2003. p. 13.

qual representa o espaço virtual que contém o maior número de informações que circulam na internet sem controle dos órgãos governamentais.

Atualmente, a doutrina informática já distingue a *deep web* da *darknet*. A primeira é representada pelo espaço digital que adota padrões lógicos de identificação distintos dos adotados na web [donde resulta a dificuldade de controle e monitoramento] onde os usuários comunicam-se através de programas concebidos para dificultar as respectivas identificações, os endereços eletrônicos são também concebidos numa formatação padronizada diferente do HTML, igualmente, para tornar mais difícil o acesso aos sítios eletrônicos dos internautas que navegam anonimamente. É assim que Mike Bergman[125] concebe a *deep web*, acrescentando que o acesso às suas páginas pressupõe a instalação de programas especializados bem como códigos secretos. Por sua vez, segundo o mesmo autor, a *darknet* constitui-se no espaço inserido na *deep web*, espaço este representado por várias "redes anônimas".

4.3 Inteligência artificial e a (i)licitude do uso de robôs em propaganda eleitoral

A inteligência artificial (IA) é o conjunto de atividades informáticas e cibernéticas que, se realizadas pelo homem, seriam consideradas produto de sua inteligência.[126] A cibernética contribuiu de maneira substancial para o desenvolvimento de sistemas de IA, partindo, sobretudo, das ideias de Wiener desenvolvidas em meados de 1944. Norbert Wiener define a cibernética como "the entire field of control and communicatio theory, whether in the machine or in the animal",[127] ou seja, como uma teoria do controle e da comunicação, no animal e na máquina. Em *Cibernética e sociedade: o uso humano de seres humanos*, no capítulo II, denominado "A cibernética na

---

[125] BERGMAN, Mike. *The deep web*: surfacing hidden value. p. 2.5. Disponível em: http://brightplanet.com/wp-content/uploads/2012/03/12550176481-deepwebwhitepaper1.pdf. Acesso em: 07 ago. 2018.

[126] COELHO, Helder. *Inteligência artificial em 25 lições*. Lisboa: Calouste Gulbenkian, 1995. p. 20-21.

[127] WIENER, Norbert. *Cibernética e sociedade: o uso humano de seres humanos*. 5. ed. São Paulo, Cultrix 1973, p. 28.

história", Wiener resume seu objeto de estudo numa tentativa de impulsionar o desenvolvimento de máquinas computacionais eletrônicas que fossem capazes de reproduzir a maneira de pensar dos seres humanos. Para ele, tanto homem quanto computador tomam decisões com base nas informações que têm armazenadas em suas memórias, ou seja, decidem *ad futurum* a partir das experiências passadas.

Similarmente, na IA, os problemas são descritos de modo incompleto, resistem a uma especificação estática (a priori) posto que se quedam em ambiente dinâmico, dificultando uma aproximação modular, por isso os sistemas de IA não são concebidos da mesma forma que acontece com a engenharia da programação informática tradicional, eles são programados para tomar decisões e, inclusive, para aprender e ensinar a decidir.[128]

Foi em decorrência dos avanços tecnológicos permitidos pela inteligência artificial que foram concebidos os denominados sistemas "expertos", que incorporam de maneira prática e eficiente o conhecimento que um especialista – um *expert* – possui sobre determinada matéria. Num encontro sobre informática e tribunais, realizado em Lisboa pela Fundação Calouste Gulbenkian, nos dias 22 e 23 de maio de 1991, os sistemas jurídicos expertos foram conceituados por Gerard Losson[129] como uma aplicação da inteligência artificial no domínio do direito, que naquela época (1991) eram "propriedade" dos institutos universitários e dos estabelecimentos de pesquisa. Atualmente, existem, no Brasil, vários desses sistemas já em operação efetiva não apenas no âmbito universitário, mas, também, no âmbito judiciário, nos órgãos governamentais e na iniciativa privada.

A partir da associação da informática, telemática e cibernética, a IA emergiu como uma tecnologia capaz de criar sistemas pensantes, verdadeiros robôs. Nos EUA, hodiernamente, já existem inúmeros robôs atuando na área jurídica, a IBM, a propósito, criou robôs-advogados, como o Watson e o Lawyer Ross. Este último é

---

[128] COELHO, Helder. *Inteligência artificial em 25 lições*. Lisboa: Calouste Gulbenkian, 1995. p. 20-21.
[129] LOSSON, Gerard. *Evolution de l'informatique juridique dans la communaute europenne*. Documentação e direito comparado, n. 47. Lisboa: PGR, 1980. p. 127.

capaz de processar informações correspondentes a 500 gigabytes, que equivale a um milhão de livros, sem estar conectado à internet. Conforme pontua Élida Pereira Jerônimo, trata-se do

> [...] primeiro "advogado", fruto da inteligência artificial, foi criado de uma costela [...] isto é, da tecnologia do Watson, a primeira máquina de computação cognitiva desenvolvida pela IBM, de acordo com os sites The American Lawyer, Gizmodo e Furturism. O ROSS tem a mesma capacidade do Watson, que pode processar, em apenas um segundo, 500 gigabytes, o equivalente a um milhão de livros, de acordo com a Wikipédia. No programa de televisão Jeopardy, que consiste em perguntas e respostas, ele venceu os dois campeões do país e ganhou US$1 milhão — sem dificuldades, porque, afinal, ele teve acesso a 200 milhões de páginas de conteúdo estruturado e não estruturado, que consumiram quatro terabytes de armazenamento de disco. Venceu sem estar conectado à internet.[130]

Não existe mais qualquer dúvida de que a máquina computacional consegue aprender e difundir, na internet, a informação desejada pelo criador do sistema de determinada inteligência artificial, sendo tal procedimento denominado de *deep learning machine*. O sistema de aprendizado inteligente da máquina computacional torna plenamente factível a difusão de conteúdos eleitorais, verdadeiros e falsos, através de robôs. Isso decorre do fato de os programas de IA reproduzirem a atuação prevista pelo especialista que os projetou ou colaborou com o analista de sistemas do projeto, mas já são capazes de aprender e a ensinar pessoas e outras máquinas mediante a transmissão do seu conhecimento originário e adquirido.[131]

Os robôs são, atualmente, uma realidade. A Arábia Saudita destacou-se, em outubro de 2017, como o primeiro país do mundo a conceder a "cidadania" a um robô (Sophia). Nas redes sociais, a notícia repercutiu bastante, com inúmeros sites debatendo a inusitada iniciativa. A Revista Veja (2017), por exemplo, destacou que:

---

[130] JERÔNIMO, Élida Pereira. *Inteligência artificial*: escritório de advocacia estreia primeiro "robô-advogado" nos EUA. Disponível em: www.jusbrasil.com.br. Acesso em: 30 ago. 2016.

[131] GOLDSCHMIDT, Ronaldo; PASSOS, Emmanuel; BEZERRA, Eduardo. *Data mining – Conceitos, técnicas, algoritmos, orientações e aplicações*. Rio de Janeiro: Elsevier Editora Ltda, 2015. p. 10.

A Arábia Saudita é o primeiro país do mundo a conceder cidadania a um robô. Sophia, uma máquina dotada de inteligência artificial, recebeu a notícia nesta quarta-feira, durante um evento para investidores em tecnologia em Riad, no qual debateu em inglês com um mediador e deu uma mostra de suas expressões, com direitos a caras de tristeza e sorrisos.

O Parlamento Europeu, por sua vez, aprovou, em 16 de fevereiro de 2017, uma Resolução que contém recomendações para que uma comissão específica elabore regras de direito civil sobre Robótica, devendo tratar, dentre outras matérias, acerca da responsabilidade civil por atos praticados por robôs, estabelecer princípios éticos a respeito do uso dos robôs e da inteligência artificial, propriedade intelectual, circulação de dados e propor a admissão da "e-personalidade", ou seja, a atribuição de uma personalidade jurídico-eletrônica aos robôs inteligentes. A proposta prevê a instituição de um registro para cada robô, que corresponderá a um CPF ou DNI, bem como a obrigatoriedade de contratação de um seguro, pelos proprietários, destinado a indenizar eventuais prejuízos causados pelos robôs.[132] Comentando a Resolução do Parlamento Europeu, Carlos Souza registra, que:

> A solução aventada pelo Parlamento Europeu seria criar uma espécie de personalidade jurídica para o robô em si, chamada por vezes de "e-personality" ou "personalidade eletrônica". O nome não ajuda, mas ele ao menos aproxima o debate sobre a personalidade jurídica dos robôs inteligentes daquele já enfrentado em outras situações pelos mais diversos ordenamentos jurídicos.[133]

Não se pode negar que na atualidade os robôs são "entes" não dotados de personalidade jurídica, mas que já participam ativamente da nossa vida cotidiana, inclusive na política e, em especial, na promoção de propaganda eleitoral. Isso é tão factual e

---

[132] UNIÃO EUROPEIA. *Resolução do parlamento europeu, de 16 de fevereiro de 2017, que contém recomendações à Comissão sobre disposições de Direito Civil sobre robótica (2015/2103(INL))*. Estrasburgo: Parlamento Europeu, 2017. Disponível em: http://www.europarl.europa.eu/sides/getDoc.do?pubRef=-//EP//TEXT+TA+P8-TA-2017-0051+0+DOC+XML+V0//PT#ref_1_1. Acesso em: 12 nov. 2017.

[133] SOUZA, Carlos Affonso. *O debate sobre personalidade jurídica para robôs – Errar é humano, mas o que fazer quando também for robótico?* Disponível em: https://jota.info/artigos/o-debate-sobre-personalidade-juridica-para-robos-10102017. Acesso em: 12 nov. 2017.

verdadeiro que o Tribunal Superior Eleitoral (TSE), em novembro de 2017, chegou a cogitar em restringir a participação de robôs na propaganda eleitoral, como foi noticiado pela BBC-Brasil. A restrição que seria estabelecida limitar-se-ia à veiculação de notícias falsas difundidas por robôs com o intuito de prejudicar determinados candidatos a cargos eletivos. Como constatou Ricardo Senra, o TSE não irá proibir a participação de robôs em campanhas eleitorais, mas apenas restringi-la:

> Não queremos controlar conteúdo. Nosso trabalho é regular robôs e instrumentos que podem multiplicar "informações falsas", afirmou um porta-voz do Tribunal, que preferiu manter a identidade em sigilo. A regulamentação vai dar segurança jurídica para os candidatos, que saberão o que podem ou não podem fazer na internet.

Em matéria eleitoral, não existe razão – sequer de ordem ética – para se proibir o uso dos robôs em campanhas eleitorais e na publicidade de gestão governamental, pois não se pode associá-los apenas ao cometimento de infrações eleitorais, é preciso entender e vislumbrar a possibilidade de uso lícito dos sistemas de IA em campanhas eleitorais, inclusive para o combate às *fakes news*. A Lei nº 9.504/1997, que regula a propaganda eleitoral, não proíbe o uso de robôs e da inteligência artificial. Logo, em homenagem ao princípio da liberdade e da disponibilidade da propaganda eleitoral, concluímos na primeira edição deste livro que o uso de robôs era lícito, desde que não utilizado para a denominada propaganda eleitoral negativa. Entretanto, em consideração às disposições da Resolução nº 23.610/2019, em especial com os acréscimos procedidos pela Resolução nº 23.671/2021, é preciso reconhecer que houve, desde então, restrições ao uso de robôs em campanhas eleitorais, mas não sua integral vedação, como será esquadrinhado no próximo item.

4.4 Restrições aos disparos em massa feitos por robôs e *click farms* (as fazendas humanas de cliques)

A restrição ao uso de robôs decorre da Resolução nº 23.671/2021, que conferiu nova redação ao art. 28 da Resolução nº 23.610/2019, deixando claro que a propaganda eleitoral na Internet pode ser efetuada, nos seguintes e restritos termos:

> IV - por meio de blogs, redes sociais, sítios de mensagens instantâneas e aplicações de internet assemelhadas, dentre as quais aplicativos de mensagens instantâneas, cujo conteúdo seja gerado ou editado por: (Redação dada pela Resolução nº 23.671/2021)
>
> a) candidatas, candidatos, partidos políticos, federações ou coligações, desde que não contratem disparos em massa de conteúdo nos termos do art. 34 desta Resolução (Lei nº 9.504/1997, art. 57-J); ou (Redação dada pela Resolução nº 23.671/2021)
>
> b) qualquer pessoa natural, vedada a contratação de impulsionamento e de disparo em massa de conteúdo nos termos do art. 34 desta resolução Lei nº 9.504/1997, art. 57-J). (Redação dada pela Resolução nº 23.671/2021)

Vê-se nitidamente que, ao vedar os disparos em massa, o Tribunal Superior Eleitoral tenciona proibir o uso de robôs para os impulsionamentos ilícitos de conteúdos, sobretudo os relacionados à difusão da desinformação política. Entretanto, deve-se observar que a mesma Resolução, seguindo as disposições dos arts. 57-B e 57-C da Lei nº 9.504/1997, permitiu a contratação de provedores de aplicações de Internet para impulsionar conteúdos, os quais são propulsionados por algoritmos que utilizam inteligência artificial, portanto são transportados na Internet através de robôs, licitamente, dês que atendidos os requisitos ali instituídos.

A questão é que os impulsionamentos lícitos de conteúdos somente podem ser contratados de modo oneroso (lícito) por candidatos, partidos, coligações, federações e seus representantes, apenas para fazer propaganda positiva dos candidatos e agremiações contratantes, ou seja, só podem prestar-se para a divulgação das qualidades pessoais dos candidatos e pré-candidatos contratantes, plataformas e propostas de governo, enfim, somente aspectos positivos de candidatos e agremiações partidárias. Nesse sentido, declara o art. 57-C da Lei nº 9.504/1997, que: "É vedada a veiculação de qualquer tipo de propaganda eleitoral paga na internet, excetuado o impulsionamento de conteúdos, desde que identificado de forma inequívoca como tal e contratado exclusivamente por partidos, coligações e candidatos e seus representantes".[134]

Quanto aos conteúdos desses impulsionamentos, rediga-se, de acordo com o §3º do art. 57-C da Lei das Eleições, eles só podem versar sobre aspectos positivos dos candidatos ou os demais legitimados que contrataram o serviço, vejamos:

> §3º O impulsionamento de que trata o caput deste artigo deverá ser contratado diretamente com provedor da aplicação de internet com sede e foro no País, ou de sua filial, sucursal, escritório, estabelecimento ou representante legalmente estabelecido no País *e apenas com o fim de promover ou beneficiar candidatos ou suas agremiações*.[135]

Esses conteúdos, aliás, não mais podem ser controlados de ofício pelos juízes e juízas da propaganda no exercício do poder de polícia. É que, segundo a regra do §1º do art. 7º da Resolução nº 23.610/2019, que cuida do controle da propaganda na Internet, "Caso a irregularidade constatada na internet se refira ao teor da propaganda, não será admitido o exercício do poder de polícia, nos termos do art. 19 da Lei nº 12.965/2014". E o §2º do mesmo artigo complementa: "Na hipótese prevista no §1º deste artigo, eventual notícia de irregularidade deverá ser encaminhada ao Ministério Público Eleitoral". Por óbvio, não está excluída a legitimidade para a propositura da representação dos adversários políticos do autor ou dos candidatos beneficiados com as publicações ilícitas. Assim, o Tribunal Superior Eleitoral adota o princípio do minimalismo interventivo dos juízes e juízas da propaganda no controle de conteúdos veiculados na Internet, desde que a forma de veiculação seja lícita.

Deve-se ter em mente que os provedores de acesso e de aplicações de Internet estão autorizados pela LGDP a fazerem o tratamento automatizado de dados pessoais (art. 20 da LGPD – Lei nº 13.709, de 14 de agosto de 2018), bastando, para tanto, o consentimento específico do titular dos dados, ou de seu representante legal no caso de incapacidade do titular. O consentimento pode ser obtido pela simples aquiescência aos termos e condições de redes sociais e demais

---

[134] O dispositivo deveria ter sido alterado para também permitir que as federações façam impulsionamentos pagos, pois é induvidosa a sua legitimidade para tanto. A correção foi procedida pela Resolução nº 23.610/2019.
[135] Grifos acrescidos.

provedores de aplicações de Internet aos quais aderem os usuários, como especifica o inciso II do art. 34 Resolução nº 23.610/2019, com as alterações procedidas pela Resolução nº 23.671/2021. Noutras palavras, os provedores de aplicações de Internet sediados no Brasil e cadastrados perante a justiça eleitoral estão autorizados a utilizar algoritmos de IA para tal desiderato. Estão autorizados, portanto, a usar licitamente robôs para impulsionar a propaganda positiva paga. A Resolução nº 23.610/2019, a propósito, reforça essa conclusão ao expressar que, em matéria de propaganda eleitoral, "Além das disposições expressamente previstas nesta Resolução, aplica-se, no que couber, o disposto na Lei nº 13.709/2018 (LGPD)".

Não estamos diante de um dilema ou de uma contradição normativa. Simplesmente a Resolução nº 23.610/2019 impôs restrições ao uso de robôs ao proibir os disparos em massa em desacordo com os termos acima expostos, mas não impediu o uso de algoritmos de IA para o impulsionamento lícito, até porque a Lei nº 9.504/1997 não o vedou e, consoante o princípio da liberdade na propaganda eleitoral, os meios e formas que não estiverem expressamente proibidos por lei federal estão consentidos.

O fato é que, por um lado, os candidatos, partidos, coligações, federações e seus representantes podem licitamente contratar impulsionamentos pagos junto aos provedores de aplicações de Internet cadastrados perante a justiça eleitoral (§9º do art. 29 da Resolução nº 23.610/2019), através das ferramentas tecnológicas disponibilizadas por esses mesmos provedores, o que inclui, segundo o §7º do art. 28 da Resolução nº 23.610/2019, "[...] a priorização paga de conteúdos resultantes de aplicações de busca na internet", desde que seja cumprido o requisito de que todo impulsionamento contenha, de forma clara e legível, "[...] o número de inscrição no Cadastro Nacional da Pessoa Jurídica (CNPJ) ou o número de inscrição no Cadastro de Pessoas Físicas (CPF) da pessoa responsável, além da expressão 'Propaganda Eleitoral'" (§5º do art. 29 da Resolução nº 23.610/2019), em suma, nem a lei nem a resolução em questão limitam a quantidade de vezes que uma postagem pode ser impulsionada, se estiver em estrita conformidade com o ordenamento jurídico eleitoral.

Sob outra ótica, a alínea "a", do inciso IV, do art. 28 da Resolução nº 23.610/2019, restringiu que as candidatas, candidatos, partidos políticos, federações ou coligações possam contratar disparos em massa de conteúdo em desacordo com os termos dispostos no inciso II do art. 34 da mesma Resolução, isto é, não pode haver disparos em massa de mensagens instantâneas sem o consentimento da pessoa destinatária ou a partir da contratação expedientes, tecnologias ou serviços não fornecidos pelo provedor de aplicação e em dissonância com seus termos de uso, como preconiza a Resolução nº 23.671/2021. Assim estarão em consonância com o ordenamento jurídico eleitoral os disparos de conteúdos positivos de propaganda política feitos por aplicações de internet que sejam enviados para os usuários que acataram os termos e condições dessas aplicações.

Quanto ao envio de mensagens eletrônicas, este pode ser feito pelos candidatos, partidos, coligações e federações, para endereços cadastrados gratuitamente pelos candidatos e demais agremiações partidárias, e desde que o tratamento respectivo dos dados enquadre-se numa das hipóteses elencadas pelos arts. 7º ou 11 da LGPD (inciso III do art. 28 da Resolução nº 23.610/2019).

Esses conteúdos, ademais, podem ser veiculados no período anterior ao da liberação da propaganda, o qual é regido pelo art. 36-A da Lei nº 9.504/1997, isto é, antes mesmo do dia 16 de agosto no ano eleitoral, desde que não contenham pedido explícito de voto, pois conforme permite o art. 3º-B da Resolução nº 23.610/2019, "O impulsionamento de conteúdo político-eleitoral, nos termos como permitido na campanha também será permitido durante a pré-campanha, desde que não haja pedido explícito de votos e que seja respeitada a moderação de gastos. (Incluído pela Resolução nº 23.671/2021)". O meio, isto é, impulsionamentos pagos de conteúdos na Internet é lícito, devendo o conteúdo quedar-se restrito à propaganda positiva.

Quanto à definição de disparos em massa de impulsionamentos, ao conceituar o fenômeno, o inciso XXI do art. 37 da Resolução nº 23.610/2019 dispôs que se considera disparos em massa o "envio, compartilhamento ou encaminhamento de um mesmo conteúdo, ou de variações deste, para um grande volume de usuárias e usuários por meio de aplicativos de mensagem instantânea" (Redação dada pela Resolução nº 23.671/2021). A questão é que "grande volume" é um conceito aberto, e terá de ser preenchido pela jurisprudência das Cortes Regionais e, sobretudo, pelo Tribunal Superior Eleitoral, para fins de configuração do ilícito, o qual deverá ser apurado caso a caso e poderá ocorrer mesmo que dissociado do abuso de poder político ou econômico, bastando que se demonstre, de modo inequívoco, que houve abuso dos meios de comunicação social, posto que após o *leading case* (julgamento do recurso ordinário eleitoral nº 0603975-98) que culminou com a cassação do deputado Fernando Destito Francischini, o abuso da propaganda na Internet, incluindo as redes sociais, configurará a figura típica do abuso dos meios de comunicação social (art. 22 da Lei Complementar nº 64/1990), que, antes desse precedente, a jurisprudência considerava que só ocorria se o abuso fosse perpetrado pelos veículos de imprensa, e pode ensejar a cassação do registro do candidato ou mesmo de diploma.

Perceba-se que o precedente em questão não afeta os impulsionamentos positivos, pois são lícitos, mas abrange integralmente aqueles que propagam a desinformação eleitoral, as notícias falsas. Os arts. 57-B e 57-C da Lei nº 9.504/1997, a propósito, não limitaram o número de impulsionamentos pagos que podem ser licitamente realizados, devendo haver, no entanto, moderação de gastos de campanha. Nem mesmo a definição da Resolução nº 23.610/2019, sobre disparos massivos, serve de parâmetro para tornar ilícitos os disparos contratados por provedores sediados no Brasil e cadastrados perante a justiça eleitoral para fazer propaganda positiva, pois se trata de modalidade permitida de impulsionamentos, mas, repita-se, somente podem versar sobre propaganda positiva dos candidatos, partidos, coligações e federações contratantes, ainda que sejam procedidos por robôs.

Dessa forma, a interpretação que se extrai, em especial do que prescreve o inciso II do art. 34 da Resolução nº 23.610/2019, é 23.610/2disparos em massa de impulsionamentos e mensagens instantâneas só serão ilícitos se realizados sem consentimento da pessoa destinada, ou por provedor não sediado ou sem representante no Brasil ou não cadastrado perante a justiça eleitoral, ou se se tratar de propaganda negativa ou *fake news*.

A aquiescência exigida em relação aos impulsionamentos não se refere a quem os contrata (candidatos e agremiações partidárias) e quem os recebe (usuários de redes sociais), mas entre as aplicações de internet cadastradas na justiça eleitoral e seus usuários, de outro lado, em conformidade com os respectivos termos de uso. A relação jurídica exigida nesse contexto é entre os provedores e os usuários de

Internet que aderem aos seus termos de uso. Por sua vez, também são ilícitos aqueles impulsionamentos e disparos de mensagens feitos a partir da contratação de expedientes, tecnologias ou serviços não fornecidos pelo provedor de aplicação, ou seja, os feitos por robôs contratados com *hackers* ou *crackers* ou simplesmente por terceiros não autorizados.

É relevante esclarecer que o envio de mensagens através de aplicativos de redes sociais fechadas, como WhatsApp e Telegram, não sofrem as restrições acima expostas, pois, segundo o §2º do art. 33 da Resolução nº 23.610/2019, "As mensagens eletrônicas e as mensagens instantâneas enviadas consensualmente por pessoa natural, de forma privada ou em grupos restritos de participantes, não se submetem ao caput deste artigo e às normas sobre propaganda eleitoral previstas nesta Resolução". Isso não significa, obviamente, que essas aplicações possam disseminar notícias falsas. A criminalização das *fake news* reside, primordialmente, no art. 323 do Código Eleitoral, que considera crime:

> CE – Art. 323. Divulgar, na propaganda eleitoral ou durante período de campanha eleitoral, fatos que sabe inverídicos em relação a partidos ou a candidatos e capazes de exercer influência perante o eleitorado:(Redação dada pela Lei nº 14.192, de 2021)
> Pena – detenção de dois meses a um ano, ou pagamento de 120 a 150 dias-multa.
> §1º Nas mesmas penas incorre quem produz, oferece ou vende vídeo com conteúdo inverídico acerca de partidos ou candidatos. (Incluído pela Lei nº 14.192, de 2021)
> §2º Aumenta-se a pena de 1/3 (um terço) até metade se o crime: (Incluído pela Lei nº 14.192, de 2021)
> I - é cometido por meio da imprensa, rádio ou televisão, ou por meio da internet ou de rede social, ou é transmitido em tempo real;(Incluído pela Lei nº 14.192, de 2021)
> II - envolve menosprezo ou discriminação à condição de mulher ou à sua cor, raça ou etnia.

Quanto às pessoas naturais, estas estão autorizadas a fazer campanhas para os candidatos, partidos, coligações ou federações de sua preferência, através da Internet, podendo compartilhar suas postagens em suas redes sociais, enviar e-mails e mensagens eletrônicas para seus contatos, desde não divulguem fatos sabidamente inverídicos em relação a partidos ou a candidatos e capazes de exercer influência perante o eleitorado.

Os usuários de Internet também não podem realizar a contratação com aplicações de Internet para fazer impulsionamentos pagos, estes são exclusividade dos candidatos, agremiações partidárias e seus representantes. Portanto, o compartilhamento a que estão autorizados há de ser gratuito. E conquanto possam as pessoas naturais enviar mensagens eletrônicas, não podem, por outro lado, fazer disparos em massa de conteúdo nem mesmo através do envio de "[...] mensagens instantâneas sem consentimento da pessoa destinatária ou a partir da contratação expedientes, tecnologias ou serviços não fornecidos pelo provedor de aplicação e em desacordo com seus termos de uso" (alínea "b" do inciso IV do art. 28 e inciso II do art. 34 da Resolução nº 23.610/2019).

A contratação de pessoas naturais por candidatos ou agremiações partidárias para impulsionar conteúdos ou curtir perfis de candidatos que as contrataram caracteriza a prática de *click farms*, ou fazendas humanas de cliques, representando o suporte fático de incidência da regra prevista no inciso II do art. 34 da Resolução nº 23.610/2019. Esta norma proíbe o disparo em massa de mensagens por meio da "[...] contratação expedientes, tecnologias ou serviços não fornecidos pelo provedor de aplicação e em desacordo com seus termos de uso".

As "fazendas de cliques" consistem em agrupamentos de pessoas que são contratadas com a finalidade específica de compartilhar conteúdos na Internet, escapando, dessa forma, ao controle cibernético de reconhecimento de robôs. Muitas delas situam-se fora do território nacional, em especial na Ásia, onde a mão de obra pelos serviços de cliques é extremamente barata.

A contratação de *click farms* é um ilícito de propaganda eleitoral, independentemente do conteúdo veiculado, porque desvirtua a participação espontânea do eleitor internauta já que objetiva a realização de postagens, "likes" ou "dislikes" massivos, consistindo numa verdadeira fraude. Além de malferir o art. 57-C da Lei nº 9.504/1997 e inciso II do art. 34 da Resolução nº 23.610/2019, pois, sem qualquer dúvida, enquadra-se na conduta de contratação expedientes, tecnologias ou serviços não fornecidos pelo provedor de aplicação. O combate a essa prática permite o controle de ofício pelos juízes e juízas da propaganda eleitoral, pois não é de conteúdo que se está a cuidar, mas de meio ilícito de propaganda. Ademais, constitui um meio degradante e violador da legislação trabalhista brasileira e dos direitos humanos, pois se assemelha ao trabalho escravo. Lee Munson descreve que as *click farms* são:

> [...] um tipo de fraude virtual através da qual um grande grupo de pessoas são contratadas para clicarem em links de anúncios online para o fraudador de cliques, também conhecido como fazendeiro de cliques (*click farm master* ou *click farmer*). Os empregados clicam nos links, navegam pelo website alvo por um período de tempo e, se possível, inscrevem-se em boletins informativos antes de irem para o próximo link.[136]

E não apenas clicar para sinalizar que determinado produto ou candidato obteve mais audiência ou engajamento virtual do que a que realmente logrou, mas, também, impulsionar conteúdos e escapar da detecção da fiscalização das aplicações da Internet sobre a atuação de robôs. A figura abaixo bem retrata como essas fazendas funcionam e a precariedade das pessoas que nelas prestam serviços:

Fonte: FAZENDAS de cliques (click farms): como funcionam. Control+F5, 11 dez. 2018.[137]

---

[136] LEE, Munson. *What is a click farm*? Disponível em: https://pt.wikipedia.org/wiki/Fazenda_de_cliques#cite_note-1. Acesso em 14 de junho de 2022.

[137] Imagem Disponível em: https://controlf5it.com.br/blog/fazendas-de-cliques-click-farms-como-funcionam/. Acesso em 14 de junho de 2022.

A pessoa contratada utiliza vários celulares ao mesmo tempo, para que os sistemas sentinelas das aplicações de Internet responsáveis pela cibersegurança não sejam capazes de detectar que uma mesma pessoa está clicando mais de uma vez, o que poderia ser percebido pelo IP da máquina computacional ou do aparelho celular se a mesma pessoa usasse o mesmo terminal de acesso à rede. Trata-se de um meio degradante de simulação de engajamento e sucesso de produtos, serviços e campanhas eleitorais, que não pode ser admitido pelo ordenamento eleitoral nacional, sobretudo porque na maioria das vezes essas "fazendas" situam-se fora do Brasil.

O ilícito eleitoral não está apenas na contratação de grupos de pessoas, dentro ou fora do território nacional, mas na contratação de pessoas ou pessoa para fazer impulsionamento, pois representa uma burla aos arts. 57-B e 57-C da Lei nº 9.504/1997, simplesmente porque o serviço de impulsionamento de conteúdos só pode ser contratado diretamente com os provedores de Internet. E se a conduta consubstanciar-se em ofensas à honra ou conspurcar a imagem de candidato, nesse caso, além de ilícito eleitoral, haverá um inequívoco crime eleitoral, consoante descrição do §1º do art. 57-H da Lei nº 9.504/1997, vejamos:

> Constitui crime a contratação direta ou indireta de grupo de pessoas com a finalidade específica de emitir mensagens ou comentários na internet para ofender a honra ou denegrir a imagem de candidato, partido ou coligação, punível com detenção de 2 (dois) a 4 (quatro) anos e multa de R$ 15.000,00 (quinze mil reais) a R$ 50.000,00 (cinquenta mil reais).

Quando os legitimados pelo art. 57-B da Lei das Eleições contratam provedores de aplicações de Internet situados no Brasil e cadastrados perante a justiça eleitoral, é de contratação lícita de que se trata. Nesse caso, o controle do poder de polícia não pode ser realizado de ofício, porquanto resta limitado à análise do conteúdo da propaganda. Em arremate, afora os gastos com construção e veiculação de sites na Internet (art. 26 da Lei nº 9.504/1997), apenas os impulsionamentos de conteúdos contratados perante provedores de aplicações de Internet sediados no Brasil e cadastrados perante a justiça eleitoral são meios permitidos de propaganda paga (art. 57-C da Lei nº 9.504/1997).

Reitere-se que a propaganda eleitoral na internet não se limita aos impulsionamentos que devem ser feitos, tão somente, pelos candidatos, partidos, coligações, federações e seus representantes, nada obsta o uso lícito da IA para a facilitação do acesso dos eleitores aos sítios eletrônicos dos partidos ou dos candidatos, federações e coligações, desde que não consista em disparos massivos previstos no inciso IV do art. 28 da Resolução nº 23.610/2019. Sobre isto, é preciso ponderar que a propaganda eleitoral na internet há de ser gratuita, à exceção dos impulsionamentos positivos e serviços de construção e disponibilização de sites, que podem ser remunerados e devem constar da prestação de contas da campanha, bem como que existe vedação às pessoas jurídicas (de direito público e privado) de fazerem propaganda eleitoral ainda que gratuita, mesmo que elas não possuam finalidade lucrativa.

Mas, isso não quer significar que partidos, candidatos, federações ou coligações não possam contratar pessoas jurídicas para prestarem serviços de criação de um sítio eletrônico ou para desenvolverem e disponibilizarem ferramentas virtuais e sistemas informáticos para a promoção de um candidato, partido ou coligação, já que a Lei nº 9.504/1997 permite a difusão da propaganda eleitoral através do envio de mensagens eletrônicas para os eleitores. Os gastos com esses serviços estão previstos no art. 26 da Lei nº 9.504/1997, e devem constar, obrigatoriamente, das prestações de contas de campanhas eleitorais. Em consonância com o dispositivo, "São considerados gastos eleitorais, sujeitos a registro e aos limites fixados nesta Lei: XV – custos com a criação e inclusão de sítios na internet e com o impulsionamento de conteúdos contratados diretamente com provedor da aplicação de internet com sede e foro no País".

Ora, a criação e inclusão sites na Internet é serviço através do qual também se faz propaganda eleitoral, consentida, diga-se de passagem, pelo art. 26 da Lei nº 9.504/1997, ainda que o art. 57-C da mesma Lei afirme que "É vedada a veiculação de qualquer tipo de propaganda eleitoral paga na internet, excetuado o impulsionamento de conteúdos, desde que identificado de forma inequívoca como tal e contratado exclusivamente por partidos, coligações e candidatos e seus representantes". A contratação de serviços de criação e inclusão de sites não se confunde com os impulsionamentos, e sua licitude encontra respaldo no inciso XV do art. 26 da Lei das Eleições.

A restrição que havia quanto à propaganda paga na internet deixou de existir com a reforma política procedida pela Lei nº 13.488, de 06 de outubro de 2017, não obstante tenha sido liberada, como dito alhures, exclusivamente para os impulsionamentos e contratação de serviços de construção e disponibilização de sites. Certo é que, na sistemática jurídico-eleitoral brasileira atual, eventuais danos ou ilícitos eleitorais causados pelos robôs a candidatos, partidos políticos, federações e a coligações serão de responsabilidade dos proprietários dos respectivos sistemas, bem como daqueles que contratam tais proprietários, ou que simplesmente fizeram uso dos robôs com finalidade eleitoral ilícita, ainda que gratuitamente. Na mesma condição de responsável incorre o cidadão ou a pessoa jurídica (que não pode fazer propaganda eleitoral) que impulsionar conteúdos degradantes ou ofensivos. Por seu turno, os candidatos, partidos e coligações beneficiados pela propaganda eleitoral ilícita, feita por robôs, serão também responsabilizados quando restar provado o seu prévio conhecimento e sucessiva inércia a respeito do fato, com o fito de se beneficiar. A Resolução nº 23.671/2021 aumentou o rigor jurídico da Resolução nº 23.610/2019, quanto à veiculação de conteúdos compartilhados por terceiros, podendo ensejar inclusive direito de resposta de candidatos prejudicados no espaço publicitário reservado aos candidatos beneficiados com o ilícito; vejamos como se dispõe a respeito o art. 9º:

> Art. 9º A utilização, na propaganda eleitoral, de qualquer modalidade de conteúdo, inclusive veiculado por terceiras(os), pressupõe que a candidata, o candidato, o partido, a federação ou a coligação tenha verificado a presença de elementos que permitam concluir, com razoável segurança, pela fidedignidade da informação, sujeitando-se as pessoas responsáveis ao disposto no art. 58 da Lei nº 9.504/1997, sem prejuízo de eventual responsabilidade penal. (Redação dada pela Resolução nº 23.671/2021)

A preocupação do TSE com a difusão de notícias falsas por meio de robôs não vai resolver nem evitar o problema pela tentativa de obstar o seu uso em campanhas eleitorais, pois isso não é tecnicamente possível. Pode o TSE, não obstante, exigir o registro dos robôs pelos candidatos, partidos políticos ou coligações com o intuito de prevenir responsabilidades ou amenizar os efeitos do uso nocivo da inteligência artificial em campanhas eleitorais. Para tanto, pode fazer uso da prerrogativa outorgada pelo art. 57-J da Lei nº 9.504/1997, o qual expressamente confere ao Tribunal Superior Eleitoral poder para regulamentar o disposto nos arts. 57-A a 57-I da mesma Lei, de acordo com o cenário e as ferramentas tecnológicas existentes em cada momento eleitoral, sendo oportuno adicionar que o princípio da anualidade não se aplica às Resoluções do TSE, como demonstrado no Capítulo 1.

Ademais, repita-se, constitui entendimento pacífico na seara eleitoral que a propaganda deve ser orientada pelo princípio da liberdade e disponibilidade, como já demonstramos, ou seja, deve ser permitida toda espécie de propaganda que não for expressamente vedada por Lei,[138] ao que acrescentamos que também a liberdade tecnológica deve ser inserida no rol das liberdades de expressão e, portanto, permitida, incluindo, outrossim, sua regulamentação. Essa construção interpretativa encontra lastro no art. 256 do código eleitoral, segundo o qual: "As autoridades administrativas federais, estaduais e municipais proporcionarão aos partidos, em igualdade de condições, as facilidades permitidas para a respectiva propaganda".

E, mais, o §1º, do art. 256, do Código Eleitoral, constitui-se em mais um reforço à vedação da limitação de impulsionamentos ou compartilhamentos de mensagens eletrônicas lícitas através das aplicações de internet, isto é, permitidas pela Lei nº 9.504/1997, incluindo as redes sociais abertas e, sobretudo, as privadas.

4.5 A internet, "veículos de comunicação social" e abuso de poder e a guinada interpretativa do TSE para combater as milícias digitais

De lege lata, a internet não é um "veículo de comunicação social" no sentido estrito e legal do termo, em consonância com o

---

[138] CONEGLIAN, Olivar. *Propaganda eleitoral*: eleições 2014. 12. ed. Curitiba: Juruá, 2014. p. 87.

que dispõe o ordenamento jurídico brasileiro. Sua definição legal vem disposta no inciso I, do art. 5º, da Lei do Marco Civil da Internet (Lei nº 12.965/2014), segundo o qual, considera-se: "internet: o sistema constituído do conjunto de protocolos lógicos, estruturado em escala mundial para uso público e irrestrito, com a finalidade de possibilitar a comunicação de dados entre terminais por meio de diferentes redes". Esse conceito foi referendado pelo Tribunal Superior Eleitoral, quando reproduziu *ipsis literis* o conteúdo do inciso I do art. 5º da LMCI no art. 37 da Resolução nº 23.610/2019.

Como visto acima, a internet é uma rede digital de espectro e escala mundial (inciso I, do art. 2º da LMCI), um ambiente virtual de transporte e armazenamento de dados, que, por sua vez, pode hospedar, através de seus provedores de acesso à rede, outros provedores de aplicações de internet, dentre os quais também se incluem as aplicações dos veículos de comunicação social constituídos nesse formato digital, ou seja, as aplicações das empresas jornalísticas.

Entretanto, não se pode confundir veículos de comunicação social, em sentido estrito, isto é, *de lege lata*, com as aplicações de internet que objetivem a formação de redes sociais de usuários, nas quais cada um desses usuários posta ou compartilha livremente conteúdos autorias ou de terceiros, mas de sua exclusiva responsabilidade. Ainda que várias dessas redes sociais impulsionem, por si só, conteúdos gerados pelos seus usuários para outros usuários, incluindo empresas interessadas nos respectivos perfis de consumo de cada internauta, de forma remunerada, ainda assim, elas não se enquadram no conceito de veículos de comunicação social, para fins de caracterização de possível abuso de poder no âmbito do direito eleitoral.

É que, como vimos alhures, o abuso de poder é disciplinado pelo art. 22 da Lei das Inelegibilidades (Lei Complementar nº 64/1990), o qual legitima qualquer partido político, coligação, federação, candidato ou o Ministério Público Eleitoral para, perante a Justiça Eleitoral, promover ação de investigação judicial eleitoral (AIJE), com o objetivo de apurar uso indevido, desvio ou abuso do poder econômico ou do poder de autoridade, ou a utilização indevida de veículos ou meios de comunicação social em benefício de candidato ou de partido político.

Nos termos do art. 222, da Constituição Federal, são veículos de comunicação social as empresas jornalísticas e de radiodifusão sonora e de sons e imagens, as quais são privativas de brasileiros natos ou naturalizados há mais de dez anos, ou de pessoas jurídicas constituídas sob as leis brasileiras e que tenham sede no País. Em assim sendo, não havia que se cogitar sobre a existência da figura autônoma e isolada do abuso de poder, no sítio do direito eleitoral, em decorrência exclusiva do uso das aplicações de internet constituídas sob a forma de redes sociais, para considerá-las como espécie dos meios de comunicação, com o fito de lastrear uma eventual condenação judicial por abuso de poder capaz de ensejar a cassação do diploma ou do registro de determinado candidato.[139] Essa asserção é corroborada pelo art. 122 da Lei de Registros Públicos (Lei nº 6.015/1973), que concebe como veículos de comunicação social apenas as empresas de jornais, oficinas impressoras, empresas de radiodifusão e agências de notícias.

Mas, como ventilamos anteriormente, nada obsta que as empresas de comunicação social também possam estar situadas na internet, isto é, que possam constituir-se por meio de aplicações específicas relativas a matérias jornalísticas. Sobre essa possibilidade, o §3º do art. 222 da Carta Federal é expresso ao admitir que, neste caso, os meios ou veículos de comunicação social eletrônica, independentemente da tecnologia utilizada para a prestação do serviço, deverão observar os princípios enunciados no art. 221 da Carta da República.

Aliás, o inciso II, do §3º do art. 220 da Constituição Federal, remete à Lei Federal o desiderato de estabelecer os meios legais que garantam à pessoa e à família a possibilidade de se defenderem de programas ou programações de rádio e televisão que descumpram as diretrizes estatuídas no art. 221.

Por isso, a internet em si mesma não se enquadra no conceito de veículos de comunicação social, embora seja um meio de interação social, primeiramente porque a internet é um ambiente, uma rede digital que apenas possibilita que os seus provedores de acesso

---

[139] BRASIL. Tribunal Regional Eleitoral-PE. Recurso Eleitoral nº 14-42.2016.6.17.0001. Publicação: 27.11.2017.

hospedem aplicações virtuais de variados vieses, nesse sentido, não deixa de ser um meio digital interativo. Não obstante, há empresas jornalísticas presentes na rede através de aplicações de internet, mas isso não eiva a rede ou suas inúmeras aplicações com a mesma natureza desses aplicativos, são as empresas jornalísticas que se virtualizam e não a rede que se transforma num veículo ou meio de comunicação social, no sentido estrito da expressão, ou seja, de meio jornalístico. Nesse caso, não resta dúvida de que tais aplicativos das empresas jornalísticas, e apenas esses, podem, a depender da análise dos fatos, ou seja, por meio de juízo a posteriori, ser considerados como meios de perpetração de abusos por parte de candidatos, partidos políticos, coligações e adeptos por veiculação de propaganda eleitoral irregular.

Mas, reitere-se que a doutrina eleitoralista tem considerado que os meios ou veículos de comunicação social englobam apenas as empresas jornalísticas. Nesse sentido, Socorro Janaina M. Leonardo arremata:

> Procedendo-se a uma leitura do outrora referido capítulo da Comunicação Social, percebe-se que, além de discorrer sobre as liberdades de expressão e de comunicação, voltam-se as normas, primordialmente, no que concerne aos veículos de comunicação, para as atividades jornalísticas e para os serviços de radiodifusão sonora e de sons e imagens (televisão e rádio).[140]

Convergindo nesse mesmo toar, Márcio André Lopes Cavalcante[141] também restringe os veículos de comunicação social às empresas jornalísticas, isto é, da imprensa. Por sua vez, os Tribunais Regionais Eleitorais de Goiás e do Rio de Janeiro firmaram entendimento de que eventual propaganda irregular efetuada através de Facebook não caracterizaria utilização indevida dos meios de comunicação social, precisamente porque, para tanto, há

---

[140] LEONARDO, Socorro Janaina M. *Aplicação do art. 222 da CRFB/88 aos sítios e portais da internet (jornalismo)*. 2012. Disponível em: https://jus.com.br/pareceres/22765/aplicacao-do-art-222-da-crfb-88-aos-sitios-e-portais-da-internet-jornalismo. Acesso em: 21 ago. 2018.

[141] CAVALCANTE, Márcio André Lopes. *Comentários à Lei nº 13.188/2015 (Direito de resposta)*. 2015. Disponível em: https://www.dizerodireito.com.br/2015/11/comentarios-lei-131882015-direito-de.html. Acesso em: 13 ago. 2018.

de pressupor a participação ativa de determinada empresa de mídia em prol de candidatura específica.

Segundo o Tribunal Regional Eleitoral de Goiás, "[p]ágina pessoal e particular do Facebook não é classificada como meio de comunicação social".[142] Por seu turno, o acórdão prolatado pelo Egrégio Tribunal Regional Eleitoral do Rio de Janeiro, em razão de sua precisão e pertinência temática, merece a seguinte transcrição:

> [...] 5. Mérito. Os meios e veículos de comunicação social cujo uso indevido é sancionado na forma do art. 22 da LC nº 64/90 são os órgãos da imprensa, tais como jornais, revistas, emissoras de rádio e televisão. 6. A conta do investigado no Youtube e sua página pessoal no Facebook não se inserem nos meios e veículos de comunicação social de que cuida o dispositivo legal supramencionado. O objetivo da norma é a proteção da normalidade e da legitimidade das eleições frente ao poder da mídia, evitando-se que este seja abusivamente utilizado para favorecer um determinado candidato em detrimento dos demais.
> 6. O investigante, no que tange a estas publicações, pautou suas alegações em premissa equivocada, visto que não se enquadram no conceito de meio ou veículo de comunicação social. Os fatos narrados na inicial poderiam apenas, em tese, ser considerados como realização de propaganda eleitoral antecipada, o que foge ao objeto da presente demanda [...]. Precedentes TSE.[143]

Outro aspecto importante já decidido pelo Tribunal Superior Eleitoral é que a divulgação de manifestação da opção do eleitor por determinado candidato, partido político ou coligação, nas redes sociais fechadas, ou seja, aquelas cujos conteúdos disponibilizados não têm âmbito geral, não se admite que possam ser consideradas como propaganda irregular, desde que enviadas com consentimento dos usuários. Como vimos acima, esse posicionamento foi consagrado pelo §2º do art. 33 da Resolução nº 23.610/2019, "As mensagens eletrônicas e as mensagens instantâneas enviadas consensualmente por pessoa natural, de forma privada ou em grupos restritos de participantes, não se submetem ao caput deste artigo e às normas sobre propaganda eleitoral previstas nesta Resolução".

---

[142] BRASIL, Tribunal Regional Eleitoral-GO. RE nº 21572. Relator: Carlos Hipólito Escher. Publicação: 25.09.2017.

[143] BRASIL. Tribunal Regional Eleitoral-RJ. AIJE nº 777629. Relator: Alexandre de Carvalho Mesquita. Publicação: 15.01.2015.

No julgamento do REspe nº 7464, em 12.9.2013, o Tribunal Superior Eleitoral considerou que: "Não há falar em propaganda eleitoral realizada por meio do Twitter, uma vez que essa rede social não leva ao conhecimento geral as manifestações nela divulgadas".[144]

Contudo, é preciso esclarecer que o Twitter é, sim, uma rede social, que se constitui e se apresenta na rede digital como uma aplicação de internet através de um servidor para microblogging, que permite aos usuários enviar e receber atualizações pessoais de outros contatos, em textos limitados a até cento e quarenta caracteres. Foi criado nos EUA em 2006 por Jack Dorsey, Evan Williams, Biz Stone e Noah Glass. A ideia inicial dos fundadores era que o Twitter fosse uma espécie de "SMS da internet".

No Twitter, as mensagens são enviadas através do próprio website dessa aplicação, bem como por meio de SMS. A expressão Twitter deriva da palavra inglesa tweet, que significa o piado ou o gorjear dos pássaros, simbolismo que se prestou tanto para a caracterização da marca visual (um pássaro) quanto para se referir às mensagens curtas, as quais vão se acumulando na timeline do Twitter, isto é, do usuário. Assim, cuida-se de uma rede social aberta, já que as mensagens são exibidas no perfil dos usuários em tempo real e também são enviadas aos demais usuários que estejam seguindo o Twitter respectivo.[145]

Sem embargo, ao decidir o AgR-REspe nº 34694, em 26.8.2014, a Corte Superior Eleitoral ressalvou, acertadamente, que nem toda comunicação em rede social aberta caracteriza propaganda eleitoral: "[...] a comunicação restrita entre dois interlocutores realizada pelo Facebook não caracteriza divulgação de pesquisa eleitoral sem o prévio registro".[146] O Tribunal Superior Eleitoral vem entendendo que a caracterização da propaganda eleitoral na internet pressupõe divulgação ostensiva, *verbis*:

> [...] a propaganda eleitoral antecipada por meio de manifestações dos partidos políticos ou de possíveis futuros candidatos na Internet somente

---

[144] BRASIL. Tribunal Superior Eleitoral. REspe nº 7464. 12.9.2013.
[145] PADILHA, Adriano et al. *Significado de Twitter*. Disponível em: https://www.significados.com.br/sobre/. Acesso em: 03 ago. 2018.
[146] BRASIL. Tribunal Superior Eleitoral. AgR-REspe nº 34694. 26.8.2014.

fica caracterizada quando há propaganda ostensiva, com pedido de voto e referência expressa à futura candidatura.[147]

Foi com lastro em tudo isso que na primeira edição deste livro asseri que a propaganda irregular na internet perpetrada por meio de sites de relacionamento ou redes sociais, quando muito, acarretava a sanção de multa ou direito de resposta *ex vi legis* do art. 57-D da Lei nº 9.504/1997, e que eventual possibilidade de cassação de registro ou do diploma de candidato eleito, que tenha realizado propaganda indevida na grande rede virtual, nessas aplicações de internet, somente poderia ocorrer se tal irregularidade também fosse representativa de abuso de poder político ou econômico, já que não se enquadrava em abuso dos veículos de comunicação social, isto é, dos veículos da imprensa, exceto se o abuso, por si só, verificar-se através das aplicações dos veículos da imprensa.

Essa era a interpretação prevalente até a guinada hermenêutica realizada pelo Tribunal Superior Eleitoral ao julgar o recurso ordinário eleitoral nº 0603975-98 (verdadeiro *leading case*), que procedeu à cassação do deputado estadual Fernando Destito Francischini, por considerar que o uso abusivo da Internet, via redes sociais, para difundir a desinformação eleitoral mediante ataques rigorosamente falsos e infundados contra a segurança das urnas eletrônicas, consubstancia a figura típica do abuso dos meios de comunicação social (art. 22 da Lei Complementar nº 64/1990) e, por isso, foi aplicada a sanção de cassação do diploma.

É deveras importante salientar que essa interpretação foi referendada pelo Supremo Tribunal Federal, de modo que se impõe esclarecer que não é a Internet em si que é considerada um veículo de comunicação social, para fins de incidência do art. 22 da Lei Complementar nº 64/1990, mas que as aplicações de Internet, sobretudo as redes sociais abertas, como Facebook, Instagram, Twitter, são consideradas como tal. O novo Código Eleitoral, na versão aprovada na Câmara dos Deputados consagra esse entendimento.

---

[147] BRASIL. Tribunal Superior Eleitoral. AgR-REspe nº 27354. Publicação: 24.2.2015.

4.6 Propaganda paga em período permitido – distinguindo: impulsionamentos, postagens e anúncios

Na internet, a regra geral é que a propaganda deve ser gratuita e não pode ser feita em sítios de pessoas jurídicas, ainda que essas não possuam fins lucrativos, assim como também não pode ser feita em sítios oficiais de órgãos públicos da administração pública direta ou indireta da União, dos Estados, do Distrito Federal e dos Municípios. Como já antecipado, por exceção à regra da vedação da propaganda paga na internet, a Lei nº 13.488/2017 passou a permitir a contratação de impulsionamentos de conteúdos em aplicações de internet, norma esta que se aplicará às eleições de 2018.

É imprescindível, por conseguinte, precisar o que se deve entender por impulsionamentos e saber distingui-lo das publicações e dos anúncios. Para tal desiderato, tomaremos por base a rede social que conta com o maior numero de usuários no mundo, ou seja, o Facebook.

Nesta aplicação de internet, a "publicação" consiste na disponibilização de um conteúdo criado ou compartilhado no perfil pessoal do usuário ou em sua *fanpage*, e que alcança apenas os usuários que visualizarem tal conteúdo, sendo importante esclarecer que a "curtida" comprova que o usuário que a fez acessou o conteúdo, mas nada obsta que terceiros visualizem os conteúdos publicados e não cliquem no botão de "curtidas", de modo que não se pode medir a quantidade de acessos e visualizações simplesmente pelo número de curtidas. Essas publicações são disponibilizadas pela aplicação de internet para os usuários que estiverem *on-line* no momento respectivo ou para os seguidores do autor da publicação.

Por sua vez, o impulsionamento é uma ação remunerada das publicações criadas ou compartilhadas nos perfis dos usuários que contratam esse serviço. O impulsionamento pressupõe, consequentemente, uma publicação antecedente e pode ser disponibilizado não apenas para os amigos ou seguidores do usuário que o realizou, mas para um público alvo bem mais abrangente, podendo ser disponibilizado para quaisquer outros usuários da rede social em conformidade com os perfis selecionados pelo próprio Facebook, o que se dará em razão dos interesses do contratante. A postagem impulsionada tem sua difusão otimizada de tal forma entre os demais usuários da aplicação que proporciona o aumento do "[...] engajamento dos usuários com a publicação e garante novas curtidas, comentários e visualizações de seu conteúdo".[148]

Já os "anúncios" do Facebook revelam-se nas publicações produzidas pela própria aplicação com o objetivo de divulgar determinado produto, o qual poderia perfeitamente incluir um candidato ou partido político se não houvesse vedação de as pessoas jurídicas poderem fazer propaganda eleitoral. Os anúncios do Facebook, portanto, não podem conter propaganda eleitoral, não em razão da ilicitude de seu conteúdo, mas em face da sua fonte produtora, porquanto:

> Os anúncios no Facebook Ads são o principal formato pago do Facebook. Eles são Publicações de Página não publicadas. Ao contrário das publicações normais, os anúncios do Facebook Ads não ficam disponíveis na Fanpage das empresas, pois são salvos dentro do acervo de anúncios da sua conta de anúncios do Facebook, na plataforma de Gerenciamento de Negócios do Facebook.
>
> Atualmente, estes anúncios "que não aparecem na timeline Fanpage" são os chamados de Publicações não publicadas. Anteriormente eram chamados de "Dark Posts", ou Posts Ocultos, em tradução livre.[149]

No Twitter existem mecanismos correspondentes, como os denominados "Tweets Promovidos", que são tweets comuns, isto é, mensagens compradas por anunciantes com a finalidade de alcançar grupo ou grupos de usuários mais amplos ou incentivar o engajamento de seus seguidores existentes. Os tweets promovidos são marcados pela aplicação com a designação de "promovido", sempre que um anunciante pagar pela sua veiculação, o que facilita a fiscalização da Justiça Eleitoral na aferição da licitude dos impulsionamentos e "resultados de busca" na internet. Tais tweets

---

[148] GHFLY. Publicação no Facebook, impulsionamento de postagens e anúncios de Facebook ADS: entenda a diferença entre eles. Disponível em: http://blog.ghfly.com/publicacao-impulsionamento-facebook-ads-entenda-diferencas/. Acesso em: 28 dez. 2018.

[149] GHFLY. Publicação no Facebook, impulsionamento de postagens e anúncios de Facebook ADS: entenda a diferença entre eles. Disponível em: http://blog.ghfly.com/publicacao-impulsionamento-facebook-ads-entenda-diferencas/. Acesso em: 28 dez. 2018.

podem, ainda, ser retweetados, ou seja, compartilhados, respondidos, bem como ser marcados como favoritos e ficar visíveis na timeline dos usuários, desde que o anunciante tenha promovido um tweet relevante para o perfil de consumo desses usuários, que são selecionados pela aplicação em conformidade com a segmentação publicitária respectiva.[150] Os tweets promovidos podem ser removidos pelos usuários, fato que os torna compatíveis com o art. 57-G da Lei nº 9.504/1997.

A Lei nº 13.488/2017 cuidou ainda de incluir no rol das modalidades de impulsionamentos a preferência nos resultados de busca de informações na internet, tendo, para tanto, acrescentado ao art. 26, da Lei nº 9.504/1997, o §2º, que esclarece: "Para os fins desta Lei, inclui-se entre as formas de impulsionamento de conteúdo a priorização paga de conteúdos resultantes de aplicações de busca na internet". O conceito legal de impulsionamentos na internet, conseguintemente, é ainda mais amplo que o conceito técnico de doutrinário sobre a matéria, à medida que envolve os resultados de busca feitos pelos provedores de aplicações.

Em síntese, as pessoas naturais que não são candidatas a cargos eletivos e nem são representantes de candidatos, partidos políticos ou coligações só podem fazer "publicações", postagens, tweets, etc. de conteúdos autorais ou compartilhados por terceiros, a título exclusivamente gratuito e, tão somente, para elogiar, promover, beneficiar ou pedir votos para os candidatos de sua preferência, nunca, porém, para criticar candidatos adversários ante a vedação expressa do §3º do art. 57-C da Lei nº 9.504/1997. Não podem fazer divulgações patrocinadas ou promovidas na internet.

Compete, ainda, aludir que a Lei nº 9.504/1997 não excluiu do rol proibitivo dos arts. 57-B e 57-C nem mesmo as empresas jornalísticas, isto é, os meios de comunicação social *stricto sensu*, citados no art. 222 da Constituição Federal, não podem fazer propaganda eleitoral, embora possam fazer editoriais nos quais manifestem sua preferência por determinado candidato ou partido político, como

---

[150] TWITTER. Perguntas frequentes sobre Retweets. Central de Ajuda, 2018. Disponível em: https://help.twitter.com/pt/using-twitter/retweet-faqs. Acessado em 19 nov. 2018.

já acentuamos alhures. Nesse toar, a propósito, decidiu o Tribunal Regional Eleitoral de São Paulo:

> EDITORIAL DE IMPRENSA ESCRITA COM EXPOSIÇÃO DE HISTÓRICO POLÍTICO LOCAL NÃO ESBARRA EM VEDAÇÕES DA LEGISLAÇÃO ELEITORAL ESPECÍFICA PARA AS ELEIÇÕES. 3. A LIBERDADE DE IMPRENSA É VALOR INDISSOCIÁVEL DA DEMOCRACIA. SEM O PLENO EXERCÍCIO DE TAL DIREITO FICA DIFÍCIL O EXERCÍCIO DAS DEMAIS LIBERDADES [...].[151]

Tendo isto em conta, há de se pôr em relevo que o Tribunal Superior Eleitoral, ao interpretar o art. 220 da Constituição da República, o qual ressalva que lei alguma pode embaraçar à plena liberdade de informação jornalística em qualquer veículo de comunicação social, a Corte Superior Eleitoral, não obstante, decidiu que "a liberdade de expressão do pensamento e a de informação não são direitos absolutos".[152] Por outro lado, o Tribunal Superior Eleitoral ponderou que:

> Para que fique configurado o uso indevido dos meios de comunicação social, o órgão julgador deve apontar especificamente as circunstâncias que o levaram a concluir que a conduta é grave e comprometeu a normalidade e a legitimidade do pleito.[153]

Considerando o entendimento do Tribunal Superior Eleitoral de que nenhuma garantia constitucional detém caráter absoluto, a Resolução nº 23.610/2019, com as alterações procedidas pela Resolução nº 23.671/2021, que regulamentou a propaganda eleitoral para as eleições de 2022, no §4º, do art. 42, ressalvou, precisamente, que a divulgação de opinião favorável a candidato, a partido político ou a coligação, pela imprensa escrita, não caracterizará propaganda eleitoral. Para tanto, importa que não se trate de matéria paga, já que os abusos e os excessos, assim como as demais formas de uso indevido dos meios de comunicação social *stricto sensu*, *rectius*,

---

[151] BRASIL. Tribunal Regional Eleitoral-SP. RE nº 8403 SP. Relator: Antônio Carlos Mathias Coltro. Publicação: 10.10.2012.
[152] BRASIL. Tribunal Superior Eleitoral. Rp nº 131217. Publicação: 25.9.2014.
[153] BRASIL. Tribunal Superior Eleitoral. REspe nº 39948. Publicação: 18.8.2015.

empresas jornalísticas, podem caracterizar abuso dos meios de comunicação social, como já registramos anteriormente. A Resolução nº 23.610/2019, com as alterações procedidas pela Resolução nº 23.671/2021 endureceu o tratamento dessa matéria, ao ventilar que eventuais excessos podem dar ensejo à propositura de AIJE, vejamos:

> Resolução nº 23.610/2019 – art. 42, §4º – Não caracterizará propaganda eleitoral a divulgação de opinião favorável a candidata, candidato, partido político, federação ou coligação pela imprensa escrita, desde que não seja matéria paga, mas os abusos e os excessos, assim como as demais formas de uso indevido do meio de comunicação, serão apurados e punidos nos termos do art. 22 da Lei Complementar no 64/1990. (Redação dada pela Resolução nº 23.671/2021)

4.6.1 Requisitos, legitimidade e espécies de impulsionamentos: prestação de contas e a tipificação de conduta criminosa

Para que se possa proceder aos impulsionamentos patrocinados na internet regularmente, o art. 57-C da Lei nº 9.504/1997 exige a identificação inequívoca da pessoa que os contratou e, ademais, restringiu a legitimação para tal contratação apenas e exclusivamente aos partidos, coligações, candidatos e seus representantes. Assim, as pessoas naturais, que estão autorizadas pelo art. 57-B, no inciso IV, alínea "b", a fazerem propaganda positiva gratuita na internet, não podem contratar impulsionamentos pagos em sítios ou aplicações eletrônicos, como já acentuamos.

Os impulsionamentos podem ser propositivos, isto é, para difundir qualidades pessoais, ações e programas de governos, etc.; e críticos, estes últimos, porém, mesmo que não excedam os limites da crítica e que sejam feitos sem ofensas à honra de candidato, ainda assim não são permitidos, posto que o §3º, do art. 57-C da Lei nº 9.504/1997 só admite impulsionamentos pagos na internet aos candidatos, partidos, coligações e seus representantes "[...] apenas com o fim de promover ou beneficiar candidatos ou suas agremiações". Essa restrição se mostra arbitrária ao direito da liberdade de expressão, sendo nitidamente inconstitucional por violação do inciso IV, do art. 5º, da Constituição Federal.

Por sua vez, o §3º, do art. 57-B da Lei nº 9.504/1997, proíbe a utilização de impulsionamentos de conteúdos e ferramentas digitais que não sejam disponibilizadas pelo próprio provedor da aplicação de internet contratada, mesmo que tais ferramentas sejam gratuitas. Essa restrição, no entanto, só pode ser aceita como constitucional se interpretada no sentido de que só incidirá quando a intenção do usuário for alterar o teor ou a repercussão de propaganda eleitoral, tanto próprio quanto de terceiros. Do contrário, agride o princípio da liberdade de expressão.

O parágrafo seguinte acrescenta um dever aos provedores de aplicações de internet que disponibilizam serviço de impulsionamento oneroso de conteúdos, o qual consiste no necessário oferecimento de canal de comunicação com seus usuários, e reafirma um postulado constante do art. 19 da Lei do Marco Civil da Internet, pelo qual os provedores só poderão ser responsabilizados por danos decorrentes dos conteúdos impulsionados quando não os tornarem indisponíveis aos usuários, no âmbito e nos limites técnicos do seu serviço, após deferimento de ordem judicial nesse sentido, da qual os provedores devem ter ciência de seu dever de tornar indisponível o conteúdo indicado como infringente pela Justiça Eleitoral.

Os gastos eleitorais com impulsionamentos, por sua vez, são sujeitos a registro e devem quedar-se restritos aos limites fixados na Lei nº 9.504/1997, como já restou esclarecido anteriormente. Segundo prescreve o art. 26 da mesma Lei, são considerados gastos eleitorais, que devem ser registrados na prestação de contas de campanha, os "custos com a criação e a inclusão de sítios na internet e com o impulsionamento de conteúdos contratados diretamente com provedor da aplicação de internet com sede e foro no País". Mas, em face da relativização da obrigatoriedade de os provedores terem sede no país, admitida pelo §3º, do art. 57-C da Lei nº 9.504/1997, não se pode considerar ilícita a contratação de provedor que a despeito de não possuir sede no Brasil, aqui possua filial, sucursal, escritório, estabelecimento ou representante legalmente estabelecido.

Mas, se o impulsionamento de postagens na internet passou a ser permitido, nos termos e nos limites acima delineados, e conquanto a violação das regras para esse tipo de propaganda eleitoral ensejar, de regra, apenas aplicação de multa de natureza punitiva, há uma situação na qual o impulsionamento é considerado crime pela Lei eleitoral, exceto quando evidenciar abuso de poder dos meios de comunicação social, através de redes sociais e provedores de aplicações de Internet similares.

Trata-se da hipótese prevista pelo inciso IV, do §5º, do art. 39 da Lei nº 9.504/1997, o qual ressalva que constitui crime, "no dia da eleição", punível com detenção, de seis meses a um ano, com a alternativa de prestação de serviços à comunidade pelo mesmo período, e multa no valor de R$5.320,50 (cinco mil, trezentos e vinte reais e cinquenta centavos) a R$15.961,50 (quinze mil, novecentos e sessenta e um reais e cinquenta centavos)[154]:

> A publicação de novos conteúdos ou o impulsionamento de conteúdos nas aplicações de internet de que trata o art. 57-B desta Lei, podendo ser mantidos em funcionamento as aplicações e os conteúdos publicados anteriormente.

Essa vedação à propaganda na internet no dia da eleição foi acrescentada pela Lei nº 13.488/2017 e traduz a vontade do legislador de que no dia do pleito o eleitor já deve ter feito sua opção pelos seus candidatos, bem como para evitar o acirramento de ânimos e manter a tranquilidade da votação.

4.7 Propaganda por mensagens eletrônicas e telemarketing

Como antecipado acima, os candidatos, partidos e coligações podem enviar mensagens eletrônicas para pedir votos, segundo admite o art. 57-G da Lei nº 9.504/1997. Impende consignar que, para tanto, devem utilizar ferramentas tecnológicas de envio de mensagens eletrônicas que disponham de mecanismo que permita o descadastramento dos destinatários das mensagens que não queiram recebê-las, estando obrigado o remetente a providenciá-lo no prazo de quarenta e oito horas, sob pena de multa no valor de cem reais por cada mensagem enviada após o término desse prazo.

---

[154] A atualização do valor da multa está fixada no art. 81 da Resolução nº 23.551/2017-TSE.

Importa ainda acrescentar que não é permitida a compra e a venda de banco de dados que contenham endereços eletrônicos para esse fim, assim como estão proibidas as empresas detentoras desse tipo de cadastro de fazerem não só a venda, mas, igualmente, a doação ou a cessão de cadastro eletrônico de seus clientes, em favor de candidatos, partidos ou coligações (art. 57-E da Lei nº 9.504/1997). O Tribunal Superior Eleitoral já entendeu que o art. 57-E da Lei das Eleições veda, inclusive, que conselhos profissionais utilizem dados eletrônico-cadastrais de seus associados para manifestar opinião política contrária a determinado candidato.[155]

Quanto ao prazo de 48 (quarenta e oito) horas para a cessação das mensagens eletrônicas e mensagens instantâneas enviadas por candidata, candidato, partido político, federação ou coligação, é preciso esclarecer que todos os meios eletrônicos de envio de mensagens deverão oferecer identificação completa da pessoa remetente e, ademais, conter mecanismo de descadastramento através do qual os destinatários possam requerer a solicitação para fazer cessar o envio das mensagens. Se, após o requerimento, as mensagens não cessarem, o art. 57-G da Lei nº 9.504/1997 sujeita o infrator ao pagamento de multa no valor de R$ 100,00 (cem reais), por cada mensagem.

Esse dispositivo é de duvidosa eficácia, pois os candidatos e agremiações partidárias que, por exemplo, enviarem mensagens na antevéspera da eleição terão até o dia do pleito eleitoral para fazer a interrupção dos envios, o que torna absolutamente inócua a disposição punitiva. Cabe o esclarecimento de que, segundo o §4º do art. 132 do código civil, "Os prazos fixados por hora contar-se-ão de minuto a minuto".

Em casos que tais, a juíza ou juiz da propaganda no exercício do poder polícia pode reduzir o prazo, adequando-o ao período de tempo que seja faticamente eficaz para a *fattispecie*. E pode fazê-lo com lastro no §5º do art. 38 da Resolução nº 23.610/2019, segundo o qual "Em circunstâncias excepcionais devidamente justificadas, o prazo de que trata o parágrafo anterior poderá ser reduzido". Não se desconhece que o dispositivo refere à redução do prazo para

---

[155] BRASIL. Tribunal Superior Eleitoral. 2014. R-Rp nº 115714. Publicação 3.10.2014.

remoção de conteúdo da Internet, mas as mensagens eletrônicas são enviadas por meios digitais, incluindo a telefonia celular, de modo que a similaridade de situações exige a aplicação da mesma norma, porquanto o direito não pode ser uma ordem jurídica inócua.

Ademais, não é lícito aos candidatos e agremiações partidárias comprar ou receber em doação das empresas detentoras de cadastros de consumidores ou endereços eletrônicos para utilizá-los em campanhas eleitorais. Nesse sentido, a Resolução nº 23.671/2021 adicionou ao art. 31 da Resolução nº 23.610/2019 dispositivo segundo o qual as regras da LGPD pertinentes ao tratamento de dados pessoais devem ser observadas, quanto ao tratamento e à cessão de dados pessoais, bem como a proibição da venda de cadastro de números de telefone para finalidade de disparos em massa. O mesmo artigo esclarece que a violação dessas disposições restritivas a vendas de cadastros de dados sujeita a(o) responsável pela divulgação da propaganda à multa no valor de R$ 5.000,00 (cinco mil reais) a R$ 30.000,00 (trinta mil reais). Esta sanção também é aplicável aos candidatos e agremiações partidárias beneficiados, quando restar comprovado seu prévio conhecimento, como preconiza o art. 57-E, §2º da Lei nº 9.504/1997, sem prejuízo de outras sanções eleitorais, cíveis e criminais.

No tocante à propaganda eleitoral através de telemarketing, conquanto não haja vedação explícita sobre o tema na Lei das eleições, e apesar de o sedimentado princípio da legalidade insculpido no art. 22, I, da Constituição Federal, proferir que somente a Lei federal pode dispor sobre matéria eleitoral, e de o princípio da liberdade da propaganda eleitoral asserir que os meios de propaganda não vedados por Lei estão permitidos, esse meio de propaganda foi proibido pela Resolução nº 23.404/2014, do Tribunal Superior Eleitoral. Para as eleições de 2018, a proibição veio repetida na Resolução nº 23.551/2017, cujo art. 29 prescreve: "É vedada a realização de propaganda via telemarketing, em qualquer horário". E a partir da vigência da Resolução nº 23.610/2019, que será aplicada às eleições de 2022, a vedação continua mantida.

Para sedimentar tal vedação, o Tribunal Superior Eleitoral baseou-se nos incisos X e XI, do art. 5º da Constituição Federal, isto é, como meio de proteger a intimidade e a vida privada, bem como no art. 243 do Código Eleitoral, o qual proíbe qualquer meio de propaganda capaz de violar o sossego público.

Acerca da constitucionalidade dessa restrição à propaganda eleitoral, o Supremo Tribunal Federal, no julgamento da Ação Direta de Inconstitucionalidade nº 5.122, promovida pelo PtdoB, decidiu, em 03 de maio de 2018, em sessão plenária, por maioria de votos, que a restrição é constitucional.

4.8 Anonimato, perfis falsos e propaganda eleitoral

Quanto ao anonimato na propaganda eleitoral virtual, a Lei nº 9.504/1997 segue a disposição constitucional do inciso IV, do art. 5º da Constituição Federal, segundo a qual "é livre a manifestação do pensamento, sendo vedado o anonimato". No âmbito infraconstitucional, desde 2009 é proibido, na seara eleitoral, o anonimato na internet durante a campanha eleitoral, conforme prescreve o *caput* do art. 57-D, que fora Incluído pela Lei nº 12.034, de 2009.[156]

Impende distinguir o anônimo do apócrifo. Anônimo é o que não tem nome; que não leva a assinatura do autor e não permite sua identificação. Distintamente, apócrifo é o que não é autêntico; que não pertence ao autor a quem foi atribuído; falso.[157] Um usuário de internet que faça propaganda eleitoral através de um perfil numa rede social, cujo cadastro para habilitação na aplicação respectiva tenha sido feito com os seus dados pessoais corretos, mas cujo nome de internet seja distinto, se tratará, na verdade, de um perfil verdadeiro mediante pseudônimo, isto é, um nome fictício que apenas oculta o verdadeiro; ou por heterônimo, ou seja, um nome de pessoa fictícia, a quem se atribui a autoria das publicações respectivas,

---

[156] O tema da vedação ao anonimato é tão importante na propaganda eleitoral, que Diogo Rais et al o erigem à condição de verdadeiro princípio, vejamos: "A Constituição de 1988 traz o tema do anonimato nas manifestações públicas em seu texto normativo – assim como a primeira Constituição republicana, promulgada em 1891-, sendo um tema passível de grandes debates diante da liberdade de expressão e seus limites. O art. 5º, inciso IV, da Constituição dispõe que "é livre a manifestação do pensamento, sendo vedado o anonimato". RAIS, Diogo, FALCÃO, Daniel, GIACCHETTA, André Zonaro e MENEGUETTI, Pâmela. *Direito eleitoral digital*. São Paulo: Revista dos Tribunais, 2018, p. 58.

[157] SANTOS, Débora Ribeiro; NEVES, Flávia de Siqueira; CABRAL, Luís Felipe. *Dicio – Dicionário Online de Português*. Disponível em: https://www.dicio.com.br. Acesso em: 17 ago. 2018.

mas que, diferentemente do pseudônimo, possui características e pensamentos próprios e distintos do usuário real.

Pois bem, a questão da propaganda eleitoral anônima, nos termos do art. 57-D da Lei nº 9.504/1997, por si só, é vedada, mas não a propaganda eleitoral mediante pseudônimo ou heterônimo, porquanto nesses casos o provedor de aplicação de internet facilmente identifica a autoria das publicações. Nesse preciso toar, os §§2º e 3º, do art. 38, da Resolução nº 23.610/2019-TSE, reforçam que:

> §2º A ausência de identificação imediata da usuária ou do usuário responsável pela divulgação do conteúdo não constitui circunstância suficiente para o deferimento do pedido de remoção de conteúdo da internet.
>
> §3º A publicação somente será considerada anônima caso não seja possível a identificação das usuárias ou dos usuários após a adoção das providências previstas no art. 40 desta Resolução.

O art. 10 da LMCI impõe aos provedores a guarda dos registros de conexão e de acesso a aplicações de internet. E o seu §1º prescreve que o provedor responsável pela guarda desses dados é obrigado a disponibilizá-los quando instados por ordem judicial nesse sentido. Estão incluídos no rol desses dados os de natureza pessoal dos usuários e outras informações capazes de contribuir para a identificação do internauta ou do terminal por ele utilizado para acessar a rede. O art. 22 da LMCI, por sua vez, garante à parte interessada que numa demanda judicial possa postular ao juiz que ordene ao provedor responsável pela guarda dos dados pessoais dos usuários de internet, o fornecimento de registros de conexão ou de registros de acesso a aplicações de internet, com o desiderato "de formar conjunto probatório em processo judicial cível ou penal, em caráter incidental ou autônomo". A LMCI é explícita ao limitar essa possibilidade quando a requisição derive de ordem de magistrado concedida no âmbito de um processo judicial, o que exclui o poder de polícia.

Depois, mesmo na propaganda eleitoral anônima, os princípios da ponderação e da razoabilidade impõem que somente se puna o anonimato quando associado a algum conteúdo ofensivo a candidatos, partidos políticos ou coligações. Isoladamente considerado, e desassociado de qualquer notícia falsa ou ofensa a candidatos, o anonimato traduz conduta eleitoral irrelevante.

Nessa direção, ao decidir o AgR-AC nº 138443, o Tribunal Superior Eleitoral concebeu como insuficiente a:

> [...] alegação de que o material é anônimo para suspender a propaganda pela Justiça Eleitoral, devendo-se identificar a frase ou o artigo que caracterize a propaganda irregular para que ocorra a suspensão da mesma, resguardando-se, ao máximo possível, o pensamento livremente expressado.[158]

Diferente é a situação quando o usuário de internet utiliza-se do anonimato nas redes sociais para divulgar críticas infundadas a terceiros que exercem cargo eletivo ou que está a se candidatar. Nesse caso, a liberdade de expressão deve ser mitigada, nos termos do inciso IV, do art. 5º da Constituição Federal e do art. 57-D da Lei nº 9.504/1997. Foi assim que decidiu o Tribunal Superior Eleitoral, ao julgar o REspe nº 186819. Na ocasião, a Corte Superior entendeu pela

> [...] impossibilidade de se invocar a garantia constitucional relativa à livre manifestação do pensamento ao eleitor que cria página anônima no Facebook para fomentar críticas à administração municipal e aos candidatos da situação, em razão do anonimato empreendido. O direito de crítica não é absoluto e, portanto, não impede a caracterização dos crimes contra a honra quando o agente parte para a ofensa pessoal.[159]

Ademais, o art. 57-H da Lei nº 9.504/1997 considera ilícito eleitoral punível com multa de R$5.000,00 (cinco mil reais) a R$30.000,00 (trinta mil reais), a realização de propaganda eleitoral na internet mediante a atribuição indevida de sua autoria a terceiro, inclusive a candidato, partido ou coligação.

A *mens legis* eleitoral foi associar o anonimato na internet à criação de um perfil falso em determinada aplicação.

Considera-se perfil falso aquele no qual o usuário abre uma conta em aplicação de internet utilizando dados pessoais que não correspondem aos seus. A conduta, porém, não é considerada, necessariamente, como criminosa. Para se chegar a tal conclusão,

---

[158] BRASIL. Tribunal Superior Eleitoral. AgR-AC nº 138443. 2010.
[159] BRASIL. Tribunal Superior Eleitoral. REspe nº 186819. 2015.

é relevante entender os dois tipos de perfis falsos possíveis. Como demonstra Alexandre Atheniense,[160] na primeira modalidade de perfil falso, o usuário de internet visa, apenas, ao anonimato na rede, passando-se por pessoa inexistente. Para tanto, o usuário infringirá os termos e as condições das aplicações de internet, os quais exigem, de regra, que o usuário forneça dados verdadeiros, mas não se caracterizará tal prática como conduta criminosa.

Como observa o autor:

> [...] criar um perfil falso, de alguém que não existe, só para preservar sua identidade durante os relacionamentos na internet, sem que esta prática *não* tenha causado dano, não é crime, mas pode ensejar a quem pratica, sua remoção por infração às condições estipuladas para a prestação do serviço [...].[161]

Com efeito, essa conduta não se enquadra no tipo de falsidade ideológica, considerando que o art. 299 do Código Penal pressupõe que a declaração falsa ou diversa da que deveria ser escrita, deve ser feita com o fim de prejudicar direito, criar obrigação ou alterar a verdade sobre fato juridicamente relevante. Não é esse o caso de quem apenas usa a internet com dados fictícios não pertencentes a nenhuma pessoa mas, tão somente, com o intuito de se relacionar na rede anonimamente.

Outro tipo de perfil, conforme pontua Alexandre Atheniense, ocorre quando o internauta cria um perfil falso, utilizando-se dos dados de pessoa física, viva ou morta, ou de pessoa jurídica, caso em que poderá incorrer no tipo penal da falsidade ideológica. Neste caso, de acordo com o autor, "se o fake é criado a partir de uma pessoa real, viva ou morta, o responsável poderá cometer o crime de falsidade ideológica, desde que cause dano a vítima".[162]

---

[160] ATHENIENSE, Alexandre. *Ter um perfil falso na internet é crime?* 2017. Disponível em: http://www.dnt.adv.br/salas-do-conhecimento/ter-um-perfil-falso-na-internet-e-crime/. Acesso em: 12 ago. 2018.

[161] ATHENIENSE, Alexandre. *Ter um perfil falso na internet é crime?* 2017. Disponível em: http://www.dnt.adv.br/salas-do-conhecimento/ter-um-perfil-falso-na-internet-e-crime/. Acesso em: 12 ago. 2018.

[162] ATHENIENSE, Alexandre. *Ter um perfil falso na internet é crime?* 2017. Disponível em: http://www.dnt.adv.br/salas-do-conhecimento/ter-um-perfil-falso-na-internet-e-crime/. Acesso em: 12 ago. 2018.

Conquanto a simples criação de um perfil falso na seara criminal geral possa, por si só, não caracterizar crime algum diante da ausência de tipificação penal respectiva, no âmbito da propaganda eleitoral, também não constitui crime o fato isolado de criação de um perfil falso, mas sim, ilícito eleitoral, à medida que o §2º, do art. 57-B da Lei nº 9.504/1997, proíbe "[...] a veiculação de conteúdos de cunho eleitoral mediante cadastro de usuário de aplicação de internet com a intenção de falsear identidade".

Também constitui ilícito eleitoral, desde que a conduta seja juridicamente relevante, o simples fato de um usuário de internet fazer propaganda eleitoral anonimamente, porquanto, como já vimos, o art. 57-D da Lei nº 9.504/1997 dispõe que não obstante ser livre a manifestação do pensamento, é "[...] vedado o anonimato durante a campanha eleitoral, por meio da rede mundial de computadores – internet [...] e por outros meios de comunicação interpessoal mediante mensagem eletrônica". A infringência a este dispositivo acarreta a incidência da sanção de multa no valor de R$5.000,00 (cinco mil reais) a R$30.000,00 (trinta mil reais), a qual será arcada pelo responsável pela divulgação da propaganda e, quando comprovado o seu prévio conhecimento, também o candidato, partido ou coligação beneficiado. Mas importa reiterar que a aplicação dessa multa só deve ocorrer nos casos nos quais a conduta seja juridicamente relevante, entendendo-se como tal aquela que reproduz propaganda eleitoral irregular, cuja gravidade há de ser verificada em cada caso concreto por meio de juízo de ponderação e razoabilidade.

A regra do art. 57-D parece juridicizar o uso de anonimato fora do período da campanha eleitoral, ao temperar que é "[...] vedado o anonimato durante a campanha eleitoral.", isto é, antes do dia 16 de agosto até a antevéspera das eleições. Esta asserção, todavia, não procede. Nos termos dos arts. 36 e 57-A, ambos da Lei nº 9.504/1997, a propaganda eleitoral, incluindo a realizada pela Internet, somente é permitida após o dia 15 de agosto do ano da eleição, sendo que a maioria das modalidades permitidas de propaganda deve cessar na antevéspera do pleito eletivo, *ex vi legis* dos arts. 43, 47, 49, ressalvadas algumas restritas hipóteses que permitem a permanência de conteúdos já realizados, como os postados na Internet. O inciso IV, do §5º do art. 39 da mesma Lei permite a manutenção em funcionamento das aplicações e os conteúdos publicados anteriormente na Internet, porém não de novos conteúdos ou novos impulsionamentos. Na mesma senda, o art. 39-A, da Lei nº 9.504/1997, ainda excepciona a propaganda no dia das eleições por meio da manifestação individual e silenciosa feita por eleitor, partido político, federação, coligação (eleição majoritária) ou candidato, exclusivamente através de bandeiras, broches, dísticos e adesivos.

O equívoco a que pode induzir o texto do art. 57-D da Lei nº 9.504/1997, portanto, seria no sentido da permissividade do uso do anonimato fora do período da campanha eleitoral. Entretanto, tal possibilidade esbarra frontalmente no obstáculo pétreo positivado no inciso IV, do art. 5º da Constituição Federal, que ressalva "é livre a manifestação do pensamento, sendo vedado o anonimato". O Brasil não se inclui no rol dos países que adotam o princípio da autodeterminação informacional de modo irrestrito. O nosso regramento constitucional, por si só, limita o princípio da liberdade de expressão ao extirpar a possibilidade da manifestação anônima (Constituição Federal, art. 5º, IV), bem como agressões à vida privada, a honra e a imagem das pessoas (Constituição Federal, art. 5º, X).

A Alemanha, contrariamente, confere ao princípio da autodeterminação informacional uma dimensão bem mais ampla, para proteger a liberdade de expressão de tal maneira que até a manifestação anônima queda-se albergada pelo seu manto. Nesse sentido, Lothar Michael (2016), Professor da Universidade de Düsseldorf, consigna que "A democracia não está assegurada apenas pela proibição da censura. Também deve ser protegido aquele que manifesta opiniões divergentes, ou minoritárias. Por isso a proteção da manifestação anônima". Noutra ponta, nossa Lei Geral de Proteção de Dados (Lei nº 13.709/2018), em seu art. 2º, alberga o princípio da autodeterminação informativa como um dos fundamentos da proteção de dados pessoais, mas para representar simplesmente o direito de os titulares dos dados pessoais terem o controle sobre sua exposição ou não exposição, bem como sobre ter, ou não ter, ou não querer ter ciência acerca de como os seus dados estão sendo utilizados.[163]

No Brasil, frise-se, não é lícito ao usuário de internet, através de perfil falso ou verdadeiro, divulgar fatos sabidamente inverídicos e prejudiciais a candidatos, partidos políticos e coligações.

À guisa de conclusão, podemos acrescentar que apesar de o uso de pseudônimos não consistir, por si só, em ilicitude ou irregularidade no âmbito da propaganda eleitoral, a (i)licitude de uma postagem vai depender do conteúdo veiculado, o problema não está no pseudônimo em si, desde que os dados do usuário tenham sido fornecidos corretamente ao provedor de aplicação de Internet, sendo assim, o problema restará na análise da conformidade do conteúdo veiculado com o ordenamento jurídico.

4.8.1 Da licitude do uso de pseudônimos e campanha eleitoral

Pertinentemente aos perfis com pseudônimos, é preciso não confundi-los com os perfis falsos. Assim, faz-se necessária uma revisitação à disposição do §2º do art. 57-B, da Lei nº 9.504/1997, segundo a qual "Não é admitida a veiculação de conteúdos de cunho eleitoral mediante cadastro de usuário de aplicação de internet com a intenção de falsear identidade". A regra condiciona a ocorrência do ilícito eleitoral em questão à intenção de "falsear a verdade", requerendo, portanto, a presença desse elemento subjetivo do tipo. Importa, ainda, registrar que nem todo perfil falso significa perfil anônimo ou que a propaganda eleitoral irradiada a partir daí seja, igualmente, anônima. O pseudônimo não se confunde com o heterônimo e nem com o anonimato! Segundo Fernando Pessoa (1928), "A obra pseudônima é do autor em sua pessoa, salvo no nome que assina; a heterônima é do autor fora da sua pessoa; é duma individualidade completa fabricada por ele, como seriam os dizeres de qualquer personagem de qualquer drama seu".

---

[163] MENDONÇA, Fernanda Graebin. *O direito à autodeterminação informativa: a (des)necessidade de criação de um novo direito fundamental para a proteção de dados pessoais no Brasil*. Disponível em: https://online.unisc.br/acadnet/anais/index.php/sidspp/article/viewFile/11702/1571. Acesso em: 4 nov. 2019.

Transpondo a questão da literatura para o universo jurídico, faz-se imprescindível chamar a depor o art. 19 do Código Civil, considerando que essa regra jurídica assegura o direito ao uso de pseudônimo, ao prescrever que "O pseudônimo adotado para atividades lícitas goza da proteção que se dá ao nome". Na seara dos direitos autorais, a alínea "c", do inciso VIII, do art. 5º da Lei nº 9.610/1998, define uma obra como "pseudônima", "quando o autor se oculta sob nome suposto". Assim como o código civil, assa lei confere ao pseudônimo a mesma proteção conferida ao nome, pois permite que o criador de obra literária, artística ou científica possa usar o seu nome civil, incluindo a forma abreviada, bem como pseudônimo ou qualquer outro sinal convencional (art. 12); que o pseudônimo servir para identificação do autor, na utilização de sua obra (art. 24).

Assim, nada obsta que um usuário da internet utilize um pseudônimo na rede e isso, por si só, não representa qualquer ilícito. O mesmo acontece no âmbito do direito eleitoral, pois o Código Eleitoral, a Lei nº 9.504/1997 e a Resolução do TSE nº 23.610, de 18 de dezembro de 2019 (nem mesmo com os acréscimos da Resolução nº 23.671/2021) não vedam o pseudônimo na campanha eleitoral. Uma leitura apressada do §2º do art. 57-B, da Lei nº 9.504/1997, que vem reproduzido no §2º do art. 28 da Resolução nº 23.610/2019-TSE, o qual ressalva que "Não é admitida a veiculação de conteúdos de cunho eleitoral mediante cadastro de usuário de aplicação de internet com a intenção de falsear identidade", pode induzir o intérprete menos cuidadoso a concluir que há vedação ao uso de pseudônimo em matéria de propaganda eleitoral. Entretanto, a norma em questão versa sobre o delito eleitoral de cadastro falso, o qual consiste numa tentativa de preservação do anonimato e pressupõe o uso de dados inverídicos de identificação de perfil de usuário no cadastro da aplicação de Internet.

Esse delito de cadastro falso pressupõe a adulteração da identidade em aplicação de internet associada à ação de veiculação de conteúdos de cunho eleitoral. Trata-se de delito de natureza formal e o "conteúdo eleitoral" veiculado não precisa, sequer, ser inverídico ou ofensivo, sendo punível com multa de R$ 5.000,00 (cinco mil reais) a R$ 30.000,00 (trinta mil reais). Contudo, se o valor aplicado pelo agente para o cometimento do delito for superior a R$ 30.000,00 (trinta mil reais) o valor da multa será correspondente ao dobro da quantia despendida.

Sobre essa última hipótese há um proeminente detalhe a ser registrado: se o agente não tiver despendido quantia superior a R$ 30.000,00 (trinta mil reais) para cometer o delito, a justiça eleitoral pode recorrer ao princípio da proporcionalidade para dosar o valor da multa entre cinco mil a trinta mil reais. Mas, se o teto de trinta mil for superado, o §5º do art. 57-B da Lei nº 9.504/1997 não outorga qualquer liberdade hermenêutica ao magistrado eleitoral, porquanto simplesmente impõe valor fixo a título de sanção que corresponde ao dobro do valor gasto. Outro significativo detalhe relacionado com esse delito de cadastro falso, que consiste na possibilidade de ser punido não apenas o agente que praticar a conduta descrita no §2º do art. 57-B, mas, igualmente, o candidato beneficiado pela conduta ilícita do agente. Essa possibilidade, porém, exige a demonstração do prévio conhecimento do candidato beneficiado.

A legislação brasileira não permite a difusão de propaganda na internet através de perfis que não sejam verdadeiros, contudo o uso de pseudônimos nos termos acima pontuados não configura perfil falso.[164] Nesse mesmo toar, Wellington Saraiva (2014) ressalva: "Pode ocorrer de alguém criar perfil em rede social com imagem (também conhecida como avatar) fictícia, abstrata ou de personagem histórico, por exemplo, e apenas emitir sua opinião sobre temas diversos ou divulgar notícias e outras informações, sem ofender outras pessoas nem praticar ilícitos". O que a lei eleitoral proíbe são postagens, compartilhamento e impulsionamentos de conteúdos destinados a alterar o teor ou a repercussão de propaganda eleitoral, tanto próprios quanto de terceiros (art. 57-B, §3º). Sobre o tema, no julgamento do Agravo Regimental em Ação Cautelar : AgR-AC 138443 DF, o TSE decidiu, à unanimidade, que:

> 3. A identificação do responsável direto pela divulgação não é essencial para determinar a suspensão e não prejudica: (i) a apuração da

---

[164] DUTRA JÚNIOR, Paulo. Redes sociais e perfis fakes. Disponível em: https://www.terra.com.br/noticias/tecnologia/internet/redes-sociais-e-perfis-fakes-proteja-se,ded9dceae77ea310VgnCLD200000bbcceb0aRCRD.html. Acesso em 03 de junho de 2020.

responsabilidade para permitir a discussão sobre eventual aplicação de sanção a ser tratada em processo próprio que assegure a defesa; ou (ii) que o próprio responsável venha ao processo e se identifique, pleiteando manter a divulgação. 4 Para suspender a propaganda pela Justiça Eleitoral não é suficiente a alegação de ser o material anônimo. É necessário que dele se extraiam elementos que demonstrem a violação das regras eleitorais ou ofendam direito daqueles que participam do processo eleitoral. 5. Se em determinada página da internet há uma frase ou um artigo que caracterize propaganda eleitoral irregular, ou mesmo mais de um, todos deverão ser identificados por quem pretende a exclusão do conteúdo, na inicial da ação que pede tal providência, ainda que seja necessário especificar detalhadamente toda a página. 6. A determinação de suspensão deve atingir apenas e tão somente o quanto tido como irregular, resguardando-se, ao máximo possível, o pensamento livremente expressado.[165]

A análise do inteiro teor desse acórdão do TSE, em especial do voto do relator, Ministro Henrique Neves, que foi seguido, reitere-se, uniformemente pelos seus pares, revela que a Corte Eleitoral de Superposição já firmou posição sobre a matéria no sentido de que o anonimato e pseudônimo são figuras jurídicas distintas e inconfundíveis, vejamos:

> **o anonimato não se confunde com o uso de pseudônimos**, nos termos do art. 19 do Código Civil, aos quais, inclusive, é dada a mesma proteção que o nome. A proteção tratada pelo Código Civil se refere, essencialmente, ao pseudônimo adquirido por notoriedade da pessoa por ele identificada. Essencial para compreensão é justamente o critério identificador inerente ao pseudônimo, que o se distancia do anonimato. Além disto, **o Código Civil protege o uso do pseudônimo apenas nas atividades lícitas**. Vale dizer, o nome fictício não pode ser utilizado como subterfúgio daquele que, não se identificando, viole o direito de terceiro ou a legislação. Nem mesmo nos países em que se admite a manifestação secreta é permitido que o anonimato sirva de escudo à irresponsabilidade e à prática de atividades ilícitas. (BRASIL, Tribunal Superior Eleitoral, 2010).

Conquanto esse acórdão tenha sido proferido antes da vigência da Lei nº 13.488/2017, que incluiu o §2º no art. 57-B, da Lei nº 9.504/1997, o qual instituiu o delito de cadastro falso com fins eleitorais,

---
[165] BRASIL, Tribunal Superior Eleitoral, 2010.

é relevante sinalar que, em 26 de novembro de 2018, portanto após a vigência do §2º do art. 57-B, o TSE referendou os mesmos argumentos expendidos pelo Ministro Henrique Neves no AgR-AC 138443 DF, desta feita no julgamento da Representação nº 0601766-06.2018.6.00.0000 – Classe 11541 – DF. Na representação em questão o Ministro Sérgio Silveira Banhos, relator do processo, reiterou que "[...] o anonimato não se confunde com o uso de pseudônimos, nos termos do art. 19 do Código Civil, aos quais, inclusive, é dada a mesma proteção que o nome". E mais, o relator ainda balizou que:

> A ausência de identificação imediata do usuário responsável pela divulgação do conteúdo não constitui circunstância suficiente para o deferimento do pedido de remoção de conteúdo da internet e somente será considerada anônima caso não seja possível a identificação dos usuários após a adoção das providências previstas nos arts. 10 e 22 da Lei 12.965/2014 (Marco Civil da Internet). (BRASIL, TSE, 2018).

No tocante às eleições municipais de 2020, como visto alhures, o Tribunal Superior Eleitoral, fazendo uso do poder atribuído pelo art. 57-J da Lei nº 9.504/1997, para regulamentar a propaganda eleitoral na internet, editou a Resolução nº 23.610/2019, na qual reiterou em seu art. 38 uma regra já adotada na Resolução nº 23.551/2017, que normatizou as eleições de 2018, no sentido de que "A atuação da Justiça Eleitoral em relação a conteúdos divulgados na internet deve ser realizada com a menor interferência possível no debate democrático".

Em maio de 2021, o TSE confirmou a mesma tese, tendo o ministro Og Marques esclarecido que "[...] o anonimato não se confunde com o uso de pseudônimos, nos termos do art. 19 do Código Civil, aos quais, inclusive, é dada a mesma proteção que o nome [...]". O relator ainda acrescentou a preservação da identidade oculta na Internet é muito difícil, pois apesar da utilização de sistemas desenvolvidos para evitar a identificação do usuário, "[...] não é raro que se obtenha pela identificação do endereço de acesso (Internet Protocol – IP) o local (computador) utilizado pelo responsável por práticas ilícitas. Por isto é que, na maior parte das vezes, o uso de pseudônimo na internet não garante o anonimato, ao contrário do que normalmente se imagina".¹⁶⁶ Essa regra continua mantida para as eleições de 2022. Também já sob a égide da Resolução nº 23.610/2019, o TRE-RS manteve o mesmo e adequado entendimento, vejamos:

> [...] 1. Irresignação contra decisão que julgou improcedente a representação por propaganda eleitoral negativa, veiculada por perfil que utiliza pseudônimo. 2. Preliminar de intempestividade afastada. Circunstância que pode ter induzido em erro. 2.1. Em consulta aos registros internos do processo, verifica-se o prazo de 19.10.2020 23h59min59s como data limite prevista para ciência ou manifestação. Ademais, o procedimento para intimação das partes (mural eletrônico) não foi observado, de forma que, em prestígio da boa-fé, o recurso deve ser considerado tempestivo. 3. Controvérsia adstrita à análise da existência de propaganda de cunho alegadamente negativo, veiculada por perfil que utiliza pseudônimo. Manifestações contrárias a ideologias ou gestões administrativas não constituem, em si mesmas, propaganda eleitoral negativa, incluindo-se no permissivo legal do art. 27, §1º, da Resolução TSE n. 23.610/19. A jurisprudência desta Corte Eleitoral firmou-se no sentido de que posicionamentos pessoais, ainda que contundentes, desde que não importem ofensa à honra pessoal, fazem parte do jogo político. Entendimento do TSE no mesmo sentido. 4. Utilização de pseudônimo ao veicular manifestações. Nos termos do art. 42, §2º, da Resolução n. 23.610/19, a ausência de identificação imediata do usuário responsável não constitui circunstância suficiente para a quebra de sigilo de dados. Insuficiente alegação de que o material é anônimo para promover sua remoção [...].¹⁶⁷

Em 2021, o TRE-MS fez uma interessante distinção entre os pseudônimos que não configuram ilícito eleitoral e o uso de perfil anônimo ou com identidade falseada que é vedado: "[...] o uso de pseudônimo que não configura anonimato é a de uma página da rede social com personagem fictício, que faça publicações diversas, entre elas as de cunho político-partidário [...]. Mas ressalvou que "Diferente é a situação em que uma pessoa física cria um perfil se passando por outra pessoa física, com nome diverso, aparentando

---

¹⁶⁶ BRASIL, TSE – Rp: 06014379120186000000 Brasília/DF, Relator: Min. Geraldo Og Nicéas Marques Fernandes, Data de Julgamento: 06.03.2020, Data de Publicação: DJE – Diário de justiça eletrônico – 09.03.2020.
¹⁶⁷ BRASIL, TRE-RS – RE: 06002385820206210039 rosário do sul/RS 060023858, Relator: Gustavo Alberto Gastal Diefenthäler, Data de Julgamento: 27.10.2020, Data de Publicação: PSESS – Publicado em Sessão.

ser um cidadão exercendo direito de crítica, mas age com o único propósito de ofender grupos políticos adversários. Nessa hipótese, é devida a multa prevista no art. 57-D da Lei de Eleições".[168]

Ademais, o Tribunal Superior Eleitoral aperfeiçoou o conteúdo normativo do §2º do art. 33 da Resolução do TSE nº 23.551/2017, temperando, nos §§2º e 3º do art. 38, que a falta de identificação imediata da usuária ou usuário de Internet, responsável pela divulgação de conteúdos, não constitui motivação bastante para a respectiva remoção da rede, bem como que as publicações só poderão ser concebidas como anônimas quando não for possível identificar os usuários mediante requisição judicial ao provedor da aplicação de Internet respectiva sobre os dados cadastrais do usuário responsável pela veiculação do conteúdo. O art. 40 da Resolução nº 23.610/2019, porém, condiciona a atuação judicial à provocação da "parte interessada", o que pressupõe a legitimação do Ministério Público Eleitoral, apesar de esse dispositivo não referir ao órgão ministerial de modo explícito. Os requisitos do requerimento estão explicitados no §1º do art. 40, vejamos:

> §1º Sem prejuízo dos demais requisitos legais, o requerimento deverá conter, sob pena de inadmissibilidade (Lei nº 12.965/2014, art. 22, parágrafo único):
>
> I - fundados indícios da ocorrência do ilícito de natureza eleitoral;
>
> II - justificativa motivada da utilidade dos dados solicitados para fins de investigação ou instrução probatória;
>
> III - período ao qual se referem os registros; e (Redação dada pela Resolução nº 23.671/2021)
>
> IV - a identificação do endereço da postagem ou conta em questão (URL ou, caso inexistente, URI ou URN), observados, nos termos do art. 19 da Lei nº 12.965/2014, o âmbito e os limites técnicos de cada provedor de aplicação de internet. (Incluído pela Resolução nº 23.671/2021)

Importantíssimo acrescentar que o §2º do art. 40 da Resolução nº 23.610/2019 reforça que "A ausência de identificação imediata da usuária ou do usuário responsável pela divulgação do conteúdo

---

[168] BRASIL, TRE-MS – RE: 060021179 Campo Grande – MS, Relator: Alexandre Branco Pucci, Data de Julgamento: 27.04.2021, Data de Publicação: DJE – Diário da Justiça Eleitoral, Tomo 76, Data 03.05.2021.

não constitui circunstância suficiente para o deferimento liminar do pedido de quebra de sigilo de dados". O §3º, por sua vez, procedeu a uma adequação da legislação eleitoral com a Lei do Marco Civil da Internet, ao explicitar que a ordem judicial que apreciar e deferir o pedido deverá conter, sob pena de nulidade, fundamentação específica quanto ao preenchimento de todos os requisitos legais transcritos acima. Note-se que apesar de o final do §3º mencionar apenas os três primeiros incisos do §1º a inclusão do URL, URI ou URN são indispensáveis, pois como consta do §1º-A do art. 17 da Resolução nº 23.608/2019:

> §1º-A Em caso de ser ordenada a remoção de conteúdo em ambiente de internet, a ordem judicial deverá fixar prazo razoável para o cumprimento, não inferior a 24 (vinte e quatro) horas, e deverá conter, sob pena de nulidade, a URL e, caso inexistente esta, a URI ou a URN do conteúdo específico, observados, nos termos do art. 19 da Lei nº 12.965/2014, o âmbito e os limites técnicos de cada provedor de aplicação de internet, conforme art. 38, §4º, da Resolução-TSE nº 23.610/2019. (Incluído pela Resolução nº 23.672/2021)

Outra disposição importante relativa ao processo judicial eleitoral estabelecida pelo art. 40 Resolução nº 23.610/2019, é que o seu §4º extirpou a dúvida sobre o dever de obediência dos provedores de Internet quanto ao atendimento das ordens judiciais, ainda quando não integrem a relação jurídica processual, pois prescreve a norma que eles "[...] podem ser oficiados para cumprir determinações judiciais, sem que sejam incluídos no polo passivo das demandas [...].

4.9 Desinformação: *fake news*, *deep fake news* e crimes na propaganda eleitoral

A Lei nº 9.504/1997 e o Código Eleitoral não definem o que se deve entender por desinformação eleitoral. Coube ao Tribunal Superior Eleitoral suprir a omissão através de seu poder normativo. Sobre o tema, a Resolução nº 23.610/2019 assim se pronuncia:

> Da Desinformação na Propaganda Eleitoral
> Art. 9º A utilização, na propaganda eleitoral, de qualquer modalidade de conteúdo, inclusive veiculado por terceiras(os), pressupõe que a

candidata, o candidato, o partido, a federação ou a coligação tenha verificado a presença de elementos que permitam concluir, com razoável segurança, pela fidedignidade da informação, sujeitando-se as pessoas responsáveis ao disposto no art. 58 da Lei nº 9.504/1997, sem prejuízo de eventual responsabilidade penal. (Redação dada pela Resolução nº 23.671/2021)

Art. 9º-A. É vedada a divulgação ou compartilhamento de fatos sabidamente inverídicos ou gravemente descontextualizados que atinjam a integridade do processo eleitoral, inclusive os processos de votação, apuração e totalização de votos, devendo o juízo eleitoral, a requerimento do Ministério Público, determinar a cessação do ilícito, sem prejuízo da apuração de responsabilidade penal, abuso de poder e uso indevido dos meios de comunicação. (Incluído pela Resolução nº 23.671/2021)

Desinformar é informar com erro, com mentira, é distorcer da realidade com o intuito de induzir ao equívoco, confundir o sujeito que recepciona determinada notícia. A desinformação pode ser positiva, quando utilizada para simular ou dissimular realidades fáticas para enaltecer qualidades inexistentes em determinados candidatos, ou negativa, quando usada com o intuito de desconstruir realidades ou imagens pessoais. O fenômeno da hipercomunicação contribui deveras para a disseminação da desinformação eleitoral, o qual é agravado por dois principais fatores: o *big data*, isto é, a incomensurável quantidade de dados pessoais gerados a cada instante; e o tratamento e mineração desses dados por algoritmos dotados de inteligência artificial, sobretudo os captados com o consentimento dos usuários de reses sociais. Um dos problemas gerados pela hipercomunicação na sociedade em rede é a possibilidade do surgimento de redes virtuais que se desenvolvem de tal maneira que, em sequência, se compartimentam em genuínas teias tecnológicas superestruturadas, comparáveis a autênticos organismos paraestatais, conformando subgrupos digitais que se constituem em sociedades para além da sociedade.[169]

Em relação ao problema das notícias falsas, é relevante apontar que elas podem ser disseminadas tanto por perfis verdadeiros

---

[169] MARSHALL, Leandro. A sociedade da hipercomunicação. São Paulo: Observatório da Imprensa. Edição nº 791. Publicado em 25.03.2014. Disponível em: http://observatoriodaimprensa.com.br/diretorio-academico/_ed791_a_sociedade_da_hipercomunicacao/. Acesso em 12 de janeiro de 2020.

quanto por perfis falsos. Aliás, é plenamente factível que alguém que utilize um perfil falso divulgue conteúdos exclusivamente verdadeiros na internet, incluindo os de cunho eleitoral.

Diferente é a situação quando o usuário, através de perfil falso ou verdadeiro, divulga fatos sabidamente inverídicos e prejudiciais a candidatos, partidos políticos e coligações. Vimos que a legislação brasileira não permite a difusão de propaganda na internet através de perfis que não sejam verdadeiros (embora sua violação, por si só, possa não constituir crime), bem como proíbe impulsionamentos de conteúdos destinados a alterar o teor ou a repercussão de propaganda eleitoral, tanto próprios quanto de terceiros (art. 57-B, §3º).

As notícias falsas (*fake news*) consistem na criação de informações inverídicas que distorcem a realidade com o deliberado intuito de causar polêmica ou denegrir, atacar ou prejudicar determinada pessoa ou instituição e que são publicadas, difundidas ou compartilhadas como se fossem notícias verídicas. Quando a publicação ou o compartilhamento ocorre na internet, logram considerável profusão. O fenômeno ganhou tanta repercussão que a massiva difusão de notícias falsas na internet passou a caracterizar o que se assentou denominar de pós-verdade. De acordo com Adriano Padilha, a pós-verdade designa "[...] a ideia de que um fato concreto tem menos significância ou influência do que "apelos à emoção e a crenças pessoais".[170] Isso significa que, de acordo com o conceito de pós-verdade, torna-se mais importante acreditar que algo é verdade (mesmo não sendo) do que aquilo que de fato é verídico". Ainda segundo Padilha em razão, do teor

> [...] extremamente dramático, apelativo e polêmico, as *fake news* costumam atrair muita atenção das massas, principalmente quando estas estão desprovidas de senso crítico. Assim, os conteúdos falsos podem agir como uma "arma" ilegal contra algo. No âmbito político, por exemplo, as notícias falsas são usadas com o intuito de "manchar" a reputação de determinado candidato, fazendo com que [este] perca potenciais eleitores.[171]

---

[170] PADILHA, Adriano. *Significado de Pós-verdade*. Disponível em: https://www.significados.com.br/pos-verdade/. Acesso em: 11 dez. 2018.

[171] PADILHA, Adriano. *Significado de Pós-verdade*. Disponível em: https://www.significados.com.br/pos-verdade/. Acesso em: 11 dez. 2018.

Alguns cuidados, no entanto, podem ajudar a detectar uma notícia falsa na internet. O primeiro deles é consultar sítios especializados que oferecem serviços gratuitos de detecção de *fake news*, como o https://www.boatos.org/; a Agência Lupa (https://piaui.folha.uol.com.br/lupa/); www.e-farsas.com, dentre outros. Outra atitude que pode ajudar a identificar a autenticidade da notícia é a leitura integral do conteúdo, sobretudo quanto à correção gramatical do texto, bem como observar se existe desconexão do título da notícia com o respectivo conteúdo; analisar as fontes e os autores citados na matéria; pesquisar o mesmo conteúdo ou notícia em outros veículos de comunicação social.

Porém, o avanço tecnológico decorrente do aperfeiçoamento dos sistemas baseados em redes neuronais artificiais (RNAs), que são sistemas informáticos concebidos a partir da inspiração de sistemas nervosos centrais de cérebros de animais e que proporcionam o aprendizado da máquina computacional, através do reconhecimento e da imitação de padrões, que podem incluir fala, gestos corporais, expressões faciais, etc., possibilitou o desdobramento das *fake news* e o surgimento de um novo fenômeno que, em consideração à apurada técnica que utiliza e, mormente, do poder de gerar no expectador a crença de realidade, fora denominado de *deep fake news* ou simplesmente *deepfake*.

O fenômeno caracteriza-se pelo uso de sistemas inteligentes que utilizam a técnica de vídeo intitulada de *face-swap*, a qual permite a "troca de rostos" e está disponível para usuários comuns de internet através de aplicações para os sistemas Android e IOS, como, por exemplo, o Snapchat, Face Swap Live, Face Swap Booth, MSQRD e o Face Swap by Iddiction, que são aplicações criadas com o intuito de proporcionar diversão aos seus usuários, mas que também podem ser utilizadas com o propósito de difundir notícias falsas.

Mas, de acordo com o The New York Times, as aplicações que utilizam o *face-swap* já são consideradas rudimentares. Há técnicas ainda mais avançadas, as quais, como noticia este periódico, chocaram o mundo quando foram lançados vídeos que utilizavam tanto a imagem quanto a própria voz do ex-presidente dos Estados Unidos, Barack Obama, como se fosse verdadeiramente ele quem estivesse a falar. Recentemente, comunidades de usuários de internet, como a

Reddit, passaram a utilizar ferramentas bem mais poderosas como o FakeApp, que é um sistema construído por um desenvolvedor anônimo que utiliza um software de código aberto criado pelo Google e que é capaz de manipular padrões de imagens, gestos e voz de pessoas, captados a partir de outros vídeos, e reproduzir o conteúdo desejado, quaisquer conteúdos, como se fosse realmente a pessoa que teve sua imagem captada e/ou que estivesse a falar.

Em conformidade com Kevin Roose, que é colunista do Business Day e escritor da The New York Times Magazine, o FakeApp torna livre e relativamente fácil criar swaps de faces realistas, deixando traços de manipulação quase imperceptíveis. Desde que essa aplicação foi disponibilizada, ela foi baixada mais de cento e vinte mil vezes, de acordo com seu criador. Segundo Roose:

> Deepfakes são uma das mais novas formas de manipulação de mídia digital, e uma das mais obviamente propensas a travessuras. Não é difícil imaginar que essa tecnologia esteja sendo usada para difamar políticos, criar pornografia com vingança falsificada ou enquadrar pessoas por crimes. Os legisladores já começaram a se preocupar sobre como os deepfakes poderiam ser usados para sabotagem política e propaganda.[172]

Pois bem, no campo dos ilícitos eleitorais, o impulsionamento de conteúdos destinados a alterar o teor ou a repercussão de propaganda eleitoral traduz a prática de *fake news* ou *deep fake news* e sujeita os infratores e os beneficiados, quando comprovado seu prévio conhecimento, à multa no valor de R$5.000,00 (cinco mil reais) a R$30.000,00 (trinta mil reais) ou em valor equivalente ao dobro da quantia despendida, se esse cálculo superar o limite máximo da multa.

Ademais, o art. 323 do Código Eleitoral tipifica como crime a conduta consistente em "[d]ivulgar, na propaganda, fatos que se sabe inverídicos, em relação a partidos ou candidatos, e capazes de exercer influência perante o eleitorado". A pena consiste em detenção de dois meses a um ano ou ao pagamento de 120 a 150

---

[172] ROOSE, Kevin. *Here come the fake videos, too.* New York: The New York Times Magazine, 2018.

dias-multa e é agravada quando o crime for cometido pela imprensa, rádio ou televisão.

A concreção da conduta criminosa exige o deliberado intuito de "divulgar" fatos inverídicos, portanto, o Código Eleitoral comprova que o fenômeno das *fake news* é antigo, já que o seu art. 323 possui redação originária, a qual remonta a 15 de julho do ano de 1965, data da promulgação da Lei nº 4.737, que instituiu o atual Código Eleitoral. Exige o dolo específico da premeditação consistente em divulgar conteúdo falso com o intuito de prejudicar candidatos. É preciso, ainda, que tais fatos sejam capazes de exercer influência perante o eleitorado, o que há de ser apurado e provado na instrução criminal. O Tribunal Superior Eleitoral esclareceu o que "[...] o tipo penal indicado não exige que os fatos tenham potencial para definir a eleição, bastando que sejam capazes de exercer influência perante o eleitorado".[173]

Nesse compasso, é preciso registrar que esse acórdão do Tribunal Superior Eleitoral fora proferido há mais de quatro anos após a Lei Complementar nº 135/2010 haver acrescentado ao art. 22 da Lei das Inelegibilidades (Lei Complementar nº 64/1990), o inciso XVI, que passou a conceber que, para fins de configuração de abuso de poder (econômico, político ou dos meios de comunicação social) não deve ser considerada a "[...] potencialidade de o fato alterar o resultado da eleição, mas apenas a gravidade das circunstâncias que o caracterizam". Inobstante, o Tribunal Superior Eleitoral mantém o critério da potencialidade para a definição da eleição, no tocante à configuração do crime previsto no art. 323 do Código Eleitoral.

Quanto ao ambiente da perpetração da conduta descrita no art. 323 do Código Eleitoral, importa ter em mente que não há menção específica à internet, que sequer existia quando da promulgação do Código Eleitoral. Mas não há qualquer incompatibilidade ou impedimento quanto ao cometimento do crime pela internet. O que não se admite, nesse caso, é a incidência da agravante prevista no parágrafo único do art. 323 do Código Eleitoral, já que ela apenas foi prevista para a prática da conduta pela imprensa, rádio ou televisão,

---

[173] BRASIL. Tribunal Superior Eleitoral. AgR-RMS nº 10404. Publicação: 25.6.2015.

mas não pela internet. Noutras palavras, o crime em questão pode ser praticado pela internet, mas sem a aplicação da agravante.

Quanto à eficiência do combate às *fake news* e *deep fake news*, o fato de o provedor estar, ou não, situado no Brasil, não é relevante para fins de cumprimento das ordens judiciais emanadas da justiça eleitoral que determinarem aos provedores de acesso e de aplicações de internet a colocação de filtros ou ferramentas assemelhadas destinadas a bloquear ou a retirar da rede conteúdos considerados incompossíveis com a legislação eleitoral, desde que se trate de agressão perpetrada no âmbito da internet de superfície, ou seja, na *world wide web* de Berners-Lee, na qual é mais fácil o controle dos conteúdos por meio da identificação da URL respectiva.

O mesmo não se pode dizer dos ataques verificados na *deep web* ou na sua subseção *darkweb*, já que nesse ambiente as comunicações entre os usuários são feitas por meio de protocolos lógicos distintos dos usados na internet de superfície e que recorrem a códigos comunicacionais criptografados. Entretanto, essa não deve ser uma preocupação para a justiça eleitoral, considerando que o acesso à *deep web* e às *darkwebs* nela existentes está longe do alcance do grande público, isto é, do eleitorado que irá decidir uma eleição.

Assim, o grande combate cibernético de relevância para a propaganda eleitoral será travado na internet de superfície, já que as notícias falsas eleitorais só são eficazes se atingirem o grande público e irradiarem potencial efeito de decidir uma eleição. Mas é exatamente nesse terreno que os robôs ou bots irão desempenhar um papel crucial, tanto para difundir as notícias falsas quanto para contra-atacar e retirar as notícias falsas difundidas.

4.9.1 Milícias digitais e o crime de *bunker* cibernético previsto no art. 57-H da Lei nº 9.504/1997

As milícias digitais consistem em agrupamentos de pessoas com o mesmo viés ideológico, que atuam com a finalidade de atacar a democracia e propagar a desinformação eleitoral visando a instituição de regimes autoritários. Os meios de atuação mais destacados são robôs que, ilicitamente, impulsionam conteúdos identitários pela Internet divulgando informações falsas as quais servem tanto para exaltar qualidades inexistentes de candidatos a elas vinculados quanto para destruir a imagem de adversários, mas, sobretudo, para difundir o sentimento de ódio pelas instituições democráticas. Como declarou o ministro Luís Roberto Barroso, as milícias digitais são "[...] Uma versão contemporânea do autoritarismo são essas milícias digitais que atuam na internet procurando destruir as instituições e golpeá-las, criando um ambiente propício para a desdemocratização".[174]

O legislador brasileiro demonstrou especial preocupação com a perpetração de crimes na propaganda eleitoral que envolvam a participação ou a contratação de grupos especializados de hackers ou crackers. A distinção entre hackers e crackers pode ser simplificada da seguinte maneira: o hacker é aquele usuário expert em tecnologia que cria ou altera softwares com fins lícitos, para desenvolver ou aperfeiçoar determinadas rotinas ou funcionalidades em sistemas informáticos; o cracker, por sua vez, é o expert em tecnologia que atua com o intuito de acarretar um dano, uma quebra (cracking) na segurança de determinado sistema de informática.

A atuação conjunta de crackers com o intuito de gerar ou difundir propaganda eleitoral negativa, degradante ou falsa, por meio de *fake news* ou *deep fake news* traduz o que denominamos de bunker cibernético. A esta atuação específica de profissionais na campanha eleitoral, a Lei nº 9.504/1997 conferiu tratamento especial em seu art. 57-H, nos seguintes termos:

> Art. 57-H. Sem prejuízo das demais sanções legais cabíveis, será punido, com multa de R$5.000,00 (cinco mil reais) a R$30.000,00 (trinta mil reais), quem realizar propaganda eleitoral na internet, atribuindo indevidamente sua autoria a terceiro, inclusive a candidato, partido ou coligação.
> §1º Constitui crime a contratação direta ou indireta de grupo de pessoas com a finalidade específica de emitir mensagens ou comentários na internet para ofender a honra ou denegrir a imagem de candidato, partido ou coligação, punível com detenção de 2 (dois) a 4 (quatro) anos e multa de R$15.000,00 (quinze mil reais) a R$50.000,00 (cinquenta mil reais).
> §2º Igualmente incorrem em crime, punível com detenção de 6 (seis) meses a 1 (um) ano, com alternativa de prestação de serviços à comunidade pelo mesmo período, e multa de R$5.000,00 (cinco mil reais) a R$30.000,00 (trinta mil reais), as pessoas contratadas na forma do §1º.

---

[174] BRASIL, TSE, 2021.

Primeiramente, impende pontuar que conduta isolada de atribuição de autoria de propaganda a terceiro, regulada no *caput*, que foi instituído pela Lei nº 12.034/2009, não constitui o crime de *bunker* cibernético, mas outro tipo de ilícito eleitoral punível com a multa estatuída no próprio dispositivo, exceto se a conduta, analisada em concreto, também incorrer em descrição de comportamento descrito e tipificado como criminoso, como a hipótese descrita no art. 323 do Código Eleitoral, a qual foi ajustada pela Lei nº 14.192, de 2021, segundo a qual constitui crime: "Divulgar, na propaganda eleitoral ou durante período de campanha eleitoral, fatos que sabe inverídicos em relação a partidos ou a candidatos e capazes de exercer influência perante o eleitorado". A pena no caso é detenção de dois meses a um ano, ou pagamento de 120 a 150 dias-multa.

O crime de propaganda indevida na internet, mediante a contratação de bunker cibernético, vem definido nos §§1º e 2º, do art. 57-D da Lei nº 9.504/1997, o qual somente foi positivado no ano de 2013, quando a Lei nº 12.891 o adicionou à Lei das Eleições.

A conduta criminosa é especificada no §1º do art. 57-H, ou seja, "[...] a contratação direta ou indireta de *grupo* de pessoas com a finalidade específica de emitir mensagens ou comentários na internet para ofender a honra ou denegrir a imagem de candidato, partido ou coligação [...]". Certamente, a intenção do legislador foi a de atingir os bunkers cibernéticos, quando contratados com o desiderato de atingir a honra de candidatos, partidos políticos ou coligações.

A tipificação pressupõe, portanto, que primeiramente haja a "contratação" e, embora o dispositivo não especifique, é de se supor que tal contratação seja onerosa. Logo, a atuação de bunkers por iniciativa própria na propaganda eleitoral, ainda que com o mesmo intuito descrito no *caput*, foge da tipificação criminosa do art. 57-H, mas não deixa de ser crime à medida que se enquadra no tipo regrado pelo art. 323 do Código Eleitoral.

Além disso, para que haja a configuração do crime previsto no §1º, do art. 57-H da Lei nº 9.504/1997, é preciso que a contratação seja feita com "grupo" de pessoas, de modo que a contratação individual está sujeita ao pagamento da multa pelo ilícito civil-eleitoral ou no crime do art. 323 do Código Eleitoral, mas não se enquadra na conduta criminosa do §1º, do art. 57-H da Lei nº 9.504/1997. A contratação do "grupo", por sua vez, não requer que o contratante faça acerto com cada membro do grupo individualmente considerado, basta que contrate uma pessoa para que esta atue com o seu grupo de expertos que terá atendido o requisito da atuação coletiva e o dolo específico representado pelo intuito deliberado de emitir mensagens ou comentários na internet para ofender a honra ou denegrir a imagem de candidato, partido ou coligação, configurando, portanto, crime.

Cumpre consignar que a figura criminosa do §1º, do art. 57-H da Lei nº 9.504/1997 enquadra e subsume tanto a figura da *fake news* quanto da *deepfake* ou *deep fake news*, já que o tipo pressupõe "emitir mensagens ou comentários na internet para ofender a honra ou denegrir a imagem de candidato, partido ou coligação", de modo que essas mensagens ou comentários podem ser escritos, falados e até mesmo gesticulados, podem ser feitos por meio de legendas e, inclusive, através da LIBRAS.

A pena cominada no §1º, do art. 57, destina-se, exclusivamente, às pessoas que contratam os serviços dos grupos de expertos para o fim de atingir a honra de candidato, partido ou coligação, e não às pessoas que efetivamente fazem os ataques. Essas sofrem a pena mais branda do §2º.

É necessário reiterar, em razão do contexto, que, sem prejuízo dessa tipificação prevista na Lei das Eleições, o art. 323 do Código Eleitoral, mencionados algumas vezes acima, define como crime a conduta de:

> Divulgar, na propaganda, fatos que [se] sabe inverídicos, em relação a partidos ou candidatos e capazes de exercer influência perante o eleitorado:
> Pena – detenção de dois meses a um ano, ou pagamento de 120 a 150 dias-multa.
> Parágrafo único. A pena é agravada se o crime é cometido pela imprensa, rádio ou televisão.

Nada objeta, como já asserimos, que se aplique esse dispositivo quando a conduta for praticada por meio de bunkers cibernéticos, perpetrada pela internet, quando não se enquadrar no tipo do art. 57-H da Lei nº 9.504/1997, mas sem a agravante prevista no parágrafo único. No entanto, devem os participantes do respectivo bunker responder em concurso formal ou material de crimes, conforme as circunstâncias do caso concreto, levando-se em consideração a participação de cada membro.

Pelo que, conclui-se que a conduta positivada no art. 57-B, §2º da Lei nº 9.504/1997, acrescentado na reforma de 2017, pela Lei nº 13.488, também pode dar ensejo à incidência da regra do art. 323 do Código Eleitoral, desde que observados os requisitos específicos, sobretudo o elemento do dolo específico consistente da ciência prévia de que os fatos divulgados eram inverídicos e que foram capazes, em concreto, de influenciar o eleitorado.

4.9.2 Criptografia e as limitações técnicas das aplicações de internet em relação ao cumprimento de ordens judiciais

Tanto a LCMI quanto a Lei nº 9.504/1997 isentam os provedores de aplicações de internet quanto à responsabilidade pelo cumprimento de ordens judiciais que determinem a retirada de conteúdos considerados irregulares na propaganda eleitoral, quando não for possível atender às determinações judiciais em face de impossibilidades técnicas. Ambos os dispositivos ressalvam que as ordens judiciais devem ser atendidas dentro dos limites técnicos dos sistemas ou aplicações de internet. Nesse sentido, o art. 19 da LMCI consigna que:

> Art. 19. Com o intuito de assegurar a liberdade de expressão e impedir a censura, o provedor de aplicações de internet somente poderá ser responsabilizado civilmente por danos decorrentes de conteúdo gerado por terceiros se, após ordem judicial específica, não tomar as providências para, no âmbito e nos limites técnicos do seu serviço e dentro do prazo assinalado, tornar indisponível o conteúdo apontado como infringente, ressalvadas as disposições legais em contrário.

Por sua vez, o §4º, do art. 57-B da Lei nº 9.504/1997, aplicando a mesma regra ao direito eleitoral, complementa:

> O provedor de aplicação de internet que possibilite o impulsionamento pago de conteúdos deverá contar com canal de comunicação com seus usuários e somente poderá ser responsabilizado por danos decorrentes do conteúdo impulsionado se, após ordem judicial específica, não tomar as providências para, no âmbito e nos limites técnicos do seu serviço e dentro do prazo assinalado, tornar indisponível o conteúdo apontado como infringente pela Justiça Eleitoral.

Vê-se que "os limites técnicos" dos sistemas e aplicações de internet constituem-se como legítimos óbices legais que isentam os provedores de aplicações de internet de qualquer responsabilidade jurídica, quando não puderem atender a uma ordem judicial em razão de impossibilidade técnica criada pelo próprio sistema, como acontece, sobretudo, nas aplicações que adotam o método da criptografia assimétrica de ponta a ponta para garantir a privacidade dos usuários.

Um dos métodos criptográficos existentes no mercado e bastante utilizado pelas aplicações de internet é o PGP (Pretty Good Privacy), que é um cripto-sistema (sistema de codificação) criado por Philip Zimmermann,[175] um analista informático norte-americano, o qual utiliza as funcionalidades da criptografia assimétrica por meio de um sistema que primeiramente codifica um determinado texto e faz uma compressão dos dados, o qual reduz o tempo de transmissão da mensagem e economiza espaço no disco, além de reforçar a segurança criptográfica.

A operação de codificação ocorre da seguinte maneira: o PGP cria aleatoriamente uma chave secreta (IDEA) e é com ela que codifica os dados e depois cripta a própria chave e a remete ao destinatário por meio de outra chave pública (RSA). Por sua vez, o processo de descodificação acontece assim, na máquina do destinatário: o PGP decifra a chave secreta IDEA por meio da chave RSA privada e, em sucessivo, decifra os dados através da chave secreta IDEA, que é previamente obtida.

Visando a conferir segurança à privacidade dos seus usuários, recentemente o WhatsApp anunciou a adoção de um sistema de criptografia de mensagens que nem mesmo a própria empresa seria capaz de descriptografar. Trata-se de um sistema de criptografia "end-to-end encryption", ou seja, de ponta a ponta no qual quando o remetente envia mensagem para seus contatos o próprio sistema gera uma chave e criptografa a mensagem traduzindo-a em códigos incompreensíveis, mas quando a mensagem chega ao seu destino,

---

[175] ZIMMERMANN, Philip. *Pretty Good Privacy*. Disponível em: http://br.ccm.net/contents/134-pgp-pretty-good-privacy. Acesso em: 22 maio 2016.

o sistema desencripta, decodifica a mensagem e a torna inteligível aos usuários que recebem a mensagem.

Por sua vez, a Apple, que possui mais de oitocentos milhões de iphones vendidos, também oferece um sistema de criptografia de ponta a ponta, assim como o aplicativo Telegram. No sistema da Apple e do WhatsApp (que possui mais de um bilhão de usuários) a criptografia é automática e ocorre em todos os aparelhos que tenham baixado a versão atualizada dos respectivos sistemas, sem opção de não utilizar a criptografia.[176]

Acerca da impossibilidade de violação do conteúdo criptografado, Gabriel Aleixo, pesquisador de criptografia do ITS-Rio, consigna que "[...] se alguma informação conseguir ser interceptada, a pessoa só verá um bloco de texto sem sentido algum",[177] disse o pesquisador à BBC Brasil. Ele ainda acrescentou: "[s]ó quatro ou cinco governos no mundo talvez consigam quebrar a criptografia que o WhatsApp implementou. Para um *hacker*, a chance é muito pequena. É um sistema bastante rigoroso".[178] De acordo com Aleixo, cada mensagem enviada através dessa aplicação, independentemente da forma respectiva, ou seja, texto, vídeo, foto ou áudio, é criptografada.

O sistema pretende que, mesmo diante da remota possibilidade de quebra da criptografia, que ela só ocorra em uma determinada mensagem, mas não em toda a conversa, isto é, somente num trecho determinado da conversa. Esse sistema dificulta a interceptação judicial das mensagens, a qual é permitida no Brasil pela Lei nº 9.296/96 e pela LMCI. Porém, nada objeta que os conteúdos das mensagens sejam utilizados pelas partes numa demanda judicial, considerando que entre os usuários os conteúdos textuais aparecem na forma descriptografada.

Na sociedade pós-moderna a preservação da criptografia das aplicações de internet consiste na preservação da própria garantia constitucional da privacidade, é irrenunciável, pois como brada Amaro da Silva Neto:

---

[176] COSTA, Camilla. *Quatro coisas que mudam com a criptografia no WhatsApp – e por que ela gera polêmica*. Disponível em: http://www.bbc.com/. Acesso em: 23 maio 2016.
[177] ALEIXO, Gabriel *apud* COSTA, Camilla, *op. cit.*
[178] ALEIXO, Gabriel *apud* COSTA, Camilla, *op. cit.*

Se as informações eletronicamente transmitidas não forem protegidas e, concomitantemente, houver o objetivo de um trânsito sigiloso para a mensagem a ser enviada, talvez seja mais prudente a utilização de um megafone em praça pública.[179]

4.10 Internet, direito ao esquecimento e propaganda eleitoral

A expressão *Internet means the end of forgetting*,[180] cunhada por Jeffrey Rosen,[181] em um artigo publicado em 10 de julho de 2010, para o New York Times, por si só, põe em destaque o questionamento pertinente ao fato de a Internet poder ser um estupendo mecanismo de difusão do conhecimento e de socialização interpessoal e, ao mesmo tempo, de angústia e sofrimento, na medida em que informações e imagens pessoais podem permanecer indefinidamente na rede contra a vontade do seu titular, em um espaço abstrato e de controle pessoal e estatal ineficiente ou nulo.[182] Jeffrey Rosen registrou com propriedade o paradoxo pelo qual, em razão de postagens de opiniões e imagens feitas inclusive pelo próprio usuário, o que as pessoas têm de pior pode ser o que mais se evidencie a seu respeito no meio social virtual.

A problemática do direito ao esquecimento na Internet está diretamente relacionada à velocidade de difusão da informação telemática e, sobretudo, com a dificuldade de supressão dos conteúdos postados por terceiros e pelo próprio usuário. É, precisamente, a instantaneidade informativa no espaço virtual que estampa em cada um de nós uma marca quase indelével acerca do que somos, do que fazemos e, também, do que dizem a nosso respeito. A dificuldade em se efetivar o direito ao esquecimento se agrava em face da

---

[179] SILVA NETO, Amaro Moraes e. *Emails indesejados à luz do direito*. São Paulo: Quartier Latin, 2002. p. 56.
[180] Tradução literal para "A Internet significa o fim do esquecimento".
[181] ROSEN, Jefrrey. *The web means the end of forgetting*. 2010. Disponível em: http://www.nytimes.com/2010/07/25/magazine/25privacy-t2.html?pagewanted=all&_r=1&. Acesso em: 8 out. 2013.
[182] O conteúdo deste item foi publicado na revista da AJURIS em coautoria com Mateus Queiroz: PIMENTEL, Alexandre Freire; QUEIROZ, Mateus. A regulamentação do direito ao esquecimento na lei do marco civil da Internet e a problemática da responsabilidade civil dos provedores. *AJURIS*, Porto Alegre, RS, Brasil, edição no 137, ano XLII, março, 2015.

ausência de fronteiras virtuais na difusão da informação que trafega por centenas de países. Nesse sentido, Viktor Mayer-Schonberger explica que no ambiente digital é mais difícil esquecer do que lembrar. "With the help of digital tools we – individually and as a society – have begun to unlearn forgetting".[183] [184]

A partir dessa dinâmica relacional-virtual, surgem questões que põem em conflito o direito à informação eleitoral, que é essencial para o eleitor fazer sua escolha numa eleição, e, noutra ponta, os direitos da personalidade, tais como a honra, a imagem e a privacidade, os quais se corporificam como garantias constitucionais e que podem servir de base para proteger o indivíduo de abusos decorrentes da publicidade da informação. O problema é que, como observou Walter Ceneviva,[185] essas duas categorias de direitos possuem *status* de tutelas constitucionais e integram os chamados direitos fundamentais, porém, os valores que revestem cada um desses dois grupos (direitos da personalidade e liberdade de expressão e comunicação) muitas vezes são opostos.

Por mais essenciais que sejam os direitos à liberdade de expressão e de comunicação, por um lado, e os direitos da personalidade (incluindo a garantia da privacidade), por outro, não deve qualquer deles ser considerado como um direito absoluto. E, ao entrarem em conflito, somente encontram seus limites por meio da técnica de ponderação dos valores em questão. Com a Internet, a sociedade tornou-se acentuadamente "líquida", no sentido de Zygmunt Bauman,[186] isto é, caracterizada por uma mutabilidade constante fortemente marcada pela lógica do consumo e do "descarte".

Nessa senda, logram força teorias que buscam nos princípios jurídicos e na "argumentação" jurídica uma alternativa para uma solução conflituosa, outorgando ao direito um caráter "dúctil", isto é, como observou Zagrebelsky: "En el tiempo presente parece

---

[183] MAYER-SCHONBERGER, Viktor. *Delete*: the virtue of forgetting in the digital era. Princeton: Princeton University Press, 2009. p. 2.
[184] O texto entre aspas: "Com a ajuda de ferramentas digitais que – individualmente e como sociedade – começamos a desaprender a esquecer".
[185] CENEVIVA, Walter. *Informação e privacidade*. XVIII Conferência Nacional dos Advogados: Cidadania, Ética e Estado. Salvador, 2002. Anais. Brasília: OAB, 2003. p. 1513.
[186] BAUMAN, Zygmunt. *Modernidade líquida*. Trad. Plínio Dentzien. Rio de Janeiro: Jorge Zahar, 2001. p. 183.

dominar la aspiración a algo que es conceptualmente imposible, pero altamente deseable en la práctica: no la prevalencia de un sólo valor y de un sólo principio, sino la salvaguardia de varios simultaneamente".[187]

Pois bem, limitando a questão ao âmbito do direito eleitoral, o direito à informação queda-se inserido em um contexto de democratização e, pela transparência das ações do Estado, apresenta-se atualmente como um direito fundamental e um importante instrumento de legitimação da cidadania. O direito à informação a um só tempo abrange a garantia de acessar o conteúdo da informação e, aos veículos de comunicação, o direito de difundi-la e repassá-la ao público. De um lado temos a liberdade decorrente da livre manifestação do pensamento (art. 5º, IV, da CF), a qual se imbrica diretamente com a liberdade de expressão (art. 5º, IX, CF); de outro, as barreiras entrincheiradas nos direitos da personalidade.

Seguindo essa diretriz constitucional, a Lei do Marco Civil da Internet (LMCI: Lei nº 12.965/2014), ao cuidar dos princípios que devem orientar o uso da Internet, adotou como "princípios" essas duas categorias de direitos ora examinados. Primeiramente, dispôs em seu art. 3º que "a disciplina do uso da Internet no Brasil tem os seguintes princípios: I – garantia da liberdade de expressão, comunicação e manifestação de pensamento, nos termos da Constituição Federal [...]". O art. 4º da LMCI acrescenta que o direito ao acesso à informação constitui um dos seus objetivos.

Porém, o inciso X, do art. 7º, da LMCI, garante o direito ao esquecimento de forma incondicionada, ao pronunciar que ao usuário de internet no Brasil é assegurado o direito à "exclusão definitiva dos dados pessoais que tiver fornecido a determinada aplicação de internet, a seu requerimento, ao término da relação entre as partes, ressalvadas as hipóteses de guarda obrigatória de registros previstas nesta Lei".

Antes mesmo da vigência da Lei nº 12.965/2014, a jurisprudência brasileira vinha admitido o direito ao esquecimento para os casos em que os fatos veiculados se mostram ofensivos aos direitos da personalidade ou inverídicos, fora do contexto da Internet.

---

[187] ZAGREBELSKY, Gustavo. *El derecho dúctil*. Madrid: Trotta, 1997. p. 16.

Entretanto, diante de acontecimentos verdadeiros, há precedentes que invocam o interesse público na tomada de conhecimento dos fatos, mesmo que a disseminação dos dados contribua para a deterioração da imagem de determinada pessoa.

Em junho de 2013, a Quarta Turma do Superior Tribunal de Justiça julgou dois recursos especiais sobre o "Direito ao Esquecimento", tendo sido a primeira vez que um tribunal superior brasileiro discutiu o tema, *verbis:*

> Assim como é acolhido no direito estrangeiro, é imperiosa a aplicabilidade do direito ao esquecimento no cenário interno, com base não só na principiologia decorrente dos direitos fundamentais e da dignidade da pessoa humana, mas também diretamente do direito positivo infraconstitucional. A assertiva de que uma notícia lícita não se transforma em ilícita com o simples passar do tempo não tem nenhuma base jurídica. O ordenamento é repleto de previsões em que a significação conferida pelo direito à passagem do tempo é exatamente o esquecimento e a estabilização do passado, mostrando-se ilícito, sim, reagitar o que a lei pretende sepultar. Precedentes de direito comparado.[188]

Entretanto, o Superior Tribunal de Justiça esclareceu que o direito ao esquecimento não detém caráter absoluto, havendo de ser balizado pela ponderação dos valores envolvidos. No julgamento do HC nº 256210/SP, porém, optando pelo direito ao esquecimento, o tribunal o associou ao direito à esperança, e admite o direito ao esquecimento aos "[...] condenados que cumpriram integralmente a pena e, sobretudo, dos que foram absolvidos em processo criminal".[189]

Percebe-se, pela da jurisprudência do Superior Tribunal de Justiça, anterior à Lei do Marco Civil sobre o direito ao esquecimento, que ela restringia-se a conteúdos caluniosos ou difamatórios, porém, no âmbito da Internet, o direito ao esquecimento está relacionado com a prerrogativa personalíssima potestativa e incondicionável que deve possuir um cidadão de apagar seus dados pessoais mesmo que verdadeiros e independentemente de ilícito penal ou civil.

---

[188] BRASIL. Superior Tribunal Justiça. REsp nº 1334097/RJ. Rel. Min. Luis Felipe Salomão. Publicação: 28.05.2013.

[189] BRASIL. Superior Tribunal Justiça. HC nº 256210/SP. Rel. Min. Rogerio Schietti Cruz. Publicação: 13.12.2013.

Diferentemente da proposta de lei europeia, a LMCI brasileira não condicionou o exercício do direito ao esquecimento à comprovação de qualquer requisito que não fosse a vontade do titular do direito. Apresenta-se, portanto, como um direito subjetivo de natureza potestativa, na medida em que o seu exercício não depende da vontade do sujeito passivo. A relação jurídica mantida entre o usuário e o provedor de aplicações de Internet pode ser rescindida imotivadamente a qualquer tempo pelo usuário.

O direito ao esquecimento só não detém caráter absoluto porque a LMCI ressalva que os provedores não podem excluir prontamente todas as informações dos usuários, pois devem observar outros preceitos relativos à guarda de dados, prescritos pela própria lei, os quais impõem que os registros relativos à conexão dos usuários à Internet devem ficar preservados pelo prazo de um ano, bem como os pertinentes aos acessos dos usuários às aplicações de Internet, os quais devem ser mantidos pelo prazo de seis meses.

Note-se, no entanto, que no âmbito do direito eleitoral, conquanto deva-se garantir aos usuários de internet, na relação jurídica que mantêm com os provedores de internet, o direito de ver retiradas informações suas do provedor do qual era usuário, tal direito não se estende de forma a garantir que o usuário possa postular em juízo a concessão de ordem judicial que determine aos provedores de aplicações de internet que retirem postagens de outros usuários acerca do cometimento de atos ilícitos praticados por terceiros, exceto quando representativos de propaganda eleitoral irregular. O contrário importaria em ferimento da garantia da liberdade de expressão, expressamente estampada no art. 57-D da Lei nº 9.504/1997:

> É livre a manifestação do pensamento, vedado o anonimato durante a campanha eleitoral, por meio da rede mundial de computadores – internet, assegurado o direito de resposta, nos termos das alíneas a, b e c do inciso IV do §3º do art. 58 e do 58-A, e por outros meios de comunicação interpessoal mediante mensagem eletrônica.

Em suma, trasladando o direito ao esquecimento regulado no inciso X, do art. 7º da LMCI, para o campo do direito da propaganda eleitoral, tem-se que ele se refere apenas à garantia da "exclusão definitiva dos dados pessoais que tiver fornecido a determinada aplicação de internet, a seu requerimento, ao término da relação entre as partes [...]". Portanto, na seara da propaganda eleitoral há de prevalecer o direito à informação postada pelos usuários em geral, nos limites estabelecidos pela Lei nº 9.504/1997, isto é, desde que não se trate de propaganda irregular, mas nada impede que os usuários divulguem em seus perfis e compartilhem notícias (gratuitamente) sabidamente verdadeiras sobre os candidatos em disputa, já que o valor supremo numa eleição há de ser a liberdade de expressão e o interesse público quanto à difusão da informação. Nesse toar, o Tribunal Regional Eleitoral do Mato Grosso do Sul decidiu:

> Afasta-se a alegação de que deve incidir, na espécie, o direito ao esquecimento, porquanto essa teoria está ligada ao fato de uma pessoa não poder carregar para sempre o estigma de algum ato desonroso. Ou seja, não serve para afastar a responsabilidade do autor de um ilícito.[190]

4.11 O uso de *cookies* e *spams* na propaganda eleitoral

Cookies são progragmas que seguem os usuários pela internet e, em seguida, são gravados no disco rígido do computador ou demais terminais de acesso à internet. Eles ficam na memória RAM do aparelho computacional e são ativados quando o usuário acessa a rede novamente, possibilitando que as aplicações de internet sejam capazes de captar as preferências dos seus clientes, e, depois, utiliza essas informações nos direcionamentos dos impulsionamentos, em anúncios publicitários e nas ferramentas de busca.

As informações coletadas sobre a navegação feita pelo internauta são enviadas através de browsers (navegadores da internet), para aquele que introduziu o *cookie*, qual seja, o webmaster – responsável pelo conteúdo e funcionamento das informações do site –, ou um de seus subordinados.[191] Apesar de serem um meio de coleta

---

[190] BRASIL. Tribunal Regional Eleitoral-MS. RE nº 26520. Ivinhema – MS. Relator: Raquel Domingues do Amaral. Publicação: 24.02.2017.
[191] SILVA NETO, Amaro Moraes e. *Privacidade na internet*: um enfoque jurídico. Bauru, SP: EDIPRO, 2001. p. 75.

de dados não explícita, eles operam com o consentimento do usuário, pois na maioria dos termos e condições das aplicações consta cláusula contratual que autoriza o uso dos *cookies*. Os sistemas dos sites que são acessados usam os *cookies* geralmente para distinguir os utilizadores e memorizar preferências. Os sites de comércio eletrônico são os que mais utilizam os *cookies* com o intuito de gravar a preferência do usuário (as opções que assinalou, por exemplo) para evitar que ele precise escrever ou selecionar novamente, poupando o seu tempo e vendendo melhor.[192]

Os *cookies* são, portanto, uma ferramenta tecnológica de "espionagem" que muitos sites adotam para descobrir informações a respeito dos usuários, como seus gostos e preferências, com o propósito de, a princípio, personalizar o acesso destes, mas, prestam-se, sobretudo, a repassar informações comercialmente relevantes às empresas que oferecem produtos ou serviços pesquisados pelos internautas vigiados pelos *cookies*.

Os *cookies* são, ainda, denominados de pequenos pacotes de informação[193] ou de "truques de programação" criativos.[194] São capazes de obter informações pessoais relevantes do usuário de internet, tais como o número do IP do terminal de acesso à rede utilizado, o navegador respecitvo, o sistema operacional utilizado, o horário de acesso e áreas mais visitadas do sítio eletrônico, de qual outro sítio originou-se o acesso, isso quando o acesso tenha decorrido de um *link*, dentre outras possibilidades. O acesso ao número do IP já basta para configurar invasão de privacidade. Ele fornece o provedor, o navegador e o sistema operacional do usuário, sendo possível descobrir a identidade real e a localização de um internauta. Embora seja vital para encontrar criminosos cibernéticos, compromete o direito à intimidade do usuário comum, que pode ter seu nome e endereço abertos a muitas pessoas.[195]

---

[192] ALDEIAS, Marisa. *Cookies*: uma ameaça à privacidade. 2011/2012. p. 4. Disponível em: http://web.fe.up.pt/~jmcruz/seginf/seginf.1112/trabs-als/final/G1-T6.cookies.final.pdf. Acesso em: 19 jul. 2014.

[193] QUEIROZ, Danilo Duarte de. Privacidade na Internet. *In*: *Direito da informática*: temas polêmicos. Bauru, SP: EDIPRO, 2002. p. 87.

[194] ZANIOLO, Pedro Augusto. *Crimes modernos*: o impacto da tecnologia no direito. 2. ed. Curitiba: Juruá, 2012. p. 449.

[195] QUEIROZ, Danilo Duarte de. Privacidade na Internet. *In*: *Direito da informática*: temas polêmicos. Bauru, SP: EDIPRO, 2002. p. 88.

Quanto aos *spams*, estes consistem em mensagens não solicitadas e que são remetidas aos usuários através de e-mail ou mecanismos de envio eletrônico como o SMS ou Messenger e similares. É comum recebermos propostas contratuais em nossa caixa postal eletrônica, sem a nossa solicitação. Não raro propostas solicitam uma negativa do destinatário, sob pena de se considerar efetuado contrato eletrônico. No geral, a doutrina vem concebendo que os *spams* constituem-se numa prática ilegal e abusiva de invasão de privacidade e, geralmente, estão relacionados aos *cookies*. A doutrina tem discutido a responsabilidade civil das pessoas que enviam *spams*, as quais são chamadas de *spammers*. Em obra monográfica sobre o tema, Amaro Moraes e Silva Neto adverte:

> Esse invasor digital é civilmente responsável pelos danos decorrentes do *spamming* porque age culposamente, porque seu ato é ilícito e porque há nexo causal inequívoco entre sua ação e o resultado pretendido (o recebimento do spam pelo destinatário). Sua culpabilidade se cristaliza quando ele pressiona a tecla ENTER para dar início ao *spamming*. A ilicitude do spam se manifesta por violar, entre outros direitos, a privacidade dos *webnautas*, uma prerrogativa constitucional regulamentada, em parte, pelo art. 21, CC/2002.[196]

Doutrina e jurisprudência vêm rechaçando a juridicidade dessa prática, embora o *spam* seja uma prática usual. É preciso revisitar esse posicionamento que rechaça o uso de *cookies* e de *spams*, pura e simplesmente.

Na seara eleitoral, a propósito, não há vedação na Lei nº 9.504/1997 sobre a utilização de *cookies* ou *spams* em propaganda eleitoral, entretanto, considerando que eles são programas que importam em invasão da privacidade, é necessário que o seu uso seja consentido, devendo as aplicações contratadas e os próprios sítios de candidatos, partidos políticos e coligações conterem cláusula contratual expressa ou advertência constante da página virtual sobre o uso de *cookies*.

Na verdade, não há como as aplicações de internet fazerem impulsionamentos de conteúdos, os quais estão consentidos pela

---

[196] SILVA NETO, Amaro Moraes e. *Emails indesejados à luz do direito*. São Paulo: Quartier Latin, 2002. p. 175.

Lei nº 9.504/1997, sem utilizar *cookies* e *spams*. Esses mecanismos ou ferramentas informáticas de quebra da privacidade, aliás, têm sua utilização expressamente regulamentada pelas cláusulas contratuais constantes dos termos e condições de Facebook, Google, Twitter, WhatsApp, Telegram, etc. Os usuários dessas redes, portanto, de antemão já anuíram ao uso de *cookies* e *spams* por essas aplicações ou sistemas telemáticos, não podendo, em sucessivo, alegar ilicitude, pois tal conduta representa um verdadeiro *venire contra factum proprium*.

O seu uso, no âmbito de atuação dessas aplicações e similares, é lícito. Na página do Facebook (2018), por exemplo, constam de forma expressa e clara os respectivos termos e condições de uso, aos quais o usuário adere se quiser, e neles consta a seguinte informação:

> Se você tem uma conta do Facebook, usa os Produtos do Facebook, inclusive nossos sites e aplicativos, ou visita outros sites e aplicativos que usam os Produtos do Facebook (inclusive o botão Curtir ou outras Tecnologias do Facebook), saiba que usamos *cookies*. Os *cookies* permitem que o Facebook lhe ofereça nossos produtos e entenda as informações que recebemos sobre você, como informações sobre seu uso de outros sites e aplicativos, ou se você está cadastrado ou conectado.

O que a legislação eleitoral exige, quanto aos impulsionamentos é que:
 a) as aplicações de internet que possibilitem impulsionamentos pagos de conteúdos eleitorais deverão contar com um canal de comunicação com seus usuários;
 b) não podem ser utilizadas ferramentas digitais que não sejam disponibilizadas pelos provedores da aplicação de internet contratada, ainda que gratuitas, para alterar o teor ou a repercussão de propaganda eleitoral, tanto próprios quanto de terceiros;
 c) que haja a identificação, de forma inequívoca, de que determinadas mensagens ou matérias sobre candidatos sejam discriminadas como tal;
 d) que sejam contratados exclusivamente por partidos, coligações e candidatos e seus representantes;
 e) que sejam utilizados exclusivamente para propaganda eleitoral positiva dos candidatos, partidos e coligações que os contrataram.

Por sua vez, os *spams* eleitorais quedam-se permitidos pelo art. 57-G da Lei nº 9.504/1997. Devem apenas dispor de mecanismo que permita seu descadastramento pelo destinatário, estando o remetente obrigado a providenciá-lo no prazo de quarenta e oito horas, sob pena de arcar com o pagamento de multa no valor de R$100,00 (cem reais), por mensagem.

4.12 A criminalização da conduta de *fake news* no Código Eleitoral após a vigência da Lei nº 14.192/2021

O art. 323 do Código Eleitoral tipifica como crime a conduta consistente em "Divulgar, na propaganda eleitoral ou durante período de campanha eleitoral, fatos que sabe inverídicos em relação a partidos ou a candidatos e capazes de exercer influência perante o eleitorado". Essa redação foi outorgada pela Lei nº 14.192, de 2021 e, nitidamente, criminaliza a conduta da desinformação eleitoral (*fake news*). Esse delito se consubstancia, independentemente de haver uma denunciação caluniosa da qual advenha procedimento investigativo (penal, administrativo ou civil), ou processo judicial.[197] Trata-se de crime formal, o qual se consuma, simplesmente, com a prática da conduta em si, não sendo relevante para tanto o meio pelo qual ela seja perpetrada. A pena consiste em detenção de dois meses a um ano ou ao pagamento de 120 a 150 dias-multa, no entanto é agravada de 1/3 (um terço) até metade, quando o crime:

> I - é cometido por meio da imprensa, rádio ou televisão, ou por meio da internet ou de rede social, ou é transmitido em tempo real; (Incluído pela Lei nº 14.192, de 2021)
> II - envolve menosprezo ou discriminação à condição de mulher ou à sua cor, raça ou etnia. (Incluído pela Lei nº 14.192, de 2021)

Vê-se que a Lei nº 14.192, de 2021 extirpou qualquer dúvida sobre a configuração do crime quando a conduta for perpetrada pela Internet, detalhe que havíamos sustentado ainda na primeira edição deste livro quando a letra da lei não mencionava textualmente a

---

[197] A pena estabelecida é de detenção de dois meses a um ano, ou pagamento de 120 a 150 dias-multa, a qual é agravada se o crime for cometido pela imprensa, rádio ou televisão.

Internet. A nova lei, portanto, atualizou o conteúdo textual anterior do mesmo dispositivo, adequando-o à realidade da hipercomunicação digital, aparelhando-o para o combate à desinformação eleitoral digital, deixando cristalino que o crime ocorrerá se a conduta for praticada tanto no período da campanha eleitoral, isto é, a partir de 16 de agosto do ano em que ocorrem eleições, ou, simplesmente, em propaganda eleitoral. E ainda acrescentou no §1º do art. 323 do CE, que "Nas mesmas penas incorre quem produz, oferece ou vende vídeo com conteúdo inverídico acerca de partidos ou candidatos".

A concreção da conduta criminosa exige o deliberado intuito de "divulgar" fatos inverídicos, e pode ser cometida por usuários de Internet que compartilham conteúdos sabidamente inverídicos relacionados a partidos e candidatos, desde que reste demonstrado que exerceu influência perante o eleitorado. É deveras relevante frisar que não se exige que a conduta seja suficiente para determinar o resultado de uma eleição, basta que exerça influência sobre o eleitorado, em relação ao qual não foi especificado um determinado percentual ou quantidade de eleitores, significando que o espectro normativo é extremamente abrangente. E muito embora o dispositivo não mencione eventuais agressões a coligações e federações partidárias, considerando que essas agremiações são constituídas por partidos políticos, obviamente, que elas também estão abrangidas, *rectius*, protegidas, na condição vítimas pelo manto da criminalização da conduta descrita no caput do art. 323 do CE.

Percebe-se que a criminalização das *fake news* é antiga, já que o art. 323 do CE possui redação originária, a qual remonta a 15 de julho do ano de 1965, data da promulgação da Lei nº 4.737, que instituiu o atual Código Eleitoral. Mas, se, por um lado, o crime é de natureza formal, por outro, exige o dolo específico da divulgação de conteúdo sabidamente inverídico, portanto falso, com o intuito de prejudicar ou beneficiar candidatos. A questão da influência perante o eleitorado há de ser apurada e provada na instrução criminal do caso concreto. O Tribunal Superior Eleitoral esclareceu o que "[...] o tipo penal indicado não exige que os fatos tenham potencial para definir a eleição, bastando que sejam capazes de exercer influência perante o eleitorado".[198]

---

[198] BRASIL. Tribunal Superior Eleitoral. AgR-RMS nº 10404. Publicação: 25.6.2015.

Nesse compasso, é preciso registrar que esse acórdão do Tribunal Superior Eleitoral fora proferido há mais de quatro anos após a Lei Complementar nº 135/2010 haver acrescentado ao art. 22 da Lei das Inelegibilidades (Lei Complementar nº 64/1990), o inciso XVI, que passou a conceber que, para fins de configuração de abuso de poder (econômico, político ou dos meios de comunicação social) não deve ser considerada a "[...] potencialidade de o fato alterar o resultado da eleição, mas apenas a gravidade das circunstâncias que o caracterizam".

4.13 A criminalização da denunciação caluniosa com fins eleitorais

A Lei em questão alterou o Código Eleitoral (Lei nº 4.737, de 15 de julho de 1965), com o escopo específico de tipificar o crime de denunciação caluniosa com finalidade eleitoral. Para tanto, acrescentou ao CE o art. 326-A, o qual passou a conceber como criminosa a conduta de atribuir a alguém a prática de crime ou ato infracional de que o sabe inocente, com finalidade eleitoral, desde que tal conduta dê causa à instauração de procedimento investigatório (penal, administrativo ou civil) ou à demanda de improbidade administrativa.

Rigorosamente falando, o caput do art. 326-A do CE repete a tautologia do art. 339 do CP, ao referir à instauração de processo judicial ou ação de improbidade administrativa. Em verdade, ação de improbidade administrativa é espécie do gênero "processo judicial", pelo que é absolutamente desnecessária a menção que lhe é feita, a qual somente pode ser explicada a título de ênfase do legislador relativa a essa espécie de demanda. Em verdade, a conduta já era regulada pelo art. 339 do Código Penal, o qual considera crime a denunciação caluniosa, ainda que limitada à imputação da prática de crime (não de ato infracional) independentemente de haver finalidade eleitoral, comparemos os dois dispositivos:

Código Penal	Código Eleitoral
Art. 339. Dar causa à instauração de investigação policial, de processo judicial, instauração de investigação administrativa, inquérito civil ou ação de improbidade administrativa contra alguém, imputando-lhe crime de que o sabe inocente: (Redação dada pela Lei nº 10.028, de 2000).	Art. 326-A. Dar causa à instauração de investigação policial, de processo judicial, de investigação administrativa, de inquérito civil ou ação de improbidade administrativa, atribuindo a alguém a prática de crime ou ato infracional de que o sabe inocente, com finalidade eleitoral:
Pena – reclusão, de dois a oito anos, e multa. §1º - A pena é aumentada de sexta parte, se o agente se serve de anonimato ou de nome suposto. §2º - A pena é diminuída de metade, se a imputação é de prática de contravenção.	Pena – reclusão, de 2 (dois) a 8 (oito) anos, e multa. §1º A pena é aumentada de sexta parte, se o agente se serve do anonimato ou de nome suposto. §2º A pena é diminuída de metade, se a imputação é de prática de contravenção.

A primeira conclusão extraída da comparação entre esses dois dispositivos é que o art. 326-A do CE é mais amplo que o art. 339 do CP, pelo fato de considerar também caracterizada a conduta com a imputação de ato infracional a alguém, com finalidade eleitoral. Para que esta hipótese ocorra é preciso que o sujeito ativo do crime impute a um candidato o cometimento de ato infracional quando ele (candidato) era ainda adolescente. Esse detalhe é relevante porque, da análise dos arts. 103 a 105 do Estatuto da Criança e do Adolescente, a criança não pratica ato infracional.[199]

Depois, talvez a principal mudança que possa advir no plano fático com a vigência do art. 326-A do CE consista na competência que ele criou para a justiça eleitoral, a qual, agora sem qualquer dúvida, passa a ser competente para processar o julgar o crime de

---

[199] Consoante os arts. 103 a 105 do ECA: "Art. 103. Considera-se ato infracional a conduta descrita como crime ou contravenção penal. Art. 104. São penalmente inimputáveis os menores de dezoito anos, sujeitos às medidas previstas nesta Lei. Parágrafo único. Para os efeitos desta Lei, deve ser considerada a idade do adolescente à data do fato. Art. 105. Ao ato infracional praticado por criança corresponderão as medidas previstas no art. 101.

denunciação caluniosa, que antes era de competência da justiça comum.

Outro efeito factível é a possibilidade de o autor da denunciação caluniosa incidir, concomitantemente, nos dois tipos (art. 339 do CP e art. 326-A do CE). Nesse caso, em razão da conexão, ambos os delitos serão de competência da justiça eleitoral, diante do que dispõe o inciso II, do art. 35 do mesmo código, segundo o qual compete aos juízes eleitorais "II - processar e julgar os crimes eleitorais e os comuns que lhe forem conexos, ressalvada a competência originária do Tribunal Superior e dos Tribunais Regionais", competência essa que foi referendada recentemente pelo TSE.[200]

Havia mais um parágrafo no art. 326-A do CE, o qual foi vetado pelo Presidente da República, cuja redação era a seguinte: "§3º - Incorrerá nas mesmas penas deste artigo quem, comprovadamente ciente da inocência do denunciado e com finalidade eleitoral, divulga ou propala, por qualquer meio ou forma, o ato ou fato que lhe foi falsamente atribuído".[201] Em verdade, o conteúdo do §3º (vetado) já é regulado, de fato, pelos art. 324 do CE.

Mas importa acrescentar que esse último dispositivo limita-se ao crime de propalação eleitoral de calúnia. Em verdade, não apenas a calúnia eleitoral é tipificada como crime, já que os arts. 325 e 326 do CE também consideram crimes as condutas consistentes na divulgação de fatos representativos de difamação e injúria, respectivamente.[202] Em síntese, os crimes contra a honra de candidato

---

[200] Acrescente-se que a alínea "d", do inciso I, do art. 22 do CE, dispõe que são de competência do TSE: "d) os crimes eleitorais e os comuns que lhes forem conexos cometidos pelos seus próprios juízes e pelos juízes dos Tribunais Regionais".

[201] Com o argumento de que o §3º do art. 326-A, do código eleitoral, agrediria o princípio da proporcionalidade, o Presidente da República vetou o dispositivo nos seguintes termos: "A propositura legislativa ao acrescer o art. 326-A, caput, ao Código Eleitoral, tipifica como crime a conduta de denunciação caluniosa com finalidade eleitoral. Ocorre que o crime previsto no §3º do referido art. 326-A da propositura, de propalação ou divulgação do crime ou ato infracional objeto de denunciação caluniosa eleitoral, estabelece pena de reclusão, de dois a oito anos, e multa, em patamar muito superior à pena de conduta semelhante já tipificada no §1º do art. 324 do Código Eleitoral, que é de propalar ou divulgar calúnia eleitoral, cuja pena prevista é de detenção, de seis meses a dois anos, e multa. Logo, o supracitado §3º viola o princípio da proporcionalidade entre o tipo penal descrito e a pena cominada"

[202] Vejamos os seguintes artigos do Código Penal:
Art. 324. Caluniar alguém, na propaganda eleitoral, ou visando fins de propaganda, imputando-lhe falsamente fato definido como crime: Pena – detenção de seis meses a dois anos, e pagamento de 10 a 40 dias-multa. §1º Nas mesmas penas incorre quem, sabendo falsa a

numa disputa eleitoral, ou até mesmo nas situações em que a imputação acontece antes do período eleitoral (art. 36-A da Lei nº 9.504/1997), distinguem-se do delito de denunciação caluniosa pelo fato de ser este último caraterizado pelo ato da denúncia pelo sujeito ativo do crime a uma autoridade policial, administrativa, perante o Ministério Público ou autoridade judicial mediante propositura de demanda, ao passo que os crimes contra a honra regulados nos arts. 324 a 326 do CE consumam-se com a simples propagação do conteúdo ofensivo, o qual pode ocorrer através de qualquer meio (analógico ou digital).

Impende, ainda, pontuar que a prática de divulgar notícias falsas, com finalidade eleitoral, com agressão à honra (calúnia, difamação ou injúria), constitui o objeto dos crimes capitulados nos arts. 324, 325 e 326 do CE, os quais são crimes de natureza formal e não pressupõem a existência de denunciação caluniosa da qual sobrevenha a instauração de investigação (civil, penal ou administrativa) ou a propositura de demanda judicial, incluindo a de improbidade administrativa. Assim, a divulgação de notícias falsas pela internet desassociada de denunciação caluniosa atrai a incidência dos arts. 324, 325 e 326 do CE, se houver agressão à honra de candidato, ao tempo em que afasta a do art. 326-A. Sob outra perspectiva, não se pode desconsiderar a possibilidade de ocorrência de concurso material de crimes (art. 326 e art. 326-A),

---

imputação, a propala ou divulga. §2º A prova da verdade do fato imputado exclui o crime, mas não é admitida: I - se, constituindo o fato imputado crime de ação privada, o ofendido, não foi condenado por sentença irrecorrível; II - se o fato é imputado ao Presidente da República ou chefe de governo estrangeiro; III - se do crime imputado, embora de ação pública, o ofendido foi absolvido por sentença irrecorrível.
Art. 325. Difamar alguém, na propaganda eleitoral, ou visando a fins de propaganda, imputando-lhe fato ofensivo à sua reputação: Pena – detenção de três meses a um ano, e pagamento de 5 a 30 dias-multa. Parágrafo único. A exceção da verdade somente se admite se ofendido é funcionário público e a ofensa é relativa ao exercício de suas funções.
Art. 326. Injuriar alguém, na propaganda eleitoral, ou visando a fins de propaganda, ofendendo-lhe a dignidade ou o decoro: Pena – detenção até seis meses, ou pagamento de 30 a 60 dias-multa. §1º O juiz pode deixar de aplicar a pena: I - se o ofendido, de forma reprovável, provocou diretamente a injúria; II - no caso de retorsão imediata, que consista em outra injúria. §2º Se a injúria consiste em violência ou vias de fato, que, por sua natureza ou meio empregado, se considerem aviltantes: Pena – detenção de três meses a um ano e pagamento de 5 a 20 dias-multa, além das penas correspondentes à violência prevista no Código Penal.

desde que ocorram duas ações distintas caracterizadoras das duas condutas em questão.

Em suma, é possível que da prática do crime de denunciação caluniosa previsto no art. 326-A do CE, semelhantemente ao seu congênere do art. 339 do CP, decorra a agravante estabelecida no §1º, da qual advém o aumento da pena em sua sexta parte, sempre que o agente servir-se de anonimato (o qual é vedado tanto pela Constituição Federal quanto pela Lei nº 9.504/1997) ou de pseudônimo, *rectius*, "nome suposto", para dar causa à instauração de investigação policial, de processo judicial, de investigação administrativa, de inquérito civil ou ação de improbidade administrativa, nos quais atribua a alguém a prática de crime ou ato infracional de que o sabe inocente, com finalidade eleitoral, pois consoante ressalvou o Ministro Henrique Neves, "[...] o nome fictício não pode ser utilizado como subterfúgio daquele que, não se identificando, viole o direito de terceiro ou a legislação".[203]

Enfim, impende reiterar que conquanto não seja vedado o uso de pseudônimo, sua utilização para desiderato ilícito pode dar ensejo ao agravamento da pena prevista no art. 326-A do CE.

---

[203] BRASIL, Tribunal Superior Eleitoral TSE – 2010. Agravo Regimental em Ação Cautelar: AgR-AC 138443.

CAPÍTULO 5

CONDUTAS VEDADAS, PROPAGANDA E ABUSO DE PODER

5.1 Condutas vedadas e o conceito de agentes públicos

O art. 73 da Lei nº 9.504/1997 elenca quais são as condutas que os agentes públicos não podem praticar nos anos em que haja eleições, bem como os prazos respectivos para cada um dos tipos de condutas proibidas. Os sujeitos sobre os quais recai a vedação da prática das condutas proibidas são os "agentes públicos". São considerados agentes públicos para esse fim não apenas as pessoas que exercem cargo público em decorrência de eleição, como a chefia do poder executivo (Federal, Estadual, Distrital ou Municipal), ou através de concurso público.

O conceito é deveras amplo, pois engloba qualquer pessoa física que estiver no exercício de qualquer cargo, emprego ou função pública, ainda que temporariamente. Também não há necessidade de a pessoa ser, ou não, remunerada. Ademais, estende-se às autarquias, fundações públicas, sociedades de economia mista e empresas públicas. A teleologia que justifica a restrição da prática das condutas objeto deste item consiste na preservação da isonomia entre as pessoas que disputarão cargo eletivo, ou seja, a restrição é de índole garantista, porquanto objetiva, como adverte o *caput* do art. 73 da Lei nº 9.504/1997, evitar "condutas tendentes a afetar a igualdade de oportunidades entre candidatos nos pleitos eleitorais". A propósito, Pedro Roberto Decomain pontua que essas restrições visam a impedir "[...] que qualquer agente público possa abusar de suas funções, com o propósito de trazer com isso algum benefício para o candidato ou para o partido de sua preferência".[204]

Estará configurada a proibição da prática das condutas adiante discriminadas pelo simples fato de a pessoa estar no exercício de uma função estatal, ainda que delegada. Nesse sentido, o §1º do art. 73, da Lei nº 9.504/1997, especifica que:

> Reputa-se agente público, para os efeitos deste artigo, quem exerce, ainda que transitoriamente ou sem remuneração, por eleição, nomeação, designação, contratação ou qualquer outra forma de investidura ou vínculo, mandato, cargo, emprego ou função nos órgãos ou entidades da administração pública direta, indireta, ou fundacional.

No geral, sobretudo no âmbito do direito administrativo, a figura do "agente público" queda-se atrelada às pessoas físicas. O direito eleitoral segue a mesma senda, considerando como agente público a pessoa física, natural, que exerce qualquer uma das funções acima elencadas no §1º do art. 73, da Lei nº 9.504/1997. A aplicação da sanção de cassação de registro ou de diploma, bem como a inelegibilidade, pela prática de conduta vedada, limita-se, por óbvio, às pessoas físicas. Isso não quer dizer, noutra ponta, que pessoas jurídicas participantes da prática de condutas vedadas não possam sofrer outros tipos de sanções, como a aplicação de multa e outras de naturezas distintas. Nesse sentido, o Tribunal Regional do Mato Grosso já decidiu que:

> Não prospera a alegação de ilegitimidade passiva de coligação e de candidato, possíveis beneficiários de publicidade institucional realizada em período vedado, o que, em tese, poderia configurar propaganda eleitoral irregular em sítio eletrônico de pessoa jurídica, eis que, mesmo que não sejam responsáveis pela produção e veiculação da matéria, são potenciais beneficiários da conduta. A manutenção em sítio eletrônico de pessoa jurídica de propaganda institucional no período de três meses que antecedem o pleito configura conduta vedada, não sendo relevante para aplicação de sanção aos beneficiários que a matéria tenha sido produzida ou veiculada, também, antes do referido período.[205]

---

[204] DECOMAIN, Pedro Roberto. *Condutas vedadas aos agentes públicos em campanha eleitoral.* Florianópolis: Resenha Eleitoral – Nova Série, v. 7, n. 2, p. 3, jul./dez. 2000.
[205] BRASIL. Tribunal Regional Eleitoral-MT. Rp nº 285928. Publicação: 16.03.2011.

Interessa esclarecer que o conceito de agente público aqui analisado não se limita às pessoas que atuam para o poder executivo ou nele mesmo, mas espraia-se, igualmente, aos integrantes dos demais poderes, incluindo o Ministério Público e os Tribunais de Contas. E não só aos membros de poder, mas a todos que lhes prestem serviços.

Passemos à análise das hipóteses tipificadas na Lei nº 9.504/1997.

5.1.1 Cessão ou uso de bens públicos

O inciso I, do art. 73, da Lei nº 9.504/1997, estabelece que é proibido aos agentes públicos

> ceder ou usar, em benefício de candidato, partido político ou coligação, bens móveis ou imóveis pertencentes à administração direta ou indireta da União, dos Estados, do Distrito Federal, dos Territórios e dos Municípios, ressalvada a realização de convenção partidária.

A regra, no entanto, sofre uma exceção prevista no §2º, do mesmo art. 73, o qual permite o uso, em campanha, de transporte oficial pelo Presidente da República, desde que seja feito o ressarcimento das despesas dele derivadas, incluindo as da comitiva em campanha eleitoral. Esse ressarcimento é de responsabilidade do partido político ou coligação a que o presidente, candidato à reeleição, estiver vinculado e deve considerar e corresponder ao tipo de transporte utilizado, observando-se a tarifa correspondente no mercado ao tipo de veículo em questão. Tal tarifa deve ser cobrada no trecho efetivamente utilizado. O art. 76 da Lei nº 9.504/1997, porém, ressalva que no caso de uso do avião presidencial, o valor a ser ressarcido deve corresponder ao do aluguel de uma aeronave de propulsão a jato do tipo táxi aéreo.

O prazo para a efetivação do ressarcimento é de dez dias úteis contados da realização do primeiro turno das eleições, ou a partir da realização do segundo turno, se houver. Havendo inadimplemento, o Ministério Público Eleitoral deve ser cientificado, pelo órgão de controle interno, para análise da situação concreta, e analisar a possibilidade de oferecimento de denúncia à Justiça Eleitoral. A sanção respectiva consistirá numa multa correspondente ao dobro das despesas, a qual será duplicada para cada reiteração de conduta.

Aplica-se, ainda, a exceção regulada pelo §2º, do art. 73, da Lei nº 9.504/1997, ao uso de residências oficiais para realização de contatos, encontros e reuniões relativos à campanha eleitoral do Presidente e Vice-Presidente da República, Governador e Vice-Governador de Estado e do Distrito Federal, Prefeito e Vice-Prefeito, desde que não tenham caráter de ato público ou de propaganda eleitoral, a qual não é permitida em bens públicos, considerando a restrição prevista no art. 37 da mesma Lei, segundo a qual:

> Nos bens cujo uso dependa de cessão ou permissão do poder público, ou que a ele pertençam, e nos bens de uso comum, inclusive postes de iluminação pública, sinalização de tráfego, viadutos, passarelas, pontes, paradas de ônibus e outros equipamentos urbanos, é vedada a veiculação de propaganda de qualquer natureza, inclusive pichação, inscrição a tinta e exposição de placas, estandartes, faixas, cavaletes, bonecos e assemelhados.

Quanto ao período a partir do qual se configura a infringência e incidência do inciso I, do art. 73 da Lei nº 9.504/1997, o Tribunal Superior Eleitoral alterou entendimento anterior para considerar que a vedação somente se aplica a partir do registro da candidatura, vejamos:

> A hipótese de incidência do inciso I do referido art. 73 é direcionada às candidaturas postas, não sendo possível cogitar sua aplicação antes de formalizado o registro de candidatura. Precedente do Tribunal Superior Eleitoral. 3. O ato de se publicar ou ilustrar determinado fato num sítio da internet, ou em qualquer outro veículo de comunicação e divulgação, não tem, por si, o poder de convertê-lo em ato público, para os fins eleitorais, considerada a inteligência do §2º do art. 73 da Lei nº 9.504/97. Não vislumbrado, na espécie, o objetivo de transformar o evento em algo com grande amplitude.[206]

Importa frisar que "[o] emprego de informações e conteúdos noticiosos sobre obras governamentais não se amolda à conduta vedada descrita no art. 73, I, da Lei das Eleições", como esclareceu o Tribunal Regional Eleitoral do Rio Grande do Norte, ao considerar

---

[206] BRASIL. Tribunal Superior Eleitoral. Representação nº 14562. Relator: Min. Admar Gonzaga Neto. Publicação: 07.08.2014.

que não seria possível conceber como caracterizado o uso ou a cessão de patrimônio público em favor de determinada candidatura nessas circunstâncias. Nesse caso, restou nítida a distinção entre a conduta regulada pelo inciso I, do art. 73, da Lei nº 9.504/1997, com a prevista no inciso VI do mesmo artigo, ou seja, publicidade institucional, porquanto, nesse contexto, não é possível caracterizar o uso ou a cessão de patrimônio público em favor de candidatos.[207]

5.1.2 Uso de materiais ou serviços custeados pelos Governos ou Casas Legislativas

Para que o uso desses materiais ou serviços configure abuso de poder e dê ensejo à cassação de diploma ou de registro de candidatura, é preciso que exorbitem as prerrogativas constantes dos regimentos e normas dos próprios órgãos a que integram os governantes respectivos, e que, ademais, configure conduta grave capaz de afetar a legitimidade da eleição, o que representa um óbice difícil de ser transposto.

Como aponta Decomain, a vedação em questão objetiva a proibição do "[...] uso excessivo de materiais e serviços colocados a serviço de mandatários, especialmente parlamentares, para o desempenho de suas tarefas".[208]

A configuração da conduta em desconformidade com o dispositivo do inciso II, do art. 73, da Lei nº 9.504/1997, pressupõe a prova do cometimento do excesso:

> Se o limite permitido pelos respectivos regimentos, assim como pelas normas que regulem tais benefícios eventualmente concedidos a outros servidores públicos, forem excedidos com o deliberado propósito de permitir benefício a partido, coligação ou candidato, ocorrerá evidentemente desvirtuamento de sua finalidade, com incidência das sanções previstas no dispositivo.[209]

---

[207] BRASIL. Tribunal Regional Eleitoral-RN. Recurso Eleitoral nº 54669 RN. Publicação: 08.11.2013.

[208] DECOMAIN, Pedro Roberto. *Condutas vedadas aos agentes públicos em campanha eleitoral.* Florianópolis: Resenha Eleitoral – Nova Série, v. 7, n. 2, jul./dez. 2000.

[209] DECOMAIN, Pedro Roberto. *Condutas vedadas aos agentes públicos em campanha eleitoral.* Florianópolis: Resenha Eleitoral – Nova Série, v. 7, n. 2, jul./dez. 2000.

Ademais, o Tribunal Regional Eleitoral do Paraná ainda acrescenta que a configuração da conduta vedada pelo inciso II, do art. 73, da Lei nº 9.504/1997, só se evidencia diante da demonstração do desvio da finalidade pública a que se deve atrelar o uso de materiais ou serviços, custeados pelos Governos ou Casas Legislativas, bem como que a conduta seja expressiva, isto é, grave, vejamos:

> A ausência de demonstração da finalidade eleitoral do uso do bem ou serviço, tal como ocorreu com o registro do ramal telefônico da prefeitura como contato da Comissão Provisória do Partido da República, impede a incidência da regra prevista no artigo 73, II, da Lei nº 9.504/97. 4. Não configura a conduta vedada o ato absolutamente inexpressivo e inócuo, que não tem o condão de lesionar o bem jurídico tutelado pela norma. 5. Representação improcedente. Recurso provido.[210]

5.1.3 Cessão ou uso de servidor público ou empregado da administração direta ou indireta Federal, Estadual ou Municipal do Poder Executivo

Esta conduta é proibida pelo inciso III, do art. 73, da Lei nº 9.504/1997, e visa a obstar que os agentes públicos possam se beneficiar, direta ou indiretamente, através dos serviços prestados pelos servidores públicos e empregados da administração pública, durante o horário do expediente normal, em comitês de campanha eleitoral de candidato, partido político ou coligação.

A obstaculização não se limita apenas à prestação do serviço em comitês de campanha ou que ocorra fora da sede ou local do trabalho no horário do expediente normal. A teleologia da regra quer impedir o desvio da finalidade do serviço público, de modo que se configura a sua infringência sempre que houver a prestação do serviço mesmo que ele ocorra dentro do local de trabalho em horário de expediente normal.

A Lei nº 9.504/1997 não impede que servidores ou empregados possam prestar serviços a candidatos, partidos políticos ou

---

[210] BRASIL. Tribunal Regional Eleitoral-PR. RE nº 15170 PIRAÍ DO SUL – PR. Relator: Nicolau Konkel Júnior. Publicação: 16.03.2017.

coligações, já que a vedação da conduta neste caso refere a tal proibição no "horário do expediente normal", ressalvando que se o servidor ou o empregado estiver licenciado, poderá prestar esses serviços inclusive no horário do expediente normal fora do local de trabalho, considerando que estarão afastados de suas funções públicas. A Lei das eleições não especificou a espécie de licença, pelo que é irrelevante que seja, ou não, remunerada, já que não se pode interpretar mediante ampliação da literalidade da Lei para aplicação de sanção. Sobre o assunto, o Tribunal Superior Eleitoral ampliou a ressalva que excepciona a vedação, para excluir da proibição o servidor ou o empregado que se encontrar em gozo de férias remuneradas.[211]

5.1.4 Fazer ou permitir uso promocional em favor de candidato, partido político ou coligação, de distribuição gratuita de bens e serviços de caráter social custeados ou subvencionados pelo Poder Público

As políticas públicas de distribuição de renda, bens ou serviços não podem enaltecer, ou, de qualquer forma, favorecer candidatos em disputa eleitoral, não podendo servir de moeda de troca para obtenção de voto do eleitor, sob pena de a conduta que, por si só, já é proibida, ser agravada pela caracterização de captação ilícita de sufrágio se ocorrer após o registro da candidatura até o dia da eleição, como pronuncia o art. 41-A da Lei nº 9.504/1997, caracterizando-se como conduta cuja gravidade há de ser apurada no caso concreto, a fim de se perquirir sobre a incidência, ou não, do art. 22 da Lei das Inelegibilidades.

Entretanto, o entendimento do Tribunal Superior Eleitoral firma-se no sentido de que "[...] a configuração da conduta vedada prevista neste inciso não está submetida a limite temporal fixo

---

[211] BRASIL. Tribunal Superior Eleitoral. Res. nº 21854/2004.

ou a existência de candidaturas registradas perante a Justiça Eleitoral".[212]

Decomain observa, com precisão e acerto, que a vedação que se faz neste dispositivo ora comentado não atinge os programas sociais já iniciados antes do período proibido:

> Não se proíbe, porém, a continuidade da distribuição gratuita de bens ou serviços, que já vinha sendo anteriormente realizada. Programas de assistência alimentar, distribuição gratuita de medicamentos, prestação de serviços de assistência médica e odontológica podem e devem continuar a ser realizados. Só não podem ser aproveitados como ocasião para realizar-se qualquer espécie de propaganda eleitoral.[213]

Esse dispositivo mantém uma relação de pertinência tipológica com a regra prevista no art. 77, da Lei nº 9.504/1997, segundo o qual, "[é] proibido a qualquer candidato comparecer, nos 3 (três) meses que precedem o pleito, a inaugurações de obras públicas". O parágrafo único deste artigo, por sua vez, adverte que a infringência da norma proibitiva do *caput* sujeita o infrator à cassação do registro ou do diploma. Por outro lado, em consideração ao fato de que não se pode engessar a máquina pública, o Tribunal Superior Eleitoral excluiu da vedação deste art. 77 e da proibição prevista no inciso IV, do art. 73, ambos da Lei nº 9.504/1997, as solenidades de sorteio de casas populares, insculpindo que a interpretação desses dispositivos há de ser restritiva.[214]

5.1.5 Nomeação, contratação, remoção, transferência ou demissão sem justa causa, supressão de vantagens ou por outros meios dificultar ou impedir o exercício funcional

Conquanto o dispositivo contenha um rol extremamente amplo de limitações da atuação administrativa visando à proteção

---
[212] BRASIL. Tribunal Superior Eleitoral. REspe nº 71923. Publicação: 25.8.2015.
[213] DECOMAIN, Pedro Roberto. *Condutas vedadas aos agentes públicos em campanha eleitoral*. Florianópolis: Resenha Eleitoral – Nova Série, v. 7, n. 2, jul./dez. 2000.
[214] BRASIL. Tribunal Superior Eleitoral. Respe nº 1527171/SP. Relator: Min. João Otávio de Noronha. Publicação: 02.10.2014.

do servidor público, nele não se inclui a realização de concurso público para o preenchimento de vagas e formação de lista de espera de cargos do poder executivo, mas a contratação ou a nomeação em si mesmas. No entanto, no tocante ao fato de a proibição de remoção, transferência e demissão aventadas no inciso V, do art. 73, da Lei nº 9.504/1997, terem se restringido à proteção do "servidor público", a jurisprudência ampliou esse rol para vedar, igualmente, a demissão, a transferência ou a remoção dos empregados de empresas prestadoras de serviço contratadas pelo poder público, com o desiderato de impedir que agentes públicos que detenham poder de gestão e decisão administrativas possam influenciar os proprietários das empresas prestadoras de serviços para que estas pratiquem, por via transversa, as condutas que não poderiam ser praticadas pelos próprios agentes públicos.

A vedação contém uma limitação de ordem territorial e outra de natureza temporal. A primeira consiste no fato de não se poder extrapolar a remoção ou a transferência, a demissão, a exoneração e as demais condutas pertinentes previstas no inciso V, do art. 73, da Lei nº 9.504/1997, na circunscrição do pleito eleitoral. E a segunda é que é defeso ao administrador público demitir, sem justa causa, servidor público, na circunscrição do pleito, nos três meses anteriores à eleição até a posse dos eleitos, sob pena de nulidade de pleno direito. Em homenagem à mesma teleologia, é defeso que nesse período as prestadoras de serviços pratiquem as condutas que são vedadas aos agentes públicos, o que não impede, por lógica dedução da exceção estipulada no inciso V, do art. 73, da Lei nº 9.504/1997, que haja demissão por justa causa.

Porém, não se incluem no âmbito das proibições ventiladas pelo inciso V, do art. 73 da Lei nº 9.504/1997, as seguintes situações jurídicas:

> a) a nomeação ou a exoneração de cargos em comissão e designação ou dispensa de funções de confiança;
>
> b) a nomeação para cargos do Poder Judiciário, do Ministério Público, dos Tribunais ou Conselhos de Contas e dos órgãos da Presidência da República;
>
> c) a nomeação dos aprovados em concursos públicos homologados até o início daquele prazo;

d) a nomeação ou contratação necessária à instalação ou ao funcionamento inadiável de serviços públicos essenciais, com prévia e expressa autorização do Chefe do Poder Executivo;

e) a transferência ou a remoção *ex officio* de militares, policiais civis e de agentes penitenciários;

O inciso VIII, do mesmo art. 73, da Lei nº 9.504/1997, ainda impede os administradores públicos de fazerem, na circunscrição do pleito, revisão geral da remuneração dos servidores públicos que exceda a recomposição da perda de seu poder aquisitivo ao longo do ano da eleição. Tenciona-se, portanto, evitar o uso da máquina pública na concessão de aumentos remuneratórios capazes de influenciar os servidores públicos beneficiados a retribuírem o benefício em forma de voto. Esta proibição incide a partir de cento e oitenta dias antes da eleição e perdura até a posse dos candidatos eleitos.

Atento ao uso indevido da máquina pública para a captação de votos através da concessão de aumentos na remuneração dos servidores públicos, o Tribunal Superior Eleitoral concebe que:

> a concessão de benefícios a servidores públicos estaduais nas proximidades das eleições municipais pode caracterizar abuso do poder político, desde que evidenciada a possibilidade de haver reflexos na circunscrição do pleito municipal, diante da coincidência de eleitores.[215]

5.1.6 Transferência voluntária de recursos da União aos estados e municípios, e dos estados aos municípios

A alínea "a" do inciso VI, do art. 73, da Lei nº 9.504/1997, acrescenta que no período correspondente aos três meses anteriores às eleições não é permitida a realização de transferência espontânea de recursos pertencentes à União para os estados e municípios, e que os estados não podem repassar recursos aos municípios no mesmo período, sob pena de nulidade. A Lei, porém, excepciona

---

[215] BRASIL. Tribunal Superior Eleitoral. REspe nº 26054. Publicação: 8.8.2006.

dessa proibição a transferência de recursos destinados a cumprir obrigação formal preexistente para execução de obra ou serviço em andamento e com cronograma anteriormente estabelecido, bem como os destinados ao atendimento de situações emergenciais e de calamidade pública.

O conceito de "transferência voluntaria" de valores e repasse de recursos financeiros para esse fim vem explicitado no *caput* do art. 25, da Lei de Responsabilidade Fiscal (Lei Complementar nº 101/2000), o qual consiste na "[...] entrega de recursos correntes ou de capital a outro ente da Federação, a título de cooperação, auxílio ou assistência financeira, que não decorra de determinação constitucional, legal ou os destinados ao Sistema Único de Saúde".

5.1.7 Restrições à publicidade institucional

A alínea "b", do inciso VI, do art. 73, da Lei nº 9.504/1997, proíbe que se proceda, nos três meses anteriores ao pleito eleitoral, a autorização de publicidade institucional dos atos, programas, obras, serviços e campanhas dos órgãos públicos federais, estaduais ou municipais, ou das respectivas entidades da administração indireta. Essa restrição, todavia, não ocorrerá em caso de grave ou urgente necessidade pública, desde que reconhecida pela Justiça Eleitoral. Também está fora da proibição desta alínea a propaganda de produtos e serviços que tenham concorrência no mercado.

A Lei nº 14.356, de 2022 alterou o inciso VII do art. 73 da Lei nº 9.504/1997, o qual, até então, considerava vedada a conduta consistente na realização de despesas com publicidade dos órgãos públicos quando excediam "[...] a média dos gastos no primeiro semestre dos três últimos anos que antecedem o pleito". O dispositivo foi alterado e a lei passou levar em consideração as despesas excedentes "[...] a 6 (seis) vezes a média mensal dos valores empenhados e não cancelados nos 3 (três) últimos anos que antecedem o pleito".

Não se pode utilizar a publicidade institucional com o objetivo de promoção de candidato a cargo eletivo, ainda que de maneira disfarçada. Os dois dispositivos da Lei nº 9.504/1997, tratados neste item, impõem limites temporais que estabelecem não apenas o momento final da contratação de publicidade de governo (três a seis meses anteriores ao pleito), mas incluem, outrossim, a vedação à continuação ou à permanência, em período vedado, da veiculação da publicidade contratada ou executada anteriormente, em período permitido.

Noutras palavras, não é permitida a continuação da publicidade institucional nos meios de comunicação social, inclusive os oficiais: I) obstada pela alínea "b", do inciso VI, do art. 73, da Lei nº 9.504/1997, ou seja, dos atos, programas, obras, serviços e campanhas dos órgãos públicos federais, estaduais ou municipais, ou das respectivas entidades da administração indireta; II) vedada pelo inciso VII, do art. 73, da Lei nº 9.504/1997, isto é, publicidade dos órgãos públicos federais, estaduais ou municipais, ou das respectivas entidades da administração indireta que excedam a 6 (seis) vezes a média mensal dos valores empenhados e não cancelados nos 3 (três) últimos anos que antecedem o pleito.

5.2 Propaganda e abuso de poder

O abuso de poder encontra-se regulamentado no art. 22 da Lei das Inelegibilidades (Lei Complementar nº 64/1990), sua perpetração legitima e autoriza qualquer partido político, coligação, candidato ou Ministério Público Eleitoral a provocar a Justiça Eleitoral, para a apuração de possível desvio ou abuso do poder. Existem três espécies de abuso de poder positivadas no nosso ordenamento jurídico eleitoral: o abuso do poder econômico; o abuso do poder político ou de autoridade; e o abuso dos veículos ou meios de comunicação social.

Mas, como bem pontuou Frederico Franco Alvim,

> inexiste, em nosso ordenamento, um conceito jurídico-legal a respeito do abuso do poder nas eleições [...] A proximidade entre direito e poder autoriza que a doutrina especializada associe o abuso de poder na seara eleitoral com a teoria do abuso de direito, elaborada na esfera privada.[216]

---

[216] ALVIM, Frederico Franco. *Manual de direito eleitoral*. Belo Horizonte: Fórum, 2012. p. 410.

Para o autor,

> A prática abusiva pode advir do exagero no uso de prerrogativas que, em medida razoável, são permitidas (como o uso do dinheiro e o manejo da mídia), ou então de práticas que, mesmo em monta discreta, tendem a ser inadmitidas (como o uso da máquina administrativa).

Sem embargo da vagueza conceitual, sua caracterização estará demonstrada na medida em que restar comprovada, mediante o contraditório e a ampla defesa, que o candidato, partido ou coligação praticou conduta vedada (art. 73 da Lei nº 9.504/1997) ou representativa de captação ilícita de sufrágio (art. 41-A da Lei nº 9.504/1997) ou, o que nos interessa neste livro, pela prática de propaganda eleitoral ilícita mediante excesso ou repetição de atos irregulares e que tais condutas sejam de tal forma graves para afetar a legitimidade do pleito eleitoral.

Ainda que o inciso XVI, do art. 22, da Lei Complementar nº 64/1990, acrescentado em 2010, tenha insculpido que para a configuração do ato abusivo não será considerada a potencialidade de o fato alterar o resultado da eleição, mas apenas a gravidade das circunstâncias que o caracterizam, a jurisprudência vem entendendo que a gravidade do ato representativo de abuso de poder há de ser suficiente para comprometer a normalidade e a legitimidade das eleições.[217] Em não sendo assim, ou seja, a constituir-se como ato abusivo de menor gravidade, a condenação do demandado, igualmente, há de corresponder à sanção menos severa que a cassação do diploma ou do registro.

Tanto a doutrina quanto a jurisprudência do TSE entendem pela possibilidade da caracterização do abuso de poder em decorrência da prática irregular de propaganda eleitoral, a depender da demonstração da gravidade da conduta, bem como que a condenação em AIJE, com base no art. 22, da LC nº 64/90, prescinde da comprovação da participação efetiva do candidato no ato abusivo.

Na verdade, basta que existam provas, porém robustas e coletadas mediante a observância do princípio do contraditório e da

---

[217] BRASIL. Tribunal Superior Eleitoral. Respe nº 783205/RJ. Relator: Min. João Otávio de Noronha. Publicação: 24.06.2014.

ampla defesa, de que o candidato foi induvidosamente beneficiado pela perpetração de ato abusivo e que este ato seja de uma gravidade capaz de atingir a normalidade e a legitimidade das eleições para que a sanção de cassação do registro ou do diploma seja imposta. Neste sentido, discorre José Jairo Gomes:

> Não é necessário que o réu realize, ele mesmo, as ações consideradas ilícitas e abusivas. Pouco importa, então, a perquirição de aspectos psicológicos (como dolo ou culpa) dos infratores e beneficiários das condutas ilícitas. E mais: nem sempre é necessário haver real, efetivo ferimento a bens e interesses protegidos, bastando a potencialidade ou o risco de dano – ainda porque quando a conduta ilícita visa a influenciar o voto, o segredo de que este é revestido impossibilita averiguar se ela efetiva e realmente o influenciou. Relevante é demonstrar a existência objetiva de fatos denotadores de abuso de poder (em qualquer de suas modalidades), de abuso dos meios de comunicação social, corrupção ou fraude. É que, quando presentes, esses eventos comprometem de modo indelével as eleições em si mesmas, porque ferem os princípios e valores que a informam.[218]

Por sua vez, o Tribunal Superior Eleitoral é firme no sentido de que a condenação do candidato pela prática de abuso de poder não exige a demonstração de sua responsabilidade ou anuência em relação à conduta abusiva, sendo suficiente a comprovação de que ele tenha auferido benefícios em razão da prática do ilícito.[219]

Pois bem, o abuso de poder derivado da propaganda eleitoral pode efetivar-se por qualquer de suas espécies. Vejamos, portanto, como se verifica cada uma delas.[220]

Quanto ao abuso dos meios de comunicação social, isto é, das empresas jornalísticas citadas no art. 222 da Constituição Federal, quais sejam, empresas jornalísticas e de radiodifusão sonora e de sons e imagens, consoante demonstra Rodrigo Zílio, "ocorre sempre que um veículo de comunicação social (v.g., rádio, jornal, televisão) não observar a legislação de regência, causando benefício eleitoral a

---

[218] GOMES, José Jairo. *Direito eleitoral essencial*. São Paulo: Editora: Método, 2018. p. 656-657.
[219] BRASIL. Tribunal Superior Eleitoral. Agr. Reg. em REspe. Relatora Min. Luciana Christina Guimarães Lóssio. Publicação: 02.12.2016.
[220] Sobre o abuso dos meios de comunicação social praticados na internet, vide item 3.5 do Capítulo 3.

determinado candidato, partido ou coligação".[221] Nessa senda, o §4º, do art. 42, da Resolução nº 23.610/2019, com as alterações procedidas pela Resolução nº 23.671/2021, do Tribunal Superior Eleitoral, conquanto esclareça que a "imprensa escrita" possa divulgar opinião favorável a candidato, a partido político ou a coligação, desde que não seja matéria paga, adverte, noutra ponta, que os abusos e os excessos, assim como as demais formas de uso indevido do meio de comunicação, serão apurados e punidos nos termos do art. 22 da Lei Complementar nº 64/1990, ou seja, podem caracterizar abuso dos meios de comunicação social.[222] É de bom tom relembrar, que depois do procedente instituído pelo TSE no julgamento do RO 060397598, que cassou o deputado Fernando Destito Francischini, por propagar desinformação contra a urna eletrônica, a regra ganha exponenciais contornos de respeitabilidade. Porém, a hipótese não se relaciona com a norma do §4º do art. 42 da Resolução nº 23.610/2019, pois esta se refere ao abuso que só pode ser perpetrado pelos veículos de imprensa, ao passo que o caso do RO em questão cuidou de abuso feito pelo próprio deputado, em suas redes sociais, deixando, também, óbvio que a imunidade parlamentar não alberga esse tipo de abuso de redes sociais.

Prevalecia na jurisprudência o entendimento que restringe o alcance da expressão "utilização dos meios de comunicação social", apenas, às situações em que determinado veículo de comunicação se desvirtua da sua função de informar os eleitores e passa a promover determinada candidatura, de forma reiterada e ostensiva, causando desequilíbrio no pleito. Volvendo a Rodrigo Zílio, "[a] configuração da hipótese em apreço pressupõe que o ilícito tenha participação, direta ou indireta, por parte de veículo de comunicação social ou, ainda, que haja a anuência no meio de comunicação social no ato abusivo praticado por outrem".[223]

No pertinente ao abuso do poder econômico, o Tribunal Superior Eleitoral (TSE) considera que ele se caracteriza pelo uso desproporcional de recursos patrimoniais, sejam eles públicos ou privados, inclusive recursos financeiros do próprio candidato,

---

[221] ZÍLIO, Rodrigo López. *Direito Eleitoral*. São Paulo: Verbo Jurídico, 2008. p. 506.
[222] Sobre a matéria, vide o item 3.5 do Capítulo 3.
[223] ZÍLIO, Rodrigo López. *Direito Eleitoral*. São Paulo: Verbo Jurídico, 2008. p. 506.

de forma a comprometer a igualdade da disputa eleitoral e a legitimidade da candidatura.[224]

Para a procedência de pedido que vise à declaração de abuso de poder econômico é necessária a demonstração de que ele seja grave o suficiente para influenciar o processo eleitoral e, assim, pôr em cheque a denominada "sinceridade" da votação. Neste sentido, José Jairo Gomes elucida que o abuso do poder econômico: "[...] deve ter por desiderato a indevida influência nas eleições, no processo eleitoral ou em seus resultados, de sorte a macular a sinceridade do pleito e a soberania da vontade popular expressa nas urnas".[225]

Por sua vez, o abuso do poder político "[...] ocorre quando agentes públicos se valem da condição funcional para beneficiar candidaturas".[226] A caracterização da figura do agente público, para esse fim, deve ser tomada em sentido amplo, isto é, nos termos preconizados no art. 73 da Lei nº 9.504/1997, ou seja, são não apenas os chefes do poder executivo ou os servidores públicos em sentido estrito. O conceito legal edificado pelo §1º, do art. 73, concebe que:

> Reputa-se agente público, para os efeitos deste artigo, quem exerce, ainda que transitoriamente ou sem remuneração, por eleição, nomeação, designação, contratação ou qualquer outra forma de investidura ou vínculo, mandato, cargo, emprego ou função nos órgãos ou entidades da administração pública direta, indireta, ou fundacional.

É essa figura que representa o conceito legal de agente público, e, uma vez caracterizada tal condição associada à prática de ato grave que afete a igualdade de oportunidades entre candidatos nos pleitos eleitorais, como reza o *caput* do art. 73 da Lei nº 9.504/1997, estará configurado o abuso do poder político se restar constatada a prática de condutas.

Contudo, para o Tribunal Superior Eleitoral, para a caracterização do abuso do poder político não é suficiente a prática isolada de uma das condutas descritas no art. 73 ou 41-A da Lei nº 9.504/1997. Nesse sentido, a Corte Superior Eleitoral decidiu que:

---

[224] BRASIL. Tribunal Superior Eleitoral. AgrR-REspe nº 730-14/MG. DJE: 02.12.2014.
[225] GOMES, José Jairo. *Direito Eleitoral*. 12. ed. São Paulo: Atlas: 2016. p. 787.
[226] BRASIL. Tribunal Superior Eleitoral. AgR-RO nº 288787. Publicação: 28.11.2016.

A autorização de propaganda institucional em período vedado não configura abuso de poder político se não apresentar gravidade suficiente para comprometer a normalidade e a legitimidade das eleições [...]. A penalidade pela prática de conduta vedada deve ser proporcional à sua gravidade.[227]

5.2.1 Da inexistente figura do abuso do poder religioso

A construção pretoriana mais recente, sobretudo no âmbito do primeiro grau da justiça eleitoral e em alguns Tribunais Regionais Eleitorais, vem admitindo a existência da figura do abuso do poder religioso como figura autônoma associada à propaganda eleitoral irregular. E, a partir de um artigo de autoria da magistrada acreana Mirla Regina da Silva Cutrim,[228] o tema logrou âmbito doutrinário de alcance nacional. Para a autora, verifica-se esse tipo de abuso sempre que se constatar o assédio moral de fiéis de determinada igreja ou seita religiosa por parte das autoridades respectivas:

> As condutas vão desde o registro de números de candidaturas de fácil vinculação com números bíblicos, arregimentação de discípulos de células como cabos eleitorais, pedidos de votos na porta das igrejas, até os apelos mais emocionais possíveis no altar, durante os cultos de celebração, com uma suposta base equivocada na Palavra de Deus.

Mas, conquanto o *caput* do art. 37 da Lei nº 9.504/1997, proíba a propaganda eleitoral nos bens de uso comum; e não obstante o fato de o §4º do mesmo artigo incluir os templos religiosos no gênero dos bens de uso comum para fins eleitorais, o fato é que não existe a figura autônoma do abuso do poder religioso devidamente tipificado no ordenamento jurídico brasileiro, como instituto capaz de acarretar, quando isoladamente considerado, a punição de candidato com a sanção da cassação do registro ou do diploma em razão de propaganda religiosa eleitoral.

---

[227] BRASIL. Tribunal Superior Eleitoral. Respe nº 783205/RJ. Relator: Min. João Otávio de Noronha. Publicação: 06.08.2014.
[228] CUTRIM, Mirla Regina da Silva. *Abuso do poder religioso*. Disponível em: http://www.asmac.com.br/noticia.php?noticia=740. Acesso em: 7 ago. 2018.

A prática da propaganda eleitoral-religiosa irregular ocorrida em templos religiosos irradia a consequência da incidência da regra prevista no §1º, do art. 37, da Lei nº 9.504/1997, qual seja, a multa no valor de R$2.000,00 (dois mil reais) a R$8.000,00 (oito mil reais) por cada conduta praticada. Para que a propaganda eleitoral-religiosa possa dar ensanchas a uma cassação de mandato ou de registro é preciso que ela seja de tal forma abusiva que se enquadre e esteja imbricada com, pelo menos, uma das três modalidades admitidas pela Lei das Inelegibilidades como representativas da existência do abuso do poder político, econômico ou dos meios de comunicação social.

É que simplesmente não se pode fazer interpretação analógica *in malam partem*, isto é, para impor sanção a candidato pela prática de uma conduta que a Lei não a enquadra em qualquer das modalidades de abuso de poder, repita-se, quando isoladamente considerada.

Não se pode perder de vista que o inciso VI, do art. 5º, da Constituição Federal, garante que "é inviolável a liberdade de consciência e de crença, sendo assegurado o livre exercício dos cultos religiosos e garantida, na forma da lei, a proteção aos locais de culto e a suas liturgias". E que o inciso VIII, do mesmo art. 5º da Carta Constitucional, acrescenta que "ninguém será privado de direitos por motivo de crença religiosa ou de convicção filosófica ou política, salvo se as invocar para eximir-se de obrigação legal a todos imposta e recusar-se a cumprir prestação alternativa, fixada em lei". Ademais, o art. 19 da mesma Constituição da Republica ainda verbera que é vedado à União, aos Estados, ao Distrito Federal e aos Municípios embaraçar cultos religiosos ou igrejas.

Mas, sob outra perspectiva, Isso não quer significar que a liberdade religiosa constitui-se numa garantia constitucional absoluta, nem que, noutra ponta, a propaganda eleitoral religiosa irregular, isoladamente considerada, possa ensejar uma cassação de mandato ou de registro de candidato. No entanto, a associação da prática excessiva e abusiva da propaganda eleitoral religiosa pode traduzir abuso do poder econômico ou abuso dos meios de comunicação social e, aí sim, acarretar a aplicação de uma sanção mais severa, observada sempre a necessária gravidade da conduta.

A posição do Tribunal Superior Eleitoral reflete o que asserimos e, em razão da importância do precedente, vejamos a posição dessa Corte Superior:

> Nem a Constituição da República nem a legislação eleitoral contemplam expressamente a figura do abuso do poder religioso. Ao contrário, a diversidade religiosa constitui direito fundamental, nos termos do inciso VI do artigo 5º[...] 4. A liberdade religiosa não constitui direito absoluto. Não há direito absoluto. A liberdade de pregar a religião, essencialmente relacionada com a manifestação da fé e da crença, não pode ser invocada como escudo para a prática de atos vedados pela legislação. 6. Em princípio, o discurso religioso proferido durante ato religioso está protegido pela garantia de liberdade de culto celebrado por padres, sacerdotes, clérigos, pastores, ministros religiosos, presbíteros, epíscopos, abades, vigários, reverendos, bispos, pontífices ou qualquer outra pessoa que represente religião. Tal proteção, contudo, não atinge situações em que o culto religioso é transformado em ato ostensivo ou indireto de propaganda eleitoral, com pedido de voto em favor dos candidatos. 11. Ainda que não haja expressa previsão legal sobre o abuso do poder religioso, a prática de atos de propaganda em prol de candidatos por entidade religiosa, inclusive os realizados de forma dissimulada, pode caracterizar a hipótese de abuso do poder econômico, mediante a utilização de recursos financeiros provenientes de fonte vedada. Além disso, a utilização proposital dos meios de comunicação social para a difusão dos atos de promoção de candidaturas é capaz de caracterizar a hipótese de uso indevido prevista no art. 22 da Lei das Inelegibilidades. Em ambas as situações, e conforme as circunstâncias verificadas, os fatos podem causar o desequilíbrio da igualdade de chances entre os concorrentes e, se atingir gravemente a normalidade e a legitimidade das eleições, levar à cassação do registro ou do diploma dos candidatos eleitos.[229]

Em suma, impende ainda acrescentar que o inciso VIII, do art. 24, da Lei nº 9.504/1997, proíbe que partido ou candidato receba, ainda que indiretamente, doação em dinheiro ou bens estimáveis em dinheiro, incluindo qualquer espécie de publicidade, procedente de entidades beneficentes e religiosas. Portanto, não podem as entidades religiosas, incluindo as igrejas, seitas e grupos religiosos ainda que não constituídos legalmente, fazer doação de qualquer

---

[229] BRASIL. Tribunal Superior Eleitoral. RO nº 34330320106020000. Maceió/AL nº 403362012. Relator: Min. Luciana Christina Guimarães Lóssio. Publicação: 05.09.2014.

espécie a candidatos ou partidos políticos. Tal modalidade de doação é irregular porque oriunda de fonte expressamente vedada por Lei.

O Tribunal Superior Eleitoral, ao editar as regras que vigorarão nas eleições de 2022, através da Resolução nº 23.671/2021, incluiu no art. 22 da Resolução nº 23.610/2019 a vedação à propaganda que veicule preconceito religioso, vejamos:

> Resolução nº 23.610/2019, art. 22. Não será tolerada propaganda, respondendo a pessoa infratora pelo emprego de processo de propaganda vedada e, se for o caso, pelo abuso de poder (Código Eleitoral, arts. 222, 237 e 243, I a X; Lei nº 5.700/1971; e Lei Complementar nº 64/1990, art. 22): (Redação dada pela Resolução nº 23.671/2021)
>
> I - que veicule preconceitos de origem, etnia, raça, sexo, cor, idade, religiosidade, orientação sexual, identidade de gênero e quaisquer outras formas de discriminação, inclusive contra pessoa em razão de sua deficiência (Constituição Federal, art. 3º, IV e art. 5, XLI e XLII; Lei nº 13.146/2015). (Redação dada pela Resolução nº 23.671/2021)

O dispositivo reproduz o art. 243 do Código Eleitoral, cujo inciso apenas insculpe que não se tolerará a propaganda "de guerra, de processos violentos para subverter o regime, a ordem política e social ou de preconceitos de raça ou de classes". Pelo uso do poder normativo, o Tribunal Superior Eleitoral buscou fundamento no acréscimo à proibição de preconceito religioso no inciso IV do art. 3º da Constituição Federal. Contudo, esse dispositivo não refere à religião, tão somente consigna que constituem objetivos fundamentais da República Federativa do Brasil: IV - promover o bem de todos, sem preconceitos de origem, raça, sexo, cor, idade e quaisquer outras formas de discriminação. Essas "outras formas de discriminação" consistem o lastro que permitiu ao TSE editar regra inclusivista no prumo da vedação do preconceito religioso. Mas, não permitir a propaganda com discriminação religiosa em nada altera os argumentos acima expendidos sobre a inexistência da figura do abuso de poder religioso.

CAPÍTULO 6

PROPAGANDA ELEITORAL E DIREITO DE RESPOSTA

6.1 O direito de resposta no âmbito geral e na seara eleitoral

A liberdade de expressão não é um direito absoluto, sendo relativizada pelo inciso V, do art. 5º, da Constituição Federal, o qual garante que "é assegurado o direito de resposta, proporcional ao agravo, além da indenização por dano material, moral ou à imagem". O direito de resposta é, portanto, uma contragarantia à medida que visa, precisamente, à retificação do exercício indevido de outra garantia constitucional, que é o direito à liberdade de expressão. Segundo Carlos Ayres Britto, o direito de resposta objetiva replicar ou retificar determinada matéria publicada.[230]

José Afonso da Silva, por sua vez, considera que o direito de resposta apresenta-se como

> uma garantia constitucional da inviolabilidade da intimidade, da vida privada, da honra e da imagem das pessoas [...] É, portanto, um meio de defesa dessa inviolabilidade – e, pois, um meio de defesa da honra, da verdade e da identidade da pessoa.[231]

---

[230] BRASIL. Superior Tribunal Federal. ADPF nº 130, 2009.
[231] SILVA, José Afonso da. *Curso de Direito Constitucional Positivo*. 38 ed. São Paulo: Malheiros, 2014, p. 210.

No âmbito não eleitoral, a Lei nº 13.188, de 11 de novembro de 2015, regulamentou o direito de resposta, ou de retificação do ofendido, em matéria divulgada, publicada ou transmitida por veículo de comunicação social, isto é, empresas jornalísticas. Nesse sentido, o seu art. 2º confere àquele que for ofendido por matéria divulgada, publicada ou transmitida por veículo de comunicação social, o respectivo direito de resposta ou de retificação, especificando que ele será gratuito e proporcional ao agravo.

Deve-se, contudo, registrar que o §1º, do art. 2º, ora mencionado, define o que se deve entender por "matéria" da seguinte maneira:

> qualquer reportagem, nota ou notícia divulgada por veículo de comunicação social, independentemente do meio ou da plataforma de distribuição, publicação ou transmissão que utilize, cujo conteúdo atente, ainda que por equívoco de informação, contra a honra, a intimidade, a reputação, o conceito, o nome, a marca ou a imagem de pessoa física ou jurídica identificada ou passível de identificação.

Sem embargo, o §2º, do art. 2º da Lei nº 13.188/2015, excluiu da definição de "matéria", estabelecida no §1º, anteriormente transcrito, "os comentários realizados por usuários da internet nas páginas eletrônicas dos veículos de comunicação social", indicando que esses veículos de comunicação social que publicam conteúdos na internet, como, por exemplo, as empresas jornalísticas que possuem a versão digital do respectivo periódico, não estarão obrigadas a publicar os conteúdos de desagravos em razão de comentários feitos por usuários em determinadas matérias jornalísticas no próprio sítio eletrônico dessas empresas jornalísticas.

Porém, as matérias jornalísticas, isoladamente consideras, podem dar ensejo a direito de resposta se os conteúdos respectivos atentarem contra a honra, a intimidade, a reputação, o conceito, o nome, a marca ou a imagem de pessoa física ou jurídica identificada ou passível de identificação. Nessa senda, o art. 4º da mesma Lei previu a possibilidade de concessão de direito de resposta ou de retificação decorrente de ofensa praticada na internet, desde que se trate de publicação divulgada na rede por um veículo de comunicação social, tal como previsto no art. 2º, e não de comentários de usuários que acessam tal veículo e, nos campos destinados às manifestações pessoais, postam conteúdos ofensivos.

Ainda sobre a exclusão de agravos ou ofensas, perpetrados na internet, do rol das matérias jornalísticas, o art. 8º da Lei nº 13.188/2015 complementa que "[n]ão será admitida a divulgação, a publicação ou a transmissão de resposta ou retificação que não tenha relação com as informações contidas na matéria a que pretende responder nem que se enquadre no §1º do art. 2º desta Lei". Com isso, extirpa-se qualquer dúvida que pudesse existir sobre a responsabilidade das empresas jornalísticas, isto é, em relação a elas não existe previsão legal que outorgue o direito de resposta por agravo realizado na internet pelos seus usuários, isto é, pelos leitores do periódico.

O art. 58 da Lei nº 9.504/1997, por sua vez, afiança que no campo da propaganda eleitoral o direito de resposta deve ser concedido, ainda que a ofensa seja feita de forma indireta, quando os agravos forem "difundidos por qualquer veículo de comunicação social". Logo, havendo ofensa de natureza eleitoral, deve haver o correspondente direito de retificação, ainda que sejam perpetradas por usuários que se utilizam dos espaços destinados aos comentários nos veículos de comunicação social virtuais.

A aplicação dos arts. 57-D e 58 da Lei nº 9.504/1997 impõe-se e sobrepõe-se aos dispositivos alhures referidos na Lei nº 13.188/2015, quando as ofensas ocorrerem no período da propaganda eleitoral. Porém, é preciso pontuar que, uma vez ocorrendo agravo(s) praticado(s) por usuários de internet nos espaços destinados aos comentários dos leitores, nos sítios eletrônicos das empresas jornalísticas, contra candidato, partido político ou coligação, não estarão as empresas jornalísticas obrigadas a procederem ao desagravo ou à retificação nos espaços específicos das matérias jornalísticas ou das publicidades. Entretanto, deve-se garantir aos ofendidos o direito de remoção dos conteúdos ofensivos, quando indevidos.

Se assim não for, os sítios eletrônicos das empresas jornalísticas poderiam servir de escudo para os que quisessem ofender a honra alheia em período eleitoral. Os usuários de internet não podem atacar a honra de candidatos, partidos ou coligações utilizando-se dos espaços destinados nos sites eletrônicos das empresas jornalísticas, porquanto representaria uma verdadeira burla à proteção jurídica do direito à imagem e à honra da pessoa, física ou jurídica. Demais disso, o inciso XXXV, do art. 5º da Constituição

Federal, assere que "a lei não excluirá da apreciação do Poder Judiciário lesão ou ameaça a direito".

Nesses termos, não obstante a admissão de que de fato deve-se excluir a responsabilização e a legitimação das empresas jornalísticas sobre os comentários postados em seus sítios eletrônicos por terceiros, bem como o direito de resposta nos espaços destinados às matérias jornalísticas propriamente ditas, salvo quando a ofensa decorrer da própria matéria jornalística, impõe-se, noutra ponta, a interpretação que assegura o direito de resposta nos mesmos espaços destinados aos comentários dos usuários de internet.

Os candidatos, partidos políticos e coligações, sem qualquer dúvida, podem postular judicialmente, ao juiz eleitoral competente, a remoção dos comentários feitos em período eleitoral que exorbitem os limites da liberdade de expressão permitidos pela propaganda eleitoral. Nesse caso, tantos os provedores de internet quanto as empresas jornalísticas que administram os seus sítios eletrônicos têm o dever de colaborar com a justiça eleitoral para atender, nos prazos estabelecidos na Resolução nº 23.608/2019-TSE, à ordem judicial que determinar a retirada dos conteúdos tidos por ofensivos, sob pena de incorrerem nas sanções dispostas na lei eleitoral.

6.2 Direito de resposta e propaganda eleitoral: especificidades do procedimento (eletrônico) da representação

Considera-se propaganda eleitoral, em sentido estrito, aquela pela qual os candidatos, os partidos políticos e as coligações dirigem-se aos eleitores para divulgar as propostas e metas que as respectivas candidaturas se propõem a adotar e a executar através de pedido de voto, o qual não sofre qualquer restrição quanto à explicitude. Segundo Fávila Ribeiro,[232] existem três principais técnicas de exercício da propaganda eleitoral, são elas: estratégia ofensiva; aguçamento a reações instintivas; e indução a comportamentos psicológicos.

---

[232] RIBEIRO, Fávila. *Abuso de poder no direito eleitoral*. 3. ed. São Paulo: Forense, 1998. p. 447-449.

O ordenamento jurídico brasileiro, entretanto, proíbe o uso da propaganda, em qualquer de suas modalidades, com o escopo de proporcionar no público-alvo "estados emocionais", como adiantamos no Capítulo 1. Pois bem, com base no art. 242 do código eleitoral, associado ao art. 58 da Lei nº 9.504/1997, o candidato ofendido por propaganda que lhe impute, ainda que indiretamente, conduta caluniosa, difamatória, injuriosa ou sabidamente inverídica faz jus ao direito de resposta no(s) mesmo(s) veículo(s) de comunicação social em que ocorreu a ofensa

O marco temporal inicial para o exercício do direito de resposta é a realização da convenção partidária, pois, segundo o art. 58 da Lei nº 9.504/1997 somente se admite direito de resposta a "partir da escolha de candidatos em convenção". E o seu §1º adiciona:

> §1º O ofendido, ou seu representante legal, poderá pedir o exercício do direito de resposta à Justiça Eleitoral nos seguintes prazos, contados a partir da veiculação da ofensa:
> I - vinte e quatro horas, quando se tratar do horário eleitoral gratuito;
> II - quarenta e oito horas, quando se tratar da programação normal das emissoras de rádio e televisão;
> III - setenta e duas horas, quando se tratar de órgão da imprensa escrita.
> IV - a qualquer tempo, quando se tratar de conteúdo que esteja sendo divulgado na internet, ou em 72 (setenta e duas) horas, após a sua retirada.

Como registrado no item anterior, o direito de resposta foi regulamentado pelo Tribunal Superior Eleitoral, através da Resolução nº 23.608, de 18 de dezembro de 2019, cumprindo destacar que, nos Tribunais Regionais Eleitorais, os processos judiciais respectivos nas eleições estaduais e federais serão de competência da Comissão de Juízes Auxiliares formada por magistrados eleitorais substitutos e serão autuados eletronicamente na classe Representação (Rp), bem como que tramitarão, exclusivamente, no Sistema de Processo Judicial Eletrônico (PJe). A decisão pela utilização do PJe não torna letra morta a regra do art. 96-A da Lei nº 9.504/1997, que determina:

> As intimações via fac-símile, encaminhadas pela Justiça Eleitoral a candidato, deverão ser exclusivamente realizadas na linha telefônica por ele previamente cadastrada, por ocasião do preenchimento do requerimento de registro de candidatura.

O art. 7º da Resolução nº 23. 608/2019-TSE estabelece, no *caput*, que os prazos relativos às reclamações, às representações e aos pedidos de resposta são contínuos e peremptórios, não se suspendendo aos sábados, domingos e feriados, entre 15 de agosto e 19 de dezembro (período no qual tramitarão os processos de pedido de resposta), e correrão, conforme o caso, em cartório ou secretaria ou no PJe. Com efeito, a Resolução nº 23. 608/2019-TSE dispôs no mesmo compasso do CPC, no sentido de admissão da validade de outros meios de cientificação processual, distintos do eletrônico.[233]

O fato de a Resolução em questão haver optado pela não adoção do procedimento previsto no art. 5º da Lei nº 11.419/2006 evitou uma incompossível dilação na fluência dos prazos processuais de, pelo menos, dez dias, já que o §1º, do referido art. 5º, considera realizada a intimação no dia em que o intimando efetivar a consulta eletrônica ao teor da intimação. O problema, muito bem extirpado pelo §5º, do art. 12, da Resolução nº 23.608/2019/ TSE, foi o de permitir que o §3º, do art. 5º da Lei nº 11.419/2006 pudesse ser aplicado ao processo eleitoral, já que permite que a consulta eletrônica possa

---

[233] A propósito, dispõe o citado art. 231, do CPC, que salvo disposição em sentido diverso, considera-se dia do começo do prazo:
I - a data de juntada aos autos do aviso de recebimento, quando a citação ou a intimação for pelo correio;
II - a data de juntada aos autos do mandado cumprido, quando a citação ou a intimação for por oficial de justiça;
III - a data de ocorrência da citação ou da intimação, quando ela se der por ato do escrivão ou do chefe de secretaria;
IV - o dia útil seguinte ao fim da dilação assinada pelo juiz, quando a citação ou a intimação for por edital;
V - o dia útil seguinte à consulta ao teor da citação ou da intimação ou ao término do prazo para que a consulta se dê, quando a citação ou a intimação for eletrônica;
VI - a data de juntada do comunicado de que trata o art. 232 ou, não havendo esse, a data de juntada da carta aos autos de origem devidamente cumprida, quando a citação ou a intimação se realizar em cumprimento de carta;
VII - a data de publicação, quando a intimação se der pelo Diário da Justiça impresso ou eletrônico;
VIII - o dia da carga, quando a intimação se der por meio da retirada dos autos, em carga, do cartório ou da secretaria.
§1º Quando houver mais de um réu, o dia do começo do prazo para contestar corresponderá à última das datas a que se referem os incisos I a VI do caput.
§2º Havendo mais de um intimado, o prazo para cada um é contado individualmente.
§3º Quando o ato tiver de ser praticado diretamente pela parte ou por quem, de qualquer forma, participe do processo, sem a intermediação de representante judicial, o dia do começo do prazo para cumprimento da determinação judicial corresponderá à data em que se der a comunicação.
§4º Aplica-se o disposto no inciso II do caput à citação com hora certa.

ser feita em até 10 (dez) dias corridos, contados da data do envio da intimação, o que, na prática, faria com que a parte, por meio de seu representante postulacional, pudesse, se quisesse, ganhar essa dilação para a fluência de seu prazo processual. Consoante esclarece o §5º do art. 12 da Resolução nº 23.610/2019: "As intimações por meio eletrônico previstas neste artigo não se submetem ao disposto no art. 5º da Lei nº 11.419/2006".

Mas, frise-se uma vez mais, mesmo que o processo tramite em autos eletrônicos, a regra do art. 231 do CPC deve ser aplicada ao processo eleitoral, para que se considere válido qualquer meio inequívoco de ciência dos atos processuais, incluindo as intimações por mural eletrônico, como mecanismo hábil a permitir a fluência dos prazos processuais eleitorais, obviamente com as especificidades e dissonâncias da Resolução nº 23.608/2019.

Em assim sendo, nas representações por direito de resposta, cabível partir da escolha de candidatas ou candidatos em convenção, o representado será citado, preferencialmente por meio eletrônico, para apresentar defesa no prazo de um dia (art. 8 33º da Res. nº 23.608 –TSE). Por óbvio que se a citação ocorrer de modo eletrônico não é possível que o advogado do representado possa fazer uso da faculdade garantida pelo §3º do art. 5º da Lei nº 11.419/2006, ou seja, usar do prazo de dez dias para fazer a consulta ao sistema sem se sujeitar aos efeitos da contumácia, posto que inaplicável à espécie.

Ainda em relação à tramitação eletrônica das representações e reclamações reguladas pela Res. nº 23.608/2019-TSE, há que se mencionar uma importante disposição contida no seu art. 10, pela qual:

> Art. 10. Até o dia 20 de julho do ano da eleição, as emissoras de rádio e televisão e os demais veículos de comunicação, inclusive provedores de aplicações de internet, deverão, independentemente de intimação, apresentar ao órgão da Justiça Eleitoral definido pelo tribunal eleitoral, em meio eletrônico previamente divulgado, a indicação de sua(seu) representante legal, dos endereços de correspondência e e-mail e do número de telefone móvel que disponha de aplicativo de mensagens instantâneas pelos quais receberão ofícios, intimações ou citações, e poderão, ainda, indicar procuradora ou procurador com ou sem poderes para receber citação, hipótese em que farão juntar a procuração respectiva. (Redação dada pela Resolução nº 23.672/2021)

§1º É facultado às pessoas referidas no caput deste artigo optar por receber exclusivamente pelo e-mail informado à Justiça Eleitoral as notificações para cumprimento de determinações administrativas e de ordens judiciais em feitos nos quais não sejam parte.

§2º Não exercida a faculdade prevista no §1º, as notificações nele referidas serão realizadas, sucessivamente, por mensagem instantânea, por e-mail e por correio, nos números e endereços informados.

§3º Na hipótese de as pessoas referidas no caput não atenderem ao disposto neste artigo, as intimações e as citações encaminhadas pela Justiça Eleitoral serão consideradas como válidas no momento de sua entrega na portaria da sede da empresa, não se aplicando o disposto no art. 11, I, desta Resolução.

Essa regra guarda semelhança com a prevista no art. 246 do CPC, que cuida da citação, e que no seu §1º impõe às empresas públicas e privadas o dever de manter cadastro nos sistemas de processo em autos eletrônicos, precisamente, para o escopo de recebimento de citações e intimações, as quais serão efetuadas preferencialmente por esse meio. Apenas as microempresas e as empresas de pequeno porte ficaram de fora dessa exigência, a qual incide, inclusive, em face da União, Estados, Distrito Federal, Municípios e entidades da administração indireta e, também, em face do Ministério Público, da Defensoria Pública e da Advocacia Pública, *ex vi legis* do prescrito no parágrafo único do art. 270 do CPC.

Apesar de a Resolução nº 23.547/2017-TSE não ter especificado um prazo para o cadastro eletrônico das entidades mencionadas acima, a falha foi suprida pela Resolução nº 23.608/2019: até o dia 20 de julho do ano da eleição.

No período eleitoral, isto é, entre período de 15 de agosto a 19 em ano de eleições, nos processos a ela pertinentes, a citação será realizada, independentemente da data de autuação do feito. Segundo as regras instituídas pela Resolução nº 23.672/2021, far-se-á a citação a depender da qualidade ou condição dos sujeitos passivos. Sendo réus: candidata, candidato, partido político, federação, coligação ou seus representantes, será feita preferentemente por mensagem eletrônica instantânea, mas, restando esta frustrada, deve ser procedida por e-mail, por correspondência dos correios e pelos demais meios previstos no Código de Processo Civil. A ordem não é absoluta, mas meramente preferencial, reputando-se válido o ato citatório realizado por qualquer dos meios em direito admitidos. Entretanto, quando dirigida à pessoa diversa das acima enumeradas, seguir-se-á a regra geral do CPC usando-se os meios nele admitidos para a realização citação no endereço físico da parte demandada indicado pela autora ou pelo autor, nos termos do art. 319 do Código de Processo Civil.

6.3 Da legitimação

A partir da escolha de candidatos em convenção, é assegurado o direito de resposta ao candidato, partido ou coligação atingida (art. 58 da Lei nº 9.504/1997), são legitimados, ativamente, a requerer o direito de resposta, qualquer partido político, federação, coligação, candidato ou o Ministério Público, os quais deverão dirigir-se ao Tribunal Superior Eleitoral, na eleição presidencial (muito embora o art. 58 da Lei nº 9.504/1997 não mencione as federações como legitimados ativos, o art. 31 da Resolução nº 23.608/2019 supriu a omissão); aos Tribunais Regionais Eleitorais, nas eleições para os demais cargos eletivos federais, estaduais e distritais; e aos juízes e juízas eleitorais competentes nas eleições municipais. Além desses, os terceiros que forem ofendidos, nos termos do art. 58 da Lei nº 9.504/1997, também possuem legitimidade ativa *ad causam* para requererem o direito de resposta.

A questão de legitimação do terceiro para postular pedido de direito de resposta perante a justiça eleitoral, nas Eleições de 2018, foi regulamentada pelo art. 34 da Res. nº 23.608/2019-TSE, seguindo esse mesmo entendimento, ou seja, o terceiro só poderá provocar a justiça eleitoral em relação aos fatos ofensivos que forem veiculados no horário eleitoral gratuito, e deverão observar os procedimentos previstos na Lei nº 9.504/1997, naquilo que couber.

Não há litisconsórcio passivo necessário na ação de direito de resposta, consoante firme posição do Tribunal Superior Eleitoral, que, aliás, já esclareceu que quem "[...] deve figurar no polo passivo é o agente ofensor, inexistindo litisconsórcio passivo necessário entre o candidato e a coligação".[234]

---

[234] BRASIL. Tribunal Superior Eleitoral. nºs 20.956, de 24.10.2002, rel. Min. Sálvio de Figueiredo, e 26.080/MS, de 20.3.2007, rel. Min. Cesar Asfor Rocha.

Do mesmo modo, o princípio da indivisibilidade da chapa entre os candidatos das eleições majoritárias também não importa formação necessária do litisconsórcio quando o ato ofensivo objeto da representação por direito de resposta emanar de apenas um deles. Nesse sentido, o Tribunal Superior Eleitoral esclareceu que o tempo destinado à propaganda no rádio e na televisão pertence aos partidos políticos e respectivas coligações, assim "[...] não há que se falar, por conseguinte, de "litisconsórcio passivo necessário", por falta de citação do candidato a vice-governador".[235]

O Tribunal Regional Eleitoral do Rio de Janeiro também comunga do mesmo entendimento, tendo decidido no julgamento do Recurso Eleitoral nº 1564/RJ que não existe litisconsórcio necessário na representação de direito de resposta entre o candidato a prefeito e vice-prefeito.[236]

Quanto à legitimação passiva das empresas jornalísticas e provedores de aplicações de internet, estes não podem ser sujeitos passivos na ação de direito de resposta, pois se enquadram no conceito de terceiro, tal como acontece com as empresas de rádio e televisão. A ação de direito de resposta deve ser proposta contra o ofensor, como estatui o art. 58 da Lei nº 9.504/1997, e que determina que o pedido deve ser feito contra o ofensor. Sobre o tema, o Tribunal Superior Eleitoral esclareceu que "[...] jornal não tem legitimidade passiva na ação de direito de resposta, que deve envolver tão somente os atores da cena eleitoral, quais sejam, candidato, partido político e coligações".[237]

Os veículos de comunicação social e provedores de aplicações de internet só terão legitimidade passiva para a causa na ação que pede o direito de resposta quando forem eles os responsáveis pelos conteúdos ofensivos, isto é, quando as ofensas ou o favorecimento a candidato partir do próprio veículo de comunicação.

Quando os provedores de aplicações de internet e os veículos de comunicação não cometerem ato representativo da propaganda eleitoral irregular, não terão legitimidade *ad causam* na ação de

---

[235] BRASIL. Tribunal Superior Eleitoral. 2002. Ac. nº 434. Rel. Min. Caputo Bastos. Publicação: 10.9.2002.
[236] BRASIL. Tribunal Regional Eleitoral-RJ. 2012. RE nº 1564/RJ. Relator: Ana Tereza Basilio. Publicação: 07.08.2012.
[237] BRASIL. Tribunal Superior Eleitoral. Rp nº 1201. Publicação: 02.10.2006.

direito de resposta, apesar de terem o dever de colaborar com o cumprimento da decisão que defere o direito de retificação e retirada de conteúdo indevido da página virtual respectiva, pois se constituem em meros meios de perpetração da ofensa, mas sem responsabilidade apriorística por ela. Em relação aos provedores de aplicações de internet, a procedência desse argumento é reforçada em razão do que dispõe o §2º, do art. 57-D, da Lei nº 9.504/1997, que, ao garantir o direito de resposta, imputa a responsabilidade da multa ao responsável pela divulgação da propaganda e, quando comprovado o seu prévio conhecimento, ao beneficiário.

No caso de reclamação por direito de resposta por ofensa veiculada na Internet, o inciso IV, do art. 32, da Resolução nº 23.608/2019/2017-TSE, esclarece que quando o pedido fundar-se em alegação de propaganda irregular na internet, o requerimento deve ser feito enquanto a ofensa estiver sendo veiculada na rede, ou no prazo de três dias contados da data da sua retirada. Nesse caso, a petição inicial deverá ser instruída com cópia eletrônica da página em que foi divulgada a ofensa e com a perfeita identificação de seu endereço na Internet (URL ou, caso inexistente esta, URI ou URN). Porém a alínea "b" do inciso IV do mesmo artigo faculta a juntada de ata notarial ou outro meio de prova que demonstre, ainda que posteriormente suprimida a postagem, a efetiva disponibilização do conteúdo no momento em que acessada a página da internet. Apesar de a Resolução nº 23.608/2019 não mencionar expressamente, a ata de *block chain* também se apresenta como prova inequívoca sobre a existência de postagens na Internet, nos termos admitidos pela Lei nº 12.682/2012, em especial após as alterações procedidas pela Lei nº 14.129, de 2021.

Nesse caso, nos termos das alíneas "d", "e" e "f" do mesmo inciso, uma vez deferido o pedido, o usuário que procedeu à ofensa é quem deve divulgar a resposta no prazo de quarenta e oito horas:

> d) deferido o pedido, a usuária ofensora ou o usuário ofensor deverá divulgar a resposta da ofendida ou do ofendido em até 2 (dois) dias após sua entrega em mídia física e empregar nessa divulgação o mesmo impulsionamento de conteúdo eventualmente contratado nos termos referidos no art. 57-C da Lei nº 9.504/1997 e o mesmo veículo, espaço, local, horário, página eletrônica, tamanho, caracteres e outros elementos de realce usados na ofensa, podendo a juíza ou o juiz usar dos meios

adequados e necessários para garantir visibilidade à resposta de forma equivalente à ofensa, observando-se, quanto à responsabilidade pela divulgação, o disposto no art. 30, §3º, da Resolução-TSE nº 23.610/2019). (Redação dada pela Resolução nº 23.672/2021)

e) a decisão que deferir o pedido indicará o tempo, não inferior ao dobro em que esteve disponível a mensagem considerada ofensiva, durante o qual a resposta deverá ficar disponível para acesso por usuárias e usuários do serviço de internet (Lei nº 9.504/1997, art. 58, §3º, IV, b);

f) na fixação do tempo de divulgação da resposta, o órgão judiciário competente considerará a gravidade da ofensa, o alcance da publicação e demais circunstâncias que se mostrem relevantes;

Os custos de veiculação da resposta são de responsabilidade do responsável pela ofensa veiculada na propaganda original e correrão por sua conta. E, seguindo as diretrizes do §4º do art. 58 da Lei nº 9.504/1997, a Resolução nº 23.608/2019 garante ao ofendido o direito de resposta até mesmo nos casos nos quais a ofensa ocorrer nos 2 (dois) dias anteriores ao pleito. Mesmo assim, a resposta será veiculada, porém em termos e forma previamente aprovados pelo juiz ou juíza competente. A prévia aprovação é modalidade de atuação que pode resultar em censura prévia ao conteúdo apresentado pelo ofendido de modo a não ensejar tréplica e se aplica também às ofensas divulgadas na propaganda em jornais, periódicos, rádio e televisão (Lei nº 9.504/1997, art. 58, §4º).

Contudo, deve-se consignar que parcela da jurisprudência vem admitindo a inclusão de provedores de aplicações da internet no polo passivo das ações que versam, sobretudo, sobre propaganda eleitoral. O Tribunal Regional Eleitoral do Distrito Federal, nesse diapasão, já entendeu que:

> O Facebook é parte legítima para a ação que tenha por objetivo a retirada de declarações e imagem de seu ambiente virtual. 3. O direito de resposta, conforme previsto no art. 58 da Lei nº 9.504/1997, tem origem na veiculação de mensagem caluniosa, injuriosa, difamatória ou sabidamente inverídica. Considerando que a informação não é flagrantemente inverídica e que as expressões configuram mera crítica política, sem desbordar para a ofensa pessoal, não há [que se] falar em direito de resposta [...].[238]

---

[238] BRASIL. Tribunal Regional Eleitoral-DF. RP nº 169597/DF. Relator: César Laboissiere Loyola. PSESS - Publicado em Sessão, Volume 21:50. Data 17.09.2014.

6.4 Requisitos para o exercício do direito de resposta

Os requisitos para o exercício do direito de resposta são: a realização da convenção partidária (requisito de índole objetiva); e a constatação, que deve ser comprovada sem necessidade de dilação probatória, de uma ofensa ilícita representada "[...] por conceito, imagem ou afirmação caluniosa, difamatória, injuriosa ou sabidamente inverídica, difundidos por qualquer veículo de comunicação social", desferida contra candidato, partido ou coligação (requisito subjetivo). O requisito objetivo designa, igualmente, a causa de pedir remota da demanda sobre direito de resposta, ao passo que o fato ofensivo representa a causa de pedir próxima. O Tribunal Superior Eleitoral exige, a propósito da necessidade da comprovação do requisito objetivo, que o fato imputado de ofensivo seja inverídico, pois inexistirá "[...] direito de resposta se o fato mencionado for verdadeiro, ainda que prevaleça a presunção de inocência".[239]

O requerimento de direito de resposta deve vir instruído com prova pré-constituída da ocorrência da ofensa, tendo o Tribunal Superior Eleitoral considerado que "para fins de direito de resposta, o fato sabidamente inverídico é aquele que não demanda investigação, sendo perceptível de plano".[240]

As representações devem ser subscritas por advogado ou por representante do Ministério Público, devendo o autor narrar os fatos e indicar as provas, indícios e circunstâncias destinados à demonstração da verificação do suporte fático descrito no art. 58 da Lei nº 9.504/1997, isto é, demonstrar a ocorrência de ambos os requisitos do instituto. É, ainda, ônus do requerente, observar a exigência prevista no inciso II, do art. 319 do CPC, que trata da petição inicial, ou seja, deve qualificar as partes, indicar os endereços eletrônicos e pedir a citação da parte representada (embora esta última exigência não esteja explicitamente consignada no dispositivo invocado).

Nada obsta que o requerente possa invocar o dever de cooperação jurisdicional que recai sobre o juiz, para, nos termos do art. 319 do CPC, que ele colabore para a obtenção dos dados necessários

---

[239] BRASIL. Tribunal Superior Eleitoral. Rp nº 1080. Publicação: 19.9.2006.
[240] BRASIL. Tribunal Superior Eleitoral. Rp nº 139448. Publicação: 2.10.2014, e Rp nº 120133. Publicação: 23.9.2014.

à propositura. É que o fato de a Resolução nº 23.608/2019 ter mencionado a aplicação do inciso II do art. 319 do CPC também permitiu, ainda que implicitamente, a aplicação dos parágrafos constantes do mesmo art. 319, eis que todos eles fazem expressa menção ao inciso II. Em assim sendo, na hipótese de o autor não dispor das informações previstas no inciso II, poderá requerer ao juiz diligências necessárias a sua obtenção (§1º); a petição inicial não pode ser indeferida de plano se, a despeito da falta de informações a que se refere o inciso II, for possível a citação do réu (§2º); se a obtenção das informações exigidas pelo inciso II tornar impossível ou excessivamente oneroso o acesso à justiça, a petição inicial não será indeferida pelo não atendimento dessas exigências (§3º).

Ademais, estes deverão observar os formatos e as restrições de tamanho suportados pelo PJe. E não apenas isso, deve-se observar, igualmente, a exigência do art. 441 do CPC, segundo o qual "[s]erão admitidos documentos eletrônicos produzidos e conservados com a observância da legislação específica", ou seja, em consonância com a Medida Provisória nº 2.200-2/2001, com o CPC-2015, e, também, com a Lei nº 12.682, de 9 de julho de 2012, que dispõe sobre a elaboração e o arquivamento de documentos em meios eletromagnéticos, cujo parágrafo único do art. 1º define a digitalização como o procedimento de conversão da fiel imagem de um documento para código digital. E o seu art. 3º complementa:

> O processo de digitalização deverá ser realizado de forma a manter a integridade, a autenticidade e, se necessário, a confidencialidade do documento digital, com o emprego de assinatura eletrônica.
> (Redação dada pela Lei nº 14.129, de 2021)
> Parágrafo único. Os meios de armazenamento dos documentos digitais deverão protegê-los de acesso, uso, alteração, reprodução e destruição não autorizados.

Na hipótese de o requerente não deter as provas com as quais pretende demonstrar o alegado, nada impede que postule ao juiz eleitoral competente a determinação da exibição da coisa ou do documento respectivo, quando sua posse estiver com terceiro, sendo, porém, ônus do requerente demonstrar que envidou esforços no sentido de obter a prova ou que sua obtenção depende da atuação do poder judiciário (interesse de agir). Nesse caso, o magistrado eleitoral está autorizado pelo art. 15 do CPC-2015 a aplicar o art. 403 do mesmo código de processo civil, segundo o qual:

> Se o terceiro, sem justo motivo, se recusar a efetuar a exibição, o juiz ordenar-lhe-á que proceda ao respectivo depósito em cartório ou em outro lugar designado, no prazo de 5 (cinco) dias, impondo ao requerente que o ressarça pelas despesas que tiver.
>
> Parágrafo único. Se o terceiro descumprir a ordem, o juiz expedirá mandado de apreensão, requisitando, se necessário, força policial, sem prejuízo da responsabilidade por crime de desobediência, pagamento de multa e outras medidas indutivas, coercitivas, mandamentais ou sub-rogatórias necessárias para assegurar a efetivação da decisão.

O problema da efetividade deste dispositivo é que, no direito eleitoral existirão situações nas quais a premência da celeridade processual exigirá do juiz a adoção de prazo distinto do fixado no CPC, sob risco de inutilidade do provimento jurisdicional ocorrido a destempo, sobretudo quando o direito de resposta for formulado em período próximo ao da extinção do período permitido para a realização da propaganda eleitoral.

6.5 A competência

A competência da justiça eleitoral para apreciar pedido de direito de resposta firma-se, consoante dispõe o §1º do art. 58, após a realização da convenção partidária, mas isto quando o ofendido for candidato, partido político ou coligação. Neste caso, estará firmada a competência da justiça eleitoral, mesmo que o fato ofensivo tenha ocorrido antes do início do horário eleitoral gratuito, pois é inegável que, nessa hipótese, estaremos diante de uma matéria indiscutivelmente eleitoral, que, via de consequência, atrai a competência da jurisdição especializada.

Não obstante, quando o ofendido for terceiro, e é impassível de dúvidas que os terceiros, isto é, os não candidatos, partidos políticos ou coligações, têm direito de resposta, em razão de ofensa capitulada no *caput* do art. 58 da Lei nº 9.504/1997, entende o Tribunal Superior Eleitoral, que "[...] compete à Justiça Eleitoral examinar somente os pedidos de direito de resposta formulados por terceiros em relação à ofensa no horário gratuito, aplicando-se o art. 58 desta lei".[241]

Com efeito, a jurisprudência dos Tribunais Regionais Eleitorais segue a mesma linha, tendo o Tribunal Regional Eleitoral do Mato Grosso do Sul expressado que "[...] qualquer pessoa – física ou jurídica, de Direito Público ou Privado, – pode invocar o direito de resposta, desde que a ofensa ou a inverdade seja veiculada no horário de propaganda eleitoral gratuita".[242] O mesmo Tribunal Regional, no mesmo acórdão, esclareceu, seguindo a linha de pensamento do Tribunal Superior Eleitoral, que quando o atingido por ofensa for terceiro e quando a ofensa ocorrer no curso de programação normal das emissoras de rádio e de televisão ou veiculada por órgão da imprensa escrita, a competência será da justiça comum.

Como antecipado acima, a competência fixada pelo art. 3º, da Resolução nº Resolução nº 23.608/2019-TSE, isto é, que as representações e reclamações serão decididas pelo Tribunal Superior Eleitoral, na eleição presidencial; e pelos tribunais regionais eleitorais, nas eleições federais, estaduais e distritais, através dos magistrados substitutos designados para tal fim pelos Tribunais Regionais, que isto não exclui o poder de polícia, o qual, como reza o art. 6º da Resolução nº 23.610/2019, "[...] será exercido por juízas ou juízes designadas(os) pelos tribunais regionais eleitorais, nos termos do art. 41, §1º, da Lei nº 9.504/1997, observado ainda, quanto à Internet, o disposto no art. 8º desta Resolução".

6.6 O problema do meio de divulgação da ofensa nos "veículos de comunicação social"

Quanto ao meio de perpetração da ofensa, para fins de direito de resposta, é relevante consignar que o art. 58 da Lei nº 9.504/1997 o admite como atendido sempre que o conceito, a imagem ou a afirmação caluniosa, difamatória, injuriosa ou sabidamente inverídica, for difundida por "qualquer veículo de comunicação

---

[241] BRASIL. Tribunal Superior Eleitoral. 2018.
[242] BRASIL. Tribunal Regional Eleitoral-MS. RE nº 1141/MS. Relator: José Paulo Cinoti. Publicação: 01.10.2008.

social". O Tribunal Superior Eleitoral, a propósito, já admitiu o cabimento de pedido de direito de resposta contra o autor de ofensa postada em mensagem do Twitter.[243]

Quanto à divulgação de matéria jornalística na propaganda eleitoral veiculada no horário gratuito de rádio e televisão, o Tribunal Superior Eleitoral já considerou que esse tipo de notícia não proporciona direito de resposta, quando "[...] apenas noticia conhecido episódio".[244] Porém, é preciso ponderar, em cada caso concreto, o teor difundido na matéria jornalística.

Importa, portanto, verificar o próprio mérito da matéria jornalística. Óbvio, contudo, que a liberdade de expressão respalda matéria jornalística que noticia que determinado candidato está sendo investigado ou processado, mas não se admite em propaganda eleitoral a afirmação de que o candidato acusado seja verberado de "culpado", se ainda não há sentença judicial que confirme a assertiva. Nesse sentido, o Tribunal Regional Eleitoral do Distrito Federal já deferiu o direito de resposta a uma candidata, em razão de veiculação de matéria jornalística ofensiva à sua honra, vejamos:

> DIREITO DE RESPOSTA. PROPAGANDA ELEITRAL. VEICULAÇÃO DE MATÉRIA JORNALÍSTICA CUJO CONTEÚDO OFENDE A HONRA DA CANDIDATA. PROIBIÇÃO DE VEICULAÇÃO. I - Tendo a propaganda televisiva veiculado matéria jornalística que ofende a honra da candidata, imputando-lhe crime, é de se reconhecer o direito de resposta. II - Direito de resposta que se julga procedente.[245]

Por sua vez, o Tribunal Regional Eleitoral do Mato Grosso do Sul, respaldando a liberdade de expressão, decidiu que:

> DIREITO DE RESPOSTA – AFIRMAÇÃO INVERÍDICA E OFENSA NÃO CARACTERIZADAS – MATÉRIA JORNALÍSTICA – RECURSO IMPROVIDO. Não há falar-se em direito de resposta ou responsabilização de qualquer natureza se a matéria é pura e simplesmente jornalística e atípica.[246]

---

[243] BRASIL. Ac.- Tribunal Superior Eleitoral. Rp nº 361895 de 29.10.2010.
[244] BRASIL. Ac.-Tribunal Superior Eleitoral. Rp nº 25415 de 01.09.2010.
[245] BRASIL. Tribunal Regional Eleitoral-DF. DR nº 1345/DF. Relator: Cândido Artur Medeiros Ribeiro Filho. Publicação: 25.09.2006.
[246] BRASIL. Tribunal Regional Eleitoral-MT. RE nº 1332/MT. Relator: Juracy Persiani. Publicação: 29.09.2004.

O exercício do direito de resposta, por sua vez, não elide a responsabilidade do autor da ofensa no âmbito civil, administrativo e criminal.[247] Entretanto, o fato que é passível de dúvida ou controvérsia de natureza política não é suficiente para acarretar o direito de resposta, pois consoante o Tribunal Superior Eleitoral "[...] não enseja direito de resposta o fato de o conteúdo da informação ser passível de dúvida, controvérsia ou discussão na esfera política".[248]

---

[247] BRASIL. Tribunal Superior Eleitoral. *RHC* nº 761681. 2011.
[248] BRASIL. Ac.-Tribunal Superior Eleitoral. R-Rp nº 108357 de 9.9.2014.

CAPÍTULO 7

O PODER DE POLÍCIA

7.1 Definição do poder de polícia

Nem o Código Eleitoral, nem a Lei nº 9.504/1997 definem o poder de polícia na área da propaganda eleitoral. Diante da omissão, e considerando que o ordenamento jurídico é uno, e, ainda, diante do prescrito no art. 4º da Lei de Introdução às Normas do Direito Brasileiro, impõe-se a recorrência integrativa a outros ramos do direito que tratam do assunto. Pois bem, como bem pontuou o Desembargador Eleitoral Romero Marcelo da Fonseca Oliveira, do Tribunal Regional Eleitoral da Paraíba, em palestra realizada no Encontro de Corregedores realizado em Salvador, em junho de 2018, sobre o poder de polícia, o conceito que se busca queda-se mui bem definido pelo art. 78 do Código Tributário Nacional, cujo conteúdo não se limita à seara tributária, sendo perfeitamente aplicável ao direito eleitoral, na medida em que, além de definir o poder de polícia, traça diretrizes de atuação do juiz da propaganda absolutamente compossíveis com os propósitos eleitoralistas. O poder de polícia é assim definido pelo CTN:

> Atividade da administração pública que, limitando ou disciplinando direito, interesse ou liberdade, regula a prática de ato ou abstenção de fato, em razão de interesse público concernente à segurança, à higiene, à ordem, aos costumes, à disciplina da produção e do mercado, ao exercício de atividades econômicas dependentes de concessão ou autorização do Poder Público, à tranquilidade pública ou ao respeito à propriedade e aos direitos individuais ou coletivos.

Parágrafo único. Considera-se regular o exercício do poder de polícia quando desempenhado pelo órgão competente nos limites da lei aplicável, com observância do processo legal e, tratando-se de atividade que a lei tenha como discricionária, sem abuso ou desvio de poder.

Transportando esse conceito para o direito eleitoral e, mais especificamente ainda, para os albores da propaganda eleitoral, conclui-se que o poder de polícia apresenta-se como um mecanismo de limitação da liberdade de expressão, não sendo, por isso, inconstitucional, desde que o seu exercício obedeça às balizas estabelecidas pela própria Constituição Federal e pela legislação infraconstitucional de regência.

Sobressai-se o conteúdo do parágrafo único do art. 78 do CTN que condiciona a validade do exercício do poder de polícia, primeiramente, à competência do órgão que o efetiva (juiz da propaganda e presidente de seção eleitoral); segundo, que essa autoridade competente atue com observância do devido processo legal; e, por fim, que o poder de polícia deve ser conduzido sem abuso ou desvio de poder. Acrescente-se que, apesar da advertência da parte final do parágrafo único referir à atividade que a lei tenha como discricionária, é importante esclarecer que o poder de polícia eleitoral é atividade vinculada e, ainda assim, é incompatível com desvio ou abuso de poder.

O art. 242 do Código Eleitoral estabelece os requisitos genéricos que devem ser observados na propaganda eleitoral, independentemente da respectiva forma ou modalidade, isto é, do meio da propaganda. Esta deverá conter, indispensavelmente, a legenda partidária, possuir conteúdo textual ou áudio em língua nacional. O dispositivo em questão impõe, ainda, o requisito negativo da propaganda consistente na proibição, como já vimos, do emprego de meios publicitários destinados a criar, artificialmente, na opinião pública, estados mentais, emocionais ou passionais.

Pois bem, estabelecidos os requisitos genéricos da propaganda, de forma não taxativa, o Código Eleitoral tratou de esclarecer, logo no parágrafo único do art. 242, que à justiça eleitoral incumbe a fiscalização da propaganda eleitoral, podendo adotar as medidas necessárias para impedir ou fazer cessar, imediatamente, a propaganda realizada em desconformidade com a regra deste artigo e demais dispositivos que estatuem, para cada uma das modalidades de propaganda, requisitos específicos, como, por exemplo, os que dispõem os arts. 37 e 57.

O meio pelo qual a Justiça Eleitoral faz essa fiscalização é exatamente através do poder de polícia, que está implicitamente autorizado pelo parágrafo único, do art. 242 do CE, e explicitamente outorgado pelo art. 139 do Código Eleitoral (que atribui o poder de polícia ao juiz da propaganda e também aos presidentes das mesas receptoras nas seções de votação). Por sua vez, o art. 41 da Lei nº 9.504/1997 atribui o poder de polícia aos juízes da propaganda sem referir aos presidentes das seções das mesas receptoras de votação, mas isso não induz à conclusão de que a regra do art. 139 do Código Eleitoral estaria revogada, sobretudo porque foi recepcionado pela Constituição Federal como Lei Complementar.

O parágrafo único do art. 242 do CE ainda acrescenta que a fiscalização da propaganda pelo poder de polícia é feita "[s]em prejuízo do processo e das penas cominadas à Justiça Eleitoral".

Por sua vez, o art. 41 da Lei nº 9.504/1997 complementa o art. 242 do Código Eleitoral, esclarecendo que o direito à propaganda não poderá ser cerceado nem objeto de multa sob alegação do exercício do poder de polícia ou de violação de posturas municipais. Como demonstramos no Capítulo 1, a impossibilidade de restrição à propaganda eleitoral pelas posturas municipais foi positivada no art. 41 da Lei nº 9.504/1997, na reforma de 2009 (Lei nº 12.034), para superar um entendimento pretoriano que considerava que as posturas e leis municipais podiam restringir o exercício do direito à propaganda.

Mas, é óbvio que ao dizer que a propaganda não poderá ser cerceada em razão do exercício do poder de polícia, o que está, de fato, a dizer o art. 41 da Lei nº 9.504/1997 é que o poder de polícia não poderá interferir no exercício do direito à realização de propaganda eleitoral, desde que ela esteja em conformidade com as regras instituídas pela legislação eleitoral, o que consiste num postulado do princípio da liberdade e disponibilidade da propaganda.

Do contrário, ou seja, em não sendo assim, uma interpretação literal e restrita do art. 242 do CE simplesmente tornaria nulo e sem qualquer sentido o poder de polícia.

Na verdade, a interpretação sistêmica do ordenamento jurídico eleitoral brasileiro conduz à lídima conclusão no sentido de que o juiz da propaganda tem o poder-dever de atuar, independentemente de provocação, para fazer cessar a propaganda irregular, sobretudo quando ela possa interferir na intenção de voto do eleitor e no resultado do pleito, pois como diz o parágrafo único do art. 242 do Código Eleitoral, "[...] a Justiça Eleitoral adotará medidas para fazer impedir ou cessar imediatamente a propaganda realizada com infração do disposto neste artigo".

Essa é a única maneira possível de harmonizar e compatibilizar o art. 41 da Lei nº 9.504/1997 com o art. 242 do Código Eleitoral, ou seja, de tornar compossíveis o princípio da liberdade e disponibilidade da propaganda e o poder de polícia. A reforçar esse argumento, o art. 249 do Código Eleitoral explicita que a liberdade de expressão, ínsita ao exercício da propaganda eleitoral, não é absoluta, ao arrematar que "[o] direito de propaganda não importa restrição ao poder de polícia quando este deva ser exercido em benefício da ordem pública".

Ora, se o princípio da liberdade, que abrange o da disponibilidade, assegura que a propaganda que não estiver expressamente proibida por lei estará permitida, bem como que o poder público deve disponibilizar os meios necessários ao exercício desse direito, a atuação do poder de polícia há que se restringir à proteção do interesse público e, portanto, da ordem pública, mas, sobretudo, para preservar o princípio da isonomia entre os candidatos e a liberdade de expressão.

O poder de polícia eleitoral pode ser repressivo ou propositivo. Será repressivo, quando a atuação do juiz eleitoral destinar-se a reprimir a propaganda irregular. Será propositivo quando objetivar garantir o exercício da propaganda regular, que, de alguma maneira, esteja ou possa vir a estar obstada por autoridades incompetentes ou mesmo por particulares. É que manter a ordem pública na propaganda eleitoral é não apenas fiscalizar e fazer cessar a propaganda irregular, mas, igualmente, garantir o exercício do direito à propaganda regular de modo igualitário, o que representa espécie de garantismo-positivo, isto é, de atuação estatal para assegurar o exercício pleno desse verdadeiro direito fundamental à propaganda a todos os concorrentes nos pleitos eleitorais.

7.2 Limites do poder de polícia

As limitações ao exercício do poder de polícia são de natureza constitucional, legal e jurisprudencial. São exemplos de limites constitucionais ao poder de polícia, a garantia da liberdade de expressão a qual se imbrica diretamente com a vedação à censura. Sobre o tema, cumpre relembrar a disposição do §2º, do art. 220 da Constituição Federal, que proíbe "[...] toda e qualquer censura de natureza política, ideológica e artística", dentre outras estatuídas no art. 5º e art. 14 da Carta Federal.

No plano infraconstitucional, o exercício do poder de polícia encontra algumas balizas no §2º, do art. 41 da Lei nº 9.504/1997, que verbera: "O poder de polícia se restringe às providências necessárias para inibir práticas ilegais, vedada a censura prévia sobre o teor dos programas a serem exibidos na televisão, no rádio ou na internet". O Art. 53 da Lei nº 9.504/1997, por sua vez, reitera que na propaganda feita no rádio e na televisão "[n]ão serão admitidos cortes instantâneos ou qualquer tipo de censura prévia nos programas eleitorais gratuitos", mesmo que se trate do último programa a ser exibido no guia eleitoral do rádio e televisão, já que o postulado garantista constitucional da liberdade de expressão não pode sofrer restrição onde nem a Constituição Federal nem a Lei Infraconstitucional o permitiram. O desatendimento da regra do art. 53 da Lei nº 9.504/1997 constitui violação de direito líquido e certo, amparado por mandado de segurança, nos termos dos arts. 5º e 7º da Lei nº 12.016/2009.

Aqui encontramos limites legais quanto ao exercício repressivo do poder de polícia, ou seja, no sentido de que ele não pode ir além da fiscalização e determinação de regularização ou de fazer cessar a propaganda eleitoral irregular ou ilegal, evitando-se, assim, arbitrariedades pelo juiz da propaganda, cuja atuação é precisamente vinculada a esses preceitos, os quais impossibilitam o exercício discricionário do poder de polícia. O princípio da liberdade de expressão e de manifestação política em recintos abertos ou fechados, quando em conformidade com a Constituição Federal, sobrepõe-se ao poder de polícia como uma verdadeira restrição ao poder de restrição.

O exercício propositivo do poder de polícia, por sua vez, insta o magistrado competente a atuar, por provocação do Ministério Público, de candidato, partido político, coligação, e até mesmo do particular, ou de ofício, para garantir o direito à liberdade de expressão e de manifestação em locais permitidos pela legislação eleitoral. Nesse exato sentido, o Tribunal Regional Eleitoral de Alagoas decidiu que,

> conquanto o art. 39 da Lei nº 9.504 /97 disponha que a realização da propaganda eleitoral não depende de licença da polícia, não está o juiz eleitoral impedido de atuar com o fim de garantir a manutenção da ordem pública, quando presentes motivos relevantes, conforme autoriza o art. 249 do Código Eleitoral. 2. Estabelece, ainda, o art. 4º da Resolução TSE nº 23.370/11, que o Juiz Eleitoral é competente para tomar todas as providências relacionadas à propaganda eleitoral.[249]

Quanto à análise antecipada sobre o conteúdo das manifestações, a garantia da liberdade de expressão sobrepõe-se ao poder de polícia impondo-lhe a impossibilidade de censura prévia, que é vedada pela Constituição Federal, em especial pelo inciso IV, do art. 5º, e pelo art. 220, que protege a manifestação do pensamento, a liberdade de expressão e de informação, as quais não sofrerão restrição quando manifestadas dentro dos parâmetros instituídos pela própria Carta da República, ou seja, quando não malferir outras garantias constitucionais como o direito à honra e à imagem.

Enfim, insta reiterar que a Resolução nº 23.610/2019 adotou o princípio do minimalismo interventivo do poder de polícia, pois, para além da regra do art. 41 da Lei nº 9.504/1997, o §1º do art. 6º da resolução em questão reitera que "O poder de polícia sobre a propaganda eleitoral será exercido [por] juízas ou juízes designadas(os) pelos tribunais regionais eleitorais, nos termos do art. 41, §1º, da Lei nº 9.504/1997, observado ainda, quanto à internet, o disposto no art. 8º desta Resolução". E o art. 38 acrescenta que "A atuação da Justiça Eleitoral em relação a conteúdos divulgados na

---

[249] BRASIL. Tribunal Regional Eleitoral-AL. MS nº 192381. Relatora: Elisabeth Carvalho Nascimento. Publicação: 05.10.2012.

internet deve ser realizada com a menor interferência possível no debate democrático (Lei nº 9.504/1997, art. 57-J)".

Pois bem, a Resolução nº 23.610/2019 estabeleceu, ainda, que as juízas e juízes da propaganda eleitoral não mais poderão, de ofício, determinar a retirada de conteúdo veiculado na Internet, desde que a forma respectiva esteja em consonância com o disposto nos arts. 57-B, 57-C e 57-D, da Lei nº 9.504/1997, como já ressaltado. Em casos que tais, isto é, quando a forma da propaganda for consentida, mas o conteúdo extrapolar os limites da urbanidade ou mesmo da legalidade, tendo os juízes ou juízas da propaganda recebido denúncia de irregularidade, a atitude a ser adotada é dar ciência ao representante do Ministério Público para que este adote as providências cabíveis, vejamos:

> Resolução nº 23.610/2019 – Art. 7º O juízo eleitoral com atribuições fixadas na forma do art. 8º desta Resolução somente poderá determinar a imediata retirada de conteúdo na internet que, em sua forma ou meio de veiculação, esteja em desacordo com o disposto nesta Resolução.
>
> §1º Caso a irregularidade constatada na internet se refira ao teor da propaganda, não será admitido o exercício do poder de polícia, nos termos do art. 19 da Lei nº 12.965/2014;
>
> §2º Na hipótese prevista no §1º deste artigo, eventual notícia de irregularidade deverá ser encaminhada ao Ministério Público Eleitoral.

7.3 Natureza do poder de polícia e a questão do impedimento e suspeição do juiz

Prevalece na construção pretoriana eleitoralista, o entendimento de que o poder de polícia possui natureza administrativa, sendo este o argumento capaz de justificar a atuação de ofício do magistrado. Com efeito, em relação à fiscalização e à repressão da propaganda eleitoral não incide a regra constante do art. 2º do CPC-2015, pela qual o juiz não pode atuar de ofício para iniciar uma demanda, mas somente quando provocado nos termos e formas legais.

Essa regra não se aplica ao poder de polícia eleitoral, sem embargo de a competência para o seu exercício ser atribuída à magistratura, mais propriamente falando aos juízes que exercem a função de presidir a propaganda eleitoral (art. 41, §§1º e 2º, da Lei nº 9.504/1997). Frise-se que o Ministério Público Eleitoral não detém poder de polícia, mas, como já esclareceu o Tribunal Superior Eleitoral, a competência do exercício do poder de polícia é do

> juiz eleitoral e não do Ministério Público para o exercício do poder de polícia para fazer cessar a propaganda irregular; impossibilidade de a multa por infração à legislação eleitoral decorrer unicamente do poder de polícia, devendo resultar do regular processamento judicial, cabendo ao MPE, eventualmente, ajuizar, nos termos do art. 96 da Lei nº 9.504/1997, representação por descumprimento do art. 39, §3º, daquela lei.[250]

Assim, no universo do poder de polícia compete ao Ministério Público Eleitoral apenas peticionar ao juiz eleitoral competente para que este adote ou determine a adoção das medidas administrativas necessárias a fazer sanar as irregularidades da propaganda eleitoral, ou que promova demanda judicial cabível sobre a propaganda eleitoral perante o Tribunal Superior Eleitoral, no caso de irregularidades imputadas aos concorrentes aos cargos de presidente e vice-presidente da República, ou perante o Tribunal Regional Eleitoral, nos demais casos, quando se tratar de eleições federais e estaduais. Nas eleições municipais, as representações por propaganda eleitoral irregular devem ser ajuizadas perante o próprio juiz da propaganda eleitoral, não devendo atuar aquele que proferiu decisão no exercício do poder de polícia. Somente por exceção à regra é que o juiz da propaganda eleitoral tem competência para julgar representações nas eleições gerais, no referente aos comícios.

Coneglian,[251] a propósito, distingue no direito eleitoral entre atuação judicial e atuação jurisdicional. Para ele, "o controle judicial se faz na esfera administrativa, onde a justiça atua de ofício. Já o controle jurisdicional, também exercido pela justiça eleitoral, ocorre quando surge conflito a ser dirimido por uma ação eleitoral que persiga a coisa julgada". O fato de o juiz da propaganda atuar de ofício, para fazer cessar a propaganda irregular, bem como

---

[250] BRASIL. Tribunal Superior Eleitoral. REspe nº 28478. Publicação: 01.3.2011.
[251] CONEGLIAN, Olivar. *Propaganda eleitoral*: eleições 2014. 12. ed. Curitiba: Juruá, 2014. p. 73.

para garantir o direito ao exercício da liberdade de expressão e de manifestação, essa possibilidade de atuação oficiosa, de acordo com a jurisprudência eleitoralista atual, não macula sua atuação em demanda jurisdicional, mesmo quando a causa de pedir relacione-se com a atuação no poder de polícia, ou seja, não o torna impedido, nem mesmo suspeito, para atuar em eventual ação judicial que venha a ser manejada pelo Ministério Público ou por outros legitimados.

A dupla atuação do magistrado (exercício do poder de polícia e do poder jurisdicional) ocorre no mesmo grau de jurisdição, isto é, quando o juiz atua com base no poder de polícia e, em sucessivo, preside demanda judicial com o mesmo objeto, como sói acontecer nas eleições municipais, nas quais o juiz da propaganda também julga as representações sobre propaganda, ações penais decorrentes de infração eleitoral, prestação de contas, etc. Pois bem, nessas hipóteses prevalece a concepção de que não há quebra de imparcialidade para julgamento da demanda sob o inconsistente argumento de que o poder de polícia consiste em atividade administrativa, vejamos:

> 1. Na espécie, o exercício do poder de polícia conferido ao Magistrado *a quo*, amparado pela legislação eleitoral, constitui mera atividade administrativa, visando a assegurar a legitimidade e a normalidade do pleito de 2012, não impedindo sua atuação na condução e no julgamento dos feitos jurisdicionais relativos ao respectivo pleito. 2. Exceção de Suspeição improcedente.[252]

Esse entendimento recente alterou a pretérita jurisprudência consolidada do Tribunal Superior Eleitoral, firmada em vários acórdãos, em sentido diametralmente oposto, como se observa pelo aresto relatado pela Ministra Ellen Gracie, no qual ela cita outros precedentes da Corte Eleitoral Superior, concebendo que o juiz que atua com base no poder de polícia não pode atuar na respectiva ação jurisdicional, sendo inequivocamente impedido, *verbis*:

> Impedimento – Exercício do poder de polícia – Ação penal – Órgão julgador – Impossibilidade de dupla atuação. Aquele que praticou o

---

[252] BRASIL. Tribunal Superior Eleitoral. AI nº 98720136060047. Relator: Min. João Otávio De Noronha. Publicação: 20.03.2014.

ato, no âmbito do poder de polícia, cuja desobediência motivou a ação penal, está impedido de atuar em nome do Estado-Juiz. Exsurge como sujeito passivo material do crime, tendo atuação, no ofício judicante, obstaculizada não só por força da organização do Direito, como também pela norma do artigo 252 do Código de Processo Penal, no que a expressão "autoridade policial" seja tomada com a largueza cabível. (Habeas Corpus nº 220, de 15.3.94, relator designado Ministro Março Aurélio Mello). Também nesse sentido, o Habeas Corpus nº 391, de 22.2.2000, relator Ministro Nelson Jobim. 3. Pelo exposto, dou provimento ao agravo para que suba o recurso especial para melhor exame (RITSE, art. 36, §7º).[253]

Sem reparos, o último entendimento esposado, sobretudo porque alberga com o manto do garantismo uma restrição não só de índole legal, mas, igualmente, de natureza psicanalítica e ética, que protege candidatos, partidos políticos e coligações de atuação judicial eivada pela imparcialidade, ainda que subconsciente.

Nesse sentido, Eduardo Costa demonstrou, em sua tese doutoral defendida na PUC-SP, que o subconsciente do magistrado é influenciado para manter o mesmo viés por ele adotado em momento anterior, pois o "juiz da prova de ofício tende a supervalorizá-la porque é "sua"". O argumento é lastreado em disciplinas como a Behavioral Economics, que, como pontua o autor, "estuda o efeito dos vieses sobre as decisões dos agentes econômicos; 2) a Behavioral Law and Economics (que estuda esse efeito sobre as decisões dos agentes jurídicos)", bem como e, sobretudo, pela Behavioral Economics of Procedure Law, para, a partir desse sólido alicerce teórico-psicanalítico, traçar uma convincente "[...] radiografia dos vieses que acometem o juiz" e que aconselham que o magistrado que determinou a produção da prova de ofício não participe do julgamento de mérito do mesmo processo.[254]

O equívoco da atual posição do Tribunal Superior Eleitoral consiste no fato de não admitir a aplicação dos institutos do impedimento e da suspeição em consideração ao fato de que a atuação

---

[253] BRASIL. Tribunal Superior Eleitoral. AG nº 4391/SP. Relator: Min. Ellen Gracie Northfleet. Publicação: 05.12.2003.
[254] COSTA, Eduardo José da Fonseca. *Levando a imparcialidade a sério: proposta de um modelo interseccional entre direito processual, economia e psicologia*. Tese de doutorado. São Paulo: PUC, 2016. p. 13.

do magistrado no poder de polícia detém natureza administrativa. Ora, a Lei nº 9.784, de 29 de janeiro de 1999, que regula o processo administrativo no âmbito da Administração Pública Federal, e que é considerada por muitos como um verdadeiro código de processo administrativo, não só admite a aplicação dos institutos do impedimento e da suspeição ao processo administrativo, mas efetivamente os regulamenta.

Logo, não seria o fato de o poder de polícia possuir natureza administrativa um fator impeditivo à admissão dos meios de garantia de preservação da imparcialidade do magistrado.

O art. 18 Lei nº 9.784/1999 reconhece, inclusive, que a autoridade administrativa que tenha participado como perito ou testemunha, por exemplo, é impedida de atuar no mesmo processo, deixando claro, portanto, que não é o fato de o poder de polícia possuir natureza administrativa que obsta o reconhecimento da incidência dos institutos do impedimento e da suspeição na seara administrativo-judicial.

Em sendo assim, o fato de o juiz da propaganda haver proferido decisões no âmbito do poder de polícia, muitas das quais sem qualquer provocação da parte interessada, o que evidencia desde já uma formação da convicção sobre o fato em questão, é evento muito mais grave se comparado à vedação de atuação de autoridade, em processo administrativo, a qual foi uma mera testemunha ou perito, devendo, por isso, ser obstada a atuação no processo judicial do juiz que tenha atuado com poder de polícia em demanda que tenha por causa de pedir o mesmo fato no qual ele atuou antecedentemente.

Perceba-se, ainda, que quando a Lei nº 9.784/1999 admite a atuação de ofício do julgador administrativo na seara da Revisão Administrativa, somente o faz quando da revisão do processo não resulte "agravamento da sanção" (vide parágrafo único do art. 65 Lei nº 9.784/1999). Aliás, no campo do direito administrativo disciplinar, regido pela Lei nº 8.112/1990, também só se permite a atuação de ofício no procedimento de revisão do processo "[...] quando se aduzirem fatos novos ou circunstâncias suscetíveis de justificar a inocência do punido ou a inadequação da penalidade aplicada", ou seja, apenas para beneficiar o servidor.

Essa lógica do benefício não se observa na prática, quando o que se está a considerar é a atuação de juiz que atuou com o poder de polícia e, depois, em demanda judicial sobre o mesmo fato, pois como ele já formou sua convicção no exercício da atividade administrativa, dificilmente a alterará na demanda judicial, estando a parte ré prejulgada.

Permitir que o juiz que atuou no exercício da propaganda eleitoral também atue no processamento e julgamento das ações jurisdicionais oriundas do mesmo fato constitui agressão ao inciso II, do art. 144 do CPC, que expressamente proíbe a atuação do magistrado que tenha tomado decisão no mesmo processo em outro grau de jurisdição. É que, mesmo que o exercício do poder de polícia tenha ocorrido na mesma instância na qual ocorrerá a atuação jurisdicional, cuidam-se de atuações em atividades de graus distintos, não, obviamente, graus distintos de jurisdição, mas de funções estatais diferentes (administrativa e jurisdicional), as quais são regidas por princípios diametralmente opostos: o inquisitivo, que caracteriza o poder de polícia; e o dispositivo, que orienta o processo jurisdicional, *ex vi legis* do art. 2º do CPC.

Situação diferente se dá com o membro do Ministério Público, o qual pode atuar na fase da investigação criminal e oferecer a denúncia na ação penal,[255] mas isso porque precisamente não exerce o papel processual decisório, mas inquisitório-acusatório.

Outra situação se refere à admissão de impedimento e suspeição na própria seara do poder de polícia, isto é, quando a atuação do juiz é limitada ao universo do poder de polícia sem que tenha havido ainda demanda judicial subsequente. Também nesse caso, deve-se aplicar o regramento constante do CPC, analogicamente para se admitir a possibilidade de suspeição ou impedimento do juiz, frise-se, pela sua atuação exclusiva no poder de polícia, quando tal atuação demonstrada cabalmente for tendenciosa, parcial.

Em síntese, por dever de lealdade, deve-se registrar que o entendimento atual não apenas do Tribunal Superior Eleitoral, mas, igualmente, da jurisprudência dos Tribunais Regionais Eleitorais é no firme sentido de que não ocorre nem o impedimento nem a

---

[255] BRASIL. Superior Tribunal Justiça. RMS nº 14990.

suspeição do juiz que atua na fiscalização da propaganda eleitoral respaldado pelo poder de polícia.

7.4 Poder de polícia e a aplicação de multa eleitoral punitiva

O sentido etimológico da palavra sanção radica em *sanctum*, que significa "tornar sagrado ou inviolável; estabelecer solenemente por meio de lei". Contudo, como esclarece Renata Cortez Severino,[256] designa, igualmente, aquilo que é aprovado ou ratificado, como no caso do ato através do qual o chefe do poder executivo aprova uma lei editada pelo Legislativo. Kelsen,[257] por sua vez, acrescenta que a expressão sanção pode significar tanto algo relativo à punição quanto um prêmio. Eduardo Talamini,[258] por seu turno, define a sanção jurídica como "[...] toda e qualquer medida estabelecida pelo ordenamento para reforçar a observância de suas normas ou remediar os efeitos da inobservância". Este último é o sentido que mais se adequa à matéria da propaganda eleitoral, isto é, o que unge a sanção à ideia de punição como consequência da violação de uma regra de conduta jurídica.

No entanto, o descumprimento de uma norma prescritiva de conduta, na propaganda eleitoral, nem sempre vem associado à imposição de uma sanção de natureza eleitoral, como ocorre com a utilização irregular de bandeiras ao longo de vias públicas com efeito de *outdoor*. Em casos tais, a consequência pelo descumprimento da norma eleitoral acarreta a possibilidade de retirada do material indevidamente utilizado pelo exercício do poder de polícia. Porém, sempre que ocorrer uma infração à Lei eleitoral por propaganda irregular associada ao desatendimento à ordem judicial, proferida

---

[256] SEVERINO, Renata Cortez Vieira. *Sanções processuais por ato atentatório ao exercício da jurisdição*: instrumento de efetividade das decisões judiciais. Dissertação de Mestrado. Recife: Universidade Católica de Pernambuco, 2007. p. 18.
[257] KELSEN, Hans. *Teoria Pura do Direito*. Trad. João Baptista Machado. 7. ed. São Paulo: Martins Fontes, 2006. p. 20.
[258] TALAMINI, Eduardo. *Tutelas relativas aos deveres de fazer e de não fazer*: e sua extensão aos deveres de entrega de coisa (CPC, arts. 461 e 461-A; CDC, art. 84). 2. ed. São Paulo: Revista dos Tribunais, 2003. p. 169.

no exercício do poder de polícia, pode dar ensanchas à subsunção na tipificação do crime de descumprimento de ordem judicial. Nesse sentido, decidiu o Tribunal Regional Eleitoral do Mato Grosso do Sul que, apesar de ser vedado o uso de bandeiras,

> [...] que geram efeito visual único similar ao *outdoor*, tal prática não enseja sanção alguma, à vista da ausência de previsão legal [...] tem-se por medida judicial cabível somente a notificação para cessar a propaganda, podendo o descumprimento configurar crime de desobediência.[259]

O acerto desta decisão decorre do fato de o direito sancionatório dever ser interpretado restritivamente, isto é, não se pode impor sanção por descumprimento de regra atinente à propaganda eleitoral quando ela não estiver expressa e previamente estabelecida em Lei federal. O princípio da legalidade também conota esse viés, pelo qual apenas as sanções instituídas em Lei podem ser aplicadas, sobretudo porque não se permite o uso de interpretação analógica ampliativa *in malam partem*.

Entretanto, de regra, a realização de propaganda eleitoral em desconformidade com as normas estabelecidas na Lei nº 9.504/1997 acarreta a incidência de uma sanção de natureza eleitoral consistente numa multa, num direito de resposta, e, em casos mais graves, nos quais possa restar configurado o abuso do poder econômico, político ou dos meios de comunicação social, é possível que o candidato seja punido com a cassação do registro da candidatura ou do diploma, ou que também incorra em crime tipificado na Lei nº 9.504/1997 ou no Código Eleitoral.

Pois bem, esclarecido isto, nos centraremos agora na problemática da sanção eleitoral representada pela aplicação de multa de natureza punitiva. Sobre isto, importa registrar que dentre as atribuições do poder de polícia não se inclui a de aplicar multas aos infratores que não regularizam ou não retiraram a propaganda irregular, após determinação judicial-administrativa. Noutras palavras, o juiz da propaganda eleitoral não pode, quando da sua atuação no exercício do poder de polícia, aplicar multa àqueles que

---

[259] BRASIL. Tribunal Regional Eleitoral-MS. RE nº 36155/MS. Relator: Ary Raghiant Neto. Publicação: 19.12.2012.

descumprirem suas determinações. Sobre o tema, o TSE editou o enunciado de nº 18, de sua súmula, que prescreve: "Conquanto investido de poder de polícia, não tem legitimidade o juiz eleitoral para, de ofício, instaurar procedimento com a finalidade de impor multa pela veiculação de propaganda eleitoral em desacordo com a Lei nº 9.504/1997".

Nesse toar, andou bem o TRE do Acre quando, no §4º, do art. 1º da Resolução nº 1733/2018, que dispôs sobre o poder de polícia para as Eleições de 2018, proibiu os juízes da propaganda de aplicarem multas em decorrência da verificação de irregularidades na propaganda eleitoral, além de esclarecer que o exercício do poder de polícia não gera prevenção para futura representação ou investigação criminal.

De fato, o poder de polícia eleitoral constitui-se em atividade administrativa exercida por magistrados e, como tal, prende-se aos limites determinados em lei e, também aos contornos pretorianos sumulados, *ex vi legis* do que dispõe o inciso V, do art. 927 do CPC, segundo o qual os juízes e tribunais devem observar a orientação do plenário ou do órgão especial aos quais estiverem vinculados.

Sempre que o juiz da propaganda estiver diante de uma situação de não atendimento de suas determinações acerca da adequação ou retirada de uma propaganda irregular, em se tratando de propaganda de rua ou em bens públicos ou de uso comum, pode determinar aos servidores do Tribunal Regional Eleitoral, encarregados de cumprirem a diligência, que devem recolher o material sempre que não houver adequação aos requisitos exigidos em Lei. Essa oportunização prévia é dever do magistrado diante do postulado do princípio da cooperação previsto no art. 6º do CPC, o qual, por força do art. 15 do mesmo código, também deve ser observado pelo juiz que estiver no exercício do poder de polícia. Pronuncia o art. 6º do CPC, que "[t]odos os sujeitos do processo devem cooperar entre si para que se obtenha, em tempo razoável, decisão de mérito justa e efetiva". Assim, impõe-se tal dever tanto ao magistrado quando aos servidores dos Tribunais Regionais Eleitorais que atuam no poder de polícia.

Em seguida, deve-se lavrar o auto respectivo e, em sucessivo, o juiz deve cientificar o candidato, o partido ou coligação e o Ministério Público Eleitoral.

Nos casos de inutilização da propaganda eleitoral irregular, como sói acontecer com os *outdoors*, que representam um meio de propaganda banido pela Lei nº 9.504/1997, deve-se adotar a cautela de registrar em mídia eletrônica (fotos e vídeos) a situação fática antes da ação de retirada do material, a fim de se comprovar a irregularidade para eventual aplicação de sanção prevista em Lei em procedimento judicial posterior, bem como para demonstrar que a atuação do poder de polícia ocorreu dentro dos parâmetros fixados em lei para o seu exercício.

Não sendo possível a retirada ou a adequação da propaganda irregular, a razão pela qual deve o juiz da propaganda dar ciência ao Ministério Público Eleitoral, é para que o *parquet* promova a representação (ação jurisdicional) contra os responsáveis, se assim entender. Será precisamente no âmbito da demanda judicial que será possível a aplicação da multa, sendo lícita, nesse caso, a recorrência às medidas previstas no inciso IV, do art. 139 do CPC, ou seja, a todas as medidas indutivas, coercitivas, mandamentais ou sub-rogatórias.

Entretanto, a possibilidade de atuação oficiosa é ínsita ao poder de polícia em razão de suas características de autoexecutoriedade e unilateralidade, mas sempre dentro das balizas constitucionais, legais e jurisprudenciais. A propósito, o Tribunal Regional Eleitoral do Rio de Janeiro esclarece:

> Os atos administrativos praticados pela fiscalização da propaganda eleitoral são revestidos dos atributos da autoexecutoriedade e da unilateralidade, justificados que são pela necessidade de salvaguardar com rapidez e eficiência o interesse público primário de proteger a normalidade das eleições e a igualdade de oportunidades entre os candidatos.[260]

As multas previstas na legislação eleitoral em matéria de propaganda são de natureza punitiva, pois incidem na hipótese do descumprimento do preceito fático antecedente estabelecido na Lei e se revertem em crédito da União Federal.

---

[260] BRASIL. Tribunal Regional Eleitoral-RJ. MS nº 389459/RJ. Relator: Edson Aguiar de Vasconcelos. Publicação: 25.09.2014.

Há situações definidas em Lei nas quais não se admite a propaganda eleitoral, como pronuncia o *caput* do art. 37 da Lei nº 9.504/1997, que elege várias situações em que não se permite a propaganda, como o caso da vedação de sua realização em bens cujo uso dependa de cessão ou permissão do poder público, ou que a ele pertençam, e nos bens de uso comum. Nesses bens, adverte a Lei, "é vedada a veiculação de propaganda de qualquer natureza". Eis um claro exemplo de preceito antecedente proibitivo.

A norma sancionadora vem estatuída no §1º, do art. 37, da Lei nº 9.504/1997, segundo o qual:

> A veiculação de propaganda em desacordo com o disposto no caput deste artigo sujeita o responsável, após a notificação e a comprovação, à restauração do bem e, caso não cumprida no prazo, a multa no valor de R$2.000,00 (dois mil reais) a R$8.000,00 (oito mil reais).

Nesse caso, a sanção de multa somente ocorrerá se o infrator não restaurar o bem no prazo de quarenta e oito horas, como estabelecido pelo §1º, do art. 14, da Resolução nº 23.551/2017-TSE. Daí que, não havendo a restauração, incidirá a multa, em razão da violação do preceito proibitivo anteriormente prescrito.

A regra que estabelece a conduta proibida constitui-se como norma antecedente, ao passo que a norma sancionadora, que estatui a multa de natureza punitiva, apresenta-se como norma secundário-consequente, ou seja, não representa o objetivo pretendido pela norma jurídica, o qual se queda descrito no preceito antecedente-primário. A norma secundária, portanto, não é um fim em si mesmo, mas meio de outorga de efetividade ou de atendimento à norma antecedente.

As multas de natureza punitiva na propaganda eleitoral somente podem ser aplicadas nas hipóteses expressamente previstas e instituídas em momento anterior à prática do ato irregular. E considerando que o exercício do direito à propaganda eleitoral situa-se no contexto representativo do denominado "processo eleitoral", a aplicação da regra primária que cria a proibição, bem como a incidência da norma secundaria que estabelece a sanção, pressupõe a observância do princípio da anualidade/anterioridade positivado no art. 16 da Constituição Federal, pelo qual "[a] lei que alterar o processo eleitoral entrará em vigor na data de sua publicação, não se aplicando à eleição que ocorra até um ano da data de sua vigência".

7.5 Um réquiem para a aplicação de astreintes e outras medidas de apoio à efetivação da decisão judicial no exercício do poder de polícia

As astreintes são oriundas do direito processual francês. Representam uma herança da revolução liberal, a qual, ao limitar os poderes do juiz, suprimiu a possibilidade de prisão por descumprimento de obrigação de direito material. Razão pela qual chegou-se a afirmar que as obrigações de fazer e não fazer teriam sido reduzidas a obrigações naturais, já que o juiz estaria desprovido de meios capazes de convencer o réu a cumprir uma determinação judicial que dependesse exclusivamente da sua atuação. Foi para contrabalançar esse desequilíbrio que o direito francês instituiu as astreintes, para munir o juiz de um mecanismo de coerção processual destinado a forçar o cumprimento de uma decisão judicial sob pena de lhe ser imposta, como consequência, o pagamento de determinada quantia em dinheiro.

A origem etimológica e a própria natureza jurídica das astreintes são controvertidas. Para alguns, a expressão derivaria do latim *astringere, de ad e stringere*, cujo significado consiste em apertar, compelir, pressionar. Guilherme Rizzo,[261] no entanto, atesta que a expressão em questão advém do vernáculo estringente e consistiria numa técnica de tutela jurisdicional, lastreada no poder de império do juiz, que se configura como um mecanismo coercitivo de efetivação da tutela jurisdicional. Nega, contudo, qualquer finalidade moralizante e, assim como Marinoni, não lhe reconhece função sancionatória ou reparatória. Por sua vez, Gilberto da Silva Costa Filho considera que as astreintes têm natureza de "multa coercitiva oriunda do Direito francês, [...] medida cominatória imposta pelo Estado-juiz contra o devedor [...]".[262]

---

[261] AMARAL, Guilherme Rizzo. *As astreintes e o processo Civil Brasileiro*: multa do artigo 461 do CPC e outras. Porto Alegre: Livraria do Advogado, 2004. p. 69-72.
[262] COSTA FILHO, Gilberto da Silva. *Astreintes constituem medida cominatória imposta pelo Estado-juiz contra o devedor de obrigação de fazer, não fazer, ou dar coisa, cuja incidência se*

O CPC-1973 a concebia expressamente como "pena pecuniária", consoante rezavam os arts. 287, 642 e 932. O CPC-2015, por sua vez, ainda preserva a expressão quando trata do interdito proibitório, no art. 567. O art. 537 do código de 2015 expressamente adota a expressão "multa", quando trata da possibilidade de descumprimento de ordens judiciais às quais tenham sido impostas astreintes, ao prescrever:

> A multa independe de requerimento da parte e poderá ser aplicada na fase de conhecimento, em tutela provisória ou na sentença, ou na fase de execução, desde que seja suficiente e compatível com a obrigação e que se determine prazo razoável para cumprimento do preceito.

Em verdade, a multa é uma consequência do descumprimento da ordem judicial, ao passo que as astreintes são um meio ou uma medida de coação para impelir a parte sobre a qual recai o dever de atender ao mandamento jurisdicional, cujo descumprimento gera a imposição de multa em pecúnia, isto é, são as astreintes uma "ameaça" de redução patrimonial condicionada ao descumprimento de uma ordem jurisdicional. As astreintes visam, portanto, ao atendimento do comando judicial pela pressão psicológica que irradiam. A incidência da multa, repise-se, advém como consequência da ineficácia da pressão posta pelas astreintes, estas não constituem, de fato, o núcleo da sanção, mas a ameaça em si mesma. Consoante lição de Araken de Assis,[263] "são medidas coercitivas, mandamentos jurisdicionais incidentes sobre a deliberação ou vontade do devedor a fim de compeli-lo ao cumprimento da decisão, são "atos de pressão", dentre os quais se destacam a cominação de multa pecuniária (art. 287, 461, §§5º e 6º, c/c 645, 621, parágrafo único, e 644 do CPC) e a prisão do executado".

Antes, porém, de analisar a possibilidade de aplicação das astreintes pelo juiz da propaganda eleitoral, no exercício exclusivo do poder de polícia, importa pontuar, ainda, que inicialmente, na história do nosso processo civil, que se constitui a fonte jurídica que

---

dá por dia de descumprimento. 2014. Disponível em: https://www.migalhas.com.br/dePeso/16,MI192760,31047. Acesso em: 21 ago. 2018.

[263] ASSIS, Araken de. *Manual da execução*. 11. ed. São Paulo: Revista dos Tribunais, 2007. p. 92.

o direito eleitoral haure a base jurídica para aplicar suas disposições no campo eleitoralista. As astreintes foram admitidas no âmbito do processo de conhecimento regido pelo procedimento comum na primeira grande onda de reformas do código de processo, que se verificou no ano de 1994, através da Lei nº 8.952/1994, a qual conferiu ao art. 461, do CPC-1973, nova redação em que especificou, no §4º, que o juiz "poderá [...] impor multa diária ao réu, independentemente de pedido do autor, se for suficiente ou compatível com a obrigação, fixando-lhe prazo razoável para o cumprimento do preceito". Até então, as astreintes somente podiam ser aplicáveis aos processos que tivessem por objeto obrigações de fazer e não fazer.

Na segunda onda de reformas do CPC de 1973, a Lei nº 10.444/2002 ampliou o campo de incidência das astreintes para permitir sua aplicação, também, nas ações que tivessem por objeto obrigação de entregar coisa, passando o juiz a poder utilizar como medida temporal de majoração da multa não apenas o "dia de atraso", mas também o "tempo de atraso", ou seja, passou-se, desde então, a se permitir que o magistrado pudesse adotar e dosar no caso concreto a unidade de tempo mais adequada à função coercitiva das astreintes.

Com a vigência do CPC de 2015, os poderes de império do juiz foram ampliados de maneira nunca antes disciplinada no ordenamento jurídico processual concebido desde o seu primeiro código federal em 1939. O inciso IV do art. 139 do CPC-2015 passou a permitir que o juiz pudesse recorrer não só às astreintes, mas a todas as medidas de apoio à efetivação da decisão judicial, tais como medidas indutivas, coercitivas, mandamentais e sub-rogatórias, inclusive em demandas que tivessem por objeto não apenas obrigações de fazer, não fazer ou entregar coisa, mas, a partir da vigência do novo código, passou o juiz a poder aplicar tais medidas a todas as demandas, incluindo as que têm por objeto a obrigação de pagar quantia.

Pois bem, a questão que se apresentava controvertida consistia em saber se poderia o juiz da propaganda eleitoral aplicar as astreintes e demais medidas de apoio previstas e admitidas pelo inciso IV do art. 139 do CPC-2015, no exercício exclusivo do poder de polícia, a fim de compelir candidatos, partidos políticos, coligações e particulares que estiverem a praticar propaganda eleitoral irregular a fazer cessar a propaganda ou adequá-la às disposições da Lei nº 9.504/1997 e do Código Eleitoral.

A propósito, o Tribunal Regional Eleitoral do Rio de Janeiro chegou a firmar entendimento no sentido de admitir a aplicação de astreintes pelo poder de polícia. Para tanto, o TRE-RJ distingue entre "medida administrativa de polícia e sanção de polícia, esta última vedada pela Súmula nº 18 do TSE sem que se observe o devido processo legal". Para essa Corte Regional, o poder de polícia:

> [...] possibilita a adoção de qualquer medida que vise a suspender um ato considerado irregular, inclusive a utilização de medidas coercitivas destinadas a conferir efetividade à decisão proferida no exercício do referido poder [...]. As astreintes constituem medida coercitiva de polícia administrativa, preparatórias à atuação de fiscalização e sanção de polícia.[264]

Em 21 de fevereiro de 2018, o Tribunal Regional Eleitoral do Rio de Janeiro editou a Instrução Normativa Conjunta nº 01/2018, que disciplinou o exercício do poder de polícia e referendou esse entendimento, permitindo a aplicação de medidas atípicas de natureza coercitiva (astreintes), logo nos §§1º e 2º, do art. 4º, o qual foi inserido no Capítulo I, que tratava das disposições gerais, indicando que tal dispositivo poderia incidir, obviamente e genericamente, a todas as hipóteses nas quais houver expedição de ordem judicial-administrativa mandamental para o controle da regularidade da propaganda eleitoral geral, esclarecendo que a multa incidiria enquanto não fosse cumprida a decisão que a houver cominado, à semelhança da disposição contida no §4º, do art. 537 do CPC.

No contexto dessa Instrução Normativa Conjunta, as astreintes eram elencadas como medidas de apoio ou de reforço preferencial ao atendimento das ordens judiciais do juiz da propaganda eleitoral, no exercício exclusivo do poder de polícia.

---

[264] BRASIL. Tribunal Regional Eleitoral-RJ. MS nº 793302/RJ. Relator: Alexandre de Carvalho Mesquita. Publicação: 04.12.2014.

O §1º, do art. 4º, da Instrução Normativa Conjunta em questão mencionou expressamente o inciso IV, do art. 139, o §1º, do art. 536, e o art. 537, todos do Código de Processo Civil de 2015, mas, por outro lado, limitou-se, apesar de tal referência a esse dispositivo administrativo, a permitir a adoção da multa de natureza coercitiva. Já o inciso IV, do art. 139 do CPC é bem mais amplo, porquanto permite a aplicação de "todas" as medidas atípicas, tais como as de natureza indutiva, sub-rogatória e mandamental.

Na mesma senda, quando a Instrução Normativa Conjunta do TRE-RJ dispôs, na Seção III, sobre a "indisponibilização" de conteúdos da Internet, precisamente no art. 29, §4º, voltou a mencionar a possibilidade de o juiz poder impor medida de natureza administrativa coercitiva, ao pronunciar que: "§4º O juiz poderá impor medidas coercitivas para garantir a efetivação da decisão que decretar a indisponibilidade". E especificara, ainda, na Seção V, quais eram as medidas de apoio passíveis de adoção, englobando medidas que não têm natureza meramente coercitiva, porquanto admitia que o juiz da propaganda, no exercício do poder de polícia, determinasse até mesmo a suspensão do CNPJ e o bloqueio de bens de Provedores de internet que não atendessem às ordens judiciais, incluindo medidas de natureza indutiva e sub-rogatória, *verbis*:

> Art. 32. O juiz, para garantir a efetividade das decisões judiciais, poderá aplicar, dentre outras, as seguintes medidas coercitivas:
> I- astreinte;
> II- suspensão do CNPJ com a expedição de ofício à Receita Federal e à Estadual para congelamento de todas as operações financeiras, fiscais e tributárias vinculadas ao CNPJ do que descumpriu o comando judicial;
> III- bloqueio de bens e valores existentes em nome da empresa que descumpriu o comando judicial, inclusive através do sistema BACENJUD e outros disponibilizados aos magistrados de forma que fiquem retidos e bloqueados os valores existentes nas respectivas contas ou aplicações até o efetivo cumprimento.[265]

Essa demonstração serve para ratificar a asserção de que o tema era controvertido na construção pretoriana eleitoralista. Outros

---

[265] BRASIL. Tribunal Regional Eleitoral-RJ. 2018.

Tribunais Regionais Eleitorais vinham secundando a possibilidade de aplicação das astreintes no exercício do poder de polícia, mas é deveras importante frisar que, primeiramente, continua o óbice do enunciado de nº 18, da súmula do Tribunal Superior Eleitoral, que expressamente veda a possibilidade de o juiz da propaganda eleitoral impor multas como consequência da veiculação de propaganda eleitoral em desacordo com a Lei nº 9.504/97, fato que se apresenta como uma barreira intransponível a possibilidade de imposição de qualquer espécie de multa no âmbito restrito do poder de polícia. O Tribunal Regional Eleitoral do Pará, a propósito, também chegou a admitir que o juiz da propaganda eleitoral impusesse multa em decorrência do poder de polícia, mas esclarecera que a validade de tal medida dependia de ajuizamento de representação na qual se assegure à parte representada o direito ao contraditório e à ampla defesa, *verbis*:

> Conquanto seja admissível a imposição de astreintes no exercício do poder de polícia conferido ao juiz eleitoral, trata-se de medida que necessita de posterior ajuizamento de Representação a fim de que seja garantido, ainda que em momento posterior à medida liminar, o exercício do contraditório e da ampla defesa àquele que teve seu direito restringido, pois não se coaduna com o Estado Democrático de Direito a cominação de penalidade sem as garantias constitucionais do devido processo legal.[266]

A situação no âmbito da representação é distinta da verificada no exercício do poder de polícia, porquanto a representação apresenta-se como inequívoca demanda de natureza jurisdicional. O problema da admissão de medidas atípicas nos lindes do poder de polícia, com a imediata efetivação ou execução, era a falta de observância do devido processo legal, sobretudo no pertinente ao consentimento da prolação de medidas drásticas, como a suspensão do CNPJ e o bloqueio de bens dos provedores de acesso ou de aplicações de internet, sem pressupor a necessidade de esgotamento dos meios típicos ou específicos de cumprimento da decisão judicial-administrativa. Não se pode perder de vista que o princípio

---

[266] BRASIL. Tribunal Regional Eleitoral-PA. MS nº 21606. Relator: Lucyana Said Daibes Pereira. Publicação: 14.12.2016.

da legalidade da propaganda eleitoral estabelece que somente as sanções previstas em Lei federal é que podem ser aplicadas a candidatos, partidos e coligações.

Noutras palavras, estar-se-ia a conceder mais poderes de império ao juiz da propaganda eleitoral, que atua no âmbito meramente administrativo, do que os poderes que são conferidos aos juízes que atuam no exercício específico da atividade jurisdicional *stricto sensu*, eis que tanto a doutrina quanto a construção pretoriana, como se demonstrará a seguir, são firmes no sentido de que o poder geral de efetivação dos juízes, em atividade jurisdicional, a qual, distintamente do que acontece nos lindes da atuação do poder de polícia, deve respeitar o princípio-garantia do devido processo legal com a observância do contraditório e da ampla defesa, com todos os meios e recursos a ela inerentes (inciso LV, do art. 5º da Constituição Federal).

Nesse diapasão, o Fórum Permanente de Processualistas Civis, FPPC, aprovou dois enunciados acerca do poder geral de efetivação do juiz, os de número 12 e 396. O primeiro reforça que a aplicação das medidas atípicas (inciso IV, do art. 139 do CPC-2015) deve ser subsidiária; e o segundo, que podem ser aplicáveis de ofício, vejamos:

> Enunciado de nº 12. A aplicação das medidas atípicas sub-rogatórias e coercitivas é cabível em qualquer obrigação no cumprimento de sentença ou execução de título executivo extrajudicial. Essas medidas, contudo, serão aplicadas de forma subsidiária às medidas tipificadas, com observação do contraditório, ainda que diferido, e por meio de decisão à luz do art. 489, §1º, I e II.
>
> Enunciado de nº 396. As medidas do inciso IV do art. 139 podem ser determinadas de ofício, observado o art. 8º.

A referência feita na parte final do Enunciado de nº 396, ao art. 8º do CPC, é deveras importante, porquanto está a prescrever que o magistrado, ao aplicar o ordenamento jurídico, deve atender aos fins sociais e às exigências do bem comum, mas sempre de modo a resguardar a dignidade da pessoa humana e a observar a proporcionalidade, a razoabilidade, a publicidade, a eficiência e, sobretudo, a legalidade. Ora, a menção ao princípio da legalidade no campo do direito sancionatório impõe que somente deve ser permitida a aplicação de sanção que estiver expressamente tipificada em Lei, e como a matéria de propaganda é regida por Lei federal, apenas esta pode instituir sanções capazes de ser aplicadas pelos juízes de forma válida. Aponte-se, a propósito, que o inciso LV, do art. 5º da Constituição Federal, garantiu o contraditório e a ampla defesa, com os meios e recursos a ela inerentes não apenas no processo jurisdicional *stricto sensu*, mas a todos os litigantes "[...] em processo judicial ou administrativo [...]".

A aplicação de sanção imprevista em Lei constitui ato judicial inválido e quando aplicada por juiz da propaganda eleitoral, no exercício do poder de polícia, pode ser atacada por Mandado de Segurança; quando imposta em processo judicial submete-se às vias recursais normais.

Quanto à (im)possibilidade de aplicação imediata das medidas de apoio à efetivação da decisão jurisdicional (inciso IV, do art. 139 do CPC), sem exaurimento das medidas típicas, o entendimento majoritário da doutrina e da jurisprudência sobre o tema é sólido no sentido de que tais medidas devem ter aplicação subsidiária, como se observa através do magistério do Juiz de Direito e Professor de Direito Processual Civil da Faculdade de Direito da USP, Fernando da Fonseca Gajardoni, para quem:

> [...] a prevalecer a interpretação potencializada do art. 139, IV, do CPC/15 –, o emprego de tais medidas coercitivas/indutivas, especialmente nas obrigações de pagar, encontrará limite certo na excepcionalidade da medida (esgotamento dos meios tradicionais de satisfação do débito), na proporcionalidade (inclusive à luz da regra da menor onerosidade ao devedor do art. 805 do CPC/15), na necessidade de fundamentação substancial e, especialmente, nos direitos e garantias assegurados na CF (v.g., não parece possível que se determine o pagamento sob pena de prisão ou de vedação ao exercício da profissão, do direito de ir e vir, etc.) [...].[267]

---

[267] GAJARDONI, Fernando da Fonseca. *A revolução silenciosa da execução por quantia*. Disponível em: https://www.migalhas.com.br/CPCnaPratica. Acesso em: 10 ago. 2018.

No mesmo sentido, a jurisprudência é estável quanto a conceber que as medidas previstas no art. 139, IV, do CPC, somente devem ser aplicadas de forma subsidiária e proporcional:

> Ementa: AGRAVO DE INSTRUMENTO. AÇÃO DE EXECUÇÃO. TÍTULO JUDICIAL. ADOÇÃO DE MEDIDAS EXECUTIVAS ATÍPICAS FUNDADAS NO ART. 139, IV, DO CPC/2015. NÃO CABIMENTO. EXISTÊNCIA DE MEDIDAS EXECUTIVAS TÍPICAS. CARÁTER SUBSIDIÁRIO DAQUELAS EM RELAÇÃO A ESTAS. RECURSO PARCIALMENTE PROVIDO. As medidas executivas fundadas no art. 139, IV, do CPC/2015, em razão de sua atipicidade, devem ser adotadas excepcionalmente de forma subsidiária àquelas típicas já previstas no ordenamento jurídico. É dizer, só devem ser utilizadas após esgotados todos os meios tradicionais de execução, de forma subsidiária.[268]

Por sua vez, o Ministro Luiz Fux ensina que:

> [...] cumpre ao Estado, através de todas as formas de provimento jurisdicional, fazer com que aquele que recorreu ao Judiciário não sinta os efeitos do descumprimento da obrigação que ocorreu no plano extrajudicial, razão pela qual são utilizados os meios executivos para a satisfação da parte.[269]

Contudo, o eminente Ministro e Professor ressalva que os meios atípicos somente devem ser adotados diante da ineficiência dos meios específicos de cumprimento da decisão judicial, vejamos:

> É evidente que, por vezes, esse escopo é impossível de ser alcançado, transmudando-se, então, a execução específica em execução genérica, que, repita-se, se faz presente nos casos de malogro das demais formas executivas.

Mas, mesmo que se admita a incidência dos arts. 139, 536 e 537 do CPC ao processo eleitoral jurisdicional (não ao poder de polícia) é preciso que se lhes imponha a observância dos princípios hermenêuticos do processo civil, mencionados anteriormente, que

---

[268] BRASIL. Tribunal Justiça/SP. Agravo de Instrumento nº 2017511-84.2017.8.26.0000. 31ª Câmara de Direito Privado. Rel. Adilson de Araújo. Publicação: 11.4.2017.
[269] FUX, Luiz. *Curso de Direito Processual Civil*. 4. ed. Rio de Janeiro: Gen Forense, 2008. p. 20-21.

apontam pela subsidiariedade das medidas atípicas. E se isso for válido para o processo jurisdicional civil, ainda com maior razão de fundo teleológico e axiológico, haverá de, igualmente, sê-lo para o exercício do poder de polícia na propaganda eleitoral, considerando que não se pode conceber que o poder de polícia, enquanto atividade administrativa, possa mais do que pode o poder jurisdicional.

Porém, não obstante as decisões e regulamentos administrativos de alguns TREs, que admitiam a aplicação de astreintes no exercício do poder de polícia, o Tribunal Superior Eleitoral sepultou essa discussão ao editar a Resolução nº 23.608/2019, cujo §2º do art. 54 prescreve:

> §2º No exercido art. 54 prescreve: a magistrada ou ao magistrado aplicar sanções pecuniámagistrada ou ao magiscio a representação por propaganda irregular ou adotar medidas coercitivas tipicamente jurisdicionais, como a imposição de astreintes (Sreintenº 18/TSE).

Essa regra é um verdadeiro réquiem que conduz ao sepultamento às posições ativistas em relação ao poder de polícia. As medidas de apoio ao cumprimento de ordens judiciais previstas no inciso IV do art. 139 do CPC somente podem ser aplicadas no processo eleitoral judicial, isto é, nas representações e ações de natureza jurisdicional, não no exercício do poder de polícia. Em assim sendo, resta enfrentar quais são os meios típicos previstos em lei para a hipótese de descumprimento de ordens judiciais em sede de controle da propaganda eleitoral.

7.6 A aplicação de medidas sancionatórias típicas e a solidariedade entre candidatos e partidos políticos

Tomando como premissa a regra do enunciado de nº 18, da súmula do Tribunal Superior Eleitoral, o qual veda ao juiz da propaganda eleitoral a possibilidade de instaurar procedimento para impor multa pela veiculação de propaganda eleitoral em desacordo com a Lei nº 9.504/1997, é preciso esclarecer, noutra ponta, que o juiz da propaganda tem poderes tanto para, de ofício, fazer cessar a propaganda irregular, quanto para prescrever sua adequação à Lei e, igualmente, determinar a notificação do responsável para que este o faça. Neste último caso, o juiz da propaganda pode e deve advertir que o não atendimento à sua determinação pode dar ensejo à aplicação de multa prevista em Lei federal. Entretanto, essa multa somente deve ser aplicada em processo jurisdicional instaurado por iniciativa do Ministério Público Eleitoral ou dos demais legitimados, no qual se garanta ao demandado o direito à ampla defesa nos moldes estabelecidos na legislação de regência. Nesse passo, deve-se adicionar a lembrança à restrição à atuação de ofício de juízas e juízes no exercício do poder de polícia no controle de conteúdos veiculados na Internet, como demonstrado acima.

É importante pontuar que o art. 241 do Código Eleitoral prescreve que "[t]oda propaganda eleitoral será realizada sob a responsabilidade dos partidos e por eles paga, imputando-lhes solidariedade nos excessos praticados pelos seus candidatos e adeptos". Essa redação possibilitou intepretação no sentido de que não apenas os partidos políticos aos quais pertencem os respectivos candidatos é que devem ser solidários, mas todos os partidos integrantes da coligação partidária.

Até então, a jurisprudência considerava que a solidariedade estendia-se também às coligações, como comprova o acórdão a seguir, oriundo do Tribunal Regional Eleitoral do Paraná: "Os partidos políticos, bem como as coligações, respondem solidariamente pelos excessos cometidos por seus candidatos e adeptos na realização de propaganda política".[270]

Contudo, em 2013, a Lei nº 12.891 acrescentou ao art. 241 do Código Eleitoral o parágrafo único com o objetivo de limitar a responsabilidade solidária decorrente da propaganda irregular aos partidos e candidatos a eles filiados, nos seguintes termos: "A solidariedade prevista neste artigo é restrita aos candidatos e aos respectivos partidos, não alcançando outros partidos, mesmo quando integrantes de uma mesma coligação".

De pronto se percebe que a regra do *caput*, que, aliás, não foi modificada pela Lei nº 12.891/2013, considerava solidariamente responsáveis, juntamente com os partidos políticos, os "candidatos

---

[270] BRASIL. Tribunal Regional Eleitoral-PR. RE nº 7490/PR. Relator: Munir Abagge. Publicação: 26.01.2009.

e adeptos". A nova regra, porém, constante do parágrafo único, não mais menciona os "adeptos". E, ademais, não condicionou a responsabilidade dos candidatos ao cometimento de excessos.

Da análise desses detalhes em confronto sistemático com o ordenamento jurídico eleitoral, em especial em atenção às disposições da Lei nº 9.504/1997, duas conclusões nos parecem possíveis:

a) a primeira, em relação à responsabilidade dos adeptos, sem a mais mínima dúvida, o fato de não terem sido mencionados no parágrafo único, do art. 241 do Código Eleitoral não quer significar que tenham sido excluídos da responsabilidade pelo pagamento de multas decorrentes da realização de propaganda eleitoral irregular, pois vários dispositivos da Lei nº 9.504/1997 preveem que eles podem ser responsabilizados sempre que praticarem propaganda eleitoral irregular;

b) a segunda, em relação aos candidatos, impõe-se perquirir se a responsabilidade dos partidos aos quais pertençam depende, ou não, do cometimento de excessos (por parte dos candidatos) ou se ocorrerá independentemente disto. Deve-se considerar, antes de mais, que o parágrafo único do art. 241 do Código Eleitoral possui redação praticamente idêntica à que foi introduzida no §5º, do art. 6º da Lei nº 9.504/1997, pela mesma Lei nº 12.891/2013, vejamos a redação de ambas:

Art. 241, parágrafo único do Código Eleitoral	A solidariedade prevista neste artigo é restrita aos candidatos e aos respectivos partidos, não alcançando outros partidos, mesmo quando integrantes de uma mesma coligação.
Art. 6º, §5º, da Lei nº 9.504/1997	A responsabilidade pelo pagamento de multas decorrentes de propaganda eleitoral é solidária entre os candidatos e os respectivos partidos, não alcançando outros partidos mesmo quando integrantes de uma mesma coligação.

Essas duas regras jurídicas complementam o *caput* do art. 241 do Código Eleitoral e a ele estão relacionadas, devendo, portanto, ser mantida a regra da responsabilidade solidária dos partidos, inclusive em razão dos "[...] excessos praticados pelos seus candidatos e adeptos".

Esse entendimento logra respaldo na jurisprudência, havendo, porém, acórdãos que consideram a existência de excesso sempre que houver propaganda eleitoral em desacordo com as regras estabelecidas no Código Eleitoral e na Lei nº 9.504/1997. Nesse sentido decidiu o Tribunal Regional Eleitoral do Tocantins:

> Os excessos a que alude o art. 241 do Código Eleitoral são exatamente as irregularidades na veiculação de propaganda previstas na Lei nº 9.504/96 e Resoluções do TSE, para as quais o próprio art. 241 prevê a aplicação do princípio da responsabilização solidária como regra, norma que inclusive legitima a presença da Coligação ou do Partido no polo passivo da demanda.[271]

O problema é que em 2016 já estava em vigor a regra que exclui as coligações da responsabilidade solidária derivada da prática de propaganda irregular, considerando que a limitação dessa responsabilidade aos partidos, por atos praticados pelos seus candidatos e adeptos, vigora desde a vigência da Lei nº 12.891/2013, a qual introduziu o parágrafo único ao art. 241 do Código Eleitoral e o §5º ao art. 6º da Lei nº 9.504/1997.

Ora, segundo os lexicógrafos Débora Ribeiro Santos, Flávia de Siqueira Neves e Luís Felipe Cabral,[272] em seu Dicionário da Língua Portuguesa, excesso é "[a]quilo que está a mais; quantidade que excede os limites comuns e ordinários de alguma coisa [...] Comportamento desmedido ou desregrado". Assim, o excesso na propaganda eleitoral há que se configurar mediante a demonstração de reiteração de uma prática proibida, ou na exorbitância ou exagero na prática de uma única propaganda que transborde aos

---

[271] BRASIL. Tribunal Regional Eleitoral-TO. RE nº 33595 GURUPI – TO. Relator: Agenor Alexandre da Silva. Publicação: 22.11.2016.
[272] SANTOS, Débora Ribeiro; NEVES, Flávia de Siqueira; CABRAL, Luís Felipe. *Dicio - Dicionário Online de Português*. Disponível em: https://www.dicio.com.br. Acesso em: 17 ago. 2018.

limites estabelecidos pela Lei. São exemplos da primeira hipótese a reiteração de impulsionamentos indevidos na internet; e, da segunda, derrame de santinhos pelas ruas, adesivos em muros de imóveis particulares com efeito de *outdoor*, já que a Lei nº 9.504/1997 agora apenas permite esse último tipo de propaganda em janelas. Enfim, não é possível estabelecer um conceito seguro, a priori, havendo que se ponderar em cada caso concreto se a conduta irregular é, ou não, excessiva.

Impende acrescentar que o Tribunal Superior Eleitoral já decidiu que na hipótese de haver mais de um responsável pela propaganda irregular, a sanção de multa deve ser aplicada individualmente, e não de forma solidária.[273]

Vejamos, agora, as distintas possibilidades de aplicação de multa de natureza punitiva previstas na Lei nº 9.504/1997, que ainda não foram analisadas, e reiterar as já referidas alhures com o fim de facilitar a consulta respectiva.

7.6.1 Das hipóteses de aplicação de multas punitivas em decorrência de propaganda eleitoral irregular

Por questão de ordem didática seguir-se-á a ordem numérica dos dispositivos da Lei nº 9.504/1997 que estabelecem multas em razão de cada matéria ou situação versada.

7.6.1.1 Multa em razão de propaganda intrapartidária irregular

Como vimos no Capítulo 1, a propaganda intrapartidária caracteriza-se pela divulgação da plataforma de governo dos postulantes a cargos eletivos e deve limitar-se no âmbito interno da agremiação partidária. Está regulamentada no §1º do art. 36 da Lei

---

[273] BRASIL. AgR-AI nº 7.826, rel. Min. Joaquim Barbosa. Publicação: 24.6.2009. No mesmo sentido: BRASIL. Tribunal Regional Eleitoral-PE. Rp nº 104219/PE. Relator: José Ivo de Paula Guimarães. Publicação: 05.08.2014.

nº 9.504/1997 e sua prática sofre limitações de ordem temporal e formal, vejamos:

> Art. 36, §1º Ao postulante a candidatura a cargo eletivo é permitida a realização, na quinzena anterior à escolha pelo partido, de propaganda intrapartidária com vistas à indicação de seu nome, vedado o uso de rádio, televisão e *outdoor*.

O limite temporal é representado pelo fato de os postulantes a cargo eletivo só poderem fazer propaganda intrapartidária na quinzena anterior à escolha pelo partido, isto é, quinze dias antes da convenção partidária, visando à indicação de seu nome como candidato. Quanto às limitações formais, ou seja, quanto aos meios através dos quais podem fazer a divulgação de suas ideias e propostas, o §1º, do art. 36 da Lei nº 9.504/1997 apenas proíbe o uso de rádio, televisão e *outdoor*. Consequentemente, em homenagem ao princípio da liberdade da propaganda eleitoral, os demais meios não vedados são expressamente permitidos.

Sobre a limitação temporal da propaganda eleitoral intrapartidária, o Tribunal Superior Eleitoral entende que a sua veiculação em período anterior ao permitido pela Lei nº 9.504/1997 e, ademais, quando dirigida à comunidade, exorbitando, assim, os limites permitidos para além dos seus filiados, que essa conduta designa propaganda eleitoral extemporânea e importa na aplicação de multa.

O Tribunal Superior Eleitoral estipulou, ainda, uma limitação temporal pós-convenção partidária, eis que o §2º, do art. 2º da Resolução nº Resolução nº 23.610/2019, que disciplinou a propaganda eleitoral, a utilização e a geração do horário gratuito e condutas ilícitas em campanha eleitoral, prescreveu que a propaganda intrapartidária deverá ser imediatamente retirada após a respectiva convenção.

Com efeito, justifica-se a vedação, a qual, frise-se, não foi instituída por essa Resolução, mas decorre das disposições da Lei nº 9.504/1997, já que as convenções partidárias para a escolha dos candidatos a presidente e vice-presidente da República, governador e vice-governador, senador e respectivos suplentes, deputado federal, deputado estadual ou distrital devem ocorrer entre 20 de julho e 5 de agosto, como preceitua o art. 8º da Lei nº 9.504/1997.

Assim, e considerando que segundo o art. 36 da Lei nº 9.504/1997, a propaganda eleitoral só é permitida a partir de 16 de agosto do ano da eleição, se a propaganda intrapartidária não for imediatamente retirada haverá agressão a esse dispositivo e a propaganda que era, até então, regular, passará à condição de irregular.

A consequência pela realização da propaganda eleitoral em desacordo com as regras acima especificas está prevista no §3º, do art. 36 da Lei nº 9.504/1997, e consiste em multa no valor de R$5.000,00 (cinco mil reais) a R$25.000,00 (vinte e cinco mil reais), ou ao equivalente ao custo da propaganda, quando esse custo for superior ao valor máximo da multa. Os sujeitos passivos da multa são os responsáveis pela divulgação da propaganda, podendo a sanção ser estendida ao candidato, desde que seja provado o seu prévio conhecimento.

7.6.1.2 Multa pela propaganda realizada em bens públicos e bens de uso comum

Esse tipo de propaganda está previsto no *caput* do art. 37 da Lei nº 9.504/1997, segundo o qual:

> Nos bens cujo uso dependa de cessão ou permissão do poder público, ou que a ele pertençam, e nos bens de uso comum, inclusive postes de iluminação pública, sinalização de tráfego, viadutos, passarelas, pontes, paradas de ônibus e outros equipamentos urbanos, é vedada a veiculação de propaganda de qualquer natureza, inclusive pichação, inscrição a tinta e exposição de placas, estandartes, faixas, cavaletes, bonecos e assemelhados.

Como o conceito de bens de uso comum no direito eleitoral exorbita o campo demarcado pelo direito civil, como ressalva o §4º, do art. 37 da Lei nº 9.504/1997, inserem-se no rol da proibição para a prática de propaganda eleitoral os bens a que a população em geral tem acesso, incluindo-se cinemas, clubes, lojas, centros comerciais, templos, ginásios, estádios, ainda que de propriedade privada.

A constatação da prática de propaganda irregular nos bens descritos no *caput* e no §4º não permitem a aplicação imediata da sanção de multa, posto que o §1º, do art. 37, da Lei nº 9.504/1997 garante ao responsável pela propaganda o direito à restauração do bem antes da aplicação de qualquer punição. Assim, o responsável pela irregularidade deve ser notificado para proceder à restauração do bem no prazo de 48 (quarenta e oito) horas.

Em sucessivo, somente na hipótese de o bem não ser restaurado no prazo outorgado é que incidirá a multa, como descreve o §4º, do art. 37 da Lei nº 9.504/1997, isto é, a sujeição do responsável à sanção de multa pressupõe sua prévia ciência e que, após a notificação, a ordem judicial emanada do poder de polícia não seja cumprida no prazo. Só assim estará o responsável sujeito à multa no valor de R$2.000,00 (dois mil reais) a R$8.000,00 (oito mil reais).

7.6.1.3 Multa e propaganda sonora

A determinação de retirada da propaganda sonora móvel, isto é, aquela que pode ser utilizada no horário de 8h às 22h, prescinde de ordem judicial específica, ou seja, que os oficiais de justiça certifiquem o ocorrido na diligência, façam conclusão ao juiz e que este redija ordem judicial e seja expedido mandado para tal fim. A propaganda irregular de rua pode ser retirada pelos oficiais de justiça da propaganda eleitoral no momento das rondas de fiscalização quando autorizados pelo juiz da propaganda eleitoral para tanto.

Deve-se sempre oportunizar às pessoas que estão fazendo a propaganda de rua irregular a chance de retirar os equipamentos dos locais proibidos e colocá-los em locais permitidos, ou simplesmente de recolhê-los. É que o princípio da colaboração também deve ser observado pelos juízes da propaganda eleitoral, o que inclui a atuação dos seus oficiais de justiça.

Todavia, na hipótese de não atendimento à determinação de retirada dos materiais não permitidos ou de deslocar equipamentos permitidos situados em locais proibidos, fica possibilitada a retirada coercitiva dos materiais e equipamentos da propaganda. Nesse caso deve ser lavrado um auto de apreensão e recolhido o material para local previamente designado pelo juiz da propaganda. Nesse sentido decidiu o TRE-ES:

MANDADO DE SEGURANÇA. APREENSÃO E RETENÇÃO INDEFINIDA DE VEÍCULO. PROPAGANDA ELEITORAL IRREGULAR. 1. A prática de propaganda eleitoral sonora por meio de veículos equipados com aparelhagem de som, nos locais excepcionados no art. 39, §3º, I, II e III, da Lei nº 9.504/97, está sujeita ao imediato cessamento por parte da autoridade competente no exercício do poder de polícia inerente às atividades da justiça eleitoral, entretanto, não cominando a lei a penalidade de apreensão do veículo utilizado, a ordem judicial que resulta em sua apreensão, agravada pela sua retenção indefinida, ofende o princípio constitucional que garante o direito de propriedade (CF, art. 5º, XXII). 2. Segurança concedida.[274]

A propaganda sonora irregular de rua, incluindo a que é feita por autofalantes e amplificadores fixos (§3º, art. 39 da Lei nº 9.504/1997) não é passível de multa. Nesse toar, o Tribunal Superior Eleitoral já decidiu pelo "[...] descabimento de multa pela transgressão deste parágrafo, a qual gera providência administrativa para fazer cessá-la".[275]

Embora não seja possível a aplicação da multa, a remoção dos equipamentos sonoros consiste num tipo de punição que pode ser aplicado, se for oportunizada a adequação respectiva sem sucesso.

7.6.1.4 Multa em razão de showmícios e *outdoors*

Demonstramos no Capítulo 2, que a propaganda eleitoral através de showmícios e *outdoors*, inclusive eletrônicos, é proibida, *ex vi legis* do disposto nos §§7º e 8º, do art. 39 da Lei nº 9.504/1997. A propósito, é deveras importante reiterar que os *outdoors* que foram liberados no período da pré-campanha, a partir do dia 16 de agosto de 2018, também estarão proibidos e devem ser removidos.

É, outrossim, vedado o uso sobreposto de adesivos fixos, incluindo quando postos nas janelas de imóveis particulares, porquanto que, em casos tais, como observa Walber Agra,[276] eles

---

[274] BRASIL. Tribunal Regional Eleioral-ES. MS nº 96/ES. Relator: Fábio Clem de Oliveira. Publicação: 03.11.2004.
[275] BRASIL. Tribunal Superior Eleitoral. REspe nº 35724, 2012.
[276] AGRA, Walber de Moura. *Manual prático de direito eleitoral*. 2. ed. Belo Horizonte: Fórum, 2018. p. 230 e segs.

proporcionam o denominado "efeito mosaico", isto é, efeito de *outdoor*.

A prática da propaganda eleitoral objeto deste subitem acarreta a sanção de multa de natureza punitiva, prevista no §8º, do art. 39 da Lei nº 9.504/1997, que prescreve:

> É vedada a propaganda eleitoral mediante *outdoors*, inclusive eletrônicos, sujeitando-se a empresa responsável, os partidos, as coligações e os candidatos à imediata retirada da propaganda irregular e ao pagamento de multa no valor de R$5.000,00 (cinco mil reais) a R$15.000,00 (quinze mil reais).

No tocante aos *outdoors* que veicularam propaganda eleitoral no período de pré-campanha, esses devem ser removidos incontinenti. Caso contrário, deve o juiz da propaganda eleitoral notificar os candidatos, partidos políticos, coligações e as empresas responsáveis por esses aparatos de publicidade, a providenciar a retirada em prazo razoável e, se não for atendido, deve notificar o representante do Ministério Público Eleitoral.

7.6.1.5 Sanção pela propaganda eleitoral feita com símbolos ou caracteres de identificação de órgãos governamentais

Segundo decreta o art. 40 da Lei nº 9.504/1997, a propaganda eleitoral não pode utilizar símbolos, frases ou imagens, ainda que de forma associada ou semelhantes às empregadas por órgão de governo, incluindo empresas públicas ou sociedades de economia mista, pois tal prática pode caracterizar abuso do poder político e quebrar o princípio da isonomia entre os candidatos de uma disputa eleitoral.

A conduta correspondente ao descumprimento desse preceito constitui crime, punível com detenção de seis meses a um ano, com a alternativa de prestação de serviços à comunidade pelo mesmo período, e multa no valor de R$10.641,00 (dez mil, seiscentos e quarenta e um reais) a R$21.282,00 (vinte e um mil, duzentos e oitenta e dois reais), consoante atualização procedida pelo art. 88 da Resolução de nº 23.610/2019-TSE.

7.6.1.6 Sanções decorrentes da captação ilícita de sufrágio

A captação ilícita de sufrágio é conduta que agride tanto o direito positivo quanto a moralidade e a legitimidade das eleições, além de ser capaz de configurar a prática de abuso de poder econômico ou político. Como esclarece Walber Agra,[277] a captação ilícita de sufrágio caracteriza-se como verdadeira compra de votos.

Vem disposta no art. 41-A, da Lei nº 9.504/1997, e é representada pela conduta consistente em o candidato doar, oferecer, prometer ou entregar, ao eleitor, um bem ou uma vantagem pessoal de qualquer natureza, inclusive emprego ou função pública, com o fim de obter-lhe o voto, sem necessidade de que haja pedido explícito para tanto, bastando a evidência do dolo, consistente no especial fim de agir para caracterizar o delito em questão. Além da prática de uma dessas condutas, a consubstanciação da captação ilícita de sufrágio só se conformará se restarem provados que o escopo específico da ação do agente que praticou a conduta era o de obter o voto do eleitor (dolo específico); e a participação ou a anuência do candidato na obtenção ilícita do voto.[278]

A doação, o oferecimento e a promessa, por si sós, demonstram que a configuração desse delito eleitoral não requer, para se consumar, a concretização no plano fenomênico da vantagem pessoal de qualquer natureza, inclusive emprego ou função pública, porquanto cuida-se de delito de natureza formal.

No entanto, somente se configura a captação ilícita de sufrágio a partir do registro da candidatura até o dia da eleição, inclusive, pois fora desse período não há que se cogitar da existência de candidato a cargo eletivo. Mas, se configura o delito mesmo que a promessa ilegal não seja diretamente realizada pelo candidato em si mesmo, podendo tipificar-se mediante a prova cabal de que o candidato o fez por interposta pessoa.

---

[277] AGRA, Walber de Moura. *Manual prático de direito eleitoral*. 2. ed. Belo Horizonte: Fórum, 2018. p. 229.
[278] AGRA, Walber de Moura. *Manual prático de direito eleitoral*. 2. ed. Belo Horizonte: Fórum, 2018. p. 229.

A consequência pela prática da conduta ilícita é sancionada com multa punitiva de R$1.064,10 (mil e sessenta e quatro reais e dez centavos) a R$53.205,00 (cinquenta e três mil, duzentos e cinco reais), sem prejuízo de eventual imposição da sanção de cassação do registro ou do diploma, observando-se, para tanto, o procedimento previsto nos incisos I a XIII do art. 22, da Lei Complementar nº 64/1990. Porém, nem toda captação ilícita de sufrágio induzirá à configuração de abuso de poder econômico ou político, a qual dependerá da gravidade da conduta analisada em concreto e, não havendo tal configuração, não se pode cogitar de cassação de diploma ou de registro de candidato.

No julgamento do REspe nº 26118, o Tribunal Superior Eleitoral entendeu que também configura captação ilícita de sufrágio "[...] dádiva de dinheiro em troca de abstenção, por analogia ao disposto no CE/1965, art. 299".[279] De fato, prescreve o art. 299 do Código Eleitoral que constitui crime:

> Dar, oferecer, prometer, solicitar ou receber, para si ou para outrem, dinheiro, dádiva, ou qualquer outra vantagem, para obter ou dar voto e para conseguir ou prometer abstenção, ainda que a oferta não seja aceita:
> Pena – reclusão de até quatro anos e pagamento de 5 a 15 dias-multa.

Logo, essa prática criminosa também caracteriza a captação ilícita de sufrágio e vice-versa no pertinente à conduta de quem oferece a vantagem indevida.

Ademais, a jurisprudência do Tribunal Superior Eleitoral vem se mantendo com perfil garantista quanto à caracterização do ilícito de captação de sufrágio, exigindo, para tanto, a demonstração de prova inequívoca: "[...] para caracterização da captação ilícita, exige-se prova robusta dos atos que a configuraram, não bastando meras presunções".[280]

E mais, o fato de o candidato renunciar ao mandato durante o curso da investigação destinada à demonstração da captação ilícita de sufrágio não acarreta a perda de objeto da demanda eleitoral,

---

[279] BRASIL. Tribunal Superior Eleitoral. 2007.
[280] BRASIL. Tribunal Superior Eleitoral. AgR-REspe nº 38578. Publicação: 01.7.2016; e, REspe nº 34610. Publicação: de 01.4.2010.

considerando que remanesce a possibilidade de aplicação da sanção de multa.[281]

Por fim, cumpre anotar a advertência feita pelos §§3º e 4º, do art. 41-A, da Lei nº 9.504/1997, no sentido de que a representação contra as condutas vedadas, representativas da captação ilícita de sufrágio, só poderá ser ajuizada até a data da diplomação. E o prazo para manejo do recurso contra a decisão respectiva será de 3 (três) dias, a contar da data da publicação do julgamento no Diário Oficial. Sobre a fluência desse prazo, no entanto, é relevante observar que ele deve fluir não apenas da publicação do diário oficial, mas a partir do momento da intimação ao advogado da parte, por qualquer meio válido de ciência dos atos processuais, como reza o art. 231 do CPC e, em especial, o que determinam os arts. 11 e 12 da Resolução nº 23.608/2019-TSE.

7.6.1.7 Consequências da propaganda irregular nas empresas jornalísticas

No pertinente à imprensa escrita, o art. 43 da Lei nº 9.504/1997 admite, até a antevéspera das eleições, a divulgação paga em jornal impresso, bem como a sua reprodução na internet, de até 10 (dez) anúncios de propaganda eleitoral para cada candidato, por veículo de comunicação da imprensa escrita, desde que ocorram em datas diversas e no espaço máximo, por edição, de 1/8 (um oitavo) de página de jornal padrão e de 1/4 (um quarto) de página de revista ou tabloide.

A sanção derivada do descumprimento dessa regra vem prevista no §2º, do art. 43, da Lei nº 9.504/1997, que pronuncia:

> A inobservância do disposto neste artigo sujeita os responsáveis pelos veículos de divulgação e os partidos, coligações ou candidatos beneficiados a multa no valor de R$1.000,00 (mil reais) a R$10.000,00 (dez mil reais) ou equivalente ao da divulgação da propaganda paga, se este for maior.

---

[281] BRASIL. Tribunal Superior Eleitoral. REspe nº 27008. Publicação: 21.6.2016.

Ora, como vimos no Capítulo 3, a sanção imposta pela inobservância das regras acima citadas deve incidir a cada propaganda irregular veiculada, observando-se, para fins de fixação do valor respectivo, o princípio da proporcionalidade considerado, mormente, em face da reiteração e do alcance do veículo de comunicação social, isto é, o potencial que irradia na legitimação da eleição. Além da multa, como também demonstramos algures, pode ser cabível o direito de resposta, que deve ser manejado contra a pessoa que praticou o ato ofensivo.

Quando se tratar de propaganda eleitoral no rádio e na televisão, há que se relembrar que esses meios não admitem a propaganda eleitoral paga. E a regra a ser observada, quanto à propaganda gratuita por meio de inserções e dos blocos, é a que consta do art. 55 da Lei nº 9.504/1997, pela qual a propaganda do horário gratuito é aplicável a partido, coligação ou candidato as vedações indicadas nos incisos I e II, do art. 45, relativas às emissoras de rádio e de televisão.

Ora, considerando que o inciso II, que proibia "a trucagem, a montagem ou outro recurso de áudio ou vídeo que, de qualquer forma, degrade ou ridicularize candidato, partido ou coligação, ou produzir ou veicular programa com esse efeito", foi declarado inconstitucional pelo Supremo Tribunal Federal, no julgamento da ADIN nº 4.451, resta a vedação constante do inciso I, do art. 45, da Lei nº 9.504/1997, que diz que é proibido "transmitir, ainda que sob a forma de entrevista jornalística, imagens de realização de pesquisa ou qualquer outro tipo de consulta popular de natureza eleitoral em que seja possível identificar o entrevistado ou em que haja manipulação de dados".

Essa regra do inciso I, do art. 45, é consequentemente aplicável aos candidatos, partidos políticos e coligações. E a sua inobservância sujeita o partido ou coligação à perda de tempo equivalente ao dobro do usado na prática do ilícito. Sanção esta que deve ser efetivada no período do horário gratuito subsequente, e que dobrará a cada reincidência. Esse tempo perdido, representativo da sanção, deve ser veiculado após o programa dos demais candidatos com a informação de que a não veiculação do programa resulta de infração da lei eleitoral.

7.6.1.8 Sanções decorrentes da propaganda irregular na internet

Por questão de didática, separaremos as sanções em correspondência com as respectivas condutas na ordem numérica dos artigos.

a) Art. 57-B – Sanção por impulsionamentos irregulares e propaganda em sítios eletrônicos:

1. Por falta de comunicação à Justiça Eleitoral dos endereços eletrônicos usados pelos candidatos, partidos políticos e coligações;
2. Pela veiculação de conteúdos de cunho eleitoral mediante cadastro de usuário de aplicação de internet com a intenção de falsear identidade;
3. Pela utilização de impulsionamento de conteúdos e ferramentas digitais não disponibilizadas pelo provedor da aplicação de internet, ainda que gratuitas, para alterar o teor ou a repercussão de propaganda eleitoral, tanto próprios quanto de terceiros.

A violação de qualquer dessas condutas, dispostas no art. 57-B da Lei nº 9.504/1997, sujeita o usuário responsável pelo conteúdo e, quando comprovado o seu prévio conhecimento, o beneficiário, à multa no valor de R$5.000,00 (cinco mil reais) a R$30.000,00 (trinta mil reais) ou em valor equivalente ao dobro da quantia despendida, se esse cálculo superar o limite máximo da multa.

Não obstante o §4º, do art. 57-B, imputar aos provedores de aplicação de internet, que permitam impulsionamentos pagos, o dever de abertura de canal de comunicação com seus usuários, o §5º apenas elegeu como sujeitos passivos da multa: os usuários responsáveis pelos conteúdos impulsionados e, quando comprovado o seu prévio conhecimento, os beneficiários.

Ademais, restou esclarecido no §4º, que os provedores de aplicação de internet só poderão ser responsabilizados se, após ordem judicial específica, não tomarem as providências para, no âmbito e nos limites técnicos do seu serviço e dentro do prazo assinalado, tornarem indisponível o conteúdo apontado como infringente pela Justiça Eleitoral.

b Art. 57-C – *Multa por veiculação de propaganda paga na internet, distinta dos impulsionamentos:*

1. Em razão de veiculação de qualquer tipo de propaganda eleitoral paga na internet, excetuado o impulsionamento de conteúdos;
2. Pela realização de propaganda eleitoral na internet em sítios: de pessoas jurídicas, com ou sem fins lucrativos; ou em sítios oficiais ou hospedados por órgãos ou entidades da administração pública direta ou indireta da União, dos Estados, do Distrito Federal e dos Municípios;
3. Em decorrência da contratação de provedor da aplicação de internet que não tenha no Brasil sede, foro, filial, sucursal, escritório, estabelecimento ou representante legalmente estabelecido;
4. Por contratação de provedor de aplicação de internet com o escopo de fazer impulsionamentos com o fim distinto de promover ou beneficiar candidatos ou suas agremiações.

A violação das condutas anteriormente enumeradas sujeita o responsável pela divulgação da propaganda ou pelo impulsionamento de conteúdos e, quando comprovado o seu prévio conhecimento, o beneficiário, à multa no valor de R$5.000,00 (cinco mil reais) a R$30.000,00 (trinta mil reais) ou em valor equivalente ao dobro da quantia despendida, se esse cálculo superar o limite máximo da multa.

c) Art. 57-D – *Sanções decorrentes de propaganda anônima:*

Apesar de garantir a livre manifestação do pensamento, o art. 57-D veda a propaganda anônima através de mensagens eletrônicas durante a campanha eleitoral, por meio da rede mundial de computadores.

A violação dessa regra, além de possibilitar o direito de resposta na aplicação de internet ou em veículo de comunicação digital, nos moldes regulamentados pelos arts. 58 e 58-A da Lei nº 9.504/1997, ainda permite a retirada do conteúdo ofensivo da internet disposto em sítios ou redes sociais. Sem prejuízo disto, o responsável pela divulgação da propaganda e, quando comprovado o seu prévio conhecimento, também o beneficiário, ficam sujeitos à multa no valor de R$5.000,00 (cinco mil reais) a R$30.000,00 (trinta mil reais).

d) Art. 57-E – Multa pela venda ou doação de cadastros de endereços eletrônicos:

As pessoas e entidades mencionadas no art. 24 da Lei nº 9.504/1997, ou seja, entidade ou governo estrangeiro; órgão da administração pública direta e indireta ou fundação mantida com recursos provenientes do poder público; concessionário ou permissionário de serviço público; entidade de direito privado que receba, na condição de beneficiária, contribuição compulsória em virtude de disposição legal; entidade de utilidade pública; entidade de classe ou sindical; pessoa jurídica sem fins lucrativos que receba recursos do exterior; entidades beneficentes e religiosas; entidades esportivas; organizações não governamentais que recebam recursos públicos; organizações da sociedade civil de interesse público; essas pessoas e entidades estão expressamente proibidas pelo art. 57-E, da Lei nº 9.504/1997, de utilizar, doar, ceder, ou vender cadastros eletrônicos de seus clientes, em favor de candidatos, partidos ou coligações.

A violação do dispositivo sujeita o responsável pela divulgação da propaganda e, quando comprovado o seu prévio conhecimento, o beneficiário, à multa no valor de R$5.000,00 (cinco mil reais) a R$30.000,00 (trinta mil reais).

e) Art. 57-G – Multa pelo envio irregular de mensagens eletrônicas (spams eleitorais):

É lícita a propaganda eleitoral através do envio de mensagens eletrônicas efetuado por candidato, partido ou coligação, "por qualquer meio", detalhe que espraia essa modalidade de publicidade de campanha para além da internet, podendo ser feita por meio de SMSs e outras tecnologias. Entretanto, deverão sempre dispor de mecanismo que permita seu descadastramento pelo destinatário, neste caso, o remetente deve providenciá-lo no prazo de quarenta e oito horas, sob pena de incorrer em sanção de multa no valor de R$100,00 (cem reais), por cada mensagem enviada após esse prazo.

f) Art. 57-I – Sanção de suspensão do acesso a todo conteúdo veiculado em aplicações de internet:

Trata-se de sanção extrema que a Lei nº 9.504/1997 permitiu que pudesse ser aplicada aos provedores de aplicações de internet, mas no âmbito e nos limites técnicos de cada aplicação, quando deixar de cumprir as disposições desta Lei. O art. 57-I ainda prescreve que o número de horas de suspensão deve ser definido proporcionalmente à gravidade da infração cometida em cada caso, não podendo ultrapassar o limite máximo de vinte e quatro horas.

Ademais, a Lei do Marco Civil da Internet (Lei nº 12.965/2014) prevê sanções que devem incidir em face dos provedores de aplicações de internet que deixarem de cumprir ordens judiciais oportunamente, mas isso na hipótese de desatendimento das ordens judiciais-jurisdicionais, não em decorrência do poder de polícia, cumprindo-nos enfrentar o problema consistente na indagação de ser, ou não, possível a aplicação de sanções aos provedores de aplicações da internet em razão da violação da Lei eleitoral que não estejam expressamente previstas no ordenamento jurídico eleitoral. Pois bem, vejamos o que diz o art. 12 da LMCI:

> Art. 12. Sem prejuízo das demais sanções cíveis, criminais ou administrativas, as infrações às normas previstas nos arts. 10 e 11 ficam sujeitas, conforme o caso, às seguintes sanções, aplicadas de forma isolada ou cumulativa:
>
> I - advertência, com indicação de prazo para adoção de medidas corretivas;
>
> II - multa de até 10% (dez por cento) do faturamento do grupo econômico no Brasil no seu último exercício, excluídos os tributos, considerados a condição econômica do infrator e o princípio da proporcionalidade entre a gravidade da falta e a intensidade da sanção;
>
> III - suspensão temporária das atividades que envolvam os atos previstos no art. 11; ou
>
> IV - proibição de exercício das atividades que envolvam os atos previstos no art. 11.
>
> Parágrafo único. Tratando-se de empresa estrangeira, responde solidariamente pelo pagamento da multa de que trata o *caput*, sua filial, sucursal, escritório ou estabelecimento situado no País.

Nota-se que o art. 12 da LMCI estatui medidas de grande impacto na atuação dos provedores, medidas extremas que afetam milhões de usuários no Brasil e em vários outros países, bem como uma gradação sancionatória a ser observada, embora não exclua a incidência de outras punições previstas em Lei. Porém, essas sanções estipuladas no art. 12 da LMCI são as medidas previstas em Lei para incidirem diante da recalcitrância dos provedores.

Contudo, repita-se, trata-se de medida extrema capaz de gerar prejuízos incalculáveis às empresas e aos usuários que atuam na internet, inclusive profissionalmente, devendo se ter em conta que a impossibilidade de cumprimento de ordem judicial em decorrência de limitação técnica, devidamente demonstrada nos autos, há de ser necessariamente considerada como um fator de não imposição ou de retirada de sanção já aplicada.

Em síntese, nos parece que não há incompatibilidade na associação das regras sancionadoras previstas na LMCI com as da legislação eleitoral, sobretudo porque o critério indicado no art. 12 da LMCI é bastante razoável, visto que estabelece uma gradação punitiva que vai se agravando na medida em que o provedor de aplicação da internet reiterar a conduta de desatender às ordens judiciais, bem como, por ser menos severa, consente com a interpretação analógica *in bonam partem*. Em todo caso, o limite máximo de suspensão do acesso aos conteúdos das aplicações não pode ultrapassar a limitação de vinte e quatro horas, pois se assim não for, o que estará a fazer é interpretação analógica, não analógica *in malam partem*.

Essa conclusão é reforçada pela advertência prevista no art. 57-F, da Lei nº 9.504/1997, ao ventilar quais as sanções aplicáveis aos provedores de conteúdo e de serviços multimídia que hospedam a divulgação da propaganda eleitoral de candidato, de partido ou de coligação, que são, precisamente, as penalidades previstas nesta Lei, e, somente, se, no prazo determinado pela Justiça Eleitoral, contado a partir da notificação de decisão sobre a existência de propaganda irregular, não tomarem providências para a cessação dessa divulgação. E o parágrafo único deste artigo ainda ressalva o seguinte: "O provedor de conteúdo ou de serviços multimídia só será considerado responsável pela divulgação da propaganda se a publicação do material for comprovadamente de seu prévio conhecimento".

Ao cabo, ainda impende mencionar um detalhe relativo às multas previstas no art. 57-B, art. 57-C da Lei nº 9.504/1997. Essas disposições relativas às multas tiveram suas redações alteradas pela Lei nº 13.488/2017, que acrescentou a parte final que prescreve "[...] ou em valor equivalente ao dobro da quantia despendida, se esse cálculo superar o limite máximo da multa". O texto entre aspas quedou-se adicionado aos §§5º e 2º, dos arts. 57-B e 57-C, respectivamente.

Portanto, fixemo-nos nessa premissa, que passou a ser uma novidade: "a aplicação da multa no valor do dobro da quantia superior a R$30.000,00 (trinta mil reais) somente ocorrerá quando o valor da contratação dos impulsionamentos for superior a R$30.000,00 (trinta mil reais)".

Pois bem, o detalhe é que quando o valor investido for inferior a tal quantia, o juiz ou o tribunal eleitoral detém poder interpretativo que lhe permite dosar o valor da multa, atento sempre ao princípio da proporcionalidade, de modo que pode variar entre o mínimo de cinco mil reais e o máximo de trinta mil reais. Mas, quando o valor gasto for superior a trinta mil reais, não há qualquer margem hermenêutica para aplicação de valor que não seja o correspondente ao dobro do valor gasto, pois, nesse caso, a Lei diz que a multa será em valor fixo, ou seja, "[...] em valor equivalente ao dobro da quantia despendida". Note-se que não diz a Lei que a multa poderá ser em valor correspondente a "até o dobro", mas sim, em valor igual ao dobro do valor gasto.

7.6.2 Dos crimes relacionados à propaganda eleitoral no dia da eleição

No dia da eleição, a realização da propaganda eleitoral fica limitada à manifestação individual e silenciosa da preferência do eleitor por partido político, coligação ou candidato, revelada exclusivamente pelo uso de bandeiras, broches, dísticos e adesivos, como estabelece o *caput* do art. 39-A da Lei nº 9.504/1997. O §1º do mesmo artigo ainda acrescenta que, no dia do pleito eleitoral, é proibida a aglomeração de pessoas portando vestuário padronizado, bem como os instrumentos de propaganda citados no *caput*, capaz de caracterizar manifestação coletiva, com ou sem utilização de veículos. Essa proibição estende-se até o término do horário de votação.

Até mesmo nos recintos destinados às seções eleitorais e juntas apuradoras é proibido, no dia da eleição, o uso de vestuário ou objeto que contenha qualquer propaganda de partido político, de coligação ou de candidato pelos servidores da justiça eleitoral, mesários e escrutinadores que trabalharão nesses locais como verbera o §2º, do art. 39-A, da Lei nº 9.504/1997. Os fiscais partidários, por sua vez, durante os trabalhos de votação, só lhes é permitido fazer constar em seus crachás o nome e a sigla do partido político ou coligação a qual pertençam, sendo explicitamente vedado o uso de vestuários padronizados (§3º, do art. 39-A da Lei nº 9.504/1997).

Ademais, em consideração à importância da questão, constituem crimes as seguintes condutas, quando praticadas no dia da eleição, como estatui o §5º, do art. 39-A da Lei nº 9.504/1997:

> §5º Constituem crimes, no dia da eleição, puníveis com detenção de seis meses a um ano, com a alternativa de prestação de serviços à comunidade pelo mesmo período, e multa no valor de cinco mil a quinze mil UFIR:
> I - o uso de alto-falantes e amplificadores de som ou a promoção de comício ou carreata;
> II - a arregimentação de eleitor ou a propaganda de boca de urna;
> III - a divulgação de qualquer espécie de propaganda de partidos políticos ou de seus candidatos.
> IV - a publicação de novos conteúdos ou o impulsionamento de conteúdos nas aplicações de internet de que trata o art. 57-B desta Lei, podendo ser mantidos em funcionamento as aplicações e os conteúdos publicados anteriormente.

Cabe ainda anotar que o parágrafo único, do art. 240, do Código Eleitoral, veda a realização de qualquer propaganda mediante radiodifusão, televisão, comícios ou reuniões públicas, a partir de quarenta e oito horas antes até vinte e quatro horas depois da eleição. Sem embargo, essa vedação não se aplica à propaganda eleitoral pela internet, desde que "veiculada gratuitamente" em sítios eletrônicos, blogs e demais meios virtuais de comunicação do candidato, partido político ou coligação. E, em face do disposto no inciso IV, do §5º, do art. 39, da Lei nº 9.504/1997, que, apesar de prescrever que constitui crime a publicação de novos conteúdos ou o impulsionamento de conteúdos nas aplicações de internet regulados no art. 57-B da mesma Lei no dia da eleição, ressalva que poderão "[...] ser mantidos em funcionamento as aplicações e os conteúdos publicados anteriormente".

Em atenção às severas restrições à propaganda eleitoral no dia da eleição, deve-se consignar que, para fins jurídicos, considera-se iniciado o dia a partir da fluência da primeira hora que ultrapassa a meia noite do dia anterior. A partir desse instante começam a vigorar as vedações às formas de propaganda alhures enumeradas.

7.7 Cobrança executiva da multa eleitoral: a questão da prescrição e o direito ao parcelamento

Tendo o poder de polícia natureza administrativa, a multa eleitoral que dele deriva, *rectius*, a multa aplicada em razão da subsequente apresentação de demanda judicial pelos legitimados, não tem natureza tributária, não se aplicando, nesse particular, para fins de cálculo da prescrição as regras do Código Tributário Nacional, mas sim, as da Lei nº 9.873/1999.

Como vimos alhures, o parágrafo único do art. 242 do CE adverte que a fiscalização da propaganda pelo poder de polícia é feita sem prejuízo do processo e das penas cominadas à Justiça Eleitoral.

A Lei nº 9.873/1999, por sua vez, regula e estabelece o prazo de prescrição para o exercício de ação punitiva pela Administração Pública Federal direta e indireta sendo ele quinquenal, ressalvadas as hipóteses nas quais o fato do qual se originou a multa também for tipificado como crime, caso em que se aplicam os prazos da legislação criminal. Vejamos o que dispõe o art. 1º da Lei nº 9.873/1999:

> Art. 1º Prescreve em cinco anos a ação punitiva da Administração Pública Federal, direta e indireta, no exercício do poder de polícia, objetivando apurar infração à legislação em vigor, contados da data da prática do ato ou, no caso de infração permanente ou continuada, do dia em que tiver cessado.
>
> §1º Incide a prescrição no procedimento administrativo paralisado por mais de três anos, pendente de julgamento ou despacho, cujos autos serão arquivados de ofício ou mediante requerimento da parte

interessada, sem prejuízo da apuração da responsabilidade funcional decorrente da paralisação, se for o caso.

§2º Quando o fato objeto da ação punitiva da Administração também constituir crime, a prescrição reger-se-á pelo prazo previsto na lei penal.

Conquanto esse entendimento não seja pacífico no âmbito dos Tribunais Regionais Eleitorais, a posição descrita acima é adotada pelo Tribunal Superior Eleitoral. De fato, através da resposta à Consulta nº 21.197/2002,[282] o TSE entendeu que as multas eleitorais constituem dívida ativa não tributária, posição que foi referendada em 2013 pela Corte Eleitoralista Superior.[283]

O fundamento da concepção do Tribunal Superior Eleitoral reside na disposição do inciso IV, do art. 367 do Código Eleitoral, pelo qual a imposição e a cobrança de qualquer multa, ressalvadas as condenações criminais, devem ser procedidas por meio de cobrança judicial da dívida, através de ação executiva fiscal, nos mesmos moldes estatuídos para a cobrança da dívida ativa da Fazenda Pública, devendo, porém, tramitar perante os juízos eleitorais.

Logo, associando-se o Código Eleitoral à Lei nº 9.873/1999, tem-se que a natureza da multa em questão é administrativa e não tributária, mas o procedimento de cobrança deve seguir as disposições da LEF (Lei de Execução Fiscal – Lei nº 6.830/1980). Assim, uma vez constituído o crédito eleitoral decorrente da multa, o eleitor deve satisfizer o pagamento no prazo de trinta dias, sob pena de ser ela considerada dívida líquida e certa, para fins de cobrança fiscal executiva, devendo ainda ser inscrita em livro próprio no cartório eleitoral, como reza o inciso III, do art. 367, do Código Eleitoral.

Esse é o entendimento majoritário dos Tribunais Regionais Eleitorais. A Corte Regional do Estado do Rio de Janeiro, a propósito, reitera que o crédito derivado da multa eleitoral constitui dívida ativa de natureza não tributária em decorrência do exercício do poder de polícia, aplicando-se o art. 1º-A da Lei nº 9.873/99.[284]

---

[282] BRASIL. Tribunal Superior Eleitoral-PA. nº 18.882. Rel. Min. Sálvio de Figueiredo. Publicação: 4.10.2002.
[283] BRASIL. Tribunal Superior Eleitoral. RESPE nº 5207120126130000. Montes Claros/MG 95602013. Relator: Min. Henrique Neves da Silva. Publicação: 25.09.2013.
[284] BRASIL. Tribunal Regional Eleitoral-RJ. RE nº 7261/RJ. Rel: Luiz Umpierre de Mello Serra. Publicação: 09.02.2010.

O Tribunal Superior Eleitoral considera, ainda, que, "em razão da aplicação da LEF para a cobrança executiva da multa eleitoral, o CPC deve ser aplicado subsidiariamente em homenagem ao prescrito no art. 1º da Lei de Execução Fiscal".[285] Mas, é deveras importante observar que a aplicação do CPC ao processo eleitoral não é integral, sobretudo no tocante aos prazos processuais, os quais, a propósito, são contados de forma corrida e não em dias úteis.

No pertinente ao direito ao parcelamento das multas eleitorais, a Lei nº 13.488/2017 alterou a sistemática então vigente. Para tanto, modificou a redação do inciso III, do §8º do art. 11 da Lei nº 9.504/1997, para declarar que o parcelamento das multas eleitorais é direito dos cidadãos e das pessoas jurídicas, bem como que pode ser feito no prazo de até sessenta meses, e ainda permitiu a extensão desse prazo, quando o valor das parcelas ultrapassar 5% (cinco por cento) da renda mensal, no caso de pessoa natural, ou 2% (dois por cento) do faturamento, na hipótese de o parcelamento ter sido requerido por pessoa jurídica. Nessas duas situações, o período do parcelamento poderá estender-se por prazo superior, que será modulado para permitir e adequar as parcelas a um valor que não ultrapassem os referidos limites.

A Lei nº 13.488/2017 ainda inovou ao acrescentar ao §8º, do art. 11, da Lei nº 9.504/1997, o inciso IV, o qual admitiu que os partidos políticos podem requerer o parcelamento de multas eleitorais e, ainda, de outras multas e débitos de natureza não eleitoral imputados pelo poder público, no prazo de até sessenta meses. Semelhantemente à hipótese do inciso anterior, ressalvou que se o valor individual da parcela ultrapassar o limite de 2% (dois por cento) do repasse mensal do Fundo Partidário, o período do parcelamento poderá estender-se por prazo superior, para adequar o valor das parcelas de modo a não ultrapassarem o referido limite.

---

[285] BRASIL. Tribunal Superior Eleitoral. REspe nº 28.749. Rel. Ministro Felix Fischer. Publicação: DJE de 1.12.2008.

CAPÍTULO 8

DIREITO PROCESSUAL ELEITORAL E TUTELA PROVISÓRIA EM PROPAGANDA

8.1 Direito eleitoral e direito processual eleitoral

O direito eleitoral surgiu à ilharga do direito constitucional. É representado por um sistema de normas de direito público que regem as relações entre os cidadãos e a comunidade política a que pertencem.[286] No sítio do direito eleitoral também é possível distinguir direitos que são, na verdade, pré-eleitorais e que se repartem entre as espécies de sufrágios: há um sufrágio ativo, representado pelo ato de votar; e outro passivo, isto é, de o cidadão (elegível) ser votado, isto é, de apresentar-se como candidato e, se eleito, ser diplomado.[287] O direito eleitoral variará conforme a opção constitucional acerca do sistema político envolvente do regime e da forma de governo. O direito constitucional, por seu turno, elege os princípios que orientarão o sistema de direito eleitoral positivo.

O direito eleitoral hodiernamente constitui-se num ramo autônomo da ciência dogmática do direito, mas também imbricado ao direito constitucional. A função do direito eleitoral não é outra senão a de disciplinar os direitos envolvidos no processo eleitoral e estabelecer, ao lado de tais direitos, os deveres dos cidadãos na formação do governo, tudo de acordo com a opção constitucional

---

[286] CERQUEIRA, Manfredi Mendes de. *Matéria eleitoral*. 2. ed. Belém: Cejup, 1983. p. 16.
[287] COSTA, Elcias Ferreira da. *Compêndio de direito eleitoral*. São Paulo: Sugestões Literárias, 1978. p. 125.

respectiva. Objetiva, enfim, o correto e legítimo provimento dos cargos eletivos, evitando fraudes no alistamento, durante a votação e na apuração.[288]

Por seu turno, é do direito eleitoral que emana o respectivo direito processual eleitoral, ou seja, o direito destinado a garantir aos legitimados o exercício dos direitos materiais de votar e ser votado, bem como de se lhes exigir os respectivos deveres constitucionais e legais a eles relacionados. Considerando que o ordenamento processual eleitoral não se apresenta como um sistema completo e que possui característica híbrida, ou seja, contempla demandas eleitorais-cíveis e eleitorais-criminais, faz-se sempre necessária a recorrência às normas processuais integrantes dos sistemas de direito processual penal e civil.

Aliás, o art. 15 do CPC expressamente contempla essa abertura cognitiva entre os sistemas cível e eleitoral ao dispor que "[n]a ausência de normas que regulem processos eleitorais, trabalhistas ou administrativos, as disposições deste Código lhes serão aplicadas supletiva e subsidiariamente". Por sua vez, o art. 364 do Código Eleitoral instaura a comunicação do processo eleitoral com o processo penal nos seguintes termos: "No processo e julgamento dos crimes eleitorais e comuns que lhes forem conexos, assim como nos recursos e na execução que lhes digam respeito, aplicar-se-á, como lei subsidiária ou supletiva, o Código de Processo Penal".

Sem embargo, a doutrina eleitoralista aponta alguns princípios específicos do direito processual eleitoral, pelo que passaremos a analisá-los.

8.2 Dos princípios informativos do direito processual eleitoral

A autonomia principiológica do direito processual eleitoral revela-se através de princípios específicos desse ramo do direito, os quais se subdividem, segundo o magistério de Pinto Ferreira,[289] em princípios informativos e princípios fundamentais: os primeiros

---

[288] REIS, Palhares Moreira. *As eleições indiretas no Brasil*. Recife: UFPE, 1997. v. I e II, p. 67.
[289] FERREIRA, Pinto. *Código eleitoral comentado*. 3. ed. São Paulo: Saraiva, 1991. p. 23.

são axiomas que abrangem os princípios lógico, jurídico, político e econômico; os segundos são os princípios gerais do processo.

O princípio lógico está a determinar que o processo eleitoral deve possuir uma estrutura lógico-dialética garantidora do direito ao contraditório pleno e que todos os atos processuais devem ser presididos por um juiz imparcial, que não tenha exercido previamente o poder de polícia, para, dessa forma, ser capaz de culminar com uma sentença apta a revestir-se da autoridade da coisa julgada.

O princípio jurídico, por sua vez, designa que o direito processual eleitoral está submetido a um ordenamento jurídico que lhe pressupõe e que deve ser obedecido, independentemente de estar positivado em legislação codificada ou esparsa, mas sempre a atinar para a garantia das prerrogativas constitucionais-processuais pertinentes. O princípio político, em consonância com o mesmo autor, prende o direito processual eleitoral a determinadas tipologias políticas adotadas pelo poder constituinte. O princípio econômico impõe a tentativa de atingimento da meta de a decisão processual final representar ou aproximar-se ao máximo possível da verdade dos resultados eleitorais.[290]

Não poderíamos deixar de registrar, a propósito, a lição do professor Nilzardo Carneiro Leão, no sentido de que o direito processual-penal-eleitoral adota como princípios orientações que lhe outorgam autonomia científica, ao mesmo tempo em que permitem, em face de seu conteúdo formal, que a ação penal eleitoral possa desenvolver-se nos limites traçados pela Constituição, mediante a garantia das liberdades individuais. Assim, elenca como ferramentas hermenêuticas para tanto, os princípios da legalidade, da obrigatoriedade, do contraditório e da verdade material.[291]

8.3 Da relação processual eleitoral

Como demonstra Manfredi Mendes de Cerqueira,[292] na sistemática do processo eleitoral o procedimento das demandas eleitorais deve ocorrer da mesma forma do referente aos demais ramos

---

[290] FERREIRA, Pinto. *Código eleitoral comentado*. 3. ed. São Paulo: Saraiva, 1991. p. 23-24.
[291] LEÃO *apud* RIBEIRO, Fávila. *Abuso de poder no direito eleitoral*. 3. ed. São Paulo: Forense, 1998. p. 550-560.
[292] CERQUEIRA, Manfredi Mendes de. *Matéria eleitoral*. 2. ed. Belém: Cejup, 1983. p. 129.

do direito: "Ocorrem a ação, o direito processual e o direito penal eleitorais. Há entre eles um perfeito encadeamento, com a presença do caráter dialético ou contraditório".

Fávila Ribeiro, por sua vez, apresenta uma óbvia constatação no sentido de que, em ambiência eleitoral, a expressão *direito processual* quedou-se reservada para designar apenas a atividade jurisdicional, desprezando-se os processos legislativo e administrativo, conquanto todos eles tenham uma filiação comum residente no direito constitucional. Cada um dos ramos do direito processual volve-se em direções distintas, em conformidade com a respectiva função estatal a que se encontra vinculado. Apesar de as vertentes do direito processual terem uma raiz comum, é factível que os processos judicial e administrativo destinem-se a conferir efetividade às normas jurídicas mediante a observação de um procedimento que assegure às partes o respeito às garantias constitucionais. Ao passo que o processo legislativo tem escopo diverso, qual seja, o de regulamentar a positivação das regras de direito. Isso revela que a diferenciação do processo eleitoral em face dos outros ramos do processo não se limita a distinções de conteúdo temático, outrossim, sobreleva-se como diferencial de estrato.[293]

De qualquer forma, é bem verdade que a solução de conflitos não é prerrogativa *exclusiva* das funções de poder executivo ou judiciário. Não se pode olvidar que o processo de *impeachment* contra os chefes do poder executivo, que obedece a padrões dialéticos característicos do processo judicial é de competência do poder legislativo, mesmo que sob a presidência do Presidente do órgão máximo do Judiciário. Nisso se assemelha com o processo judicial, mas os efeitos da decisão processual-legislativa serão de natureza política, como ocorre com a decretação da perda do mandato e a inabilitação para se candidatar por período determinado ou a proibição de exercício de cargos públicos.

Por seu turno, Tito Costa,[294] recorrendo a uma superada distinção entre direito substantivo e direito adjetivo, pontua que no direito eleitoral é plenamente possível distinguir as espécies de leis de cada

---

[293] RIBEIRO, Fávila. *Abuso de poder no direito eleitoral*. 3. ed. São Paulo: Forense, 1998. p. 542.
[294] COSTA, Tito. *Recursos em matéria eleitoral*. 4. ed. São Paulo: RT, 1992. p. 20-21.

um desses ramos. Para ele, leis substantivas ou materiais-eleitorais são aquelas que definem direitos e deveres dos cidadãos, dos candidatos, dos eleitores, dos partidos políticos, as que definem ilícitos ou crimes eleitorais. Já as leis adjetivas (formais) são as destinadas à aplicação das leis substantivas e que permitem a formalização dos deveres eleitorais, como os de alistamento, arguição de inelegibilidades, impugnações de eleições ou diplomações, apurações e julgamentos de ilícitos eleitorais. No Brasil, como não temos um código de processo eleitoral, mas apenas o código eleitoral, a Lei das Inelegibilidades, a Lei dos partidos políticos e a Lei das eleições são, ao mesmo tempo, leis com preceitos materiais e processuais, servindo, portanto, de supedâneo ao processo eleitoral.

Hodiernamente, no entanto, não se concebe taxonomias que distingam entre leis substantivas e adjetivas, aquelas designando o denominado direito material (o direito que define condutas interpessoais em nível linear) e estas o direito adjetivo (o direito que atua quando aquelas condutas são violadas ou ameaçadas de violação). Ora, sem o direito processual, o fenômeno *direito* não existiria em sua concreção fática. E o direito processual, como muito bem denotou Oskar Bülow, é tão autônomo quanto o chamado direito substantivo. Isso fica deveras claro como apontou Wach no exemplo da ação declaratória negativa, cujo mérito consiste, precisamente, na demonstração de inexistência do direito material.

No direito processual eleitoral o direito de ação é exercido normalmente, na medida em que se violam ou haja ameaça de violação de direitos materiais eleitorais tais como os que regulamentam a propaganda eleitoral, a filiação partidária, o registro de candidaturas, etc. Porém, a doutrina eleitoralista releva algumas peculiaridades típicas do processo eleitoral. Diferenciando o processo eleitoral do processo penal, Manfredi Mendes de Cerqueira[295] aponta alguns aspectos peculiares: no processo penal o réu deve ser interrogado, no processo eleitoral não; no processo penal permite-se a figura do assistente do Ministério Público, no processo eleitoral isso não é possível. A estes podemos acrescentar que a ação penal eleitoral será sempre de natureza pública, já que de acordo com o

---

[295] CERQUEIRA, Manfredi Mendes de. *Matéria eleitoral*. 2. ed. Belém: Cejup, 1983. p. 130.

art. 355 do *Código Eleitoral* compete exclusivamente ao Ministério Público a propositura da ação penal *eleitoral*.

No âmbito cível, Pinto Ferreira[296] desenvolve uma teoria do processo eleitoral brasileiro eivada por um progressivo caráter publicista que se concretizaria com maior precisão no processo eleitoral, porque neste haveria uma maior presença dos interesses da comunidade. Na legislação eleitoral restariam condensados, portanto, preceitos dominantes do processo civil-eleitoral e do penal-eleitoral. O viés publicista, contudo, não pode sobrepujar a natureza geral-garantista de toda e qualquer relação processual, pois acima do interesse do Estado em aplicar o direito material está o direito da sociedade de limitar essa atuação aos ditames fundados pelas garantias constitucionais-processuais e legais-processuais, as quais foram instituídas pelo próprio Estado.

8.4 Taxonomia das ações eleitorais: da teoria à prática

Um dos grandes problemas decorrentes da mera pesquisa bibliográfica consiste no risco, bem percebido e evidenciado por Eduardo Giannetti no seu Livro das Citações,[297] de replicação indevida de ideias sem a adequada correspondência à verdadeira fonte. Nesta pesquisa sobre a relação processual eleitoral, por exemplo, percebemos que Tito Costa afirma que Elcias Ferreira Costa, citando o eminente Pinto Ferreira, teria afirmado que este último teria classificado as ações eleitorais sob os prismas: subjetivo, objetivo, material e formal. Mas, quando consultamos a obra do professor Pinto Ferreira, notamos que ao classificar as ações na forma supra, ele anotou, na verdade, que tal taxonomia não lhe pertence, mas sim, a João Mendes Júnior.[298]

Pois bem, João Mendes Júnior defende que, sob o prisma subjetivo, a ação deve ser considerada em face de sua causa eficiente, porque é um atributo do sujeito, ou seja, constitui-se num direito do

---

[296] FERREIRA, Pinto. *Código eleitoral comentado*. 3. ed. São Paulo: Saraiva, 1991. p. 22.
[297] GIANNETTI, Eduardo. *O livro das citações. Um breviário de ideias replicantes*. São Paulo: Companhia das Letras, 2008. p. 8-13.
[298] COSTA, Tito. *Recursos em matéria eleitoral*. 4. ed. São Paulo: RT, 1992. p. 23; FERREIRA, Pinto. *Código eleitoral comentado*. 3. ed. São Paulo: Saraiva, 1991. p. 25.

autor de requerer ao juízo aquilo que lhe é devido. Sob o enfoque objetivo, a ação é considerada em relação à sua causa final. É meio ou remédio jurídico de se postular ao magistrado que imponha a quem esteja obrigado à determinada conduta (omissiva ou comissiva) que efetivamente a cumpra. A ação sob a consideração material, por sua vez, é enfocada em face de sua causa material, é a lide deduzida em juízo acerca de uma relação jurídica. É o próprio pleito, a própria demanda. Na modalidade formal, a ação é focalizada frente à sua causa formal, isto é, o processo, a ação é vista como uma série ordenada de atos formalizados pela lei vertida para o juízo sobre uma causa ou relação de direito. João Mendes conclui sua teoria assinalando que ela se constitui numa abstração que implica numa distinção conceitual, todavia, não significa uma separação na coisa estudada. Apenas por abstração é possível distinguir a ação-direito, da ação-remédio-de-direito, da ação litígio e da ação-processo.[299]

Em relação à classificação de José Amado Nascimento, agora volvida para o direito processual eleitoral, em sua obra *O Fenômeno Eleitoral*, temos a ação estudada sob aqueles quatro enfoques com a seguinte feição: a *ação subjetiva*, ou seja, o direito público subjetivo de que dispõe a parte legitimada (o cidadão, o partido político) de pleitear junto à jurisdição eleitoral o asseguramento de seu direito de votar e ser votado; a *ação objetiva* é caracterizada como sendo o meio indicado pela lei para que se possa exercitar o direito de ação, enquanto meio de se postular algo ao juiz eleitoral, é concebida como os institutos jurídicos da ação na forma em que a lei eleitoral dispôs; a *ação material* é a relação de direito a ser declarada, ou seja, é a situação jurídica que será definida frente aos direitos eleitorais; e *a ação formal* é entendida como sendo o próprio processo eleitoral, ou seja, a série ordenada de atos estabelecidos pela lei eleitoral para o exercício do direito de ação, bem como para que possa a jurisdição dizer o direito.[300]

O problema dessa classificação, tanto na forma originária quanto na volvida para o direito processual eleitoral, é que resta

---

[299] MENDES, João *apud* FERREIRA, Pinto. *Código eleitoral comentado*. 3. ed. São Paulo: Saraiva, 1991. p. 26.
[300] MENDES, João *apud* FERREIRA, Pinto. *Código eleitoral comentado*. 3. ed. São Paulo: Saraiva, 1991. p. 26.

dissociada da construção teórico-científica já sedimentada. Confunde ação com processo quando concebe a ação no sentido formal. Ora, hodiernamente é consabido que processo e ação são institutos absolutamente distintos e inconfundíveis. Também não nos parece acertada a teorização da *ação material* defendida por José Amado Nascimento, pela qual a ação material seria a relação de direito a ser declarada pelo juízo. O autor confunde ação com relação jurídica. Embora, de fato, seja a ação de direito material de cunho concreto, uma coisa é o conceito de ação, outra é o de relação processual. Vilanova, recorrendo a Pontes de Miranda, subdividiu a ação em ação de direito processual e ação de direito material. Existe na relação jurídica de direito material, além da *pretensão*, uma correlata *prestação*. Este ato não se inclui na relação de direito processual, mas na relação de direito material. Do mesmo modo, exigir o cumprimento da prestação, ainda que sem a observância espontânea do devedor, constitui-se em "expressão da pretensão material, e não a ação como exercício do direito à prestação de tutela jurisdiciona".

8.5 A tutela provisória

Com o objetivo de fomentar o princípio da celeridade processual em harmonia com o princípio da segurança jurídica, o CPC-2015 instituiu um sistema de tutela jurisdicional provisória subdividido em duas espécies: a tutela de urgência (cautelar e antecipada); e a tutela da evidência, a qual, conquanto não se eive da nota da urgência, é, igualmente, espécie pertencente ao gênero da tutela provisória cuja concessão lastreia-se, sobremaneira, na força vinculativa gerada pelos precedentes jurisdicionais.

A tutela provisória, enquanto gênero, logrou tratamento unificado no CPC de 2015, mediante a uniformização dos requisitos para a concessão da tutela de urgência (antecipada e cautelar, art. 300), além da regulamentação de uma disciplina própria pertinente às exigências que autorizam o deferimento da tutela de evidência (art. 311). Do ponto de vista sistemático, houve uma tentativa de tratamento unificado, prevista nos arts. 294 a 299, de todas as medidas em torno de uma característica comum, a saber, a *provisoriedade*, a justificar o próprio título do Livro V, Parte Geral, do CPC/15.

Pari passu, o Código de 2015 outorgou posição de destaque aos precedentes judiciais, comprovando uma inegável influência exercida pelo direito da *common law* sobre o novo ordenamento processual brasileiro, o que fica claro com a determinação estampada no art. 926, segundo a qual os Tribunais "[...] devem uniformizar sua jurisprudência e mantê-la estável, íntegra e coerente", bem como pela outorga de imperatividade aos precedentes mencionados no art. 927 e, ainda, pela regulamentação explícita no art. 489, das técnicas do *overruling* e do *distinguishing*.

Passemos a analisar as distintas espécies de tutelas provisórias, com vistas a especificar o cabimento de cada uma delas ao direito eleitoral.

8.5.1 A tutela preventiva: cautelar e inibitória

Historicamente, o desenvolvimento da tutela cautelar e da tutela inibitória – espécies de tutelas provisórias preventivas passíveis de aplicação no direito eleitoral – resultou da admissão de que o Estado deveria atuar para prevenir um ilícito ou dano, e não apenas reprimir ou reparar prejuízos oriundos de ilícito e dano já perpetrados ou consumados, bem como que os direitos não devem apenas ser protegidos depois, senão antes de qualquer violação, e, ainda, que o Estado, inclusive, deve reprimir a "simples" ameaça de um ato contrário ao direito.[301]

Parte-se, aqui, da premissa de que a regra adotada no art. 189 do Código Civil, que somente considera existente a pretensão após a violação do direito, é inadequada e inconciliável com a garantia constitucional positivada no inciso XXXV, do art. 5º, da Constituição Federal, ou seja, que "a lei não excluirá da apreciação do Poder Judiciário lesão ou "ameaça" a direito", bem como que este último direito deve incidir no âmbito do direito eleitoral.

---

[301] PIMENTEL, Alexandre Freire; PEREIRA, Mateus Costa; LUNA, Rafael Alves. Da suposta provisoriedade da tutela cautelar à "tutela provisória de urgência" no Novo Código de Processo Civil Brasileiro: entrave, avanços e retrocessos. *In*: ALVIM, Teresa Arruda; DIDIER JÚNIOR, Fredie. *Doutrinas essenciais – Novo código de processo civil*. 2. ed. São Paulo: Revista dos Tribunais, 2018. v. III, p. 516.

As consequências negativas acarretadas pela excessiva duração temporal do processo denunciam que houve uma verdadeira indiferença à proteção do direito material por parte do próprio Estado, o que se verificou em razão da predominância dos valores da certeza e da segurança jurídica, os quais eram garantidos pela igualdade em sentido formal, coibindo-se eventuais arbítrios da magistratura, visto que fora reduzida nos primórdios do Estado Liberal à condição de ventríloquo do legislador (*la bouche de la loi*). Prevaleceu durante muito tempo a ideia de que, regra geral, toda e qualquer violação de direitos poderia ser convertida em perdas e danos, como acenava o art. 1.142 do Código Civil napoleônico, em consideração ao fato de que o Estado devia o máximo respeito à autonomia da vontade das partes; nesse contexto histórico, decerto, não havia a necessidade de tutelas preventivas, o que passou pelo banimento de tutelas imperativas mediante a separação – por opção ideológica – dentre a natureza das atividades desempenhadas pelo *iudex* e pelo *praetor*, restringindo-se a herança dos países de tradição romano-canônica às primeiras.[302]

Como pontua Marinoni,[303] para o ordenamento jurídico que admite um processo civil voltado apenas à reparação do dano é indiferente a violação da norma que não o produza; em ordenamentos que tais, simplesmente não há necessidade de tutela no último caso. Distintamente, na seara da propaganda eleitoral, a tutela ressarcitória é inócua, porquanto o bem maior que se busca é a manutenção do estado de paridade de armas entre os candidatos, partidos políticos e coligações na busca pelo voto formado pela consciência do eleitor livre dos influxos do abuso de poder e das notícias falsas.

A tutela condenatória, propriamente dita, não produz efeitos eleitorais relevantes, sendo oportuno esclarecer, no entanto, que uma sentença de natureza (des)constitutiva (não a condenatória) lograda numa AIJE ou AIME pode até reverter o prejuízo derivado de um eventual abuso de poder econômico, político ou dos meios de

---

[302] PIMENTEL, Alexandre Freire; PEREIRA, Mateus Costa; LUNA, Rafael Alves. Da suposta provisoriedade da tutela cautelar à "tutela provisória de urgência" no Novo Código de Processo Civil Brasileiro: entrave, avanços e retrocessos. *In*: ALVIM, Teresa Arruda; DIDIER JÚNIOR, Fredie. *Doutrinas essenciais – Novo código de processo civil*. 2. ed. São Paulo: Revista dos Tribunais, 2018. v. III, p. 516.

[303] MARINONI, Luiz Guilherme. *Precedentes obrigatórios*. São Paulo: RT, 2010, p. 58.

comunicação social, mediante a cassação de um registro ou diploma, porém, a probabilidade estatística de êxito é mínima, quando se percebe a dificuldade de se obter a necessária prova robusta para caracterização do abuso do poder. Disso exsurge que a tutela provisória eleitoral detém papel extremamente relevante na proteção de direitos de candidatos, partidos políticos e coligações como ferramenta de controle do abuso de direito na propaganda irregular.

Eivada por uma índole preventiva e por aparentar romper com o modelo teórico da tutela ressarcitória, a tutela cautelar surgiu para resguardar a própria tutela condenatória, *rectius*, o seu resultado útil do processo. Por suposto, no âmbito eleitoral a sua especificidade temática está a exigir, em especial na propaganda eleitoral, a tomada de decisão judicial capaz de inibir ou fazer cessar o dano propagandístico, sendo relevante, desde já, antecipar que o juiz da propaganda eleitoral, atuando no exercício poder de polícia, assemelha-se, em certa medida, ao *praetor* romano, visto que age de modo inquisitivo sem necessidade de provocação e suas ordens podem inserir-se no âmbito das medidas cautelares ou inibitórias, com autoexecutoriedade imediata. Relevante, portanto, distinguir nesse cenário a tutela cautelar da inibitória.

A tutela cautelar diferenciou-se das demais pretensões à tutela jurídica, em razão da característica de ser tutela imediata sem caráter satisfativo, isto é, em ser "segurança-da-execução", mas não uma "execução-para-segurança". Subjacente a essa distinção, a sensível contribuição de Pontes de Miranda[304] revelou-se na própria identificação da carga eficacial preponderante nas ações cautelares consistente em sua mandamentalidade, salvante naquelas outras hipóteses de pretensões à asseguração do fato, em que assoma o lado constitutivo. A mandamentalidade, ordem ou mandamento, é uma característica fundamental das cautelares, a despeito de não ser exclusiva delas, e de ter sido "proscrita" com a jurisdição do Estado Liberal.

É a pretensão à segurança que confere a nota da preventividade às cautelares, contudo, nem tudo que é preventivo é, igualmente, ou tem natureza cautelar, o que, corretamente, Calamandrei já

---

[304] MIRANDA, Pontes. *Comentários ao código de processo civil.* 1. v. t. 1. Rio de Janeiro: Forense, 1976, pp. 206-207.

afirmara no início do séc. XX, consoante apontara Ovídio A. Baptista da Silva,[305] não obstante a maior parte da doutrina aceite e situe a tutela cautelar dentre as medidas preventivas.[306]

Sem embargo, é possível distinguir a tutela cautelar da inibitória, considerando que enquanto a tutela cautelar visa à prevenção do dano, a tutela inibitória previne ou remove o ilícito em si mesmo, isto é, ataca o próprio dano em sua essência, sendo, esta última, por este preciso motivo, deveras pertinente ao campo da propaganda eleitoral. Não obstante a característica comum de ambas serem medidas preventivas, a cautelar é pleonasticamente acautelatória à medida que objetiva garantir o resultado útil de outro processo ou, na fase processual pseudo-sincrética em que vivemos, colima preservar a utilidade da sentença de mérito a ser proferida no âmbito da mesma relação processual, ao passo que a tutela inibitória é satisfativa.[307]

Assim, como ensina Pontes, nem toda medida preventiva é, necessariamente, cautelar, pois não "há dúvida em que, ao se acautelar, se previne, pois que se acautela; mas a separação do dote [...] previne sem ser medida cautelar".[308] Em outras palavras, a execução-para-segurança – aceleração do procedimento por meio de uma execução urgente (provisória) – também tem escopo preventivo, porém, no particular, a preventividade é inerente à própria satisfação antecipada do direito.[309]

---

[305] SILVA, Ovídio A. Baptista da. *A ação cautelar inominada no direito brasileiro*. Rio de Janeiro: Forense, 1979, p. 31.

[306] PIMENTEL, Alexandre Freire; PEREIRA, Mateus Costa; LUNA, Rafael Alves. Da suposta provisoriedade da tutela cautelar à "tutela provisória de urgência" no Novo Código de Processo Civil Brasileiro: entrave, avanços e retrocessos. *In*: ALVIM, Teresa Arruda; DIDIER JÚNIOR, Fredie. *Doutrinas essenciais – Novo código de processo civil*. 2. ed. São Paulo: Revista dos Tribunais, 2018. v. III, p. 516-517.

[307] PIMENTEL, Alexandre Freire; PEREIRA, Mateus Costa; LUNA, Rafael Alves. Da suposta provisoriedade da tutela cautelar à "tutela provisória de urgência" no Novo Código de Processo Civil Brasileiro: entrave, avanços e retrocessos. *In*: ALVIM, Teresa Arruda; DIDIER JÚNIOR, Fredie. *Doutrinas essenciais – Novo código de processo civil*. 2. ed. São Paulo: Revista dos Tribunais, 2018. v. III, p. 516.

[308] MIRANDA, Pontes. *Comentários ao código de processo civil*. 1. v. t. 1. Rio de Janeiro: Forense, 1976, p. 24.

[309] PIMENTEL, Alexandre Freire; PEREIRA, Mateus Costa; LUNA, Rafael Alves. Da suposta provisoriedade da tutela cautelar à "tutela provisória de urgência" no Novo Código de Processo Civil Brasileiro: entrave, avanços e retrocessos. *In*: ALVIM, Teresa Arruda; DIDIER JÚNIOR, Fredie. *Doutrinas essenciais – Novo código de processo civil*. 2. ed. São Paulo: Revista dos Tribunais, 2018. v. III, p. 516.

8.5.2 Tutelas provisórias de natureza administrativa e jurisdicional

A admissão da concessão de tutela provisória em matéria eleitoral e o seu respectivo manejo deflui não apenas da necessidade de atuação célere da Justiça Eleitoral, mormente em período de campanha, mas, também, porque a Resolução nº 23.608/2019-TSE, que regulamenta as representações, reclamações e pedidos de resposta previstos na Lei nº 9.504/1997expressamente o possibilita.

O deferimento de tutela provisória é admissível, igualmente, nos mandados de segurança e demais ações, reclamações ou representações relativas à propaganda irregular. Os arts 23 e 38 da Resolução nº 23.608/2019 esclarecem que os pedidos de tutela provisória devem ser conclusos ao relator, que os analisará "imediatamente", procedendo-se em seguida à citação do representado, com a intimação da decisão proferida.

A simples determinação de análise "imediata" do requerimento e a premência em examinar os pedidos de tutelas provisórias eleitorais, sobretudo em época de campanha, afasta a incidência da regra do art. 226 do CPC, que, ao tratar dos prazos do juiz, estatui que este proferirá: os despachos no prazo de 5 (cinco) dias; as decisões interlocutórias no prazo de 10 (dez) dias; as sentenças no prazo de 30 (trinta) dias.

Assim, os requerimentos de tutela provisória realizados em período de campanha devem ser analisados incontinenti. Para proporcionar o expedito cumprimento das ordens judiciais relativas à tutela provisória eleitoral, o art. 9º, da Resolução nº 23.608/2019 547/2017-TSE, ampliou o expediente da Justiça Eleitoral, o qual determinou que, já em período de campanha, as comunicações processuais ordinárias devem ser realizadas no horário das dez às dezenove horas, salvo determinação em sentido contrário do relator. Porém, dispõe o parágrafo único deste mesmo artigo, que "[a]s decisões de concessão de tutela provisória serão comunicadas das 8 às 24 horas, salvo quando o relator determinar que sejam feitas em horário diverso".

As demandas que contenham pleitos de tutela provisória devem ser autuadas e processadas na classe de Representação (Rp) e devem tramitar, exclusivamente, no Sistema de Processo

Judicial Eletrônico (PJe). Isso, porém, não quer dizer que outras espécies de ações não referidas e regulamentas por esta Resolução nº 23.608/2019 não possam conter pedidos de tutela provisória, ou que devam ser autuadas na classe de Representação. O que há de relevante a ser interpretado é que está regulamentada a tutela provisória no direito eleitoral. Até mesmo a exigência de que as Representações mencionadas na Resolução nº 23.608/2019-TSE devem, obrigatoriamente, tramitar pelo PJe, não é capaz de macular de qualquer nulidade aquelas que forem autuadas de outra maneira, em razão da eventual indisponibilidade do sistema, desde que sejam garantidos às partes, mormente à parte demanda, o princípio do contraditório e da ampla defesa nos termos concebidos para a legislação processual eleitoral.

Na exclusiva seara do direito processual eleitoral, a tutela provisória pode ser classificada em duas principais modalidades: a de natureza judicial-administrativa, que se efetiva através do exercício do poder de polícia; e a de natureza jurisdicional, consistente naquela postulada numa relação processual.

A primeira modalidade de tutela provisória, isto é, a de natureza administrativa, é limitada pelos lindes específicos do poder de polícia, já vistos no Capítulo 7, ou seja, pode ser deferida, inclusive de ofício, e consubstanciar-se através de provimentos judiciais-administrativos destinados a fazer cessar a propaganda irregular ou adequá-la à Lei eleitoral, em especial, com observância das balizas instituídas pelo art. 41 da Lei nº 9.504/1997, segundo o qual a propaganda exercida nos termos da legislação eleitoral não poderá ser objeto de multa nem cerceada sob alegação do exercício do poder de polícia ou de violação de postura municipal.

O amparo legal das tutelas preventivo-administrativas decorrentes do exercício do poder de polícia na propaganda eleitoral não se encontra nas Resoluções do Tribunal Superior Eleitoral, estas apenas regulamentou a tutela provisória, mas sua verdadeira fonte localiza-se no parágrafo único, do art. 242, do Código Eleitoral, pelo qual "[s]em prejuízo do processo e das penas cominadas, a Justiça Eleitoral adotará medidas para fazer impedir ou cessar imediatamente a propaganda realizada com infração do disposto neste artigo".

Isso quer significar que, no âmbito e limites específicos do poder de polícia, o juiz da propaganda eleitoral pode ou deve adotar as medidas indutivas, mandamentais ou sub-rogatórias aptas a fazerem sanar a propaganda irregular, mas nos limites já mencionados.

A tutela preventiva decorrente do poder de polícia, provocado ou em razão de seu atuar oficioso, e com as prerrogativas que lhe conferem a Lei nº 9.504/1997 e o Código Eleitoral, deve limitar-se a fazer cessar a propaganda eleitoral irregular. Essa tutela, por sua vez, tanto pode enquadrar-se como sendo de natureza cautelar quanto de natureza inibitória, mas nos limites permitidos e observados acima.

Quanto à tutela preventiva em matéria de propaganda eleitoral de índole jurisdicional, esta pode, obviamente, exorbitar os limites do poder de polícia e recorrer à aplicação de todas as regras da tutela provisória geral do CPC, incluindo todos os poderes de efetivação outorgados ao magistrado pelo inciso IV, do art. 139 do mesmo código, ante o que dispõe o art. 15 do CPC, ou seja, que "[n]a ausência de normas que regulem processos eleitorais, trabalhistas ou administrativos, as disposições deste Código lhes serão aplicadas supletiva e subsidiariamente".

Nesse mesmo toar, a reforçar a recepção do sistema de direito processual eleitoral das regras constantes no CPC, pertinentes à tutela provisória, firma-se a Resolução nº 23.478/2016-TSE, que estabelece diretrizes gerais para a aplicação do Código de Processo Civil no âmbito da Justiça Eleitoral. Esta Resolução recepcionou a aplicação das regras do Código de Processo Civil aos feitos que tramitam na Justiça Eleitoral, desde que haja compatibilidade sistêmica. E o seu art. 3º extirpa qualquer dúvida sobre a compatibilidade entre a sistemática da tutela provisória e o ordenamento processual eleitoral, porquanto esclarece que: "Aplicam-se aos processos eleitorais o contido nos arts. 9º e 10 do Novo Código de Processo Civil (Lei nº 13.105/2015)". Ora, o art. 9º do CPC excepciona a necessidade de ouvida da parte adversa para a concessão da tutela provisória, à medida que ressalva que não se aplica a regra do *caput*, que adota o princípio da não surpresa à tutela provisória.

Vejamos, agora, uma proposta de cabimento da tutela da evidência liminar no direito processual eleitoral administrativo e jurisdicional, a partir da análise da força irradiada pelos precedentes eleitorais-processuais.

8.5.3 Formação e estabilização da jurisprudência eleitoral: uma premissa para o cabimento da tutela da evidência liminar

Sem embargo de uma respeitada corrente doutrinária recusar a aproximação que o direito processual civil brasileiro sofreu em relação ao sistema da *common law*,[310] parece-nos inegável que o Código de 2015 de fato imbricou institutos típicos do direito inglês e norte-americano com o nosso ordenamento processual civil, os quais são absolutamente compatíveis com o sistema de direito processual eleitoral, como se demonstrará a seguir.

De início, cumpre pontuar que uma preocupação nuclear do sistema da *common law* consiste precisamente em evitar julgamentos contraditórios a partir do estabelecimento de precedentes obrigatórios. Os primeiros juízes da *common law* usavam regras originárias do direito germânico, as quais serviram como base para o sistema jurídico anglo-americano. As decisões judiciais contendo o comando a ser seguido em determinados casos iam sendo catalogadas nos *statute books*, os quais, por sua vez, acabavam por ficar revestidos pelos costumes da Corte.[311] Foi nesse panorama que Edward Coke, considerado como o fundador da teoria dos precedentes judiciais, buscou preservar as razões de decidir utilizadas pelos juízes no passado e seus respectivos julgamentos para, a partir daí, apresentar sua classificação sobre os precedentes, além de conciliar e distinguir decisões divergentes e atribuir maior relevância aos julgados mais recentes, surgindo, assim, a teoria do *stare decisis*, da qual se estabeleceu a força obrigatória dos

---

[310] STRECK, Lenio Luiz. *Senso incomum – Novo CPC decreta a morte da lei. Viva o common law!* CONJUR, 2013. Disponível em: https://www.conjur.com.br/2013-set-12/senso-incomum-cpc-decreta-morte-lei-viva-common-law. Acessado em 29 de dez. de 2018.

[311] PIMENTEL, Alexandre Freire; LYRA, Paulo Roberto de Carvalho. A estabilização da jurisprudência e o cabimento da tutela da evidência (liminar) no direito processual eleitoral. In: *Direito processual eleitoral – Tratado de direito eleitoral*. Belo Horizonte: Fórum, 2018, p.380.

precedentes firmados pelas Cortes Superiores para todas as demais Cortes e juízes inferiores.[312]

Por seu turno, os precedentes lastreiam-se sempre, ou, ao menos devem lastrear-se, numa razão de decidir (*ratio decidendi*) a qual representa a essência da tese jurídica adotada para resolver determinado caso concreto e que irradiará aos julgamentos futuros força vinculativa ou persuasiva. Sobre o tema da *ratio decidendi* andou bem o CPC-2015, quando dispôs no art. 927 que a sua alteração ou rediscussão deve (embora o código use a expressão "poderá") ser precedida de audiências públicas marcadas pela publicidade e das quais participem pessoas, órgãos ou entidades que possam contribuir a respeito.

Com a promulgação do CPC-2015, o parlamento, sem a mínima dúvida, aproximou consideravelmente o sistema brasileiro ao da *common law*, à medida que conferiu aos precedentes judiciais caráter obrigatório (art. 927). Os precedentes judiciais receberam grande destaque no Código de Processo Civil de 2015, em decorrência da contribuição que podem fornecer ao ordenamento jurídico brasileiro, colaborando para a isonomia decorrente da outorga de tratamento isonômico às partes que estão na mesma situação, segurança jurídica, em razão da previsibilidade das decisões, estabilidade jurídica e, ainda, celeridade. Em nítida aproximação do sistema brasileiro ao da *common law*, o art. 926 do CPC prescreveu verdadeiro dever funcional aos tribunais, ao estatuir:

> Os tribunais devem uniformizar sua jurisprudência e mantê-la estável, íntegra e coerente.
>
> §1º Na forma estabelecida e segundo os pressupostos fixados no regimento interno, os tribunais editarão enunciados de súmula correspondentes à sua jurisprudência dominante.
>
> §2º Ao editar enunciados de súmula, os tribunais devem ater-se às circunstâncias fáticas dos precedentes que motivaram sua criação.

---

[312] CRUZ E TUCCI, José Rogério. *Precedente judicial como fonte do direito*. São Paulo: Revista dos Tribunais, 2004. p. 170-171.

O art. 927 do CPC-2015, por sua vez, corrobora essa assertiva à medida que utiliza o modo verbal imperativo para estabelecer que os juízes e tribunais "observarão" os seguintes precedentes:

> I - as decisões do Supremo Tribunal Federal em controle concentrado de constitucionalidade;
>
> II - os enunciados de súmula vinculante;
>
> III - os acórdãos em incidente de assunção de competência ou de resolução de demandas repetitivas e em julgamento de recursos extraordinário e especial repetitivos;
>
> IV - os enunciados das súmulas do Supremo Tribunal Federal em matéria constitucional e do Superior Tribunal de Justiça em matéria infraconstitucional;
>
> V - a orientação do plenário ou do órgão especial aos quais estiverem vinculados.

Perceba-se que nem o Tribunal Superior Eleitoral nem o Tribunal Superior do Trabalho foram contemplados pela literalidade do art. 927 do CPC, porém, o princípio da simetria orienta no sentido de que o art. 927 deve ser estendido aos demais tribunais superiores em relação aos tribunais e juízos inferiores de todos os ramos do judiciário. Assim, a jurisprudência sumulada do Tribunal Superior Eleitoral deve ser observada pelos Tribunais Regionais Eleitorais e Juízes Eleitorais a eles vinculados, sobretudo em homenagem ao peculiar poder normativo da justiça eleitoral.

Essa conclusão é extraída do teor da Resolução nº 23.478, de 10 de maio de 2016, do TSE, que esclareceu como o CPC-2015 refletiria no processo judicial eleitoral. Assim, e como a Resolução não vedou a aplicação relativa à força vinculativa dos precedentes, tem-se que o preceito do art. 927 do CPC é aplicável ao direito eleitoral em razão da permissão prevista no parágrafo único, do seu art. 2º, o qual estatui que "[a] aplicação das regras do Novo Código de Processo Civil tem caráter supletivo e subsidiário em relação aos feitos que tramitam na Justiça Eleitoral, desde que haja compatibilidade sistêmica".

Pois bem, por mais que os argumentos de um precedente pareçam estar presos ao passado, é importante perceber que eles também estão voltados para o futuro, pois neles se basearão outros julgadores. Por isso, Frederick Schauer[313] afirma que um sistema baseado no uso dos precedentes envolve a especial responsabilidade de comprometer o futuro antes de chegarmos nele. Nesse ínterim, os julgadores não devem decidir apenas com base no melhor para o presente, mas pensar em como uma decisão exarada hoje poderá comprometer decisões em casos similares futuros. Para Fiss,[314] a "virtude institucional" da adoção dos precedentes é a definitividade derivada da interpretação do direito por meio de procedimentos que são exclusivos do judiciário, enquanto não alterada a tese adotada.

Sem embargo, a técnica do *distinguishing* permite que, quando em virtude da diversidade fática entre dois casos, torne-se inadequado o uso do precedente ao caso concreto, de modo que a norma pretoriana não deve incidir. Essa técnica foi consolidada no CPC-2015, que explicitamente a adotou no art. 489, cujo §1º esclarece, a *contrario sensu*, que para não seguir o precedente invocado pela parte, o juiz deve demonstrar a existência de "distinção" no caso em julgamento ou a superação do entendimento. Outra técnica utilizada na *common law* é a *transformation*, quando se objetiva a compatibilização da solução do caso em julgamento ao precedente adequado, transformando-o, sem fazer uso do *distinguishing* e sem revogá-lo, isto é, sem *overruling*.[315]

Dessa forma, percebe-se claramente que não procede a crítica contra a estabilização da jurisprudência em razão da adoção de precedentes vinculativos, como se isso importasse numa impossibilidade de evolução do direito. Como esclarece René David,[316] se essa crítica procedesse, o direito inglês não evoluiria. Os precedentes, sob outro aspecto, não impedem o estudo dos detalhes dos casos – até porque, conforme afirmado anteriormente, é possível que o caso a ser julgado mostre-se distinto do precedente

---

[313] SCHAUER, Frederick. Precedent. *Stanford Law Review*, Stanford, v. 39, n. 03, p. 571-605, Fev. 1987. p. 597.

[314] FISS, Owen. *Um novo Processo Civil: Estudos norte-americanos sobre jurisdição, constituição e sociedade*. Trad. Daniel Porto Godinho da Silva e Melina de Medeiros Rós. São Paulo: Ed. Revista dos Tribunais, 2004, p. 298.

[315] PIMENTEL, Alexandre Freire; LYRA, Paulo Roberto de Carvalho. A estabilização da jurisprudência e o cabimento da tutela da evidência (liminar) no direito processual eleitoral. In: *Direito processual eleitoral – Tratado de direito eleitoral*. Belo Horizonte: Fórum, 2018, p. 382

[316] DAVID, René. *O direito inglês*. São Paulo: Martins Fontes, 1997, princípios. 13-15.

que o orienta, hipótese em que seria cabível o uso do *distinguishing* ou da *transformation* –, mas facilitaram no tocante às similaridades, como ocorre na tutela da evidência.

A dificuldade da preservação de um entendimento pretoriano na justiça eleitoral brasileira, no entanto, apresenta-se como um problema derivado da alta rotatividade dos membros componentes dos tribunais eleitorais, os quais, de acordo com o art. 121, §2º, da Constituição Federal, exercem a jurisdição eleitoral com mandato especificado, vejamos:

> Os juízes dos tribunais eleitorais, salvo motivo justificado, servirão por dois anos, no mínimo, e nunca por mais de dois biênios consecutivos, sendo os substitutos escolhidos na mesma ocasião e pelo mesmo processo, em número igual para cada categoria.

Essa rotatividade, por um lado, constitui um aspecto de legitimação democratizante do exercício da jurisdição, já que a justiça eleitoral é o único ramo do judiciário cujos magistrados possuem mandato (exceção que, aliás, deveria ser a regra para os demais ramos), mas, por outro, a alternância bienal acarreta sempre uma expectativa acerca dos posicionamentos dos novos componentes das Cortes eleitorais.

Mas esse problema específico da Justiça Eleitoral brasileira é mitigado pela regra constitucional disposta no art. 16 da Constituição Federal, que alberga o princípio da anualidade/anterioridade, segundo o qual: "A lei que alterar o processo eleitoral entrará em vigor na data de sua publicação, não se aplicando à eleição que ocorra até um ano da data de sua vigência". É esse princípio que confere estabilidade às regras do jogo eleitoral, como observa Salgado,[317] inclusive, acrescente-se, à regra da estabilidade do jogo jurisprudencial-eleitoral. Daí o acerto de Jairo Gomes, quando consigna, com respaldo no RE nº 637485, que as Cortes eleitorais não podem alterar os seus precedentes no curso do pleito eleitoral ou logo após o seu encerramento, porquanto o art. 16 da Constituição Federal:

---

[317] SALGADO, Eneida Desiree. *Princípios constitucionais eleitorais*. Belo Horizonte: Fórum, 2010. p. 223.

[...] visa resguardar o processo eleitoral de mudanças abruptas que esgarçam a segurança jurídica, a confiança e as justas expectativas geradas por soluções judiciais já consolidadas. O entendimento do Pretório Excelso apega-se à autoridade do precedente; pretende ensejar que os cidadãos possam planejar seus assuntos e negócios com relativa "certeza" (ou, pelo menos, com alto grau de previsibilidade) de como agirá a jurisdição eleitoral.[318]

8.5.4 Do cabimento da tutela da evidência no processo eleitoral

Como ressalta Humberto Theodoro Júnior,[319] a tutela jurisdicional conferida ao cidadão, pelo Estado, deve ter a capacidade de cumprir efetivamente o desígnio para o qual foi estruturada, associando celeridade à segurança jurídica. Assim como as demais espécies de tutela provisória, a tutela da evidência funda-se em cognição sumária, e sua concessão baseia-se na insubsistência da eventual defesa. Pois bem, acerca do que se deve entender por "direito evidente", Luiz Fux esclarece que

> [...] é evidente o direito demonstrável *prima facie* através de prova documental que o consubstancie liquido e certo, como também o é o direito assentado em fatos incontroversos, notórios, o direito a coibir um suposto atuar do *adversus* com base em "manifesta ilegalidade", o direito calcado em questão estritamente jurídica, o direito assentado em fatos confessados noutro processo ou comprovados através de prova emprestada obtida sob contraditório ou em provas produzidas antecipadamente, bem como o direito dependente de questão prejudicial, direito calcado em fatos sobre os quais incide presunção *jure et de jure* de existência e em direitos decorrentes da consumação de decadência ou da prescrição.[320]

---

[318] GOMES, José Jairo. Direito Eleitoral. 12. ed. São Paulo: Atlas, 2016, p. 305.

[319] THEODORO JÚNIO, Humberto. *Curso de direito processual civil: processo de execução e cumprimento de sentença, processo cautelar e tutela de urgência*. 49. Ed. Rio de Janeiro: Forense, 2014, p. 137.

[320] Luiz Fux (2000, p. 08). FUX, Luiz. *A tutela dos direitos evidentes*. Revista de Jurisprudência do STJ (Brasília), v.2, p.23-43, 2000. Disponível em: http://www.scribd.com/doc/84205229/A-Tutela-Dos-Direitos-Evidentes-Luiz-Fux#scribd . Acesso em: 15 de jun. 2016, p. 08.

Se o direito da parte resta manifesto e evidente, não haveria motivo para postergar o seu provimento. Desta feita, a resposta do Poder Judiciário deve ser rápida não só nos casos em que esteja presente o *periculum in mora*, mas também naqueles nos quais as alegações da parte revelam, por si só, uma probabilidade induvidosa, como ocorre quando o fato se fundamenta em precedentes dos tribunais superiores, sobretudo naqueles que irradiam eficácia vinculativa.

Como vimos algures, a Resolução nº 23.478, de 10 de maio de 2016, do TSE, disciplinou os limites e alcances do CPC ao processo eleitoral, impendendo acrescentar, no pertinente à tutela provisória, que o art. 14, dessa norma administrativa, reforça o seu cabimento no processo eleitoral, nos seguintes termos:

> Art. 14. Os pedidos autônomos de tutela provisória serão autuados em classe própria.
>
> Parágrafo único. Os pedidos apresentados de forma incidental em relação a feitos em tramitação serão encaminhados à autoridade judiciária competente, que determinará a sua juntada aos autos principais ou adotará as providências que entender cabíveis.

No tocante ao cabimento da tutela da evidência em caráter antecedente-liminar no processo eleitoral, diante da análise do art. 311 do CPC/2015, conclui-se que o requisito da demonstração do perigo de dano irreparável ou de difícil reparação, assim como o risco ao resultado útil do processo são dispensados para sua concessão, já que o *caput* do art. 311 reza que "[a] tutela da evidência será concedida, independentemente da demonstração de perigo de dano ou de risco ao resultado útil do processo [...]". Essa é a grande diferença, do ponto de vista pragmático, entre a tutela da evidência e a tutela de urgência de natureza antecipada, pois apesar de restarem ambas inseridas no gênero da tutela provisória, e de se constituírem como medidas satisfativas, a tutela antecipada requer a demonstração do perigo de dano para a sua concessão.

Perceba-se, contudo, que a tutela inibitória (a qual se presta para a remoção ou prevenção do ilícito), regulada pelo art. 497 do CPC-2015, dispensa a "ocorrência" do dano, como declara o parágrafo único do artigo em questão, *verbis*: "Para a concessão da tutela específica destinada a inibir a prática, a reiteração ou a continuação de um ilícito, ou a sua remoção, é irrelevante a demonstração da ocorrência de dano ou da existência de culpa ou dolo".

A tutela da evidência, no entanto, representa novidade no direito processual brasileiro, no âmbito do direito legislado, no tocante à possibilidade de sua concessão liminar no bojo do procedimento comum cognitivo, pois o seu deferimento em razão de conduta procrastinatória do réu já era admitido pelo art. 273, II, do CPC-1973, mas não a sua concessão liminar. A propósito da inovação do CPC-2015 sobre a tutela de evidência, Luiz Fux arremata, que:

> A novidade também se operou quanto aos direitos líquidos e certos de uma parte em face da outra. Entendeu a comissão que nessas hipóteses em que uma parte ostenta direito evidente, não se revelaria justo, ao ângulo do principio da isonomia, postergar a satisfação daquele que se apresenta no processo com melhor direito, calcado em prova inequívoca, favorecendo a parte que, ao menos prima facie, não tem razão. A tutela de evidência não é senão a tutela antecipada que dispensa o risco de dano para ser deferida, na medida em que se funda em direito irretorquível da parte que inicia a demanda.[321]

Ora, nos quatro incisos do art. 311 do CPC-2015, o legislador buscou caracterizar o que seria a "evidência", capaz de ensejar a prestação da tutela provisória pretendida. Das quatro hipóteses ali dispostas, percebe-se que todas têm em comum a pressuposição da inconsistência da defesa (futura, no caso da concessão liminar, e presente nos casos dos incisos I e IV), que é a base teleológica da tutela da evidência. No caso dos incisos II e III, a defesa inconsistente é presumida, razão pela qual o parágrafo único do mesmo artigo autoriza o juiz a decidir liminarmente apenas nessas duas hipóteses, enquanto nos demais incisos a concessão da tutela da evidência só poderá ocorrer após a contestação.[322]

Especificamente, em relação ao caso regulado no inciso III, do art. 311, isto é, tutela da evidência baseada em pedido reipersecutório, o qual se prende a contrato de depósito, tal hipótese é

---

[321] FUX, Luiz. *O novo processo civil*, in O Novo Processo Civil Brasileiro – Direito em Expectativa, coord. Luiz Fux, Rio de Janeiro: Forense, 2011, p. 18.
[322] MARINONI, Luiz Guilherme; ARENHART, Sérgio Cruz; MITIDIERO, Daniel. *Novo Código de Processo Civil Comentado*. São Paulo: Ed. Revista dos Tribunais, 2015, p. 198.

incompatível com o processo eleitoral, diante da incompetência em razão da matéria, que escapa do campo das matérias eleitorais.

Sem embargo, é notória a inovação trazida pelo CPC de 2015 ao introduzir a possibilidade de utilização dos precedentes judiciais como fonte do direito em tutela satisfativa, especificamente para a tutela da evidência fundada em tese firmada em julgamento de casos repetitivos e em súmula vinculante, no tocante à possibilidade de concessão *in limine litis*. A hipótese versada no inciso I, do art. 311, já era objeto do CPC-1973, art. 273, II, e a do inciso IV do CPC-2013, isto é, quando: "a petição inicial for instruída com prova documental suficiente dos fatos constitutivos do direito do autor, a que o réu não oponha prova capaz de gerar dúvida razoável" consiste em outra novidade do novo código, não prevista no CPC/1973, mas que não admite a concessão de liminar. Na verdade, essa situação mais se adequa ao julgamento antecipado do mérito, que consiste em atividade judicial cognitiva exauriente, do que à concessão de tutela provisória, sendo, portanto, absolutamente desnecessário e ocioso.

Da análise do art. 311, inciso II, é possível verificar a imposição de duas exigências pelo legislador: que os fatos alegados possam ser comprovados apenas documentalmente, e que haja tese firmada em casos repetitivos ou em súmula vinculante.

No entanto, o CPC/2015 não deve ser interpretado restritivamente, mas sim, como um documento dotado de unicidade, devendo-se levar em consideração os princípios que, mesmo presentes em outros dispositivos, norteiam o texto normativo, como bem pontuou Lucas Buril Macedo.[323] Dessa forma, o autor propõe (com acerto) que além das teses firmadas em casos repetitivos ou em súmulas vinculantes, devem também ser respeitados os precedentes do Supremo Tribunal Federal, em matéria constitucional, e os do Superior Tribunal de Justiça, em matéria infraconstitucional. Por óbvio, acrescentamos que o argumento que serve para o STJ, em razão do princípio da simetria, associado à expressa disposição do art. 14 da Resolução nº 23.478, de 10 de maio de 2016, do TSE, também se aplica aos precedentes do Tribunal Superior Eleitoral,

---

[323] MACEDO, Lucas Buril de. *Precedentes judiciais e o direito processual civil*. Salvador: JusPodivm, 2014, p. 110.

no sentido de que o efeito vinculativo instituído no art. 927 do CPC repercute no âmbito do direito processual eleitoral e possibilita o deferimento da tutela da evidência nessa seara.

Impende, ainda, que a Escola Nacional de Formação e Aperfeiçoamento de Magistrados (ENFAM) editou os enunciados de nº 30 e 31, os quais reforçam esse entendimento, vejamos:

> Enunciado de nº 30 – É possível a concessão da tutela de evidência prevista no art. 311, II, do CPC/2015 quando a pretensão autoral estiver de acordo com orientação firmada pelo Supremo Tribunal Federal em sede de controle abstrato de constitucionalidade ou com tese prevista em súmula dos tribunais, independentemente de caráter vinculante.
>
> Enunciado de nº 31 – A concessão da tutela de evidência prevista no art. 311, II, do CPC/2015 independe do trânsito em julgado da decisão paradigma.

Entretanto, há que ser ressalvado que o art. 20, da Resolução nº 23.478/2016-TSE, restringiu a aplicação do instituto dos recursos repetitivos ao processo eleitoral, ao esclarecer que "[a] sistemática dos recursos repetitivos prevista nos arts. 1.036 a 1.042 do Novo Código de Processo Civil não se aplica aos feitos que versem ou possam ter reflexo sobre inelegibilidade, registro de candidatura, diplomação e resultado ou anulação de eleições". Mas isso não significa que uma decisão proferida pelo Supremo Tribunal Federal, em sede de julgamento de recurso extraordinário repetitivo que verse sobre propaganda eleitoral, não possa servir de base para o deferimento da tutela da evidência. É que a restrição do art. 20 da Resolução ali citada apenas não aceitou a aplicação desse instituto no âmbito do Tribunal Superior Eleitoral.

Em suma, o cabimento da tutela da evidência no processo eleitoral edifica-se a partir da norma contida no art. 15 do CPC-2015, a qual admite a aplicação do novo código ao processo eleitoral de forma subsidiária. Essa subsidiariedade, por sua vez, é reforçada pela admissão explícita do cabimento da tutela provisória ao processo eleitoral, pelo art. 14 da Resolução nº 23.478, de 10 de maio de 2016, do TSE, norma administrativa cujo escopo foi o de esclarecer quais institutos do CPC-2015 são compatíveis e aplicáveis ao processo eleitoral judicial.

A concessão *in limine litis* da tutela da evidência pressupõe, em relação à jurisprudência do TSE, que essa Corte Superior evolua no entendimento de que os seus precedentes sumulados têm apenas eficácia persuasiva e conceba que se quedam incluídos no rol daqueles dispostos no art. 927 do CPC-2015, dotando-lhes, assim, de força vinculativa.

Outro argumento favorável à admissão da tutela da evidência no processo eleitoral é encontrado num detalhe sobre a regulamentação da tutela provisória (geral) pela Resolução nº 23.608/2019 547/2017-TSE, a qual generalizou o seu tratamento sem distinguir as suas respectivas espécies. Ora, impende relembrar que a tutela provisória designa um gênero que abrange a tutela de urgência e a tutela da evidência, enquanto espécies. E que a tutela de urgência, por sua vez, subdivide-se em tutela provisória cautelar e tutela provisória antecipada, a qual inclui a tutela inibitória.

A Resolução em questão concedeu tratamento procedimental geral à "tutela provisória" e estabeleceu, primeiramente, que no âmbito dos pedidos de direito de resposta, bem como nos relativos à propaganda eleitoral e aos mandados de segurança são cabíveis todas as espécies de tutelas provisórias, o que, por óbvio, inclui a tutela da evidência; e, segundamente, que o cumprimento das ordens judiciais relativas à tutela da evidência, a qual, por sua vez, não exige o requisito da urgência para ser deferida, também deve ocorrer no horário de expediente expandido previsto e adotado pela Resolução nº 23.608/2019. Essa minúcia denúncia que o Tribunal Superior Eleitoral considerou que em matéria eleitoral, em período de campanha, não há ordens judiciais que não sejam urgentes.

Ademais, a Resolução nº 23.478/2016-TSE, que estabelece diretrizes gerais para a aplicação do Código de Processo Civil, no âmbito da Justiça Eleitoral, recepcionou a aplicação das regras do Código de Processo Civil aos feitos que tramitam na Justiça Eleitoral, desde que haja compatibilidade sistêmica.

Pois bem, o seu art. 3º extirpa qualquer dúvida sobre a compatibilidade entre a sistemática da tutela provisória e o ordenamento processual eleitoral, porquanto esclarece que "[a]plicam-se aos processos eleitorais o contido nos arts. 9º e 10 do Novo Código de

Processo Civil (Lei nº 13.105/2015)". Ora, o art. 9º do CPC, reitere-se, além de excepcionar a necessidade de ouvida da parte adversa para a concessão da tutela provisória, esclarece que isso se aplica a todas as suas modalidades, à medida que ressalva que não se aplica a regra do *caput*, que adota o princípio da não surpresa: "I - à tutela provisória de urgência; II - às hipóteses de tutela da evidência previstas no art. 311, incisos II e III [...]".

Conclui-se, portanto, que a tutela provisória é compatível com o direito processual eleitoral, sobretudo o relativo à propaganda eleitoral. Porém, em nenhuma hipótese ou sob nenhum argumento poderá ser utilizada com o desiderato de cesurar, previamente, conteúdos propagandísticos, considerando que a liberdade de expressão, que a liberdade de opinião ou de crítica, incluindo a de natureza, política, religiosa, ideológica ou sexual, não pode ser objeto de censura prévia, ainda que representem um exercício indevido da liberdade de expressão. Ademais, a tutela provisória antecipada genérica e a tutela da evidência são incompatíveis com as ações eleitorais de natureza constitutiva e desconstitutiva, como AIME ou AIJE, posto que a antecipação do provimento importaria em cassação antecipada de registro ou de diploma e, ainda, em inelegibilidade, o que representaria inequívoca agressão ao princípio do devido processo legal em seu duplo sentido.

Enfim, cumpre acrescentar que o Tribunal Superior Eleitoral já admitiu o cabimento da tutela de evidência no processo eleitoral. Em 2018, no julgamento do REspe nº 80362, essa Corte de Superposição admitiu que

> A tutela de evidência poderá ser concedida independentemente da existência de perigo de dano ou de risco ao útil resultado do processo. Todavia, a concessão dessa tutela provisória fica condicionada à demonstração de uma das situações plasmadas no art. 311 do CPC, que elenca rol taxativo das hipóteses de cabimento. 2. In casu, o partido requerente não logrou êxito em demonstrar nenhuma das situações legais aptas a autorizar o deferimento da tutela de evidência.[324]

---

[324] BRASIL, TSE – RESPE: 80362 BAURU – SP, Relator: Min. Luiz Fux, Data de Julgamento: 30.11.2017, Data de Publicação: DJE – Diário de justiça eletrônico, Data 09.02.2018.

Vê-se, portanto, que, uma vez demonstrada a presença dos requisitos autorizativos (CPC, art. 311), até mesmo a tutela de evidência é cabível no processo eleitoral.

REFERÊNCIAS

AGRA, Walber de Moura. *Manual prático de direito eleitoral*. 2. ed. Belo Horizonte: Fórum, 2018.

ALDEIAS, Marisa. *Cookies*: uma ameaça à privacidade. 2011/2012. Disponível em: http://web.fe.up.pt/~jmcruz/seginf/seginf.1112/trabs-als/final/G1-T6.cookies.final.pdf. Acesso em: 19 jul. 2014.

ALMEIDA NETO, Manoel Carlos de. *Direito eleitoral regulador*. São Paulo: Revista dos Tribunais, 2014.

ALMEIDA, Roberto Moreira. *Direito eleitoral*. Salvador: Juspodivm, 2009.

ALVIM, Frederico Franco. *Manual de direito eleitoral*. Belo Horizonte: Fórum, 2012.

AMARAL, Guilherme Rizzo. *As astreintes e o processo Civil Brasileiro*: multa do artigo 461 do CPC e outras. Porto Alegre: Livraria do Advogado, 2004.

ASSIS, Araken de. *Manual da execução*. 11. ed. São Paulo: Revista dos Tribunais, 2007.

ATHENIENSE, Alexandre. *Ter um perfil falso na internet é crime?* 2017. Disponível em: http://www.dnt.adv.br/salas-do-conhecimento/ter-um-perfil-falso-na-internet-e-crime/. Acesso em: 12 ago. 2018.

BARRETO, Alesandro Gonçalves; CASELLI, Guilherme. *Crimes e propaganda eleitoral na Internet: uso irregular do WhatsApp e de rede sociais*. Porto Alegre: Direito e TI, 2016. Disponível em: https://bibliotecadigital.tse.jus.br/xmlui/handle/bdtse/8272. Acesso em 20 de junho de 2022.

BAUMAN, Zygmunt. *Modernidade líquida*. Trad. Plínio Dentzien. Rio de Janeiro: Jorge Zahar, 2001.

BERGMAN, Mike. *The deep web*: surfacing hidden value. Disponível em: http://brightplanet.com/wp-content/uploads/2012/03/12550176481-deepwebwhitepaper1.pdf. Acesso em: 07 ago. 2018.

BIRRIEN, Jean Yvon. *História da Informática*. Trad. Joana Ferreira da Silva. Porto: Rés editora, 1996.

BRASIL, Supremo Tribunal Federal, ADPF 403. Disponível em: http://www.stf.jus.br/arquivo/cms/noticiaNoticiaStf/anexo/ADPF403voto.pdf. Acesso em 10 de junho de 2021.

BRASIL, TRE-PA - RE: 50303 PA, Relator: Ruy Dias de Souza Filho, Data de Julgamento: 06/06/2013, Data de Publicação: DJE - Diário da Justiça Eletrônico, Tomo 103, Data 13/06/2013.

BRASIL, TSE - RESPE: 521320126200033 Mossoró/RN 44562013, Relator: Min. Laurita Hilário Vaz. Data de Julgamento: 26/02/2014, Data de Publicação: DJE - Diário de justiça eletrônico - 05/03/2014. Disponível em: www.jusbrasil.com.br. Acesso em: 11 de out. de 2018.

BRASIL, TSE - Rp: 06011321020186000000 Brasília/DF, Relator: Min. Luis Felipe Salomão, Data de Julgamento: 13/09/2018, Data de Publicação: PSESS - Mural eletrônico - 18/09/2018. Disponível em: www.jusbrasil.com.br. Acesso em: 14 de out de 2018.

BRASIL. Constituição (1988). *Constituição da República Federativa do Brasil.*

BRASIL. Lei nº 10.257, de 10 de julho de 2001. *Regulamenta os arts. 182 e 183 da Constituição Federal, estabelece diretrizes gerais da política urbana e dá outras providências.* Disponível em: http://www.planalto.gov.br/ccivil_03/leis/LEIS_2001/L10257.htm. Acesso em: 4 out. 2015.

BRASIL. Lei nº 11.300, de 10 de maio de 2006. *Dispõe sobre propaganda, financiamento e prestação de contas das despesas com campanhas eleitorais, alterando a Lei nº 9.504, de 30 de setembro de 1997.* Disponível em: http://www.planalto.gov.br/ccivil_03/_Ato2004-2006/2006/Lei/L11300.htm. Acesso em: 28 set. 2015.

BRASIL. Lei nº 12.034, de 29 de setembro de 2009. *Altera as Leis nºs 9.096, de 19 de setembro de 1995 - Lei dos Partidos Políticos, nº 9.504, de 30 de setembro de 1997, que estabelece normas para as eleições, e nº 4.737, de 15 de julho de 1965 - Código Eleitoral.* Disponível em: http://www.planalto.gov.br/ccivil_03/_ato2007-2010/2009/Lei/l12034.htm. Acesso em: 4 out. 2015.

BRASIL. Lei nº 12.891, de 11 de dezembro de 2013. *Altera as Leis nº 4.737, de 15 de julho de 1965, nº 9.096, de 19 de setembro de 1995, e nº 9.504, de 30 de setembro de 1997, para diminuir o custo das campanhas eleitorais, e revoga dispositivos das Leis nº 4.737, de 15 de julho de 1965, e nº 9.504, de 30 de setembro de 1997.* Disponível em: http://www.planalto.gov.br/ccivil_03/_Ato2011-2014/2013/Lei/L12891.htm. Acesso em: 4 out. 2015.

BRASIL. Lei nº 13.105, de 16 de março de 2015. *Institui o Código de Processo Civil.* Disponível em: http://www.planalto.gov.br/ccivil_03/_Ato2015-2018/2015/Lei/L13.105.htm. Acesso em: 6 out. 2015.

BRASIL. Lei nº 13.165, de 29 de setembro de 2015. *Altera as Leis nº 9.504, de 30 de setembro de 1997; nº 9.096, de 19 de setembro de 1995; e nº 4.737, de 15 de julho de 1965 - Código Eleitoral, para reduzir os custos das campanhas eleitorais, simplificar a administração dos Partidos Políticos e incentivar a participação feminina.* Disponível em: http://www.planalto.gov.br/ccivil_03/_Ato2015-2018/2015/Lei/L13.165.htm. Acesso em: 6 out. 2015.

BRASIL. Lei nº 4.680, de 18 de junho de 1965. *Dispõe sobre o exercício da profissão de Publicitário e de Agenciador de Propaganda e dá outras providências.* Disponível em: http://www.planalto.gov.br/ccivil_03/LEIS/L4680.htm. Acesso em: 4 out. 2015.

BRASIL. Lei nº 7.347, de 24 de julho de 1985. *Disciplina a ação civil pública de responsabilidade por danos causados ao meio-ambiente, ao consumidor, a bens e direitos de valor artístico, estético, histórico, turístico e paisagístico (VETADO) e dá outras providências.* Disponível em: http://www.planalto.gov.br/ccivil_03/Leis/L7347orig.htm. Acesso em: 2 out. 2015.

BRASIL. Lei nº 8.245, de 18 de outubro de 1991. *Dispõe sobre as locações dos imóveis urbanos e os procedimentos a elas pertinentes.* Disponível em: http:// http://www.planalto.gov.br/ccivil_03/leis/l8245.htm. Acesso em: 2 out. 2015.

BRASIL. Lei nº 9.096, de 19 de setembro de 1995. *Dispõe sobre partidos políticos, regulamenta os arts. 17 e 14, §3º, inciso V, da Constituição Federal.* Disponível em: http://www.planalto.gov.br/ccivil_03/LEIS/L9.096.htm. Acesso em: 4 out. 2015.

BRASIL. Lei nº 9.504, de 30 de setembro de 1997. Estabelece normas para as eleições. *In:* BRASIL. Tribunal Superior Eleitoral. *Código eleitoral anotado e legislação complementar.* 11. ed. Brasília: TSE, 2014.

BRASIL. Superior Tribunal de Justiça. *Conflito de Competência nº 113433/AL.* Relator: Min. Arnaldo Esteves Lima. Brasília, DF, 24 de agosto de 2011. DJ-Diário da Justiça, Brasília, DF, 19 dez. 2011. Disponível em: http://www.stj.jus.br/SCON/jurisprudencia/toc.jsp?processo=113433&&b=ACOR&thesaurus=JURIDICO&p=true. Acesso em: 4 out. 2015.

BRASIL. Tribunal Regional Eleitoral (MG). *Recurso Eleitoral nº 80978/MG*. Relator: Maurício Pinto Ferreira. Belo Horizonte, 19 de outubro de 2012. DJE – Diário da Justiça Eletrônico TREMG, Belo Horizonte, 29 out. 2012. Disponível em: http://www.tse.jus.br/jurisprudencia/pesquisa-de-jurisprudencia. Acesso em: 6 out. 2015.

BRASIL. Tribunal Regional Eleitoral (MS). *Petição nº 395806/MS*. Relator: Paulo Rodrigues. Campo Grande, 28 de novembro de 2010. PSESS - Publicado em Sessão, Campo Grande, 28 nov. 2010. Disponível em: http://www.tse.jus.br/jurisprudencia/pesquisa-de-jurisprudencia. Acesso em: 4 out. 2015.

BRASIL. Tribunal Regional Eleitoral-MG. 2018. REPRESENTAÇÃO nº 0602733-88.2018.6.13.0000 - BELO HORIZONTE - MG - RELATORA: JUÍZA CLÁUDIA COIMBRA. Acórdão publicado em sessão. Belo Horizonte, 10 de setembro de 2018.

BRASIL. Tribunal Regional Eleitoral-PE. 2014. Disponível em: http://www.tre-pe.jus.br/imprensa/noticias-tre-pe/2014/Julho/comissao-de-propaganda-do-recife-divulga-nota-explicativa. Acesso em: 30 de dez. de 2018.

BRASIL. Tribunal Superior Eleitoral - Resolução nº 23.551/2017-TSE. Disponível em: www.tse.jus.br. Acesso em: 21 de set. de 2018.

BRASIL. Tribunal Superior Eleitoral. 2016. Consulta nº 79636, em 16 de junho de 2016. Disponível em: www.tse.jus.br. Acesso em: 02 de nov. de 2018.

BRASIL. Tribunal Superior Eleitoral. *Código eleitoral anotado e legislação complementar*. 11. ed. Brasília: TSE, 2014.

BRASIL. Tribunal Superior Eleitoral. *Código eleitoral anotado e legislação complementar*. 11. ed. Brasília: TSE, 2014.

BRASIL. Tribunal Superior Eleitoral. *Recurso em Mandado de Segurança nº 154104/RO*. Relator: Min. Gilson Langaro Dipp. Brasília, DF, 10 de abril de 2012. DJE-Diário da Justiça Eletrônico, Brasília, DF, 14 mai. 2012, p. 80. Disponível em: http://www.tse.jus.br/jurisprudencia/pesquisa-de-jurisprudencia. Acesso em: 2 out. 2015.

BRASIL. Tribunal Superior Eleitoral. *Recurso Especial Eleitoral nº 15065/BA*. Relator: Min. Mauricio Jose Correa. Brasília, DF, 21 de outubro de 1997. DJ-Diário da Justiça, Brasília, DF, 14 nov. 1997. p. 58853. Disponível em: http://www.tse.jus.br/jurisprudencia/pesquisa-de-jurisprudencia. Acesso em: 4 out. 2015.

BRASIL. Tribunal Superior Eleitoral. *Resolução nº 23404/DF*. Relator: Min. José Antônio Dias Toffoli. Brasília, DF, 27 de fevereiro de 2014. DJE-Diário da Justiça Eletrônico, Brasília, DF, 5 mar. 2014, p. 47-61. Disponível em: http://www.tse.jus.br/jurisprudencia/pesquisa-de-jurisprudencia. Acesso em: 4 out. 2015.

CALAZANS, Flávio. *Propaganda subliminar multimídia*. 7. ed. rev., atual. e ampl. São Paulo: Sumus, 2006.

CAMARGO, Guilherme Pessoa Franco de. *A propaganda eleitoral negativa e a propaganda eleitoral antecipada x liberdade de expressão e pensamento*. 6 jul. 2012. Disponível em: https://www.direitonet.com.br/artigos/exibir/7182/A-propaganda-eleitoral-negativa-e-a-propaganda-eleitoral-antecipada-x-liberdade-de-expressao-e-pensamento. Acesso em: 20 ago. 2018.

CÂNDIDO, Joel José. *Direito eleitoral brasileiro*. São Paulo: EDIPRO, 1998.

CAPELATO, Maria Helena. *Repensando o estado novo*. Rio de Janeiro: Fundação Getúlio Vargas, 1999.

CASTELLS, Manuel. *A galáxia Internet*: reflexões sobre a internet, negócios e a sociedade. Trad. Maria Luiza Borges. Rio de Janeiro: Zahar, 2003.

CAVALCANTE, Márcio André Lopes. *Comentários à Lei nº 13.188/2015 (Direito de resposta)*. 2015. Disponível em: https://www.dizerodireito.com.br/2015/11/comentarios-lei-131882015-direito-de.html. Acesso em: 13 ago. 2018.

CENEVIVA, Walter. *Informação e privacidade*. XVIII Conferência Nacional dos Advogados: Cidadania, Ética e Estado. Salvador, 2002. Anais. Brasília: OAB, 2003.

CERQUEIRA, Manfredi Mendes de. *Matéria eleitoral*. 2. ed. Belém: Cejup, 1983.

CHAMON, Omar. *Direito eleitoral*. São Paulo: Gen – Método, 2011.

CHIMENTI, Ricardo Cunha. *Direito eleitoral*. São Paulo: Campus Jurídico, 2007.

COELHO, Helder. *Inteligência artificial em 25 lições*. Lisboa: Calouste Gulbenkian, 1995.

COÊLHO, Marcus Vinicius Furtado. *O poder regulamentar do TSE na jurisprudência do Supremo*. Disponível em: https://www.conjur.com.br/2017-out-29/. Acesso em: 12 ago. 2018.

CONEGLIAN, Olivar. *Propaganda eleitoral*: eleições 2014. 12. ed. Curitiba: Juruá, 2014.

COSTA FILHO, Gilberto da Silva. *Astreintes constituem medida cominatória imposta pelo Estado-juiz contra o devedor de obrigação de fazer, não fazer, ou dar coisa, cuja incidência se dá por dia de descumprimento*. 2014. Disponível em: https://www.migalhas.com.br/dePeso/16,MI192760,31047. Acesso em: 21 ago. 2018.

COSTA, Camilla. *Quatro coisas que mudam com a criptografia no WhatsApp – e por que ela gera polêmica*. Disponível em: http://www.bbc.com/. Acesso em: 23 mai. 2016.

COSTA, Eduardo José da Fonseca. *Levando a imparcialidade a sério*: proposta de um modelo interseccional entre direito processual, economia e psicologia. Tese de doutorado. São Paulo: PUC, 2016.

COSTA, Elcias Ferreira da. *Compêndio de direito eleitoral*. 3. ed. Rio de Janeiro: Editora Forense, 1998.

COSTA, Elcias Ferreira da. *Direito Eleitoral*: legislação, doutrina e jurisprudência. 3. Ed. Rio de Janeiro: Forense,1998, p. 75.

COSTA, Tito. *Recursos em matéria eleitoral*. 4. ed. São Paulo: RT, 1992.

COSTA, Tito. *Recursos em matéria eleitoral*. 8. ed. São Paulo: RT, 2004.

CRUZ E TUCCI, José Rogério. *Precedente judicial como fonte do direito*. São Paulo: Revista dos Tribunais, 2004.

CUTRIM, Mirla Regina da Silva. *Abuso do poder religioso*. Disponível em: http://www.asmac.com.br/noticia.php?noticia=740. Acesso em: 7 ago. 2018.

DAVID, René. *O direito inglês*. São Paulo: Martins Fontes, 1997.

DECOMAIN, Pedro Roberto. *Condutas vedadas aos agentes públicos em campanha eleitoral*. Florianópolis: Resenha Eleitoral - Nova Série, v. 7, n. 2, jul./dez. 2000.

DINIZ, Maria Helena. *Lei de Introdução ao Código Civil Brasileiro Comentada*. 7. ed. São Paulo: Saraiva, 2001.

DOMENACH, Jean-Marie. *A propaganda política*. 2. ed. São Paulo: Difusão Europeia, 1965.

DURIGAN, Paulo Luiz. *Publicidade comparativa*. 1. ed. Curitiba: Edição do Autor, 2007.

DUTRA JÚNIOR, Paulo. *Redes sociais e perfis fakes*. Byte, 11 maio 2011. Disponível em: https://www.terra.com.br/noticias/tecnologia/internet/redes-sociais-e-perfis-fakes-proteja-se,ded9dceae77ea310VgnCLD200000bbcceb0aRCRD.html. Acesso em: 3 jun. 2020.

DWORKIN, Ronald. *Uma questão de princípio*. São Paulo: Martins Fontes, 2000.

FABRÍZIO, Rosa. *Crimes de informática*. 2. ed. Campinas: Bookseller, 2006.

FERREIRA, Pinto. *Código eleitoral comentado*. 3. ed. São Paulo: Saraiva, 1991.

FISS, Owen. *Um novo Processo Civil: Estudos norte-americanos sobre jurisdição, constituição e sociedade*. Trad. Daniel Porto Godinho da Silva e Melina de Medeiros Rós. São Paulo: Ed. Revista dos Tribunais, 2004.

FLÔRES, Ana Eloise de Carvalho; FERNANDES, Rosana Spiller. *Poder Regulamentar do Tribunal Superior Eleitoral*. Florianópolis: Resenha Eleitoral - Nova Série, 2007. v. 14.

FUX, Luiz. *A tutela dos direitos evidentes*. Revista de Jurisprudência do STJ (Brasília), v.2, p.23-43, 2000. Disponível em: http://www.scribd.com/doc/84205229/A-Tutela-Dos-Direitos-Evidentes-Luiz-Fux#scribd . Acesso em: 15 de jun. 2016.

FUX, Luiz. *Curso de Direito Processual Civil*. 4. ed. Rio de Janeiro: Gen Forense, 2008.

FUX, Luiz. O novo processo civil. *In*: FUX, Luiz (Coord.). *O Novo Processo Civil Brasileiro – Direito em Expectativa*. Rio de Janeiro: Forense, 2011.

GAINES, Brian R. *Sixth generation computing*: a conspectus of the japanese proposals. Disponível em: http://citeseerx.ist.psu.edu/viewdoc/download?doi=10.1.1.414.1174&rep=rep1&type=pdf. Acesso em: 08 nov. 2017.

GAJARDONI, Fernando da Fonseca. *A revolução silenciosa da execução por quantia*. Disponível em: https://www.migalhas.com.br/CPCnaPratica. Acesso em: 10 ago. 2018.

GATES, Bill. *A estrada do futuro*. Trad. Pedro Maia Soares Beth Vieira; José Rubens Siqueira e Ricardo Rangel. São Paulo: Companhia das Letras, 1995.

GESTA, Roberta Maia; ANDRADE NETO, João. *O que é propaganda eleitoral antecipada ilícita? Três filtros para levar a liberdade de expressão a sério*. Disponível em: https://www.jota.info/opiniao-e-analise/artigos/o-que-e-propaganda-eleitoral-antecipada-ilicita-24062018. Acesso em: 07 ago. 2018.

GHFLY. Publicação no Facebook. Impulsionamento de postagens e anúncios de Facebook ADS: entenda a diferença entre eles. Disponível em: http://blog.ghfly.com/publicacao-impulsionamento-facebook-ads-entenda-diferencas/. Acesso em: 28 dez. 2018.

GIANNETTI, Eduardo. *O livro das citações*. *Um breviário de ideias replicantes*. São Paulo: Companhia das Letras, 2008.

GLOSSBRENNER, Alfred e Emily. *Internet*. Trad. Roberto R. Tavares. São Paulo: Editora Excel Books, 1994.

GOLDSCHMIDT, Ronaldo; PASSOS, Emmanuel; BEZERRA, Eduardo. *Data mining - Conceitos, técnicas, algoritmos, orientações e aplicações*. Rio de Janeiro: Elsevier Editora Ltda, 2015.

GOMES, José Jairo. *Direito eleitoral essencial*. São Paulo: Editora: Método, 2018.

GOMES, José Jairo. *Direito Eleitoral*. 12. ed. São Paulo: Atlas, 2016.

GOMES, José Jairo. *Direito Eleitoral*. 7. ed. São Paulo: Atlas Jurídico, 2011.

GOMES, José Jairo. *Direito eleitoral*. 8. ed. São Paulo: Atlas, 2012.

HARADA, Kiyoshi. *Direito financeiro e tributário*. 13. ed. São Paulo: Atlas, 2004.

HERITIER, Paolo. *Urbe-internet - La rete figurale del diritto. 01. V.* Torino: Giappichelli, 2004.

JERÔNIMO, Élida Pereira. *Inteligência artificial*: escritório de advocacia estreia primeiro "robô-advogado" nos EUA. Disponível em: www.jusbrasil.com.br. Acesso em: 30 ago. 2016.

KELSEN, Hans. *Teoria Pura do Direito*. Trad. João Baptista Machado. 7. ed. São Paulo: Martins Fontes, 2006.

LANCHARRO, E. Alcalde; FERNANDEZ, Salvador Peñuelas; LOPEZ Miguel Garcia. *Informática básica*. Trad. Sérgio Molina. São Paulo: Markron Books, 1996.

LAUDON, Kenneth C.; LAUDON, Jane P. *Sistemas de informação gerenciais*. 11. ed. São Paulo: Pearson Prentice Hall, 2014.

LEE, Munson. *What is a click farm?* Disponível em: https://pt.wikipedia.org/wiki/Fazenda_de_cliques#cite_note-1. Acesso em 14 de junho de 2022.

LEONARDO, Socorro Janaina M. *Aplicação do art. 222 da CRFB/88 aos sítios e portais da internet (jornalismo)*. 2012. Disponível em: https://jus.com.br/pareceres/22765/aplicacao-do-art-222-da-crfb-88-aos-sitios-e-portais-da-internet-jornalismo. Acesso em: 21 ago. 2018.

LIMA, Valéria; AMORIM, Margarete Cristiane de Costa Trindade. A importância das áreas verdes para a qualidade ambiental das cidades. *Revista Formação*, São Paulo, n. 13, p. 69, 2006.

LOSSON, Gerard. *Evolution de l'informatique juridique dans la communaute europenne*. Documentação e direito comparado, n. 47. Lisboa: PGR, 1980.

MACEDO, Lucas Buril de. *Precedentes judiciais e o direito processual civil*. Salvador: JusPodivm, 2014.

MARINONI, Luiz Guilherme. *Precedentes obrigatórios*. São Paulo: RT, 2010.

MARINONI, Luiz Guilherme; ARENHART, Sérgio Cruz; MITIDIERO, Daniel. *Novo Código de Processo Civil Comentado*. São Paulo: Ed. Revista dos Tribunais, 2015.

MARSHALL, Leandro. A sociedade da hipercomunicação. *Observatório da Imprensa*, São Paulo, 791. ed., 25 mar. 2014. Disponível em: http://observatoriodaimprensa.com.br/diretorio-academico/_ed791_a_sociedade_da_hipercomunicacao/. Acesso em 12 de janeiro de 2020.

MAYER-SCHONBERGER, Viktor. *Delete*: the virtue of forgetting in the digital era. Princeton: Princeton University Press, 2009.

MELLO, Marcos Bernardes de. *Teoria do fato jurídico*: plano da existência. 8. ed. São Paulo: Saraiva, 1998.

MENDES, Anna Paula Oliveira. *É inconstitucional o fim da propaganda partidária gratuita no rádio e na TV*. 2017. Disponível em: https://www.conjur.com.br/2017-nov-17/anna-mendes-fim-propaganda-eleitoral-gratuita-inconstitucional. Acesso em: 17 ago. 2018.

MENDONÇA, Fernanda Graebin. *O direito à autodeterminação informativa: a (des)necessidade de criação de um novo direito fundamental para a proteção de dados pessoais no Brasil*. Disponível em: https://online.unisc.br/acadnet/anais/index.php/sidspp/article/viewFile/11702/1571. Acesso em 04 de novembro de 2019.

MIRANDA, Francisco Cavalcanti Pontes de. *Tratado de direito privado.* Tomo I. Campinas: Bookseller, 1999.

MIRANDA, Pontes. *Comentários ao código de processo civil.* 1. v. t. 1. Rio de Janeiro: Forense, 1976.

NIESS, Pedro Henrique Távora. *Direitos Políticos.* 2. ed. São Paulo: Edipro, 2000.

OLIVEIRA FILHO, Ivanildo Figueiredo Andrade. *Segurança do documento eletrônico - Prova da declaração de vontade e validade das relações jurídicas na Internet.* (Tese de doutorado). Recife: FDR-UFPE, 2014.

PADILHA, Adriano *et al. Significado de Pós-verdade.* Disponível em: https://www.significados.com.br/pos-verdade/. Acesso em: 11 dez. 2018.

PADILHA, Adriano *et al. Significado de Twitter.* Disponível em: https://www.significados.com.br/sobre/. Acesso em: 03 ago. 2018.

PIMENTEL, Alexandre Freire. *O direito cibernético*: um enfoque teórico e lógico-aplicativo. Rio de Janeiro: Renovar, 2000.

PIMENTEL, Alexandre Freire; LYRA, Paulo Roberto de Carvalho. A estabilização da jurisprudência e o cabimento da tutela da evidência (liminar) no direito processual eleitoral. *In: Direito processual eleitoral – Tratado de direito eleitoral.* Belo Horizonte: Fórum, 2018.

PIMENTEL, Alexandre Freire; PEREIRA, Mateus Costa; LUNA, Rafael Alves. Da suposta provisoriedade da tutela cautelar à "tutela provisória de urgência" no Novo Código de Processo Civil Brasileiro: entrave, avanços e retrocessos. *In*: ALVIM, Teresa Arruda; DIDIER JÚNIOR, Fredie. *Doutrinas essenciais – Novo código de processo civil.* 2. ed. São Paulo: Revista dos Tribunais, 2018. v. III.

PIMENTEL, Alexandre Freire; QUEIROZ, Mateus. A regulamentação do direito ao esquecimento na lei do marco civil da Internet e a problemática da responsabilidade civil dos provedores. *AJURIS,* Porto Alegre, RS, Brasil, edição no 137, ano XLII, março, 2015.

PORTELLA, Luiza Cesar; BASTOS JUNIOR, Luiz Magno Pinto. As incompatibilidades de aplicação do negócio jurídico processual no direito eleitoral. *Resenha Eleitoral,* Florianópolis, v. 22, n. 1-2, 2018.

QUEIROZ, Danilo Duarte de. Privacidade na Internet. *In: Direito da informática*: temas polêmicos. Bauru, SP: EDIPRO, 2002.

RAIS, Diogo; FALCÃO, Daniel; GIACCHETTA, André Zonaro; MENEGUETTI, Pâmela. *Direito eleitoral digital.* São Paulo: Revista dos Tribunais, 2018.

RAMAYANA, Marcos. *Direito Eleitoral.* 16. ed. Rio de Janeiro: Editora: Ímpetos, 2018.

REIS, Palhares Moreira. *As eleições indiretas no Brasil.* Recife: UFPE, 1997. v. I e II.

RIBEIRO, Fávila. *Abuso de poder no direito eleitoral.* 3. ed. São Paulo: Forense, 1998.

ROOSE, Kevin. *Here come the fake videos, too.* New York: The New York Times Magazine, 2018.

ROSEN, Jeffrey. *The web means the end of forgetting.* 2010. Disponível em: http://www.nytimes.com/2010/07/25/magazine/25privacy-t2.html?pagewanted=all&_r=1&. Acesso em: 8 out. 2013.

SALGADO, Eneida Desiree. *Princípios constitucionais eleitorais.* Belo Horizonte: Fórum, 2010.

SANTOS JÚNIOR, Aldo Batista dos. *Publicidade comparativa*: regras e limitações. São Paulo: Ixtlan, 2009.

SANTOS, Débora Ribeiro; NEVES, Flávia de Siqueira; CABRAL, Luís Felipe. *Dicio - Dicionário Online de Português*. Disponível em: https://www.dicio.com.br. Acesso em: 17 ago. 2018.

SCHAUER, Frederick. *Precedent*. Stanford Law Review, Stanford, v. 39, n. 03, p. 571-605, Fev. 1987.

SEVERINO, Renata Cortez Vieira. *Sanções processuais por ato atentatório ao exercício da jurisdição*: instrumento de efetividade das decisões judiciais. Dissertação de Mestrado. Recife: Universidade Católica de Pernambuco, 2007.

SILVA NETO, Amaro Moraes e. *Emails indesejados à luz do direito*. São Paulo: Quartier Latin, 2002.

SILVA NETO, Amaro Moraes e. *Privacidade na internet*: um enfoque jurídico. Bauru, SP: EDIPRO, 2001.

SILVA, José Afonso da. *Aplicabilidade das Normas Constitucionais*. 3. ed. São Paulo: Malheiros, 1998.

SILVA, José Afonso da. *Curso de Direito Constitucional Positivo*. 38 ed. São Paulo: Malheiros, 2014.

SILVA, José Afonso da. *Direito urbanístico brasileiro*. 2. ed. São Paulo: Editora Malheiros, 1997.

SILVA, Ovídio A. Baptista da. *A ação cautelar inominada no direito brasileiro*. Rio de Janeiro: Forense, 1979.

SILVA, Rodrigo Moreira da. *Princípio da anualidade eleitoral*. Disponível em: http://www.tse.jus.br/o-tse/escola-judiciaria-eleitoral/publicacoes/revistas-da-eje/artigos/revista-eletronica-eje-n.-4-ano-3/principio-da-anualidade-eleitoral. Acesso em: 27 ago. 2018.

SNOWDEN, Edward. *Eterna vigilância*. Trad. Sandra Marta Dolinsky. São Paulo: Planeta, 2019.

SOUZA, Carlos Affonso. *O debate sobre personalidade jurídica para robôs - Errar é humano, mas o que fazer quando também for robótico?* Disponível em: https://jota.info/artigos/o-debate-sobre-personalidade-juridica-para-robos-10102017. Acesso em: 12 nov. 2017.

STRECK, Lenio Luiz. *Senso incomum - Novo CPC decreta a morte da lei. Viva o common law!* CONJUR, 2013. Disponível em: https://www.conjur.com.br/2013-set-12/senso-incomum-cpc-decreta-morte-lei-viva-common-law. Acesso em: 29 de dez. de 2018.

TALAMINI, Eduardo. *Tutelas relativas aos deveres de fazer e de não fazer*: e sua extensão aos deveres de entrega de coisa (CPC, arts. 461 e 461-A; CDC, art. 84). 2. ed. São Paulo: Revista dos Tribunais, 2003.

TENÓRIO, Rodrigo. *Ficha Limpa*: a lei pode retroagir? Disponível em: http://www.rodrigotenorio.com.br/2011/11/ficha-limpa-lei-pode-retroagir.html. Acesso em: 02 fev. 2017.

THEODORO JÚNIO, Humberto. *Curso de direito processual civil*: processo de execução e cumprimento de sentença, processo cautelar e tutela de urgência. 49. Ed. Rio de Janeiro: Forense, 2014.

TWITTER. Perguntas frequentes sobre Retweets. Central de Ajuda, 2018. Disponível em: https://help.twitter.com/pt/using-twitter/retweet-faqs. Acessado em 19 nov. 2018.

UNIÃO EUROPEIA. *Resolução do parlamento europeu, de 16 de fevereiro de 2017, que contém recomendações à Comissão sobre disposições de Direito Civil sobre robótica (2015/2103(INL))*. Estrasburgo: Parlamento Europeu, 2017. Disponível em: http://www.europarl.europa.eu/sides/getDoc.do?pubRef=-//EP//TEXT+TA+P8-TA-2017-0051+0+DOC+XML+V0//PT#ref_1_1. Acesso em: 12 nov. 2017.

VELOSO, Caetano. Sampa. *In: Dentro da Estrela Azulada*. Rio de Janeiro: CBD Phonogram, 1978.

WEIL, Pierre; TOMPAKOW, Roland. *O corpo fala*: a linguagem silenciosa da comunicação não verbal. 74. ed. Petropolis: Vozes, 2015.

WIENER, Norbert. *Cibernética e sociedade: o uso humano de seres humanos*. 5. ed. São Paulo, Cultrix 1973.

ZAGREBELSKY, Gustavo. *El derecho dúctil*. Madrid: Trotta, 1997.

ZANIOLO, Pedro Augusto. *Crimes modernos*: o impacto da tecnologia no direito. 2. ed. Curitiba: Juruá, 2012.

ZÍLIO, Rodrigo López. *Direito Eleitoral*. São Paulo: Verbo Jurídico, 2008.

ZIMMERMANN, Philip. *Pretty Good Privacy*. Disponível em: http://br.ccm.net/contents/134-pgp-pretty-good-privacy. Acesso em: 22 mai. 2016.

Esta obra foi composta em fonte Palatino Linotype, corpo 10,5
e impressa em papel Offset 75g (miolo) e Supremo 250g (capa)
pela Gráfica Impress, em Belo Horizonte/MG.